TOWARDS COMMON PROSPERITY

THEORETICAL CONNOTATIONS AND REALIZATION PATH

迈向共同富裕

理论内涵和实现路径

·杭州·

图书在版编目(CIP)数据

迈向共同富裕:理论内涵和实现路径/李实等著
.—杭州:浙江大学出版社,2023.4(2023.11 重印)
ISBN 978-7-308-23416-0

Ⅰ.①迈… Ⅱ.①李… Ⅲ.①共同富裕-研究-浙江
Ⅳ.①F124.7

中国版本图书馆 CIP 数据核字(2022)第 245747 号

迈向共同富裕:理论内涵和实现路径

MAIXIANG GONGTONG FUYU: LILUN NEIHAN HE SHIXIAN LUJING

李 实 何文炯 等著

策划编辑 吴伟伟
责任编辑 陈逸行 吴伟伟
责任校对 马一萍
封面设计 雷建军
出版发行 浙江大学出版社
(杭州市天目山路 148 号 邮政编码 310007)
(网址:http://www.zjupress.com)
排 版 杭州星云光电图文制作有限公司
印 刷 浙江新华数码印务有限公司
开 本 710mm×1000mm 1/16
印 张 26.5
字 数 420 千
版 印 次 2023 年 4 月第 1 版 2023 年 11 月第 2 次印刷
书 号 ISBN 978-7-308-23416-0
定 价 88.00 元

浙江省文化研究工程指导委员会

浙江文化研究工程成果文库总序

习近平

有人将文化比作一条来自老祖宗而又流向未来的河,这是说文化的传统,通过纵向传承和横向传递,生生不息地影响和引领着人们的生存与发展;有人说文化是人类的思想、智慧、信仰、情感和生活的载体、方式和方法,这是将文化作为人们代代相传的生活方式的整体。我们说,文化为群体生活提供规范、方式与环境,文化通过传承为社会进步发挥基础作用,文化会促进或制约经济乃至整个社会的发展。文化的力量,已经深深熔铸在民族的生命力、创造力和凝聚力之中。

在人类文化演化的进程中,各种文化都在其内部生成众多的元素、层次与类型,由此决定了文化的多样性与复杂性。

中国文化的博大精深,来源于其内部生成的多姿多彩;中国文化的历久弥新,取决于其变迁过程中各种元素、层次、类型在内容和结构上通过碰撞、解构、融合而产生的革故鼎新的强大动力。

中国土地广袤、疆域辽阔,不同区域间因自然环境、经济环境、社会环境等诸多方面的差异,建构了不同的区域文化。区域文化如同百川归海,共同汇聚成中国文化的大传统,这种大传统如同春风化雨,渗透于各种区域文化之中。在这个过程中,区域文化如同清溪山泉潺潺不息,在中国文化的共同价值取向下,以自己的独特个性支撑着、引领着本地经济社会的发展。

从区域文化入手,对一地文化的历史与现状展开全面、系统、扎实、有序的研究,一方面可以借此梳理和弘扬当地的历史传统和文化资源,繁荣和丰富当代的先进文化建设活动,规划和指导未来的文化发展蓝图,增强文化软实力,为全面建设小康社会、加快推进社会主义现代化提供思想保证、精神动力、智力支持和舆论力量;另一方面,这也是深入了解中国文化、研究中国文化、发展中国文化、创新中国文化的重要途径之一。如今,区域文化研究日益受到各地重视,成为我国文化研究走向深入的一个重要标志。我们今天实施浙江文化研究工程,其目的和意义也在于此。

千百年来,浙江人民积淀和传承了一个底蕴深厚的文化传统。这种文化传统的独特性,正在于它令人惊叹的富于创造力的智慧和力量。

浙江文化中富于创造力的基因,早早地出现在其历史的源头。在浙江新石器时代最为著名的跨湖桥、河姆渡、马家浜和良渚的考古文化中,浙江先民们都以不同凡响的作为,在中华民族的文明之源留下了创造和进步的印记。

浙江人民在与时俱进的历史轨迹上一路走来,秉承富于创造力的文化传统,这深深地融汇在一代代浙江人民的血液中,体现在浙江人民的行为上,也在浙江历史上众多杰出人物身上得到充分展示。从大禹的因势利导、敬业治水,到勾践的卧薪尝胆、励精图治;从钱氏的保境安民、纳土归宋,到胡则的为官一任、造福一方;从岳飞、于谦的精忠报国、清白一生,到方孝孺、张苍水的刚正不阿、以身殉国;从沈括的博学多识、精研深究,到竺可桢的科学救国、求是一生;无论是陈亮、叶适的经世致用,还是黄宗羲的工商皆本;无论是王充、王阳明的批判、自觉,还是龚自珍、蔡元培的开明、开放,等等,都展示了浙江深厚的文化底蕴,凝聚了浙江人民求真务实的创造精神。

代代相传的文化创造的作为和精神,从观念、态度、行为方式和价值取向上,孕育、形成和发展了渊源有自的浙江地域文化传统和与时俱进的浙江文化精神,她滋育着浙江的生命力、催生着浙江的凝聚力、激发着浙江的创造力、培植着浙江的竞争力,激励着浙江人民永不自满、永不停息,在各个不同的历史时期不断地超越自我、创业奋进。

悠久深厚、意韵丰富的浙江文化传统,是历史赐予我们的宝贵财富,也是我们开拓未来的丰富资源和不竭动力。党的十六大以来推进浙江新发展的实践,使我们越来越深刻地认识到,与国家实施改革开放大政方针相伴随的浙江经济社会持续快速健康发展的深层原因,就在于浙江深厚的文化底蕴和文化传统与当今时代精神的有机结合,就在于发展先进生产力与发展先进文化的有机结合。今后一个时期浙江能否在全面建设小康社会、加快社会主义现代化建设进程中继续走在前列，很大程度上取决于我们对文化力量的深刻认识、对发展先进文化的高度自觉和对加快建设文化大省的工作力度。我们应该看到，文化的力量最终可以转化为物质的力量，文化的软实力最终可以转化为经济的硬实力。文化要素是综合竞争力的核心要素，文化资源是经济社会发展的重要资源，文化素质是领导者和劳动者的首要素质。因此，研究浙江文化的历史与现状，增强文化软实力，为浙江的现代化建设服务，是浙江人民的共同事业，也是浙江各级党委、政府的重要使命和责任。

2005 年 7 月召开的中共浙江省委十一届八次全会，作出《关于加快建设文化大省的决定》，提出要从增强先进文化凝聚力、解放和发展生产力、增强社会公共服务能力入手，大力实施文明素质工程、文化精品工程、文化研究工程、文化保护工程、文化产业促进工程、文化阵地工程、文化传播工程、文化人才工程等“八项工程”，实施科教兴国和人才强国战略，加快建设教育、科技、卫生、体育等“四个强省”。作为文化建设“八项工程”之一的文化研究工程，其任务就是系统研究浙江文化的历史成就和当代发展，深入挖掘浙江文化底蕴、研究浙江现象、总结浙江经验、指导浙江未来的发展。

浙江文化研究工程将重点研究“今、古、人、文”四个方面，即围绕浙江当代发展问题研究、浙江历史文化专题研究、浙江名人研究、浙江历史文献整理四大板块，开展系统研究，出版系列丛书。在研究内容上，深入挖掘浙江文化底蕴，系统梳理和分析浙江历史文化的内部结构、变化规律和地域特色，坚持和发展浙江精神；研究浙江文化与其他地域文化的异同，厘清浙江文化在中国文化中的地位和相互影响的关系；围绕浙江生动的当代实践，深入解读浙江现象，总结浙江经验，指导浙江发展。在研究力量上，通过课题组织、出版资助、重点研究基地建设、加强省内外大院名校合作、整合各地各部门力量等途径，形成上下联动、学界互动的整体合力。在成果运用上，注重研究成果的学术价值和应用价值，充分发挥其认识世界、传承文明、创新理论、咨政育人、服务社会的重要作用。

我们希望通过实施浙江文化研究工程,努力用浙江历史教育浙江人民、用浙江文化熏陶浙江人民、用浙江精神鼓舞浙江人民、用浙江经验引领浙江人民,进一步激发浙江人民的无穷智慧和伟大创造能力,推动浙江实现又快又好发展。

今天,我们踏着来自历史的河流,受着一方百姓的期许,理应负起使命,至诚奉献,让我们的文化绵延不绝,让我们的创造生生不息。

2006 年 5 月 30 日于杭州

前 言

经过长期持续的艰苦奋斗，尤其是最近40多年的改革开放，中国于2020年底彻底消除了绝对贫困，实现了全面建成小康社会的目标。在中国共产党进入第二个百年征程之际，党中央及时提出了到2035年“全体人民共同富裕取得更为明显的实质性进展”，2050年“基本实现共同富裕”这一新的奋斗目标。这是人类文明进步中前无古人的伟大事业，必将改变未来中国与世界发展的方向，引起了国内外各方的普遍关注。事实上，实现共同富裕是中国共产党的初心和使命，是人类社会发展的必然要求，也是人民群众的共同期盼。在我们所生活的这个星球上，有富裕的国家，但还没有共同富裕的国家，更没有相应的共同富裕理论。因此，中国在推进共同富裕的过程中，有大量理论和实践问题需要解决，需要理论创新、制度创新、实践创新、文化创新。对这一重大社会现实的关切，是时代赋予学术界的职责，也是学者为人民、为国家、为社会服务和做出贡献的重要机遇。

基于厚实的基础，浙江大学组织了关于共同富裕研究的团队，完成了中央部委和浙江省委、省政府委托的关于共同富裕研究的一系列重要项目，并于2021年6月建立了浙江大学共享与发展研究院，旨在持续深入地研究中国特色社会主义共同富裕理论，密切关注浙江和全国的共同富裕进程，通过高水平研究成果为实现共同富裕目标贡献智慧和力量。研究院自成立以来，在组织实施持续性基础理论研究的同时，开展了一系列深入的调查研究，与有关各方建立了稳定的合作机制，研究成果直接服务于浙江省高质量发展建设共同富裕示范区，服务于中央有关部门的政策制定，服务于社会公众对共同富裕的认知和关切。本书则是浙江大学共享与发展研究院核心研究团队的一项综合性成果。

本书以“迈向共同富裕”为主题，重点围绕什么是共同富裕、如何推动共同富裕等一系列问题，力图在阐释有中国特色的共同富裕理论上做出贡献，为更好地推动共同富裕实践提供政策建议，具体内容可以分为三个部分。

第一部分阐述共同富裕的基本理论,包括共同富裕的内涵和实现路径、若干现实问题和指标体系、国际经验借鉴、中国收入分配和财富分配格局等;第二部分是推动共同富裕的主要措施,包括扩大中等收入群体以缩小收入差距、推动城乡融合发展以促进乡村振兴、推动基本公共服务体系建设、深化社会保障制度改革;第三部分是共同富裕目标下的专题研究,包括当前备受社会关注的养老保障、医疗服务和教育公平问题。

全书凡十二章,由李实、何文炯负责全书的框架和章节设计。第一章"共同富裕的理论内涵和实现路径"由李实、何文炯、杨一心执笔;第二章"共同富裕的若干现实问题"由万海远执笔;第三章"共同富裕的指标体系"由詹鹏、李实、杨一心执笔;第四章"助力共同富裕的发达国家经验和教训"由刘涛执笔;第五章"中国收入分配和财富分配格局"由李实、詹鹏、陶彦君、郁杨成执笔;第六章"扩大中等收入群体推动共同富裕"由李实、杨修娜执笔;第七章"以城乡融合发展推动共同富裕"由茅锐执笔;第八章"健全基本公共服务体系推动共同富裕"由杨一心执笔;第九章"深化社会保障改革推动共同富裕"由何文炯执笔;第十章"提高城乡居保待遇推动共同富裕"由张翔执笔;第十一章"以健康公平推动共同富裕"由刘晓婷执笔;第十二章"以教育高质量发展推动共同富裕"由马高明执笔。写作过程中,许庆明教授对书稿提出了宝贵意见。此外,浙江省社科联邀请的匿名专家和浙江大学出版社分别提供了许多有益的意见。

两年多来,学术界对共同富裕进行了广泛的研究和较为深入的讨论,将共同富裕的研究推向了一个新的高度。本书作者以各种方式参加国内外的学术研讨活动,与国内外专家进行交流与讨论,获得许多有益的启示,也提出了自己的观点、思路和建议。本书的研究成果部分来自作者们的长期学术积累和课题研究,这些研究得到了中央和浙江省政府部门、相关基金会和社会组织,特别是浙江大学相关机构的资助和支持。在本书付梓之际,我们特别感谢国家社会科学规划办、国家社会科学基金、国家自然科学基金、浙江省委省政府和有关部门的信任、帮助和支持,感谢浙江大学领导以及浙江大学社会科学研究院、公共管理学院和经济学院的大力支持和鼓励,感谢课题组全体成员的辛勤劳动和卓有成效的工作,感谢浙江大学出版社为本书出版提供的优质服务!

李 实 何文炯

2023 年早春于杭州

目　录

第一章
共同富裕的理论内涵和实现路径

共同富裕的本质是人的全面发展和共享发展。"富裕"和"共享"是两大主题:一是要全面提升发展水平,实现富裕;二是要缩小各种发展差距,推动共享。共同富裕是中国特色社会主义的本质要求,在中国推动共同富裕,就要解决经济社会发展不平衡不充分的问题,推动人的全面发展和共享发展,努力满足人民群众美好生活需要。中国追求的共同富裕,是"以人民为中心"的共同富裕。

2020年底,中国经过艰苦努力彻底消除了绝对贫困,实现了全面建成小康社会的目标。党的十九届五中全会描绘了全面建设社会主义现代化国家的宏伟蓝图,把全体人民共同富裕取得更为明显的实质性进展作为重要的奋斗目标。实现全体人民共同富裕既是中国共产党的初心,也是中国共产党人长期的追求。经过近半个世纪的改革与发展,中国整体上富裕程度得到了很大提高。2021年通过的《国民经济和社会发展第十四个五年规划和2035年远景目标纲要》谋划了未来较长时期扎实推动共同富裕的目标和策略,提出要更加积极有为地促进共同富裕,吹响了到2050年全体人民基本实现共同富裕的号角。中国正处在一个新发展阶段,将开启推进共同富裕的新征程,需要创建中国特色的共同富裕理论,发现更加符合中国特色的共同富裕实现路径,健全推进共同富裕的政策体系。

必须看到,当前中国的发展不平衡、不充分的问题仍然比较突出。从发展水平上看,中国与发达国家的水平仍有较大的差距,在富裕程度上仍需加力追赶;从共享程度上看,存在较大的城乡差距、地区差距和收入差距,存在人的发展能力的差异,需要推进共享发展战略。在未来经济社会发展中,实现共同富裕将是中国实现现代化的一个重要目标,也是全国人民为之而努力奋斗的方向。本书重点围绕什么是共同富裕、如何推动共同富裕等一系列问题,力图在阐释有中国特色的共同富裕理论上做出贡献,为更好推动共同富裕实践提供政策建议。

第一节 共同富裕的内涵与方向

什么是共同富裕?顾名思义,一是富裕,二是共享。富裕是指谁的富裕?是国家的富强,还是人民的富有?是一部分人的富有,还是全体人民的富有?富裕是什么的富裕?是物质的富裕,还是精神的富裕?共享又是指谁与谁的共享?是政府与民众的共享,还是民众之间的共享?这一系列的问题都需要在理论上给予回答。回答这些问题,需要准确理解共同富裕的内涵和方向。共同富裕并不是一个崭新的概念，在过去几十年中，党中央几代领导人都在倡导共同富裕的理念，然而对于共同富裕的内涵和理论仍待深入研究。

一、共同富裕的内涵

"共同富裕"是带有鲜明中国印记的概念。从20世纪50年代首次提出，到"十四五"时期将扎实推动共同富裕摆在更加重要的位置，人们对它的认识越来越深入。可以从两个方面把握共同富裕的内涵：一是要全面提升发展水平，实现"富裕"；二是要缩小各种发展差距，提升"共享"。从本质上看，就是要解决经济社会发展不平衡不充分问题，推动人的全面发展和共享发展，努力满足人民群众美好生活需要。共同富裕的内涵决定了共同富裕首先是物质上的富裕。具体来看，它至少应包含三个变量：收入、财产和公共服务。每个变量的水平都在不同程度上决定了人民的福祉水平和发展能力，其差距又直接表征共享程度。需要指出的是，共同富裕绝不等于均等富裕。无论何时何地，都会存在一定的差距和不均等，都会存在区域之间和人群之间富裕程度的不同。即使到了共同富裕社会，人群之间的富裕程度也是有差别的，在所有人都达到一般富裕标准的情况下，仍有一部分人会很富裕，他们的富裕程度会远高于一般富裕标准。历史经验表明，一味追求全社会的均等富裕并不能带来真正的共同富裕，只能带来普遍的贫穷。

二、共同富裕面临的挑战

实现共同富裕是为了解决我国当前发展中的不平衡和不充分问题，需要从两方面入手：一是要正视经济社会发展水平不高，存在不充分的问题；二是要看到共享程度不高，差距过大，存在各种不平衡的问题。

从发展水平来看，我国仍是一个发展中国家，不仅面对着世界上发展中国家存在的发展水平不高、社会财富积累不足、物质资本和人力资本不够、公共服务和社会治理不强、市场不完善等固有的问题，也存在中国特有的问题。从收入水平来看，在经济快速增长的推动下，过去20年我国人均收入水平在全球的排序有了很大的进步,然而与发达国家相比仍有很大的距离。比如,在2019年全球197个国家和经济体的人均GDP排序中,我国处于第81位,不属于全球人均GDP前40%高的国家。又比如,在2019年的全球人类发展指数的排序中,我国在189个国家和经济体中排名第85位,也不属于前40%高的国家。这些指数都表明,我国在富裕程度上并没有达到世界水平的富裕标准,仍需努力解决发展不充分的问题。

解决发展不平衡不充分问题,还需要直面地区差距、城乡差距、收入差距带来的诸多挑战。地区和城乡差距不仅仅是收入差距,更多的是发展差距,需要从平衡地区和城乡发展的视角来解决问题。从地区差距看,东部、中部、西部和东北四大区域发展还不平衡,人口占全国人口38.6%的东部地区贡献了全国51.9%的GDP、50.5%的社会消费品零售总额、80%以上的进出口规模;而中西部地区内生发展动力不足、市场培育不发达、营商环境较差,直接制约了其发展水平和质量,从而造成其与东部地区在发展水平和基本公共服务等方面的较大差距。

从收入差距来看,我国居民收入差距处于高位波动状态,近年来表征收入分配状况的基尼系数在0.46~0.47浮动,而且居民财产分配差距出现快速扩大趋势,基尼系数已提升至0.7左右。更值得注意的是,居民收入差距与财产差距之间形成了相互强化的态势,财产差距对收入差距的影响作用得到了更大程度的强化。此外,在国民收入分配的大格局中,政府、企业和居民收入分配的结果更加不利于居民收入增长,居民收入占国民收入比重不到60%,一直处于低位徘徊状态。在收入差距居高不下的情况下,我国中等收入群体比重仍然偏低。无论是使用全世界200多个国家和地区收入中位数的67%~200%的国际标准,还是使用国家统计局的标准,数据结果都显示,我国中等收入群体比重到2018年仅为29%左右,而超过60%的人群为低收入者。这意味着我国收入分配格局远没有达到"橄榄型"的目标。

公共服务资源的分配在城乡之间、地区之间和人群之间都存在很大的差别,表明我们的共享程度有待进一步提高。仅以养老金制度为例,职工基本养老保险制度从原先的职工退休制度演变而来,到2005年前后退休职工的月均基本养老金为1000元左右,但此后快速增长,现在已经达到每月3200元以上。而城乡居民基本养老保险制度2009年才开始试点,基础养老金为每人每月55元,2014年增加至70元,2018年增加至88元,2020年增加至93元,加上个人账户养老金,老年居民的基本养老金平均每月为160多元。由此可见,老年居民的平均基本养老金仅为退休职工平均基本养老金的1/20左右。从最近10多年来的情况来看,退休职工每年所增加的平均养老金,基本上高于老年农民的平均养老金总量。老年农民的养老金与城镇居民养老金的差距在扩大,与城镇退休职工养老金的差距更加明显,不仅是绝对差距在扩大,相对差距也在扩大。

三、共同富裕的方向

实现共同富裕需要纳入全面建设社会主义现代化强国的战略布局,通过廓清实现共同富裕的重要基础,确定主要抓手、路径、目标,以确立实现共同富裕的方向。从社会主义的本质要求、全体人民的全面发展、处理好发展与共享的辩证关系等原则出发,来设定实现共同富裕的正确方向。

第一,坚持高质量发展的方向。高质量发展是实现共同富裕的重要基础,也是解决我国当前和未来很长时期存在的不平衡不充分问题的基础和关键。高质量发展需要新发展理念、新发展模式、新发展机制、新发展动力。高质量发展会更加重视发展的平衡性,实现城乡、地区经济社会的和谐发展和平衡发展,增强农村地区和欠发达地区的发展动力和创新动力,提升发展质量和效益。高质量发展要激发不同劳动群体的积极性和创造精神,鼓励劳动和创新致富,仍要鼓励一部分人通过合法途径先富起来,先富带后富,最终实现共同富裕。

第二,坚持收入分配制度改革的方向。在逐步形成初次分配、再分配和第三次分配配套协调的基础性分配制度安排的过程中,将完善初次分配机制与再分配机制作为共同富裕的重要抓手。在初次分配中,一方面要继续坚持效率主导的原则;另一方面要更加注重公平正义的原则,通过进一步完善生产要素市场的体制和机制来实现各种要素报酬分配的公平和合理。同时，逐步完善初次分配中的政府、企业和居民之间的分配关系，形成更加合理的居民收入及可支配收入提升机制。在再分配中，通过基本公共服务均等化、健全社会保障体系、加大税收和转移支付等政策手段，进一步缩小收入差距和财产分配差距，消除收入和财富分配不公现象。在第三次分配中，创造更加有利于社会公益和慈善事业发展的社会环境，出台相关的鼓励性政策法规，更好发挥社会公益和慈善等第三次分配的作用，形成更加良善的"先富帮后富"的社会风尚。

第三，坚持注重发展机制与共享机制相互促进的发展方向。按照"富裕"与"共享"双轮驱动的含义，推动共同富裕要努力构筑"寓共享于发展"及"寓发展于共享"的双赢格局。实现高质量发展可为共享奠定更加厚实的物质基础，而通过公平合理的再分配手段、建立利益共享的生产方式和分配方式，可以创造新的发展机会，积累持续发展的综合潜能。要努力发挥发展与共享两种机制的协同效应。

第四，坚持实现人的全面发展的方向。全体人民的全面发展是实现共同富裕的出发点和落脚点。实现共同富裕要坚持以人民为中心的发展思想，维护人的尊严，增进人的福祉，聚焦人的发展，发挥人的潜力，推动实现权利公平、机会公平、规则公平，努力消除人的发展机会和能力上的不平衡不充分。通过政策干预来矫正结果的不平等，全力促进广大人民群众物质和精神双富裕，为人人实现自身梦想创造坚实基础。

第二节　共同富裕的目标与进程

实现共同富裕是一个长期发展目标，需要几代人持续努力和奋斗。本书提出共同富裕的具体目标，并基于目标设计共同富裕评价指数体系，谋划共同富裕实现路径。

一、共同富裕的目标与评价指数

国家“十四五”规划纲要提出了“人民生活更加美好，人的全面发展、全体人民共同富裕取得更为明显的实质性进展”的远景目标。从总体上看，中国特色的共同富裕是“以人民为中心”的共同富裕，基本目标是使高质量发展成果更多更公平惠及全体人民，全体人民物质富裕、精神富有，民生福祉得到显著提升，实现人的全面发展，社会更加和谐。

在深入贯彻中央精神的基础上，结合对共同富裕理论和含义的把握，在人民群众收入、财产和公共服务等方面细化目标，具体目标可总结为“四高”“四小”“五和谐”。“四高”指的是：收入水平高、财富水平高、公共服务水平高、人的发展能力水平高；“四小”指的是：收入差距小、财富差距小、公共服务差距小、人的发展能力差距小；“五和谐”指的是：城乡和谐、区域和谐、精神和谐、生态和谐、社会和谐。因此，“四高”侧重“富裕”，“四小”侧重“共享”，“五和谐”在宏观层面上注重全社会的共同富裕与和谐进步。

本书根据“四高”“四小”“五和谐”的具体目标，兼顾可比性、可分解性等要求来设计共同富裕指数。本书所设计的共同富裕指数，主要衡量以下四个维度的进步状态：收入和财富、基本公共服务、人的发展能力，以及精神、生态、社会和谐。在此基础上，对每个维度分别测算可及性指数、富裕指数和共享指数。因此，共同富裕指数结构为“4 个维度 × 3 个指数”。具体算法如下：维度 i 共同富裕指数 = 维度 i 可及性指数 × 维度 i 富裕指数 × 维度 i 共享指数；在计算得到各维度共同富裕指数的基础上，通过加权平均得到“共同富裕综合指数”，用以反映所评价地区全社会整体的共同富裕状态。此外，考虑到城乡差距、地区差距问题比较突出，建立“辅助指数”，用以评价各个维度的城乡差距和地区差距。

其中，三类指数的含义和算法如下：可及性指数是指各维度下部分指标在居民层面的人口覆盖率，富裕指数是指各维度下部分指标的平均水平，共享指数是指各维度下部分指标的共享程度；计算“取值较低 40% 人群的平均值”与“全部人口的指标平均值”的比值。为增强指数在横向和纵向维度之间的可比性，各指标值按照一定方式在0—1范围内进行标准化处理，并且在设定2035年目标值基础上，得到各指标监测指数值。

二、共同富裕指标选择

在参考过去相关指标体系的基础上，基于数据可得性，提出各维度共同富裕指数的指标体系。收入和财富、基本公共服务、人的发展能力，以及精神、生态、社会和谐等四个维度的一级指标选择建议如下。

（一）收入和财富的共同富裕

良好的物质条件是扎实推动共同富裕的坚实基础。物质富裕的常见衡量指标是居民家庭人均可支配收入，应作为共同富裕最基本的统计指标。不过，收入只是流量指标，在特定时间段内的收入高低与居民实际的物质富裕水平不一定完全对应。在流量指标之外，还需要一个存量指标共同反映物质富裕水平，常见的指标是居民家庭人均净财产水平，简称财富水平。物质富裕的两个一级指标包括家庭人均可支配收入和家庭人均净财产。

（二）基本公共服务的共同富裕

收入和财富的共同富裕反映了居民家庭的商品和服务购买能力，然而要实现人的全面发展，还需要政府和社会提供高质量的基本公共服务。其目的是，给予弱势群体兜底性保障，给予全体居民足够的风险保障，最终为提升全体人民的发展能力提供更充分的保障。参考《国家基本公共服务标准(2021年版)》，本维度的一级指标应反映幼、学、劳、病、老、住、弱和文化等方面的保障状态，它对应的政策目标是幼有所育、学有所教、劳有所得、病有所医、老有所养、住有所居、弱有所扶和文化服务保障。

（三）人的发展能力的共同富裕

人的全面发展是实现共同富裕的根本价值目标。人的发展能力不仅反映了现期的福祉水平，也会影响未来的福祉；提升人的发展能力可以为未来收入和财富增长提供长期保障，从根本上有利于提低、扩中、缩小三大差距。结合阿马蒂亚·森的可行能力理论、人类发展指数等理论和成熟指标，人的发展能力维度包括营养水平、健康水平、教育水平、就业质量、居住条件五个一级指标。

(四)精神、生态、社会和谐的共同富裕

从结果看,共同富裕是物质富裕和精神富裕的统一,不仅包含客观上的共同富裕,也包含主观意义上的共同富裕。后者主要通过精神、生态、社会和谐程度予以反映。

三、共同富裕实现进程

实现共同富裕是人民群众的共同期盼,也是人类社会的一项伟大创举。要把实现共同富裕作为中华民族百年大计,在对国内和国际长期发展的大局有清醒的认识和科学的判断的基础上,通过细致的分析和论证,科学谋划实现进程,确定不同阶段共同富裕的目标、推进方向和具体举措。本书认为,在未来更长一个时期内,实现共同富裕大致可以分为三个阶段加以推进:2021—2035 年为第一阶段;2036—2050 年为第二阶段,2051 年至 22 世纪初为第三阶段。三个阶段的目标、路径和政策措施有所不同。

在第一阶段,主要目标是在全体人民共同富裕方面取得更为明显的实质性进展,表现在全体人民的整体生活水平达到同一时期世界中等发达国家的水平,收入和财富差距明显缩小,公共服务均等化程度进一步提高。因此,要以改革和创新促进高质量发展,促进高质量就业,促进居民收入增长和财富积累,提高公共服务水平和质量,为实现共同富裕打下坚实基础。同时,探索与设计发展成果的共享机制,完善生产要素市场,改进收入、财产分配和再分配的制度和政策,推进公共服务均等化进程。

在第二阶段,到本世纪中叶全体人民共同富裕基本实现,人民将享有更加幸福美好的生活。要根据第一阶段进展和形势变化,对目标、路径和政策措施进行调整和重新设计。根据现状判断,主要目标是使我国成为世界上最富裕的国家之一,全体人民富裕程度达到发达国家水平,人人享有高质量和高水平的公共服务,生活在环境优美而又和谐的家园。因此,在这一阶段要将共同富裕的推进措施更多地放在共享机制上,通过加大再分配的政策力度,实现更加

明显的共享效果。与发达国家相比,最能体现中国共同富裕特色的是更小的收入差距和财产差距,以及更大程度的公共服务和公共资源的共享。

在第三阶段,在基本实现共同富裕的基础上,完成全面实现共同富裕的目标。届时人人具有全面的发展机会,具有充分的发展条件,共享充足的发展成果,环境优美,社会安定、祥和。

因此,未来30年将是推动基本实现共同富裕的关键时期,涵盖了从“十四五”到“十九五”六个五年规划期。建议在制定五年规划时,将共同富裕作为国民经济和社会发展的重大政策取向,明确各时期共同富裕阶段性目标、主要任务和具体政策措施。在制定各专项规划时,充分与共同富裕目标紧密对接。未来提出的发展战略、出台的改革措施、配套的政策手段都需要以是否有利于实现共同富裕为一个主要的标准,以避免新的战略和政策对实现共同富裕起到反向作用。

第三节 共同富裕的实现路径

未来一个时期推动共同富裕,既要做大“蛋糕”,又要分好“蛋糕”,要坚持“富裕”与“共享”并重,发展与分配平衡。在路径选择方面,坚持“一体两翼双线驱动”。“一体”即走高质量发展道路,为实现共同富裕提供强大物质基础;“两翼”即推动合理收入分配和促进基本公共服务均等化,让高质量发展成果更好惠及全体人民;“双线驱动”即将共同富裕纳入乡村振兴战略和区域协调发展战略,推动城乡区域共同富裕。

一、坚持高质量发展道路

当前,我国社会主要矛盾已经转化为人民日益增长的美好生活需要和不平衡不充分的发展之间的矛盾,经济发展已由高速增长阶段转向高质量发展阶段。实现共同富裕的前提和基础是社会生产力高度发展,社会财富极大丰富。发展仍然是解决我国所有问题的关键,也自然是实现共同富裕的必然要求。没有生产力的高度发展,共同富裕就有可能变成共同贫穷。面向高质量发展,要从关注“有没有”向“好不好”转变,坚持在发展中保障和改善民生。至少在推进共同富裕的第一阶段,即到2035年之前,还是要牢记“发展是硬道理”这一原则,将提升经济发展水平、继续做大“蛋糕”作为首要任务,激发全社会的创新能力,全面深化改革开放,持续提升劳动生产率,实现人均GDP赶上中等发达国家水平,为推进共同富裕的第二个阶段(2035—2050年)追赶发达国家奠定扎实的经济基础。因此,立足新发展阶段,推动高质量发展,必须坚持全国一盘棋,大力发展社会生产力,提升生产要素质量,激发科技和制度创新,优化营商环境,不断做大社会财富“蛋糕”,为实现共同富裕目标提供强大的物质基础。

二、坚持合理收入分配

合理的收入分配制度是社会公平的最直接体现,是保障和改善民生、实现共同富裕的重要方式。实现更加公平的收入分配需要提高居民收入,缩小收入差距,扩大中等收入群体规模。这里的重点政策包括:一是持续提高国民收入中的居民所得份额。需提高劳动报酬特别是一线劳动者报酬,持续提高城乡居民收入水平,使国民收入分配适当向居民收入倾斜。二是提高农村居民收入,进一步缩小城乡收入差距。提高农民收入,重点在提升农业生产和农产品中科技创新因素的附加值,多渠道促进农民增收。加快农业劳动力向非农就业转移,促进农业劳动生产率提高。三是推动农村土地要素分享机制改革。深化农村土地制度改革,推进宅基地流转和置换方式创新,增加农民财产性收入,促进低收入人群的财产积累。以更大决心推动土地制度改革破冰,允许城市资本下乡,促进城乡要素市场双向流动。四是通过改革收入和公共资源再分配政策提升共享水平。持续加大民生支出力度,缩小民生支出的城乡和地区差距,向低收入和弱势人群倾斜,提升财政转移支付瞄准性;增加直接税比重,进一步完善个人所得税政策,在合适时机出台财产税,以加大税收对收入分配和财富分配的调节作用;通过完善基本养老保险、基本医疗保险等重要社会保障制度设计,更好地发挥再分配作用。

三、坚持基本公共服务均等化

推进基本公共服务均等化有益于织密兜底网，保障社会成员的基本生存、基本发展和基本尊严，有稳定的预期，从而促进社会稳定和谐。要逐步提高基本公共服务标准，促进城乡、区域基本公共服务均等化。重点政策取向包括：一是增强社会保障制度的反贫困功能，控制和缩小社会保障待遇差距，增强社会保障制度对于劳动力市场变化和人口流动的适应性。二是全面提高儿童福利并推动其由选择型向普惠型发展，逐步降低中青年育儿成本，提高其生育意愿。三是提高农村教育水平，推动义务教育由普及化向高质量发展，促进优质教育资源均等化。四是提升就业公共服务水平，实现从待遇福利向工作福利、从消极的现金转移支付向积极的能力提高转变。五是贯彻预防为主方针，加强健康管理，推进优质医疗卫生资源城乡、区域均衡布局。六是实施延迟退休政策和国家无障碍战略，发展养老服务业，建立长期照护保障制度和适合我国国情与文化的临终关怀机制，注重代际均衡，科学应对人口老龄化。七是完善住房保障政策，从商品化向“租购并举”发展，努力实现住有所居、租住平衡。

四、坚持乡村振兴战略，推动城乡共同富裕

“城乡发展不均衡、农村发展不充分”已成为我国全面建设社会主义现代化国家新发展阶段中社会矛盾的突出体现，也是制约共同富裕实现的最大短板。针对这一薄弱环节，要将解决城乡发展不平衡问题、深入实施乡村振兴战略作为实现城乡共同富裕的必由之路。当前脱贫攻坚目标任务如期完成，农村同步实现全面建成小康社会目标，为全面推进乡村振兴奠定坚实基础。要立足新发展阶段，坚持农业农村优先发展，切实补齐农业农村短板弱项。重点政策包括：做好巩固拓展脱贫攻坚成果同乡村振兴的有效衔接；坚持因地制宜，加强科技兴农，促进教育兴农，加快推进农业现代化进程；创新乡村治理，开展乡村建设行动；加强乡村公共基础设施建设，全面提升农村基本公共服务水平；加快城乡融合，积极探索先富带后富、先富帮后富的

体制机制,不断增强农业农村的发展活力。

五、坚持区域协调发展战略,推动区域共同富裕

20世纪80年代,邓小平同志提出,让一部分人、一部分地方先富起来。经过几十年的发展,部分地区已经富起来,但与此同时区域经济发展分化的态势较为严重,特别是东北地区、西北地区发展相对滞后,经济重心进一步南移,区域发展不平衡成为实现区域共同富裕的掣肘。针对这一薄弱环节,要将建立健全促进区域共同富裕的体制机制作为重要途径,充分尊重地区差异客观规律,发挥各地区比较优势,推动建立优势互补、高质量发展的区域经济布局。当前,国家深入实施西部大开发、东北全面振兴、中部地区崛起、东部率先发展区域协调发展战略,推进京津冀协同发展、长江经济带发展、粤港澳大湾区建设、长三角一体化等区域重大战略,要在这些战略中更好谋划共同富裕政策导向与具体措施。特别是要按照中央关于建立更加有效的区域协调发展新机制的要求,紧紧围绕共同富裕深化区域合作机制、优化区域互助机制、健全区际利益补偿机制、完善财政转移支付制度,努力使区域协调发展新机制在缩小区域发展差距、促进基本公共服务均等化中发挥重要作用,为实现区域共同富裕提供有力保障。

第四节　共同富裕的政策措施

围绕共同富裕的实现路径,本书就推动高质量发展、居民增收、收入分配、公共服务、社会保障、乡村振兴、区域协调发展等方面提出具体政策措施。

一、高质量发展政策:坚持创新驱动,夯实共富基础

(一)高质量发展要以创新驱动产业转型升级为引领

明确企业的创新主体地位,加速推进产学研一体化,健全对基础研究的

稳定支持长效机制。加大战略性新兴产业支持力度,集聚创新要素,特别是培养和引进急需人才,为高质量发展培育原生动力。在传统实体产业中,必须坚持创新引领技术改造,促进传统产业提质增效的转型,推动传统产业与新兴产业的融合发展。稳定制造业比重,通过完善产业链进一步促进产业高质量发展,以产业兴旺带动劳动者致富增收,并进一步提高共同富裕程度。

(二)完善生产要素市场

进一步完善生产要素市场,解决生产要素配置效率低、价格扭曲、市场分割和垄断等问题。进一步推动政府从"定价格"向"定规则"转变,深化土地、劳动力、资本等传统要素的市场化配置改革。科学制定交易规则,强化对不正当交易与竞争的综合监管,加快高标准市场体系建设,培育技术和数据等新兴要素的交易市场。健全服务于要素市场化配置的司法制度、统计制度和配套制度,消除要素回报在不同地区和行业间的行政扭曲。

(三)优化营商环境

实现更高质量和更充分就业是推动共同富裕的重要保障,而营商环境又直接影响到劳动岗位和就业机会的数量及质量。建议加快"放管服"和商事制度改革,进一步优化营商环境,提升各类市场主体获得感,保障就业和促进创业。政府在市场准入、要素获取、市场权益、公平监管等方面更为及时有效地回应市场主体关切,鼓励地方在优化营商环境方面积极探索"一网、一门、一次"等政务服务改革举措。

二、居民增收政策:坚持就业优先,拓展增收渠道

(一)提高劳动报酬在国民收入中的比重

过去,我国为实现工业化长期实行低工资和低福利政策,造成城乡居民收入在国民收入中占比持续偏低。党中央提出要走低投入、低消耗、高附加值和高效率的高质量发展道路。这需要进一步提高劳动报酬特别是一线劳动者报酬,持续提高居民收入水平,使国民收入分配适当向居民收入倾斜,

从而促进我国内需市场的不断扩大及内循环体系的完善。

(二)促进高质量就业,建立工资增长机制

加快居民收入增长需要落实劳动者工资收入的快速上升,增加高技能和工资就业岗位,促进高质量就业。一方面,通过终身教育和终身培训,提高劳动者素质和技能水平,以匹配企业和社会对高技能人才的需求;另一方面,推进行业工资集体协商谈判机制,将劳动分红、高技能人才待遇、技能创新奖励等纳入工资集体协商范围,积极探索劳动、技能要素参与分配的形式。

(三)拓宽居民增收渠道

扩大中等收入群体规模的着力点在于增加低收入者收入,使其成为中等收入者,而不是使高收入者变成中等收入者。拓宽城乡居民增收渠道,要深入实施就业优先战略,通过市场化方式提高居民收入增长率。强化技能培训,提升人力资本,完善劳动者终身职业技能培训体系,持续开展职业技能提升行动,不断提升劳动者人力资本存量和质量,满足快速变化的产业需求。完善集体产权制度改革的税收优惠政策,全面推开农村集体经营性建设用地入市,扩展农民土地增值收益,将占补平衡指标调剂的相关收益纳入农民分红,增加农民以集体经营性资产入股新型经营主体的股权收入。

(四)逐步实现人力资本投资均等化

增收致富最终要靠个人奋斗,依托人的全面发展。从长远来看,要营造人人机会均等的发展环境,缩小个体间发展环境差别,特别是强化教育机会均等。建议关注儿童早期发展,加大对儿童早期发展、营养健康、教育保障等方面的资源投入,尽早缩小城乡区域间0—3岁或7岁以下儿童的基本公共服务差异,提高人力资本公共投资均等化。

三、收入分配政策:缩小收入差距,推动公平合理

(一)完善财政转移支付体系

充分发挥财政在促进高质量发展和收入分配调节中的作用,持续推动

经济建设财政向民生财政转变,进一步提升新增财力用于改善民生的比重,并重点向农村、欠发达地区和低收入群体倾斜。研究共同富裕财力保障优化转移支付机制,重点面向基础教育、医疗卫生等公共服务和社会保障领域,增强基层公共服务保障能力,提升财政转移支付瞄准性。

(二)加大税收调节力度和精准性

完善个人所得税政策,减少对中低收入者和劳动报酬征税,探索以家庭为单位征收个人所得税的方式,加大对中低收入家庭个人所得税的税收返还力度。提高直接税比重,适时推出房产税和遗产税。完善房地产调控政策,控制房价过快上升,降低居民财产中过高的房地产比重,通过税收政策引导居民收入的积累部分投向实业和科技创新。

(三)拓宽国有资本利润分享渠道

完善国有企业高管"限薪"制度。强化国有资本的公共属性,加大公有经济成分的全民分红力度,划拨更大比例的国有资本进入社会保障基金。探索国有资本利润分享渠道拓宽试点,比如设立低收入群体救助基金,真正体现国有资本推进共同富裕的制度优势。

四、公共服务政策:提高服务标准,促进服务均等

(一)健全生育保障制度并提高儿童福利水平

完善现行生育保险制度,建立面向全体城乡居民的生育津贴制度。以0—3岁儿童为重点,试点普惠型儿童津贴制度,今后逐渐扩展到0—15岁少年儿童。完善留守儿童关爱体系,加快发展婴幼儿托育事业,鼓励和支持用人单位创办托育托管服务设施,发展社会化托育服务。

(二)促进教育资源城乡区域均等化

发展普惠性学前教育,重点建设农村学前教育体系。推动义务教育基本均衡向优质均衡发展,推进城乡间教师轮岗制度。保障农业转移人口随迁子女平等享有基本公共教育服务,逐步放宽随迁子女在就读地参加升学考试的条件。提升乡村教育数字化水平,改善乡村学校基础设施,加强乡村

教师队伍建设,提升乡村教师素质能力。巩固提升高中阶段教育普及水平,鼓励高中阶段学校多样化发展,优化结构布局,提高重点地区高中阶段教育毛入学率。发展特殊教育,完善专门教育保障机制。

(三)加强和改进就业公共服务

完善重点人群就业支持体系,通过统筹城乡就业政策体系、深化户籍制度改革等手段,提高就业率和就业质量,加快农业转移人口市民化。完善中低收入家庭个人所得税税收返还政策,根据报税人身份及其供养子女数量设置不同的税收返还标准,实现促进就业和反贫困的双重目标。改革职业技能培训体制,发展市场化职业技能培训,加强面向市场的技能培训,鼓励以工代训,共建生产性实训基地,形成以用人单位为主体的职业技能培训体制。完善财政对就业培训的补助机制,将职业技能培训资金更多地直接用于补助用人单位和劳动者。

(四)健全养老服务体系

加快发展养老服务业,尤其是完善居家养老服务网络,提高照护服务特别是农村照护服务的可及性。优化养老机构布局,增加护理型床位,鼓励民办养老机构连锁化、品牌化、社区化发展。普遍实施困难家庭失能老人照护服务补助制度,稳步推进长期照护保障制度,保障失能老人具有购买基本照护服务的能力。完善财政补助机制,向对低收入失能老人的需方补贴倾斜,保障失能老人购买基本照护服务的支付能力和选择权,改变低收入失能老年人"公办养老机构住不进,民办养老机构住不起"的困境。逐步改革公办养老机构服务价格管理制度,分步实现经营成本定价和完全成本定价。基本养老服务实行政府定价,其他养老服务实行市场定价。推进"放管服"改革,通过"公建民营""民建公助"等多种方式将公办养老机构委托企业或社会组织运行。

(五)促进医疗卫生资源均衡布局

加强欠发达地区区域医疗中心建设,通过高水平医院组团式帮扶发展,提升综合能力和专科能力,重点加强针对"一老一小"等人群的区域专科医疗资源均等化配置。多部门协同推进基层卫生人才定向培养，创新村级卫生人才“县招乡管村用”机制，加强基层医疗卫生服务人才的流动机制建设，加强区（县）及以下医疗卫生服务机构的能力建设。实施重点慢性病干预计划，强化常见慢性疾病防治，推进常见癌症的预防筛查。完善精神卫生和心理健康服务体系，实施心理救援队伍、社会工作者的储备计划，健全社会心理服务体系和危机干预机制。

（六）逐步实现全体人民住有所居、职住平衡

完善长租房政策，有序扩大城市租赁住房供给，逐步使租购住房在享受公共服务上具有同等权利，保障承租人和出租人合法权益。以人口流入多、房价高的城市为重点，扩大保障性租赁住房供给，着力解决困难群体和新市民的住房问题。单列租赁住房用地计划，探索利用集体建设用地和企事业单位自有闲置土地建设租赁住房，支持将非住宅房屋改建为保障性租赁住房。处理好基本保障和非基本保障的关系，完善住房保障方式，健全保障对象、准入门槛、退出管理等政策。改革完善住房公积金制度，健全缴存、使用、管理和运行机制。

五、社会保障政策：制度公平统一，运行高效持续

（一）增强社会保障项目反贫困功能

逐步提高城乡居民基本养老保险的基础养老金水平，使之接近于农村最低生活保障标准，从而保障老年人的基本生活。优化基本医疗保障制度设计，明确基本医药服务范围和相关规则，探索实行基本医疗费用个人责任封顶制，防止因病致贫、因病返贫。

（二）控制并缩小法定社会保障项目待遇的群体差距

稳步提高以老年农民为主体的城乡居民基础养老金和基本医疗保险待遇水平，保持职工基本养老金和基本医疗保险待遇的适度水平，制定缩小这两个群体基本保障待遇差距的目标并制订行动计划。按照“统账分离”的思路，改造基本养老保险制度设计，建立全民统一的基本养老金制度。鼓励和

支持职工基本医疗保险与城乡居民基本医疗保险制度整合,逐步形成全民统一的基本医疗保险制度。

(三)均衡法定社会保险项目地区间的运行成本

根据基本养老保险全国统筹、其他社会保险项目省级统筹的要求,逐步做实社会保险统筹,加快统一社会保险制度、政策和基本保障待遇。实行社会保险统筹区域内的基金统收统支统管,同时落实各级政府的筹资责任和基金支付管理职责,健全相应的基金统筹、调剂机制和中央对地方的补助机制。

(四)织密社会救助兜底网

清理各类不合理低保申请资格门槛条款,合理划分子女赡养责任和政府兜底责任边界,建立尽职免责工作机制,改变“宁漏勿错”的工作倾向,让收入和财产状况符合低保标准的城乡居民都能得到保障。合理确定低保标准,既保障城乡居民的基本生活,又防止标准过高出现“福利依赖”现象。完善低收入家庭核定机制,打破数据孤岛,试点引入水电费、燃气费、通信费大数据作为辅助性指标,建立主动识别工作机制。

(五)增强社会保障体系对经济社会发展的适应性

建立适用于正规、非正规就业者和新业态从业人员的职业伤害风险保障制度。创新职工社会保险参保、筹资和待遇支付设计,使之能够适用于各类劳动者。逐步降低社会救助和社会福利制度的户籍关联度,使非户籍常住人口能够享受居住地的基本公共服务。增强中高收入群体获取补充性保障的内在动力,同时采取适当的税惠政策,鼓励和支持有条件的用人单位和社会成员办理各类补充性保障项目。

六、乡村振兴政策:补齐农村短板,缩小城乡差距

(一)推动乡村产业发展

坚持“宜农则农、宜工则工、宜商则商、宜游则游”原则,促进农村产业集群集聚发展,做大做强县域特色主导产业。加快完善乡村产业体系,支持集体经济组织发展多元产业。大力培育乡村特色产业,制定乡村产业发展引

导目录。立足城市群格局,将重大项目和制造业产业链向小城市布局,帮助不便外出的农民实现灵活就业。支持县乡政府、村集体设立资金池,回购进城农民的土地承包权、宅基地使用权和集体收益分配权,支持通过农村产权交易市场挂牌交易“三权”,通过市场竞价决定转让价格,让农民共享发展红利。加快部署建立贯通全产业链和融通全方位信息资源的大数据平台,推动信息技术全方位嵌入农业生产和乡村经济。

(二)因地制宜发展农村加工产业

提升农业科技含量,增加农产品附加值,通过合作社、农业公司延长农业产业链,加快农业与其他产业深层次融合,让农民分享第二、第三产业利润。发展农村新型复合产业——“第六产业”,发展农产品加工、农村电商和乡村旅游产业,多渠道促进农民增收。加快农业劳动力向非农就业转移,提高农业劳动生产率。推动农业保险发展,降低农业因灾损失。优化农村营商创业环境,为集体企业、农村乡贤或个体户创业提供支持。

(三)探索面向畅通城乡要素双向流动的农村土地制度改革

增加农村集体财产积累,增加农村低收入人群的财产性收入。要赋予农民土地财产权,对农村承包地、宅基地、集体经营性建设用地,实行所有权与用益物权分离,让农民通过对土地用益物权进行抵押、担保或转让,获得财产性或经营性收入。深化农村土地制度改革,推进宅基地流转和置换方式创新,推动农村土地资源变资产,加速农村土地变现财产性收入。推动集体建设用地入市,特别是创造条件让宅基地有序流转,让农民分享土地升值收益。允许城市资本下乡,促进城乡要素市场双向流动。

(四)健全社会合作网络,提升资源拓展能力

推动乡村振兴,要建立稳定、可持续的社会资源投入机制。各级政府要加强乡村管理者和有关职能机构的能力建设,通过干部互派制度提升地方政府有效统筹资源的能力,鼓励和支持村级组织、合作社、涉农企业等形成现代农业的社会化服务联盟。政府要将完善基础设施、健全产权保障和强化人才激励放在重要位置,引导社会资本投资农业农村,加快推进乡村人才

振兴,发挥市场为乡村振兴配置资源的决定性作用。

七、区域协调发展政策:健全体制机制,促进区域平衡

(一)推动面向共同富裕的区域合作

深化重点区域合作,提升合作层次和水平。推动城市间基础设施、公共服务、环境治理等协调联动,鼓励更多区域制定共同富裕行动计划,深化地区间关于推进共同富裕的经验交流与合作。鼓励地区间探索开展基本公共服务跨区域流转衔接,提升社会保险关系转移接续便捷度。

(二)提升区域互助水平

深入开展东西部协作和定点帮扶,进一步扩大帮扶领域,实现东西部全方位、多领域、深层次的发展式协作,健全帮扶机制,加强产业合作、资源互补、劳务对接、人才交流。完善对口支援机制,动员包括企业、社会组织、个人在内的社会力量参与帮扶,更好发挥市场机制作用,推动各类协作资源有序流动对接。重点关注南北发展差距变化,畅通东西、南北经济循环,加快构建新发展格局。

(三)健全区际利益补偿机制

围绕生态地区利益平衡、农产品产销利益补偿、资源利用、污染防范、人才流动、历史贡献等方面,完善区际利益补偿办法。重点是要坚持市场导向和政府调控相结合,健全资源输出地与输入地利益补偿机制,确保资源价格能够弥补生态修复和环境治理成本。鼓励资源输入地通过飞地经济、产业合作与园区共建等形式支持资源输出地发展相关产业。

(四)完善区域政策调控机制

充分考虑区域特点,发挥区域比较优势,因地制宜激发区域发展新动能。建立区域更加均衡的财政转移支付制度,将共同富裕的目标任务纳入区域政策的框架中,加大对跨区域基础设施建设的支持力度。提高区域政策精准性,更好地推动区域平衡发展。

第二章
共同富裕的若干现实问题

在新发展阶段，推动共同富裕是经济结构调整的主要举措，是维护社会稳定的重要环节，更是坚定政治信仰的群众基础。在扎实推动共同富裕的新发展阶段，亟须归纳共同富裕工作所面临的新情况，梳理当前制约共同富裕的突出问题，瞄准新时期共同富裕的关键矛盾，明晰推进共同富裕的工作方案和政策路径。

党的十九届五中全会提出，到2035年共同富裕目标要取得更为明显的实质性进展，“十四五”规划进一步明确了具体的实施目标。这标志着人类社会普遍存在的共同富裕理想，在中国正式由目标理念走向现实政策。我们为什么要在这个时候提出并细化共同富裕之路？应该说这既是中国共产党的目标初心，是乘势而上的历史使命，更是经济社会的现实要求。在新发展阶段，推进共同富裕是经济结构调整的主要举措，是维护社会稳定的重要环节，更是坚定政治信仰的群众基础（宋晓梧等，2013）。党中央在新发展理念下提出共同富裕这个目标，并明确具体的时间表和路线图，说明收入分配对于经济社会全局问题的重要性，说明党中央把共享发展摆在一个前所未有的高度，是新时代国家改革发展转型的重要标志。

共同富裕的具体内涵究竟是什么？怎样才表明共同富裕取得更为明显的实质性进展？未来要走什么样的道路才能实现共同富裕？我们最早从理想共产主义和平均主义走来，“吃大锅饭”的历史教训让我们深刻理解了什么叫“共同贫穷”，因此邓小平同志提出“一部分地区有条件先发展起来，一部分地区发展慢点，先发展起来的地区带动后发展的地区，最终达到共同富裕”[①]。到2020年底，我国已全面建成小康社会，在开启第二个百年奋斗目标的背景下，正向着高标准的共同富裕目标迈进。在扎实推进共同富裕的新发展阶段，亟须归纳共同富裕工作所面临的新情况，梳理当前制约共同富裕的突出问题，瞄准新时期共同富裕的关键矛盾，明晰推进共同富裕的工作方案和政策路径。

第一节　推进共同富裕的新情况

一、从理念目标到现实政策

实现共同富裕是人类社会不断追求的共同目标，在不同国家话语体系

---

①邓小平文选：第三卷[M].北京：人民出版社，1993：374.

下，共同富裕目标有着不同的内涵表现，其名称也多种多样，如共同繁荣、共享发展、普遍繁荣、包容性增长等（Ferreira et al.，2018）。历史上我们是在“大同社会”理念下推进“均贫富”，在新时代下又提出了逐渐实现高标准共同富裕的具体目标。应该说，虽然共同富裕是我们的一项长期任务，短时间内难以完全实现，但是我们一以贯之，从来没有放弃，并细化到当前的各项具体工作任务。特别是，党的十九届五中全会明确提出到2035年“全体人民共同富裕取得更为明显的实质性进展”这个远景目标，并承诺制定具体的行动纲领来切实推进。

习近平总书记明确提出，实现共同富裕不仅是经济问题，而且是关系党的执政基础的重大政治问题。① 与之前不同的是，当前共同富裕不仅是中国特色社会主义的理想目标，更是现实要求。按照邓小平同志提出的“三步走”发展战略，在人民生活达到小康水平的基础上，现在到了从“先富后富”到“共同富裕”的战略大转换阶段，所以党中央进一步提出到2035年和2050年推进共同富裕的明确要求。当前顶层设计已经有了，但在政策推进过程中需要更加细致的实施方案，需要推出具体政策和行动措施来定量实现。这不仅包括时间表、路线图等宏观规划，也包括主要任务、重大工程、责任分工等具体措施。

二、从全球共性到中国特色

实现共同富裕是所有国家追求的终极目标，从国际比较视野来看，共同富裕问题具有全球普遍性（Ferreira et al.，2018）。但理论上每个国家的历史地理、发展阶段和禀赋特征等都存在差别，特定国家的共同富裕更是千差万别。中国特色的共同富裕目标与其他国家有共同之处，但也有明显差异。共同富裕是社会主义的本质特征，是区别于资本主义国家的最主要方面。

中国共产党领导下的共同富裕，体现为人的全面发展和各个主体的自我发展。推进超14亿海量人口的全体人民共同富裕，与北欧的城市型国家

①习近平. 把握新发展阶段，贯彻新发展理念，构建新发展格局[J]. 求是，2021(9)：12.

有本质区别，是全方位回应全体人民共享需求和体现以人民为中心的过程。中国特色共同富裕是包括精神富裕的全面富裕，是目前标准偏低且标准不断提升的渐进富裕，不是简单以高福利结果兜底的共建富裕。同时，中国特色共同富裕要统筹发展和可能，通过发展的方式来逐步实现，体现分城乡、分区域、分阶段的过程，并最终使全体人民迈入高水平共同富裕。目前我们在界定政府基本责任方面在稳步提高标准，力争全方位提升教育、医疗、卫生、住房等基本公共服务水平；同时我们也尊重经济社会发展规律，逐步逐层完善更高标准的基本公共服务体系，从而探索出具有中国特色的共同富裕路径。

三、从结果导向到过程共享

改革开放40年多来，我国稳定解决了十几亿人口的温饱问题。随着社会主义进入新时代，人民对共同富裕的要求逐步发生转变，对物质消费等方面提出了更高、更层次化的标准。在2020年全面建成小康社会的基础上，党的十九届五中全会又进一步提出更高要求，预期到2025年左右进入高收入国家行列，规划到2035年全体人民共同富裕取得更为明显的实质性进展。总的来看，这个政策规划体现了过程的共享性和时间的渐进性。若过早谈结果的完全共同占有和平等分配，则容易走向计划经济的平均主义，其结果很可能是共同贫穷。因此，无论是历史教训还是现实要求，都是要求在过程共享中逐步推进共同富裕的结果目标。

而且党的十九届五中全会只是提出2035年取得更为明显的实质性进展，到2050年也才基本实现共同富裕，直至2100年才有可能进入很高标准的共同富裕阶段。要真正实现高水平的共同富裕可能还需要较长时间，故共同富裕可能是一个长期目标，不是在短时间内就能完全实现的，仍然要做好长期奋斗的打算。综合来看，共同富裕不仅是目标，更是过程，是一个增进全体人民不断共享的过程，是在结果导向中螺旋实现共享的过程。

四、从国富优先到民富同进

从国家总体富裕层面，我们已经是世界第二大经济体，但是从人均富裕角度看,离世界银行或国际货币基金组织划定的高收入国家或发达国家的平均水平仍有一定距离,国家人均富裕水平仍然有很大的提升空间。因此在面向2035年和2050年时期,我们仍然要坚持经济发展的基本方向,努力在发展中实现国民总体富裕,但也不能寄希望于国富就能简单解决民富问题。过去几十年,我国居民收入在国民收入中的占比持续下降,政府所得比重偏高。近年来我国居民可支配收入比重有所回升,但是在总量上还是偏低,尤其是劳动者报酬占国民总收入的比重较低。在全面建成小康社会的背景下,需要让更多的国家财富被全体居民所获得。

在民富总体提升的基础上,目前更加突出的问题是发展不平衡不充分,特别是城乡、地区和不同群体居民收入差距问题突出。共同富裕是全体人民的富裕,不是一部分人的富裕,故需要考虑如何带动更多人致富的问题。在新时代背景下,党的十九届五中全会提出到2035年全体人民共同富裕取得更为明显的实质性进展,以此来呼应国家总体富裕和全体居民共享富裕的关系。在走向共同富裕的道路上,应该是既要达到国家总体富裕,也要实现居民总体富裕,稳步推进全体居民共享富裕,由此践行从国富民到共同富裕的过程。

第二节 推进共同富裕的新挑战

一、财富差距的调节办法有限

在中国经济40多年持续增长的背景下,实体经济创造了大量财富,居民通过劳动也积累了更多财产,近年来我国已经出现一部分高净值人群。不过特色语境下的财产增长在一定程度上与灰色财产等不合理行为相关,少数群体利用政策不完善获得较高的财产,当然近年来财产增长与资产价格膨胀有一定关系(万海远和李实,2021)。因此,新时代的重要挑战是要区分居民财产积累来源,预防财富在高收入群体中过度积累,重视财富加速积累对收入分配的影响。重视高收入群体代际财富传递,并提出行之有效的政策措施(如房产税、遗产税等选项),来提高收入和财富的代际流动性,长期改善收入不平等状况。

当财产水平积累到一定程度时,财产性收入就会成为一部分居民的主体收入来源,并继而固化收入差距。尤其是,高收入阶层的财产通过资产赠予和遗赠等方式传递给下一代,使得财产的代际流动性下降。财产分布不均等的直接后果首先是财产性收入不均等,并继而成为导致收入不平等的重要因素。在全球范围内,关于收入流量的调节政策是比较丰富的,但财产存量具有瞬时转化和变形的特征,背后的资本也具有在全球范围内无限流动和自由配置的特点,因此在全球范围内对于资本或财富存量的调节并没有太好的办法,可用的政策工具也非常少。在资本强势回归的背景下,要继续坚持社会主义关于资本适度调节的制度优势,防止资本在教育、媒体、经济、社会和政治领域的过度蔓延,尽快推出针对性更强的资本税或财产税,防止资本与劳动的群体性分割(万海远,2020)。

二、绝对收入差距带来的社会风险

共同富裕既要避免平均主义,也要避免两极分化。有研究表明,未来推进共同富裕的主要挑战不在于经济增长的总体富裕,而在于收入分配的共享富裕方面(黄群慧和刘学良,2021)。我国改革开放40余年来最大的成就之一,就是为各类人群最大限度地提供收入流动性,尤其是没有形成以身份为特征的利益集团。近年来,我国相对收入极化又出现历史性下降,中等收入群体比例明显提高。不过随着经济的持续发展和财富的积累,在相对极化明显下降的背景下,居民不同群体间的绝对收入差异在持续上升。

虽然从横向比较看,低收入者的收入份额出现持续下降,但从个体纵向比较看,在经济强劲增长的带动下,收入水平仍在持续提高。然而,近年来经济增速放缓,部分人群可能面临收入纵向下滑的风险。在此基础上,如果还出现明显的失业现象,则部分低收入群体可能会重新返贫,再加上高收入者财富份额的急速扩大,由此会激发居民的不满情绪。如果突然要降低收入,人们肯定会不满并拒绝现状,因而由“棘轮效应”带来的社会风险就会增加。未来要推进共同富裕,就需要坚持底线思维,化解各种风险,不能一味地强调效率、促进先富,而必须走包容性增长道路,选择既要增长又不会扩大差距的发展方式。

三、国际环境发生明显变化

过去,我们可以利用全球价值链分工,以丰富的劳动力要素占领全球产业链的核心地位,从而顺利融入全球化,使得大量的低收入者转移到城市工厂,促进劳动力的就业和收入持续增长。但在全球政治经济格局大调整的背景下,国外循环很难成为推进共同富裕的主要渠道。特别是在当前保护主义盛行和逆全球化的背景下,全球价值链和供应链受到较大影响,通过在全球配置资源来实现高增长的方式受到影响,因此未来要推进高标准共同富裕需要更多依赖于内循环。

在全球百年未有之大变局下,国际环境日趋复杂,各国经济、社会、贸易格局发生深刻变化,不稳定性、不确定性明显增加,这给我国共同富裕的高质量发展基础带来挑战。虽然资本强势是未来财富分配的重要挑战来源,但不能简单通过征收高额财产税的方式来应对,而必须考虑到资本的自由流动和财富形态的不断转变。特别要考虑到国际战略竞争因素,产业结构的全球布局容易受到影响,不能贸然对跨国企业采取过严的调节措施。同时必须考虑国际环境对我国共同富裕进程的影响,需要梳理在国际大竞争格局下各个战略手段的可行性。如在全球税收竞争格局下,通过征收高额资本税来调节财富分配的方式应有所变化,依赖税收手段来推动共同富裕也应更加慎重。

四、新发展阶段下的政策经验

我国刚打赢脱贫攻坚战,精准扶贫的一些做法同样适用于推进共同富裕。但我们也应意识到,新形势下不能完全简单套用精准扶贫的经验,毕竟精准扶贫是汇集全社会资源集中扶持一小部分贫困人口，而共同富裕是全体人民一个都不能少的高水平共同富裕，是面向14亿海量人口的共同富裕。这就不可能用政策扶持的方式来实现，更多地还是要增长、要发展，只有把蛋糕做大才有可能实现高水平的共同富裕。

在过去相对较低水平的共同富裕目标下，我们可以通过福利制度或政策保障的方式，让低收入群体也共享国家发展红利。但在新时期更高标准的共同富裕目标下，则不可能指望通过政策保障的方式让全体人民同时迈入高标准富裕，这只能依靠高质量发展、高水平增长来实现。过去我国通过“五个一批”（发展生产脱贫一批、易地搬迁脱贫一批、生态补偿脱贫一批、发展教育脱贫一批、社会保障兜底一批）的方式消除了现行标准下的贫困人口，其中用财政兜底的方式让部分最低收入者顺利摆脱了贫困。但在面向2050年推进共同富裕的长远目标下，在财政收入增速下降的背景下，就不可能再依赖精准扶贫时期的短期财政兜底方式。2021年5月，《中共中央 国务院关于支持浙江高质量发展建设共同富裕示范区的意见》发布，要求浙江在高质量发展、城乡区域协调发展、收入分配制度改革等方面继续主动作为，并形成一批可复制可推广的成功经验。当然，其他地区在基本公共服务均等化和促进人的能力发展方面也有许多值得推广的做法，这些都可以为新发展阶段推进共同富裕工作提供政策借鉴。

第三节 推进共同富裕的关键问题

一、能否进行国际对标和比较

推进中国的共同富裕，从来不是孤立地就中国而谈中国，而必须把中国放到一个全球性视野和背景下来考察和比较。到2050年基本实现共同富裕，这里收入差距和人的能力发展差异究竟要缩小到什么程度才能认为是基本共同富裕，需要放在国际环境中进行对比后才能确定。有观点认为，北欧国家接近大家认同的共同富裕定义,其富裕水平达到较高水准,同时共享富裕程度也很高,有个别值得我们借鉴的地方。从推进方式来看,北欧国家的共同富裕是通过福利主义方式来推进的;而美国财富分配差距很大,底层百姓的共享程度并不高,甚至疫情之下美国富人的财富还在加速增长,财产不平等程度还在加剧,由此带来很多制度方面的教训。

理论上每个国家的发展阶段都存在差别,在共同富裕的内涵和目标上更是有很大差别。有观点认为,既然在实践上很难找到一个理想的共同富裕对标对象,那么就没有必要去寻找。特别是在国力日益增强的背景下,有些人主张要制度自信,不赞成一味对标,即使对标了也学不了,因此认为不能和与中国存在很大差异的欧美国家对标。不过也有观点提出,要不要和北欧模式对比是一回事,而能否实际达到则是另一回事,并坚持认为把其他国家作为参考仍有部分借鉴意义。如日本、韩国在高速发展过程中就没有出现收入差距明显扩大的情况,它们是东亚文化,具有同样的小农经济,在土地生产要素被盘活以后,其产业结构支持了充分高质量就业,农民收入倍增明显,收入差距一直控制在较低水平。

二、是否进入钟摆的下一个周期

共同富裕是公平与效率关系的集中表现,“效率”主要体现为经济增长,“公平”主要体现为收入分配的相对平等。实际上公平与效率是人类社会的终极命题,历史上的思想流派和发展实践也总是在这两个方面来回摆动。我国40多年的改革开放历程也一直践行“公平”与“效率”的钟摆轮回,并先后经历了多个战略性调整阶段,总体包括“兼顾效率与公平”“效率优先、兼顾公平”“更注重社会公平”“更有效率、更加公平”和“体现效率、促进公平”五个阶段。在历史钟摆周期的影响下,全球性收入差距持续扩大,底层社会力量触底反弹,要求福利保障的声音日益明显,并进入下一个钟摆周期的关键节点(Piketty,2020)。

虽然大家都认为收入分配是一个重要的问题,但确实在不同领域也出现一种观点,即对收入分配能否作为一个重大问题来专门看待还不以为然,认为经济增长自然会带动解决收入增长问题,分配只是不同群体收入增长的自然结果,不应该也无必要把它作为一个专门的重大任务来抓。但近年来一些国家因为分配问题产生社会动荡后,这种声音就小了很多。虽然之前关于收入分配制度对经济社会发展作用的重要性还存在不一致的认识,但在党中央明确提出共同富裕目标后这种认识逐渐统一。在已经全面建成小康社会的基础上,确实有必要也有能力在公平共享方面多做一些,而且社会公平问题处理得好,也更有利于全社会效率提高。不过从历史钟摆角度看,对于我们是否到了要明显谈共享的战略大转换阶段,收入分配究竟应如何作为一个专门的重大问题来研究,仍然存在不同的看法。

三、如何包含精神富裕的内涵

大家都认为精神富裕是中国特色富裕内涵中必不可少的内容,但在具体的政策推进过程中,精神富裕的界定存在一定困难,对于把精神富裕置于何种角色又存在一定的分歧。有观点提出,教育文化、生态环境和社会治理都是精神文明的重要体现,是新时代推进共同富裕的根本内容。不过有人担心,如果包罗万象则难以体现共同富裕的核心内涵,无法体现中央扎实推进共同富裕政策的针对性,因此还是要适当聚焦。有观点提出,如果要把概念扩大化,把精神自强自信、司法民主,甚至生态文明等也包含在内,那就与推进社会主义全方位现代化没有什么差别,体现不出共同富裕目标的针对性和阶段性等特点。因此,在推进物质共同富裕的同时,稳步推进精神共同富裕非常关键。

从聚焦当前主要问题、针对主要政策的角度出发,有观点认为,近期内侧重物质富裕和部分精神富裕是可以接受的。毕竟精神富裕与物质富裕紧密相关,精神的富裕自足与物质水平的增长共享有很大关系。而且经济发展水平是共同富裕的物质基础,也是居民满足感、获得感的直接来源,由此在现阶段做大物质富裕也会有助于提升精神富裕。从实际政策工作开展角度看,也应区分长短期并有所侧重。从短期来看,更多的还是收入财产转移和权益直接分配,体现当期物质水平的共享富裕。从长期来看,则要真正贯彻以人民为中心的发展理念,侧重各级教育均衡发展,促进儿童早期发育,聚焦人的发展能力的全面提升,从人民福祉和人的能力两方面做实物质和精神共同富裕的基础。

四、居民收入增速是否要快于经济增长

过去总的判断是,我国社会建设滞后于经济建设。我们在经济增长方面积累了很多经验,取得了很大成功,也期望通过经济增长来解决分配问题,但在经济发展的同时,居民收入差距在持续扩大。过去城乡居民收入增速长期慢于 GDP 增速,居民收入的历史欠账比较明显(宋晓梧和邢伟,2019)。虽然近年来我国居民收入增长与 GDP 增长保持同步,但考虑到过去较长时期的居民收入欠账,而且在新时期要推进更宏伟的共同富裕目标,有观点提出,应进一步考虑提出更高目标,即要求居民收入增长不是同步而是要明显快于 GDP 增长。

历史经验表明,在经济增速下滑时期,居民收入增长的影响反倒可能更大(国家发展和改革委员会社会发展研究所课题组,2019),因此在新时期提居民收入增速快于 GDP 增速的发展目标存在一定困难。而且从企业负担端考量,近几年劳动力成本上升也是客观事实,从制造业国际竞争力角度看,确实也不能让劳动报酬有过快增长。不过劳动报酬仅是居民收入的一个部分,如居民经营性收入和财产性收入均有较大上升空间。尤其是现在要大力推进全体人民的共同富裕目标,有观点提出仍然应该倾斜性地对居民收入增长提出更高要求,否则到 2035 年难以实现共同富裕取得明显实质性进展的目标,即认为使用人均居民可支配收入快于人均 GDP 增长的说法是符合现实的。

第四节 推进共同富裕要注意的几组关系

一、宏观与微观的关系

在全面建成小康社会后,有观点认为,现在到了要从“先富后富”到“共

同富裕”的战略大转换阶段。按照邓小平同志的战略设想，在达到小康水平的时候，就要突出地提出和解决这个问题。[①] 要推进共同富裕，首先要有宏观经济的稳定增长，做大共同富裕的物质基础，让共同富裕工作具有雄厚的宏观经济基础。而纵然实现了经济的总体富裕，也不能说必然会自动实现全体居民的共享富裕。其中的核心问题是居民收入在整个国民收入中的占比偏低，因此涉及政府、企业和居民三者之间的宏观分配格局。

在宏观财富增长已取得一定成就后，下一步推进共同富裕的重点还在于居民之间的微观分配问题，要协调好城乡、地区和人群间的分配关系。其中农村地区是推进共同富裕的重点和难点，因此要统筹城乡协调发展，战略性地从区域城市群出发，从区域布局上带动更多农村地区发展致富，从宏观一体化迈向微观一体化，从而促进区域共同富裕（韩文龙和祝顺莲，2020；刘国光，2011）。

二、政府与市场的关系

无论是从西方经济学还是马克思主义政治经济学，无论是从发达资本主义国家还是我国经济的发展实际看，单一的市场化改革都难以实现完全的分配公平。市场经济会出现失灵的情况，但并不是说要否定市场力量，也不是要否定市场在资源配置中的决定性作用。在推进共同富裕的道路上，仍然要坚持市场化改革，完善政策制度，加强政府宏观调控，合理调节市场化的初次分配差距，进而得到相对合理的再次分配差距。在行政集中体制下，我国各级政府具有调节市场的先天优势，需要完善而非否定政府调控。

要实现全体14亿人的共同富裕目标，以政府大包大揽方式来推进面向2050年高标准的共同富裕也是不可能的。我们强调，不能让政府包揽一切，必须通过以市场为主体、政府辅助调节的方式，来实现经济可持续发展和共同富裕。政府不能等待让经济发展而自然实现收入差距倒U形发展，而是

---

①邓小平文选：第三卷[M].北京：人民出版社，1993：374.

要主动作为,更好发挥政府作用以弥补市场失灵。需要政府在优化初次分配中发挥基础性作用,强力调节二次分配,引导慈善等第三次分配。科技革命尤其是人工智能的发展,对普通劳动者的就业替代和共享富裕的冲击是很大的,因此近年来全球主要国家都在增加公共支出,也开始要提高政府所得比重,由此具有更强力量去调节市场失灵(Piketty,2020)。

三、共建和共富的关系

共同富裕是全民共富、全面富裕、共建共富和逐步共富。要实现海量人口的共同富裕,必须是共建才能共富,共建过程也是共享过程。共同富裕是全体14亿人的共同富裕,但不可能是所有人齐头并进的共同富裕,在任何时候都会存在一定程度的富裕结果差别,即共同富裕不是被动的结果均等富裕,而是全体人民通过辛勤劳动和主动奋斗而自我实现的过程,因此需要正面引领,共同努力。

习近平总书记强调,只有坚持以人民为中心的发展思想,坚持发展为了人民、发展依靠人民、发展成果由人民共享,才会有正确的发展观、现代化观。① 共同富裕的核心理念不是大家被动享受发展的成果,而是每个人都通过劳动参与其中,故应该包括经济社会的全方位参与,是全体人民通过劳动参与才能实现的过程。所以各类市场主体是壮大共同富裕的根本,充分高质量就业是共建共享的基础,守法合法辛勤劳动是共同富裕的来源。在市场经济条件下,在考虑系统性、整体性和配套性条件下,优化产业结构、稳定制造业就业比重、推动经济的高质量发展,都对促进更多人通过自我实现方式迈向共同富裕起到基础性作用。

四、目标与工具的关系

从释放社会成员发展动力角度来看,缩小收入差距有利于促进居民消费扩量提质,所以从收入分配改革视角来挖掘改革红利、丰富调控政策工具

①习近平.把握新发展阶段,贯彻新发展理念,构建新发展格局[J].求是,2021(9):11-12.

尤为必要。现实中如果把优化收入分配作为政策调节工具，并到达居民收入提高和收入结构优化的效果，则宏观上就不必再经受产业低质量和低附加值所带来的结构失衡，就不必走压低劳动工资、依赖大量其他要素投入的发展方式，而是转到依靠消费、人力资本质量和创新驱动的发展阶段，由此也能从根本上解决当前宏观经济存在的动力不足等问题。

高度重视共同富裕问题，不仅要把共享分配作为一个单独的重要问题来应对，还应以此为契机来解决经济社会发展中的瓶颈问题，要以共同富裕工作为抓手来带动其他领域的政策改革。如提高居民收入不但不会阻碍经济增长，反而可能会通过促进消费拉动企业产品需求，并带来企业经营状况的改善、政府税收的增加和劳动报酬的提升，由此实现经济可持续增长和社会财富的总体提升。因此，从目标向工具转变的视角出发，我们不仅要把共同富裕作为解决经济社会发展不平衡不充分问题的一个政策工具，更要把共享发展作为宏观调控和促进经济协调可持续发展工具库中的一项常规性措施。

第三章
共同富裕的指标体系

根据“四高”“四小”“五和谐”具体目标，兼顾可比性、可分解性等，本章选取指标衡量收入和财富、基本公共服务、人的发展能力，以及精神、生态、社会和谐等四个维度的可及性指数、富裕指数和共享指数。通过各维度加权平均得到“共同富裕综合指数”，用于共同富裕监测与评价。

2021年3月通过的《中华人民共和国国民经济和社会发展第十四个五年规划和2035年远景目标纲要》指出,“十四五”时期要将“坚持以人民为中心”作为经济社会发展必须遵循的原则,强调“坚持人民主体地位,坚持共同富裕方向,始终做到发展为了人民、发展依靠人民、发展成果由人民共享”,“促进社会公平,增进民生福祉,不断实现人民对美好生活的向往”。笔者深入学习习近平总书记关于共同富裕的重要论述,在对共同富裕理论进行深入研究的基础上,以广大人民群众实际享受到的福祉为核心,构建了一套共同富裕指标体系。同时,本书根据共同富裕的内涵,初步确定了各项统计指标在本世纪中叶实现共同富裕目标时的目标值。通过这套指标体系的构建,可以为理解不同时期基本国情、评估不同时期共同富裕实现程度、比较不同地区共同富裕进展水平、分析共同富裕制约短板提供基础依据。

第一节 如何理解共同富裕

一、“以人民为中心”的共同富裕

国家“十四五”规划纲要提出了“人民生活更加美好,人的全面发展、全体人民共同富裕取得更为明显的实质性进展”的远景目标。从总体上看,中国特色的共同富裕是“以人民为中心”的共同富裕,基本目标是使高质量发展成果更多、更公平地惠及全体人民,全体人民物质富裕、精神富有,民生福祉得到显著提升,实现人的全面发展,社会更加和谐。

二、共同富裕的目标是实现“四高”“四小”“五和谐”

在深入贯彻中央精神的基础上,结合本书对共同富裕理论和含义的把握,在人民群众收入、财产和公共服务等方面细化目标,主要体现为“四高”“四小”“五和谐”。“四高”指的是:收入水平高、财富水平高、公共服务水平高、人的发展能力水平高;“四小”指的是:收入差距小、财富差距小、公共服务差距小、人的发展能力差距小;“五和谐”指的是:城乡和谐、区域和谐、精神和谐、生态和谐、社会和谐。因此,“四高”侧重“富裕”,“四小”侧重“共享”,“五和谐”在宏观层面上注重全社会的共同富裕与和谐进步。

三、最低富裕标准

为什么需要最低富裕标准?具体而言包含三个方面:一是最低富裕标准不局限于收入和财富,同时体现在人民实际获得的公共服务、发展能力、精神和谐、生态和谐和社会和谐等多个方面;二是人民的所有方面都应该达到最低富裕标准;三是全体人民都应达到最低富裕标准,而不是平均水平达到最低富裕标准。

关于“人民的所有方面都应该达到最低富裕标准”,在统计测度中,用于测度收入和财富水平的统计指标存在如下特点:特定时期内的净收入和净财富可能遭遇暂时性冲击的影响。因而,收入和财富的“最低富裕标准”需要从两个角度进一步理解:第一,持久性净收入和持久性净财富超过最低富裕标准;第二,特定时期内净收入和净财富(包含暂时性冲击的影响)超过最低富裕标准的人口比例超过某个最小比例,这个比例应该尽可能接近100%,但不必规定为100%。在统计测度方面,公共服务、发展能力、精神和谐、生态和谐和社会和谐对应的测度指标一般比较稳定,暂时性冲击的影响一般不明显。因而,人民实际获得公共服务、发展能力、精神和谐、生态和谐和社会和谐的人口比例应该达到100%。

四、中国走向共同富裕是一次百年征程

在未来100年中,实现共同富裕分为三个阶段:2021—2035年为第一个阶段,2036—2049年为第二个阶段,2050—2121年为第三个阶段。有三个重要时点:2035年、2049年和2121年。到第一个时点(2035年),其主要目标是全体人民共同富裕方面取得更为明显的实质性进展,表现为全体人民的整体生活水平达到当时世界发达国家的中等水平,收入和财富差距明显缩小,公共服务均等化程度进一步提高。到第二个时点(2049年),即到新中

国成立100年之际,我国基本实现共同富裕,成为世界上最富裕的国家之一。全体人民属于世界上最富裕的人群,也是发展差距最小的人群,人人享有高质量和高水平的公共服务,生活在环境优美而又和谐的家园。到第三个时点(2121年),即中国共产党成立第二个百年,我国将全面实现共同富裕的目标。人人具有全面的发展机会,具有充分的发展条件,共享充足的发展成果,身处环境优美、社会安定祥和的大同社会。

第二节 如何评价共同富裕

一、共同富裕的单一指标评价

(一)共同富裕的一个简单指标

世界银行在贫困研究中提出了“共享富裕”(shared prosperity)的概念[①],与中国提出的共同富裕概念有相近的含义,可以与共同富裕概念相联系。共同富裕的字面含义是所有人都实现富裕,引申的含义是相对弱势人群能够达到“富裕”。基于这个理解,可以将收入较低人群视为弱势人群,并将他们的富裕程度作为“是否达到共同富裕”的一个简单指标。此时的主要指标是:相对较低某比例人口的人均可支配收入。当该指标数值高于共同富裕的最低标准时,可以认为全社会达到较好的共同富裕状态。根据共同富裕简单指数的特点,可以引申出两个问题:一是“共同富裕”的决定机制是什么;二是“最低富裕标准”是多少。这两个问题也是共同富裕研究的重要问题。

---

①世界银行的世界发展数据库(World Development Indicators)公布了不同国家的共享富裕估计值。本章第三节引用了部分国家的数值作为国际对比。此外,Kakwani 等(2022)对共享富裕进行了发展,将共享富裕分解为来自不同收入来源的贡献,并根据中国家庭收入调查(CHIP)数据测算了过去30年中国的“共享富裕”状况。

(二)共同富裕简单指标的分解

共同富裕是全社会达到一定发展水平,同时全体人民都达到富裕状态,因而包含了“发展”和“共享”两个内容。共同富裕简单指标可以按如下公式进行分解:

较低40%人群的人均可支配收入=全部人口的人均可支配收入×较低40%人群的人均可支配收入的相对比例

共同富裕与发展和贡献的关系可以用如下表达式理解:

共同富裕=全社会的平均发展程度(发展)×弱势群体的共享程度(共享)

即,共同富裕由一个社会的发展程度(或者说富裕程度)和共享程度共同决定。据此,我们定义“发展指数”为全部人口的人均可支配收入;“共享指数”为“较低40%人群的人均可支配收入与全部人口人均可支配收入的比值”。共同富裕简单指数是发展指数和共享指数的乘积。Kakwani 等(2022)对这个指数的内涵进行了更详细的讨论,并且在此基础上继续分解为来自不同收入来源和劳动力市场不同因素的贡献。

(三)共同富裕简单指标的使用

基于共同富裕简单指标,可以直观对比不同国家或不同地区的共同富裕水平。按照国家“十四五”规划纲要提出的第二个百年奋斗目标,中国在本世纪中叶应达到中等发达国家水平。那么,中国的共同富裕简单指标(较低40%人群人均可支配收入)应达到同时期中等发达国家水平。国家“十四五”规划纲要同时提出,支持浙江高质量发展建设共同富裕示范区。《中共中央 国务院关于支持浙江高质量发展建设共同富裕示范区的意见》提出浙江省2025年推动高质量发展建设共同富裕示范区取得明显进展、到2035年基本实现共同富裕的发展目标。那么,浙江省的共同富裕简单指标在2025年应接近发达国家水平,2035年应达到同时期中等发达国家的中间水平。

(四)简单指标的优点和不足

共同富裕简单指标有三个方面的优点:一是内涵概念清晰,基于简单分解能够直观理解“发展”和“共享”对共同富裕的影响；二是数据相对容易获取，基于公开统计资料能够获得区县、省份和国家层面的数据；三是易于进行纵向和横向对比，纵向对比可以观察特定地区一段时间内推动共同富裕的进展，横向对比可以观察各地区之间的共同富裕状况差异。

共同富裕简单指标也有一些缺点，即容易忽视较低40%人群的内部收入差距和共享问题。较低40%人群收入增长的同时，最低10%或5%人群的收入水平可能没有同步增长，此时的增长过程不是迈向共同富裕的过程。解决这个问题需要两个思路：一是不局限于40%这个比例标准，在数据可得的情况下，同时将收入最低5%、10%、20%等比例标准同时作为共同富裕简单指标，并采用前述相同方法进行分解和分析；二是需要多维度的综合评价体系来对共同富裕状况进行监测和评价。

二、“以人民为中心”共同富裕综合指数

（一）基本原则

在过去几十年，各级政府部门和学界针对“小康社会”“高质量发展”“共享经济”等议题曾提出过不同的指标体系。借鉴已有成果，面向共同富裕主题，本书在设计指标体系时遵循的基本原则包括以下几点。

（1）紧扣“共同富裕”内涵。根据新时代高质量发展背景和已有收入分配理论，总结提炼共同富裕内涵。

（2）指标少而精。尽可能选择识别性较强和内涵丰富的统计指标。

（3）紧扣“以人民为中心”的发展思想，侧重居民实际享受的福祉水平。基于以“人”为核心的评价结果，更加注重结果类指标，有助于识别在一段时间内的政策重心和改革方向。

（4）注重指标数值的实际区分度。有些指标虽然理论上很重要，但已经达到或非常接近目标值，变动的空间已经很小，因而不会被纳入指标体系。

（5）必须能够获取客观的数据。这里的数据来源包含两个方面：一是目前政府部门已经掌握的统计资料；二是政府部门暂时不掌握但通过创造条

件可获得的统计资料。

(6)符合中国整体国情、各地区的特定发展阶段,同时具有国际视野。符合本条原则的统计指标将可以用于地区层面的纵向和横向对比,以及不同国家之间的对比。

(二)总体框架

维度的选择。根据"以人民为中心"的共同富裕内涵和"四高""四小""五和谐"的目标,本书共同富裕统计指标体系包含四个维度:收入和财富、基本公共服务、人的发展能力,以及精神、生态、社会和谐。其中,收入和财富维度是共同富裕的直观表现,基本公共服务维度是共同富裕的兜底保障,人的发展能力维度是可持续性共同富裕的基本保障,精神、生态、社会和谐维度是更高层次的共同富裕。

复合型指数的选择。基于共同富裕目标,所有维度都应在可及性、富裕程度和共享程度上达到目标水平。因而,每个维度可分别计算其可及性指数、富裕指数和共享指数,将其合并可以得到每个维度的共同富裕指数。可及性指数表示特定维度的统计指标值超过某个最低值的人口比例,反映有和无的问题。富裕指数表示特定维度的统计指标值超过最低值的人群的人均指标值,反映在获得某项福祉的基础上的平均发展水平。共享指数表示特定维度的统计指标值超过最低值部分的差距,本书用相对弱势群体的人均指标值与富裕指数的比值表示。

因而,本书共同富裕统计指数体系为"4 个维度 ×3 个指数"结构(见图 3-1)。第 i 个维度的共同富裕指数算法如下:

维度 i 共同富裕指数 = 维度 i 可及性指数 × 维度 i 富裕指数 × 维度 i 共享指数

在计算得到各维度共同富裕指数的基础上,通过加权平均得到"共同富裕综合指数"①,用以反映所评价地区全社会整体的共同富裕状态。此外,考虑到城乡差距、地区差距问题比较突出,建立"辅助指数",用以评价各维度

①权重计算方法详见后文。

城乡差距和地区差距。

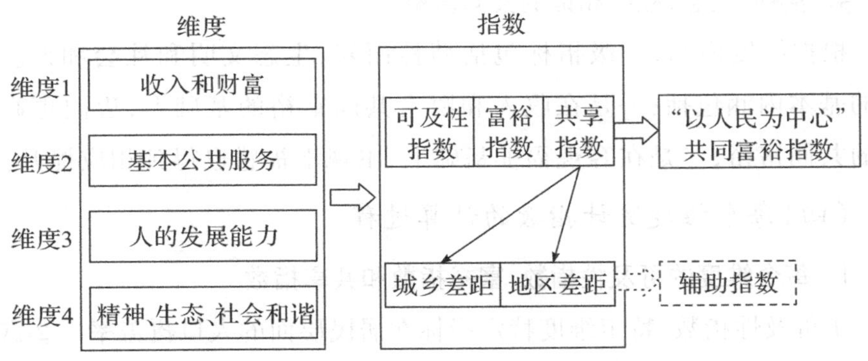

图 3-1 "以人民为中心"共同富裕指数的总体框架

(三)四个维度的一级指标选择

1. 收入和财富的共同富裕

收入和财富是人民实现"共同富裕"的物质基础,是最主要的表现形式和最直观的测度依据。因而,一级指标采用最常见的人均可支配收入和人均净财产。

2. 基本公共服务的共同富裕

在"以人民为中心"共同富裕内涵下,基本公共服务维度的一级指标选择原则包括:一是给予弱势群体兜底性保障;二是给予全部居民或特定人群相应的风险保障,包括收入中断风险、疾病风险、灾害风险、孤独风险等居民关切的风险问题;三是有助于提升人的发展能力,从而可持续性地迈向共同富裕;四是与《国家基本公共服务标准(2021 年版)》保持一致。因而,一级指标包含幼、学、劳、病、老、住、弱和文化,它对应的政策目标是幼有所育、学有所教、劳有所得、病有所医、老有所养、住有所居、弱有所扶和文化服务保障。

3. 人的发展能力的共同富裕

选择原则包括:一是人的发展能力不仅反映了现期的福祉水平,也会影响未来的福祉;二是提升人的发展能力可以为未来收入和财富增长提供长期保障,从根本上利于扩大中等收入群体规模、缩小收入差距、促进人的全面发展。基于这些考虑,人的发展能力维度包括早期营养、健康水平、教育水平、就业质量、居住条件五个一级指标。

4. 精神、生态、社会和谐的共同富裕

根据维度内涵,一级指标包括精神面貌、生态文明和社会和谐。它们的基本内涵包括:一是在收入和财富共同富裕的基础上,迈向更高层次的共同富裕;二是在客观福祉基础上,主观幸福感也得到相应提升。

(四)每个维度统计指数的计算过程

1. 每个维度的可及性指数、富裕指数和共享指数

①可及性指数,特定维度特定指标在居民层面的人口覆盖率。②富裕指数,特定维度特定指标的平均发展水平,收入和财富等指标中等及其以下群体的平均发展水平。③共享指数,特定维度特定指标的共享程度,基本统计量是"取值较低40%人群的平均值"与"全部人口的指标平均值"的比值。

2. 指数标准化处理

为了增强指数在横向、纵向和维度之间的可比性,每个指标的取值按照如下方式进行转换:①每个子维度对应统计指标的初始数值都是0~1之间的数值,1表示上限水平,0表示下限水平。计算方法见后续详细介绍。②每个指标都将设定2035年目标值,并根据如下公式计算监测指数值。

$$\text{监测指数} = \min\left(\frac{\text{当期值} - \text{基期值}}{\text{目标值} - \text{基期值}}, 1\right)$$

3. 共同富裕综合指数和单个维度的共同富裕指数

单个维度的共同富裕指数根据单个维度的可及性指数、富裕指数和共享指数相乘得到。不同维度的共同富裕指数经过加权平均得到共同富裕综合指数。

4. 权重的计算过程

权重要考虑到四个维度之间的关系、维度内不同指标之间的关系,某些维度下包含了二级指标,所以还要考虑一级指标之间的关系、二级指标之间的关系。参照国际上许多指标的做法,这里采用等权重的计算方法。即,第

一重权重($w1$),四个维度分别给予 1/4 权重。第二重权重($w2$),每个维度的一级指标分别给予相同权重,例如收入和财富维度包含两个一级指标,第二重权重为 1/2。第三重权重($w3$),每个一级指标对应的二级指标分别给予相同权重,例如基本公共服务维度的一级指标“病有所医”包含两个二级指标,那么第三重权重为 1/2。最终权重:$w = w1 \times w2 \times w3$。

(五)共同富裕指数的基本性质

1. 清晰的数值含义

取值为 1 表示 100%达到了既定发展目标。若综合指数或特定维度指数低于 1,表明特定维度存在发展差距,需要加强相应维度的政策力度。

2. 可比性

四个维度的共同富裕指数可以在纵向、横向和维度之间进行对比,反映每个维度在不同时期、不同地区的进展。

3. 在维度层面的可分解性

综合指数可以按维度进行分解,从而计算不同维度对于综合指数的贡献份额,有助于明确在特定发展阶段的政策指向。

4. 在影响因素层面的可分解性

综合指数可以分解得到来自可及性指数、富裕指数和共享指数的贡献,从而有助于区分不同维度在“公平”和“效率”之间的侧重问题。

四、四个维度的指标选择、估算方法和 2050 年目标值

(一)收入和财富维度

1. 收入水平

收入方面使用国家统计局(National Bureau of Statistics, NBS)关于收入的定义,主要二级统计指标是家庭人均可支配收入,并在此基础上计算可及性指数、富裕指数和共享指数。

可及性指数:家庭人均可支配收入高于当年家庭人均可支配收入中位数 60%的人口比例。

富裕指数:截尾后的人均可支配收入。截尾阈值的设置:以2018年收入分布为基准,设定中等收入群体标准的上界(中位数的200%)作为固定的阈值。超过阈值的收入均为阈值对应数值。

共享指数:较低40%人口的平均值与全部人口的平均值的比值。计算共享指数时不截尾。

2050年目标值如下:

可及性指数的目标值为95%,表明绝大部分人口的收入都高于相对贫困标准。

富裕指数的目标值为11.088万元。参考世界银行数据,经济合作与发展组织(OECD)国家2018年的人均净国民收入为3.2561万美元。参照此数值,设定富裕指数在2050年的目标值为3万美元,按世界银行2011年国际比较项目(ICP)的购买力平价(PPP)折算为11.088万元。按照国家统计局数据,2020年全国居民人均可支配收入为32189元,2020年至2050年期间需要保持约3.14%的收入增长率。

共享指数的目标值为55%。根据世界银行数据库最低20%和中低20%人群的总收入占比,可以推算得到不同国家的共享指数。其中,德国的共享指数在51%~55%,丹麦的共享指数在57%~62%,瑞典的共享指数在53%~59%,中国的取值在35%~43%。基于发达国家的数值,设定2050年收入水平共享指数的目标值为55%。

2. 财富水平

财富的定义参考奈特和李实等学者的研究(Knight et al.,2021;李实等,2005)。二级指标为家庭人均净财产。

可及性指数:家庭人均净财产大于0的人口比例。

富裕指数:截尾后的人均净财产。阈值的设置:以2018年财产分布为基准,设定中位数的200%固定为阈值。超过阈值的收入均为阈值对应数值。

共享指数:较低40%人口的平均值与全部人口的平均值的比值。计算共享指数时不截尾。

2050年目标值如下:

可及性指数的目标值为100%,表明绝大部分人口所在家庭的家庭人均净财产都大于0。

富裕指数的目标值为66万元。参考李实等(2005)提供的数据库,富裕国家的国民资产与国民收入的比值大多数分布在400%~600%之间。以收入水平富裕指数目标和600%为参考,得到2050年财富水平富裕指数的目标为66万元。

共享指数的目标值为55%。设定与收入水平共享指数相同的目标值。根据2010年、2013年等来自不同数据的估计,中国财富基尼系数超过了0.6,甚至可能达到0.7以上,远高于收入基尼系数(Knight et al.,2021;Xie and Zhou,2014)。给财富水平共享指数设定与收入水平贡献指数相同的目标值,意味着在共同富裕情况下应更强调低收入人群和中等收入人群的财富水平差距。

(二)基本公共服务维度

基本公共服务维度的指标选择原则:①以"共同富裕"为核心,参考《国家基本公共服务标准(2021年版)》和迈向共同富裕的要求。②基本公共服务项目的选择依据:一是有助于提升人的发展能力的基本公共服务项目;二是有助于给予弱势群体兜底保障的基本公共服务项目。③统计指标选择依据:从居民实际享有服务的角度出发,而不是从政府供给的角度出发。

基于以上原则,基本公共服务维度的指标选择侧重于所有基本公共服务的可及性,以及部分基本公共服务的保障水平。主要项目及基本统计指标见附表3。

其中,残疾帮扶应得未得比例的计算过程需要考虑不同残疾群体的差异:①困难残疾人,获得生活补贴的比例;②重度残疾人,获得护理补贴的比例;③无业重度残疾人,获得最低生活保障的比例;④就业年龄段智力、精神及重度肢体残疾人,获得托养服务的比例;⑤符合条件、有康复需求的持证残疾人以及符合条件的0—6岁视力、听力、言语、肢体、智力等残疾儿童和孤独症儿童,获得康复服务的比例;⑥残疾儿童和青少年,获得教育的比例;⑦有就业创业培训需求的残疾人,获得职业培训和就业服务的比例。按照各类残疾人的人数作为权数,计算加权平均值。

2050 年目标值如下:

可及性指数的目标值为 100%,表明基本公共服务达到所有人群全覆盖。

基本公共服务每个二级指标的富裕指数和共享指数的目标值见附表 6。

(三)人的发展能力维度

人的发展能力维度包含五个子维度:儿童早期营养水平、居民健康长寿、劳动力教育水平、劳动力就业质量、生活条件。

1. 儿童早期营养水平

根据 BMI 指标得到的 0—6 岁儿童早期营养指数。

可及性指数:BMI 大于 13 的儿童人口比例。

富裕指数:指数化处理后的 BMI 偏离程度。计算公式为:

$$BMI^{adj} = 1 - \left[\min\left(1, \frac{\max(0, BIM - 17)}{50 - 17}\right) + \frac{\max(0, 13 - BMI)}{13} \right]$$

其中,13 ~ 17 是 BMI 的正常区间。[①] 上述指数的最大值为 1,表示所有儿童的 BMI 都处于正常范围内。最小值是 0,表示健康状况非常恶劣。

对公式的解释。BMI 的取值范围是大于 0。当 BMI 小于 13 时,13-BMI 的取值范围是 0 ~ 13,所以除以 13,得到 0 ~ 1 之间的指数化数值。当 BMI 大于 17 时,BMI-17 的取值范围是大于 0 的自然数。不过,根据中国家庭追踪调查(CFPS)2012 年和 2018 年的数据,儿童 BMI 的 99% 分位数是 50 左右。所以,max(0,BMI-17)的正常范围是 0 ~ 33,因而除以 33,得到取值范围在 0 ~ 1 的指数化数值。将极少数 BMI 超过 50 的情形定义为健康状况非常恶劣(即 BMI^{adj} 取值为 0)。

共享指数:BMI 偏离程度的最小 40% 平均值与全部儿童的平均值的比值。若全部儿童的 BMI 偏离程度都为 0,那么共享指数取值为 1。

2050 年目标值如下:

可及性指数的目标值为 100%,表明所有儿童都不会出现营养不良。

富裕指数的目标值为 1,表明所有儿童的 BMI 都在合理范围之内,都达

①下限指标参考了季成叶(2008),其中 6 岁男孩和女孩营养不良的 BMI 下限是 13.4 和 13.1。上限指标参考了中国肥胖问题工作组(2004),其中 7 岁儿童超重的标准是 17。

到最佳营养状况。

共享指数的目标值为1,表明全部儿童的BMI偏离程度都为0。

2. 健康水平

可及性指数:无。

富裕指数:平均预期寿命。

共享指数:地区层面预期寿命最差40%与全部人口平均预期寿命的比值。

2050年目标值如下:

可及性指数:无。

富裕指数的目标值为82岁。全国人口平均预期寿命达到82岁。

共享指数的目标值为0.98。几乎消除地区之间的预期寿命差异。

3. 受教育水平

可及性指数:劳动年龄人口都至少完成初中阶段教育。

富裕指数:劳动年龄人口(不含在校学生)的平均受教育年限。

共享指数:受教育水平最低40%人口的平均受教育年限与全部人口平均受教育年限的比值。

2050年目标值如下:

可及性指数:100%。所有劳动年龄人口的受教育水平都高于或等于初中级别。

富裕指数的目标值为12年。劳动年龄人口(不含在校学生)的平均受教育年限超过12年。

共享指数的目标值为0.8。假定大多数劳动年龄人口都经历9年义务教育,全部劳动年龄人口的平均受教育年限为12年,则共享指数的下限为0.75,上限目标设定为0.8。其含义是在保证全部劳动年龄人口受教育水平达到12的同时,尽可能让弱势地区劳动力获得更多受教育机会。

4. 就业质量

就业质量的测度方法,参考人口和就业统计司课题组2020年的数据。采用平均工资、未充分就业比例、超时工作比例、长期合同签订率四个指标构建就业质量指数,分别代表劳动工资、就业充分、工作生活平衡、就业稳定四个维度。

可及性指数:根据就业质量指数的四个维度得到四个比例,取其平均值。四个比例包括工资高于最低工资的雇员比例、充分就业的劳动力比例、工作时间合法合规的雇员比例、签订长期合同的雇员比例。

富裕指数:指数化处理后的就业质量指数。计算步骤:一是根据 CHIP 2018 数据拟合主成分分析模型(一旦确定,一段时期内不变,保证跨期可比性);二是估计得到第一个主成分得分,计算平均值和标准差;三是根据步骤一的模型估计不同年份样本数据的主成分得分;四是根据步骤二得到的均值和标准差对步骤三得到的得分进行标准化处理,然后使用正态分布函数计算对应的累积概率。

共享指数:最小 40%平均值与全部人口的平均值的比值。

2050 年目标值如下:

可及性指数:100%。所有雇员劳动力都享受较高的就业质量。

富裕指数的目标值为 0.75。相比基准年份(2018 年)的平均水平 0.5,就业质量在 2050 年得到显著提升。

共享指数的目标值为 0.8。不同人均享受的就业质量差异较小。

5. 生活条件

可及性指数:拥有体面住房的人口比例。体面住房是指现住房是钢筋混凝土结构的房屋。

富裕指数:人均体面住房面积。钢筋混凝土结构的现住房面积除以家庭人口数。其他类型住房,取值为 0。

共享指数:人均体面住房面积最小 40%人口的体面住房面积平均值与全部人口的平均值的比值。其中,此处的"全部人口"不含家庭人均体面住房面积大于 100 平方米的人口。

2050 年目标值如下:

可及性指数:100%。所有人都可以获得体面的居住条件。

富裕指数的目标值为 50 平方米。根据住房和城乡建设部提供的数据,

2019年城镇居民的人均住房面积为39.8平方米,农村居民的人均住房面积为48.9平方米。扣除其中没有达到体面住房要求的部分,推算2050年人均体面住房面积的目标值为50平方米。

共享指数的目标值为90%。住房条件较差人群的人均体面住房面积接近中等收入人群的人均体面住房面积。

(四)精神、生态、社会和谐维度

1. 精神和谐

可及性指数:文化娱乐消费大于0的人口覆盖率。

富裕指数:文化娱乐消费与食品烟酒消费的比值。

共享指数:最小40%人口的平均值与全部人口的平均值的比值。

2050年目标值如下:

可及性指数:100%。所有家庭都有文化娱乐消费。

富裕指数的目标值为50%。根据国家统计局数据,教育文化娱乐消费与食品烟酒消费的比值在2017年、2018年和2019年分别为40.7%、41.1%和43.0%。根据2018年住户调查数据,教育支出在教育文化娱乐支出中的比重大约为68%。据此推算2017年至2019年文化娱乐消费与食品烟酒消费的比值为13%左右。可设定2050年文化娱乐消费与食品烟酒消费的比值的目标值为50%。

共享指数的目标值为50%。根据2018年住户调查数据,全部人口文化娱乐消费与食品烟酒消费的比值为13.89%,最低40%人群的比值为3.44%,2018年共享指数为24.75%。据此设定2050年的目标值为50%,意味着在共同富裕状态下,按文化娱乐消费与食品烟酒消费之比排序,最低40%人群的比值达到全部人口比值的50%。

2. 生态和谐

可及性指数:环境污染综合指数为"优"或"良"的地区人口与全部人口的比例。按地区常住人口计算。

富裕指数:平均空气质量。根据中国环境监测总站提供的地级市层面平均空气质量指数(AQI),将地级市常住人口数作为权数,得到平均空气质量。原始 AQI 数值越小表示空气质量越好,这里用 300 减 AQI 除得到调整后的数值,数值越大表示越好。

共享指数:最小 40% 人口的平均值与全部人口的平均值的比值。

2050 年目标值如下:

可及性指数:100%。所有人口都享受"优"或"良"的空气质量。

富裕指数的目标值为 250。根据中国环境监测总站提供的空气质量指数,363 个城市(地区)2020 年的 AQI 得分为 67.4,2019 年为 74.0。对应地,转换后的富裕指数分别为 232.6 和 226.0。据此设定 2050 年的目标值为 250,即所有城市空气质量平均值达到"优"。

共享指数的目标值为 98%。2019 年和 2020 年空气质量共享指数分别为 88.7% 和 93.1%,设定 2050 年的目标值为 98%。

3. 社会和谐

二级指标,社会安全指数,它是衡量一个国家或地区构成社会安全四个基本方面的综合性指数。社会安全指数 =(基期每万人刑事犯罪率 ÷ 报告期每万人刑事犯罪率)×40 +(基期每百万人交通事故死亡率 ÷ 报告期每百万人交通事故死亡率)×20 +(基期每百万人火灾事故死亡率 ÷ 报告期每百万人火灾事故死亡率)×20 +(基期每百万人工伤事故死亡率 ÷ 报告期每百万人工伤事故死亡率)×20。社会安全指数大于 100 表示社会安全程度较差,小于 100 表示社会安全程度较好。

可及性指数:社会安全指数达到合格的人口覆盖率。

富裕指数:人均社会安全程度。根据地级市数据得到地级市层面的社会安全指数,用 200 减去社会安全指数得到"数值越大越好"的统计指标,最后按地级市常住人口数加权计算人均社会安全程度。基期选择 2020 年。

共享指数:最小 40% 人口的平均值与全部人口的平均值的比值。

2050 年目标值如下:

可及性指数:100%。所有人口都享受合格的社会安全程度。

富裕指数的目标值为 120。原始数据可由地方统计局提供,本书暂时没有相关数据。根据经验判断,设定目标值为 120,意味着 2050 年的各项发生率应比基期(2020 年)低 20% 以上。

共享指数的目标值为 0.9。城市之间的安全程度差异较小。

五、指标使用

本节着重把握"以人民为中心"的共同富裕内涵,认为实现共同富裕应达到"四高""四小""五和谐"的目标,在此基础上构建了"以人民为中心"共同富裕统计指标体系。本书设计的共同富裕统计指标体系包含四个维度、18 个一级指标(8 +2 +3 +5)、27 个二级指标(17 +2 +3 +5),并分别对应三个分项指数(可及性指数、富裕指数和共享指数)、一个综合指数和两个辅助指标。基于可及性原则,所需数据为来自不同政府部门的统计数据或国家统计局的专项调查数据。为了明确测度结果的数值含义,指标体系包含了一个基于"目标值"的转换计算过程,并设定了每个二级指标在 2050 年的目标值。因而,当统计指标取值为 1 时,表示发展状态达到了设定的共同富裕水平。本章的两套指标体系都可以在横向和纵向维度之间进行对比,可用于监测不同时期迈向共同富裕的进展,对比不同地区之间的共同富裕水平差异,发现迈向共同富裕过程中的短板和问题。

第三节 中国共同富裕水平的国际和国内比较

一、共同富裕简单指标的国际对比

本部分采用世界银行的共享富裕指标作为共同富裕状况的衡量指标,进行共同富裕状况的国际比较。图 3-2 和图 3-3 展示了相应结果,具体数据可见附表 1。[①]

---

①注意,世界银行共享富裕指标将收入和消费混在一起,即有些国家和地区是收入指标,有些国家和地区是消费指标,大多数国家和地区使用收入指标。

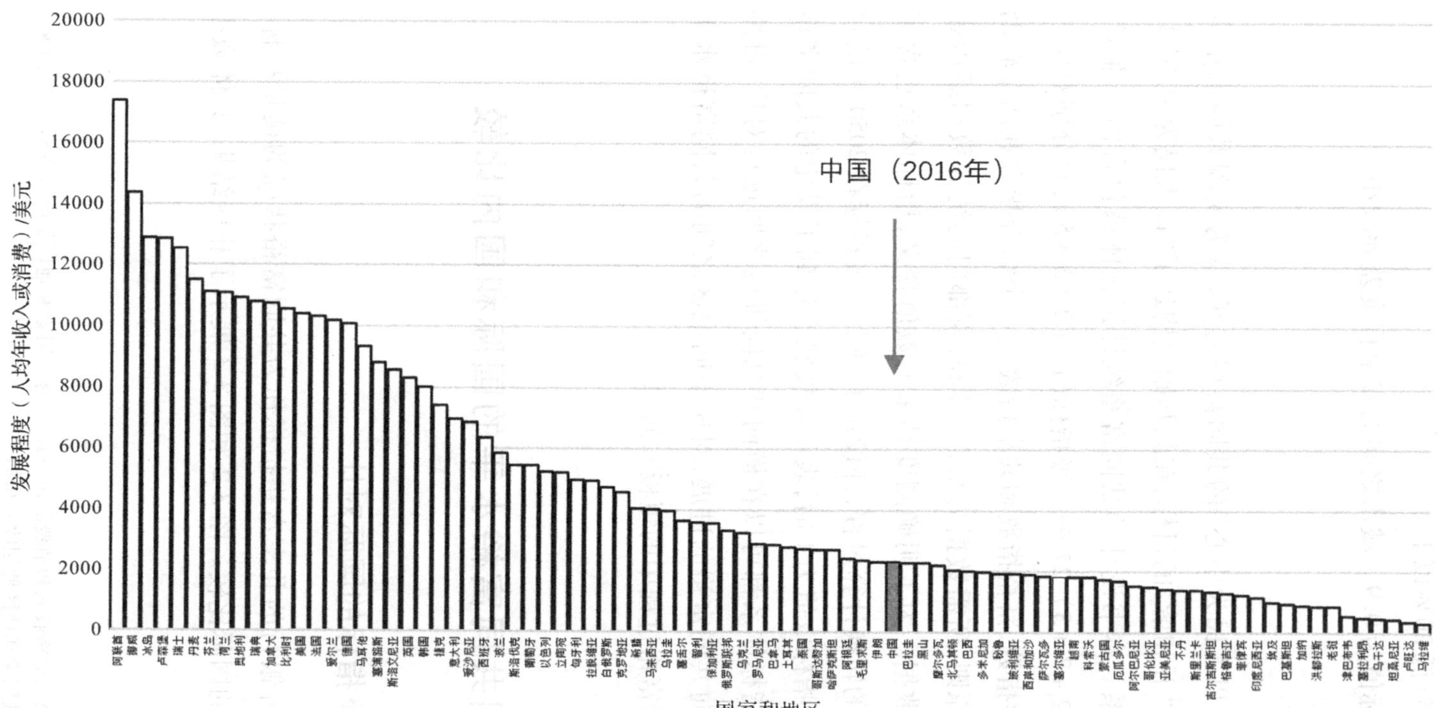

图 3-2 共同富裕简单指标的国际比较

注:所有数据均以 2011 年国际物价比较项目(ICP)的物价为准。图中选取了相关国家和地区最近年份的数值,由于存在数据缺失,不同国家和地区的数据年份不一样。其中,绝大多国家和地区是 2018 年的数值,少数国家和地区是 2016 年、2017 年和 2019 年的数值,中国是 2016 年的数值。此外,大部分国家和地区的数值是家庭人均可支配收入(或纯收入),少数国家和地区是家庭人均消费。为了方便对比,本图中的中国数值已经更换为家庭人均收入。具体数值和对应年份见附表 1。

数据来源:世界银行 WDI 数据库的“Survey mean consumption or income per capita, bottom 40% of population (2011 PPP $ per day)”,也称为“shared prosperity”。此处转换为每年收入(或消费)。

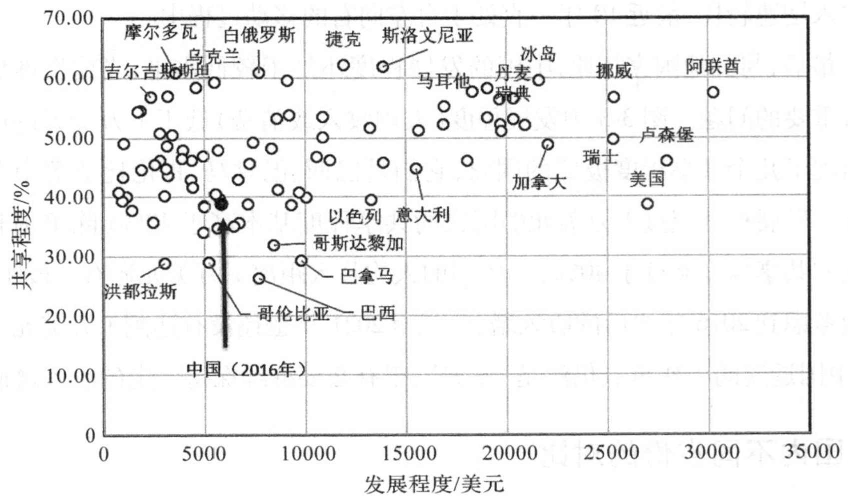

图 3-3 世界上不同国家和地区的发展程度和共享程度

数据来源：发展程度来自世界银行 WDI 数据库的"Survey mean consumption or income per capita, total population (2011 PPP $ per day)"，并转换为每年收入（或消费）；共享程度根据前文公式计算得到。

首先，世界银行公布的中国数据是人均消费，不是收入，对此需要转换得到可比的人均收入。按照世界银行的数据，2016 年中国最低 40% 人口的人均消费是 1825 美元，全部人口的人均消费是 4245 美元。按照世界银行的转换算法和国家统计局数据，2016 年中国家庭人均可支配收入为 5910 美元，较低 40% 人口的人均收入是 2286 美元。

其次，中国的发展程度和共享程度都处于中间偏低位置。图 3-3 中包含三类典型国家，一类是发展程度和共享程度都比较高的国家，主要包括一些欧洲发达国家（尤其是北欧国家），例如挪威、瑞士、冰岛、丹麦、瑞典等，中东地区的阿联酋也处于这个分类。第二类是共享程度较高但发展程度较低、接近"共同贫穷"状态的国家，主要包括一些东欧和中亚国家，例如乌克兰、摩尔多瓦、吉尔吉斯斯坦等。第三类是发展程度不高、共享程度也较低，处于中等收入陷阱的国家，主要包括一些南美洲国家，例如巴西、哥伦比亚、洪都拉斯、哥斯达黎加等。第四类是比较特殊的个案，例如美国的发展水平较高，但是共享水平不高。中国 2016 年的发展程度和共享程度都处于中间偏低水平。考虑到中国收入增速较快,最近10年一直处于自左向右的移动过程中。

最后,与其他国家相比,中国的发展程度还处于较低水平,当前发展仍然是很重要的问题。图3-3中发展程度(人均收入或消费)低于1万美元的国家中出现了几个共享程度极低的国家,它们是巴西、巴拿马、哥伦比亚等南美洲国家。发展程度超过1万美元的国家的共享程度基本高于40%(除美国和以色列的共享程度略低于40%)。中国的人均收入距离1万美元还有一段距离,即使考虑到2016年之后的收入增长,截至2021年也还没有达到1万美元。因而,中国近期的工作重点仍然是"发展",很有必要继续保持一定的收入增速。

二、国内不同省份的对比

2021年5月,《中共中央 国务院关于支持浙江高质量发展建设共同富裕示范区的意见》正式印发。2021年7月,浙江省发布《浙江高质量发展建设共同富裕示范区实施方案(2021—2025年)》,提出到2025年,浙江省推动高质量发展建设共同富裕示范区取得明显实质性进展;到2035年,浙江省高质量发展取得更大成就,基本实现共同富裕。选择浙江省作为高质量发展建设共同富裕示范区是考虑到浙江省情具备开展示范区建设的代表性,浙江具备开展示范区建设的基础和优势,浙江开展示范区建设的空间和潜力还较大。在全国层面,城乡和地区差距仍然是当前面临的重要问题。因而,通过简单指数比较不同地区和城乡的共同富裕状况,有助于了解各个地区(城乡)之间和内部的基本现状,指导下一步政策实践。

(一)全国和浙江的城乡对比

对比全国和浙江省的共同富裕简单指标(收入较低40%人口的人均收入),浙江城镇内部和农村内部数值分别高于全国城镇和农村(见图3-4),意味着浙江省的总体发展水平在国内处于前列。此外,浙江农村内部共同富裕简单指标虽然高于全国,但仍然低于全国城镇水平,意味着两个问题:一是浙江省内部的城乡收入差距仍然较大,值得进一步关注;二是浙江省农村地区的低收入人口发展水平仍然较低。

从共享程度看,2013年之后浙江省农村地区的提升速度较快。图3-5

显示了2009—2015年全国以及浙江省城镇和农村的共享程度(收入较低40%人口的人均可支配收入与全部人口人均可支配收入的比值)。从时间维度来看,浙江省城镇共享程度变化趋势与全国基本保持一致,而农村的共享程度在2012年之后与全国逐步拉开差距。相较于城镇,浙江省农村的共享程度提升速度更快。2009年浙江省城镇的共享程度为51%,2015年为54%,上升了3个百分点;2009年浙江省农村的共享程度为45%,2015年为51%,上升了6个百分点。对比浙江省的城镇和农村,2013年开始两者的数值非常接近,背后的原因可能是浙江省城乡融合进展较好。

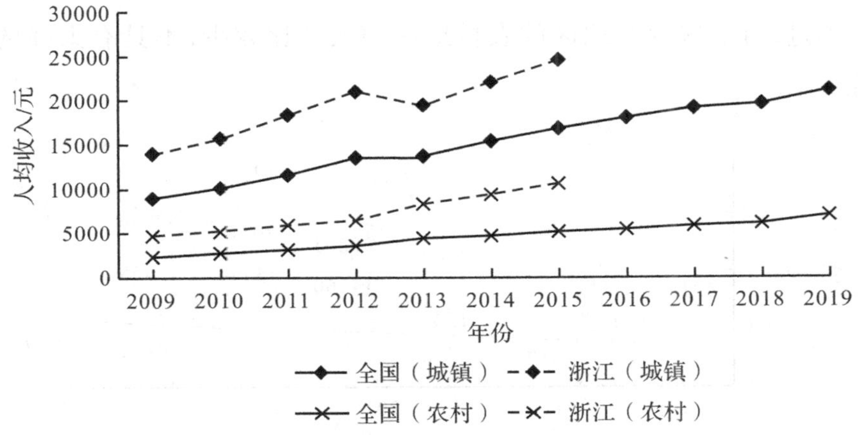

图3-4 全国和浙江共同富裕简单指标对比

注:图中指标为收入较低40%人口的人均可支配收入。

数据来源:全国和地方统计年鉴。

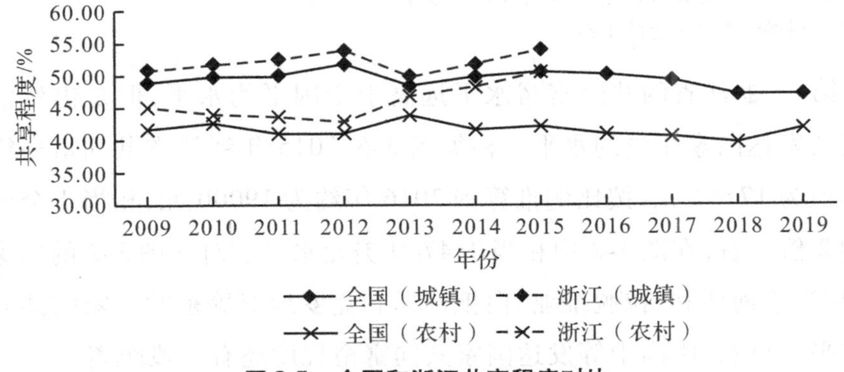

图3-5 全国和浙江共享程度对比

注:图中指标为收入较低40%人口的人均可支配收入与全部人口人均可支配收入的比值。

数据来源:全国和地方统计年鉴。

(二)部分发达省份的对比

图3-6报告了部分发达省份的共同富裕简单指标(收入较低40%人口的人均可支配收入)。图3-7报告了相应省份的共享程度,可以得到如下发现。

第一,直辖市北京和上海的共同富裕简单指标处于领先水平,其共同富裕程度已经接近一些欧洲发达国家水平。2016年北京和上海的共同富裕简单指标值达到了3万元左右,相当于全国的3.25倍,按图3-2世界银行的统计口径,相当于7400美元左右,接近意大利、韩国、捷克等地的水平。不过,由于这两个地区的农村地区和人口比较少,不具有太强的代表性。

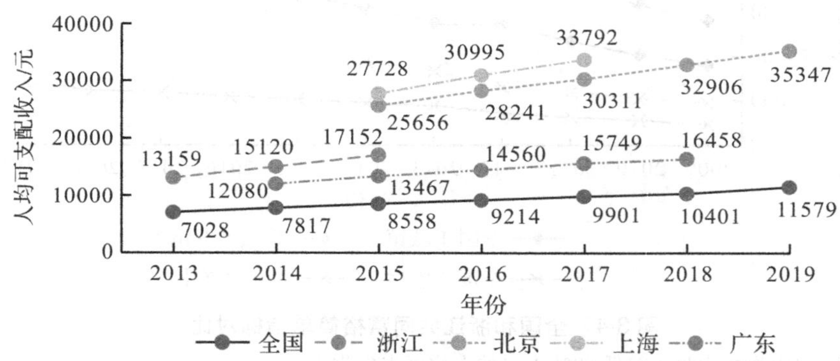

图3-6　全国和部分省份共同富裕简单指标对比

注:图中数值为收入较低40%人口的人均可支配收入。

数据来源:各地区统计年鉴。

第二,浙江省的共同富裕水平远高于全国平均水平,但是仍然没有达到与发达国家相当的水平。根据图3-6,2015年浙江省共同富裕简单指标值为17152元,按比例推算到2016年约为19000元,相当于全国水平的2倍左右,在图3-2中相当于4700美元水平。对比图3-2的国家排序,相当于匈牙利、拉脱维亚、白俄罗斯和克罗地亚等东欧国家的共同富裕水平。显然,距离中等发达国家共同富裕程度还有一段距离。

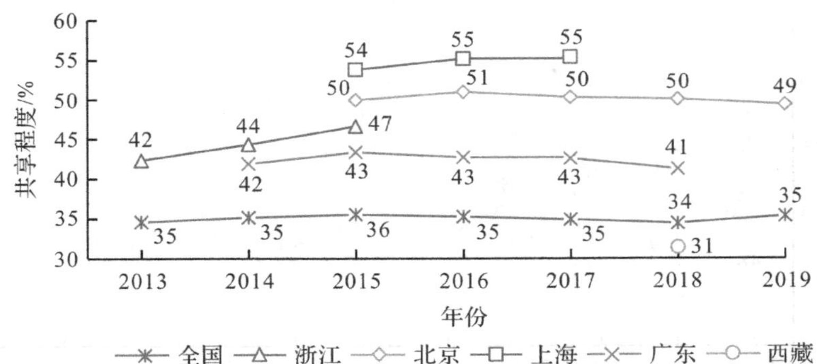

图 3-7 全国和部分省份共享程度对比

注:图中数值为收入较低 40%人口的人均可支配收入与全部人口人均可支配收入的比值。
数据来源:各地区统计年鉴。

第三,北京、上海、广东与浙江等发达地区的共享程度远高于全国水平。以 2015 年为例,上海的共享程度为 54%(见图 3-7),与发达国家中的德国处于同一水平。北京为 50%,与亚洲国家中的韩国水平接近。而浙江为 47%,低于第一位的上海 7 个百分点,高于广东 4 个百分点,高于全国平均水平 11 个百分点,与英国在 2010—2014 年期间的共享程度(46%)较为相似。

第四,从时间维度来看,浙江省的共享程度呈现较明显的上升趋势,在 2013—2015 年上升了 5 个百分点,而其他三个省份基本保持不变,甚至略有下降。表明这一时期浙江省的某些政策在推动地区内部提高共享程度、缩小收入差距方面产生了积极效果。

(三)不同省份城镇内部的对比

图 3-8 为全国部分省份 2009—2019 年城镇内部共享程度的发展趋势。因为数据统计口径在 2013 年左右发生了变化,所以在 2013 年左右,各省份的共享程度出现了明显的转折。

北京、上海城镇的共享程度远高于全国平均水平,为第一梯队。江苏、浙江在 2012 年之前与全国平均水平差别不大,基本略高于平均水平,为第二梯队。广东省在 2012 年之前略低于全国平均水平,为第三梯队。而在 2014 年之后,广东省的共享程度开始逐年提高,与浙江省的差距也在不断缩

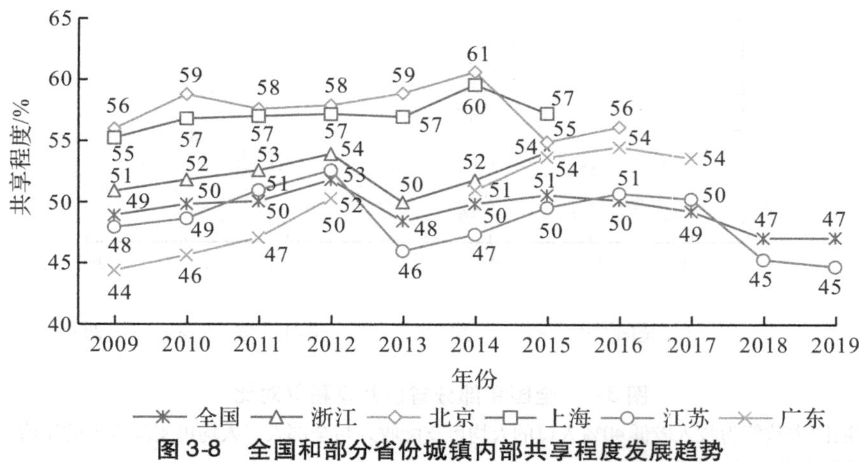

图 3-8 全国和部分省份城镇内部共享程度发展趋势

小,上升至第二梯队。从时间维度来看,北京、上海两市处于高位稳定的状态,江苏省的变化趋势与全国水平保持一致。浙江省城镇内部的共享程度在 2013 年之后逐年提高,与北京、上海的差距逐步缩小。这表明浙江省作为共同富裕示范区有其前期基础。

(三)不同省份农村内部的对比

图 3-9 为全国部分省份 2009—2019 年农村内部共享程度发展趋势。可以注意到,北京、上海、浙江、江苏、广东农村内部的共享程度均高于全国平均水平。北京、上海的共享程度远高于全国平均水平,仍处于第一梯队,但与北京城镇的共享程度高于上海不同,上海农村的共享程度高于北京。同时,广东农村的共享程度低于浙江省,这一点也与城镇不同。从时间维度来看,浙江农村共享程度的发展趋势与北京、上海类似,共享程度有较大提升,从 2009 年的 45%上升至 2015 年的 51%。广东、江苏农村的共享程度变化不大,基本处于一个相对稳定的状态。

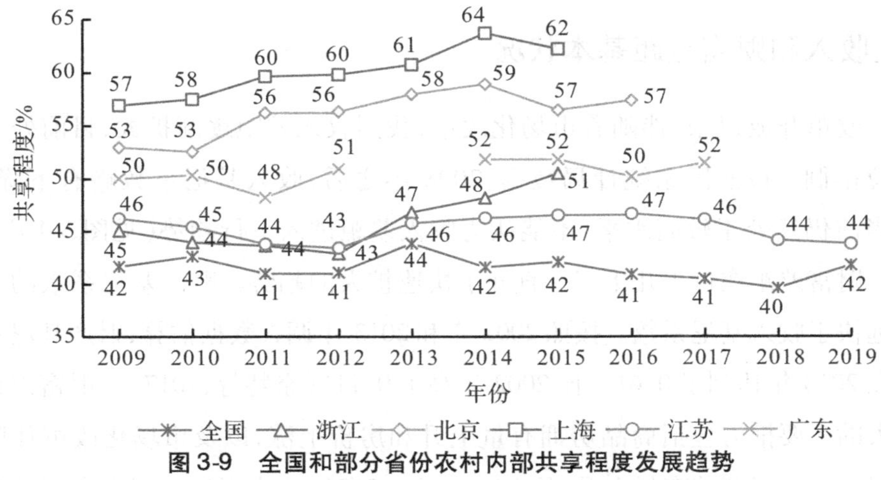

图 3-9 全国和部分省份农村内部共享程度发展趋势

第四节 基于共同富裕综合指数框架认识当前基本状况

实现共同富裕要立足现实条件。共同富裕综合指标体系的一个作用是提供一个分析框架,让我们了解以共同富裕为目标的现有国情。本部分在共同富裕综合指标体系的基础上,用数字对我国的一些主要方面进行介绍。在共同富裕所需要关注的四个维度中,基本公共服务在其他章节有详细说明,因而本部分仅侧重收入和财富维度、人的发展能力维度,以及精神、生态、社会和谐维度。

本部分所涉及的主要数据来源包括:收入和财富维度为中国家庭收入调查(CHIP)的收入、财产信息。人的发展能力维度为 CHIP 数据的就业、住房信息,以及 CFPS 数据中关于 0—6 岁儿童的身高、体重信息等。精神、生态、社会和谐维度为 CHIP 数据的居民消费结构信息和主观幸福感得分以及宏观层面的地级市空气质量得分(API)指数。

一、收入和财富差距基本状况

改革开放以来,伴随着市场化改革,我国收入差距逐渐扩大,目前处于高位徘徊。按照国家统计局数据,2008 年之后,收入基尼系数略有下降,但当前仍然处于较高水平,不能认为收入差距进入下行趋势(见图 3-10)。

财富差距在过去几十年一直处于快速扩大的趋势。财产基尼系数的增速远快于收入基尼系数。按照 2002 年和 2013 年调查数据估算,财产基尼系数在 2013 年达到了 0.617,比 2002 年高了 0.111(奈特等,2017)。财富差距扩大的主要推力包括商品房拥有量上升和房价上涨,以及市场化改革伴随的居民金融资产持有量上升(Knight et al., 2021)。由于这些资产主要分布在城镇地区,城乡财富差距也有扩大趋势(见表 3-1)。

住户调查有可能遗漏一些高净值人群(李实和罗楚亮,2011),从而导致收入差距和财富差距被低估。若采用富豪榜数据修复住户调查数据得到的收入分布,收入基尼系数在 2007—2013 年从 0.498 上升至 0.557,上升了近 6 个百分点(罗楚亮,2019),财产基尼系数有可能超过 0.8(罗楚亮和陈国强,2021),最富有 1% 人口所占有的财富份额也可能达到 12% 左右(见图 3-11)。

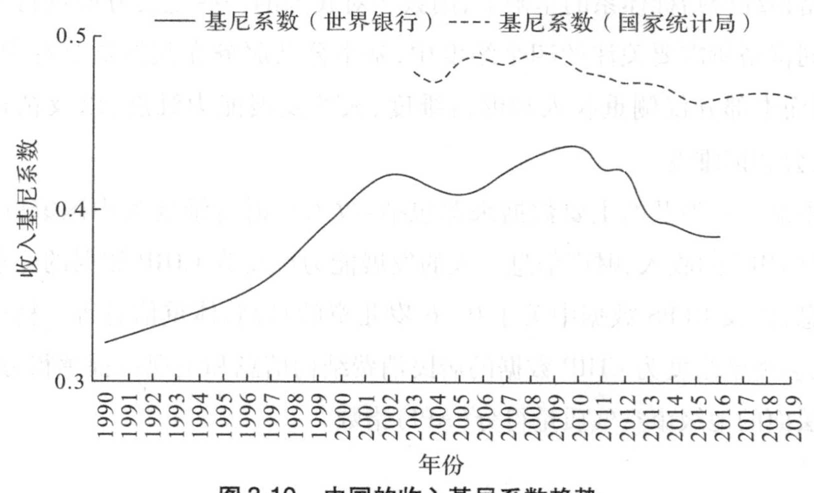

图 3-10 中国的收入基尼系数趋势

数据来源:国家统计局和世界银行 WDI 数据库。

表 3-1　2002—2013 年我国收入基尼系数和财产基尼系数

类别	家庭层面			家庭人均层面		
	实际值	CPI 调整	PPP + CPI 调整	实际值	CPI 调整	PPP + CPI 调整
2002 年财产	0.453	0.411	0.402	0.506	0.494	0.445
2013 年财产	0.583	0.583	0.541	0.617	0.617	0.574
2002 年收入	0.384	0.371	0.329	0.437	0.424	0.370
2013 年收入	0.417	0.417	0.388	0.448	0.448	0.418

数据来源：奈特等（2017）根据 CHIP2002 和 CHIP2013 测算的结果。

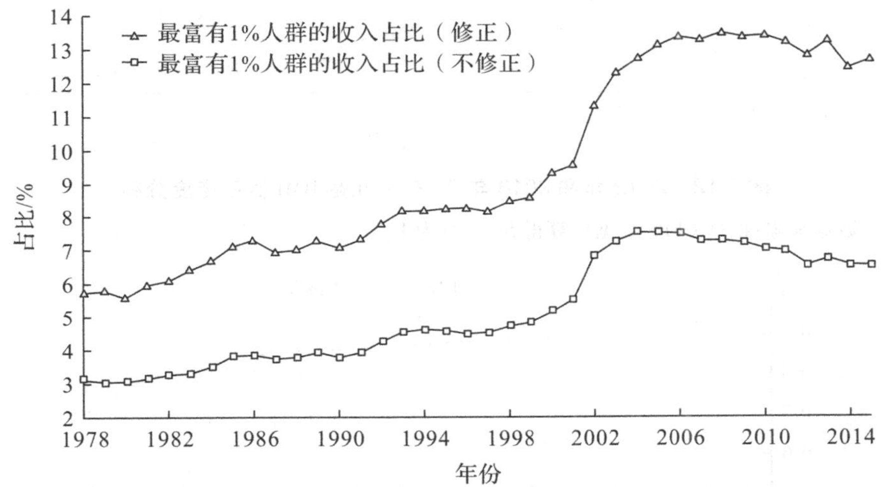

图 3-11　最富有 1% 人群的收入占比（修正和不修正的结果）

数据来源：Piketty T, Li Y, Zucman G. Capital accumulation, private property, and rising inequality in China, 1978-2015[J]. American Economic Review, 2019, 109(7): 2469-2496.

二、人的发展能力的基本状况

（一）儿童营养状况

图 3-12 报告了根据 CFPS 数据估算的 0—6 岁儿童 BMI 数值。可以发现，按照 13 和 17 的下界和上界，仍然有不少儿童处于营养不良和过度肥胖状态。结合对数据的仔细观察可以发现，营养不良状况主要出现在中西部地区，过度肥胖在东部地区相对较多。图 3-13 报告了部分省份的儿童营养状况得分，它是根据第二节的转换公式计算得到的数值，数值越靠近 1，表示营养状况越好。从 CFPS 样本数据的估计值看，一些西部省份的儿童营养状况明显差于其他省份。

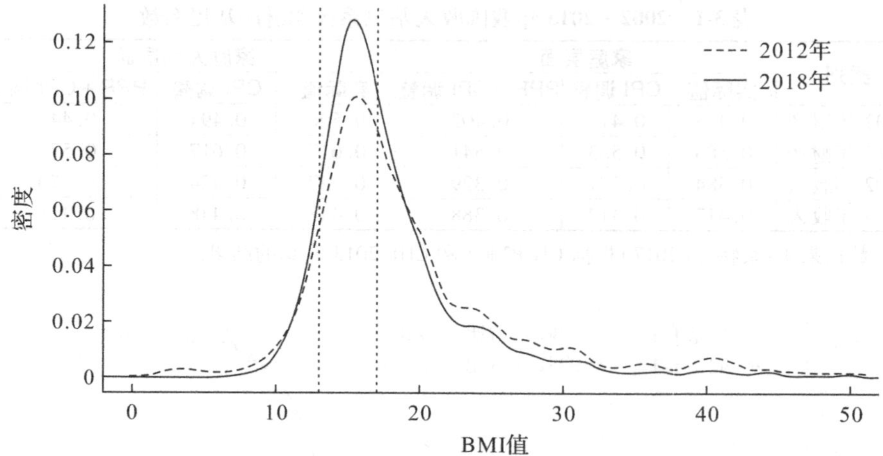

图3-12 2012年和2018年0—6岁儿童BMI概率密度分布

数据来源:根据CFPS数据计算得到,窗宽为1。

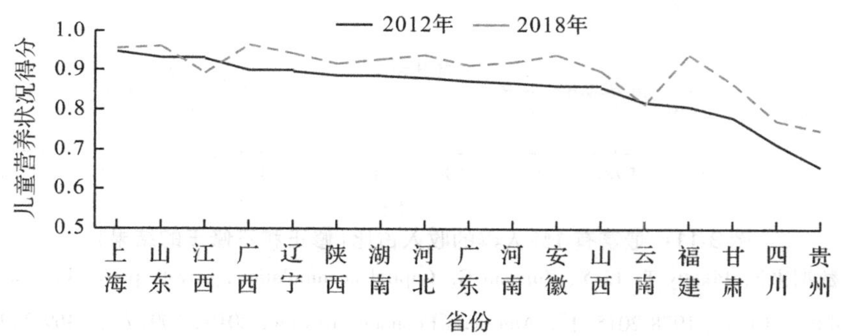

图3-13 2012年和2018年部分省份0—6岁儿童营养状况得分

数据来源:根据第二节公式和CFPS数据计算得到。

(二)预期寿命的地区差异

预期寿命能够反映一个地区的整体健康水平,被人类发展指数等国内外重要指数广泛使用。由于需要包含人口死亡信息的高质量调查数据作为支撑,目前国内的权威统计结果主要来自国家统计局的全国人口普查。图3-14报告了1990年、2000年、2010年各个省份的预期寿命,可以发现如下特征:一是预期寿命在过去几十年持续上升,表明随着经济发展水平的提高,居民健康水平在不断提高。并且,所有省份的预期寿命在1990—2010年的20年内上升幅度是差不多的。二是不同省份之间的预期寿命差异非常大。上海和北京的预期寿命在2010年已经达到80岁，浙江、江苏、广东也超过了75岁，然而西藏、云南等地区在2010年的预期寿命还不到70岁。最高和最低的预期寿命差距高达10岁。这是地区发展不平衡带来的结果，并且至少在1990—2010年的20年间，这种地区差距格局并没有发生改变。

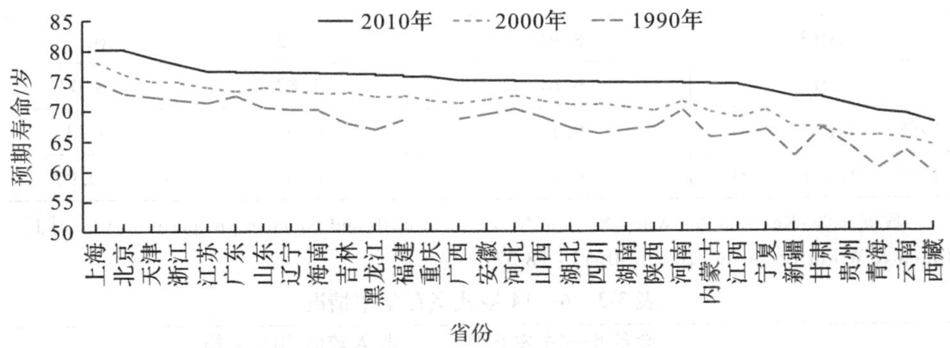

图3-14 1990—2010年各省份预期寿命

数据来源：历次中国人口普查汇编资料。

（三）就业年龄人口的受教育程度

表3-2报告了1988—2018年全部就业年龄人口和家庭人均收入较低40%就业年龄人口的平均受教育年限情况。可以发现如下特征：全部就业年龄人口和收入较低40%人口的受教育水平在过去几十年都在提升，上升幅度较大。表明过去几十年的教育普及政策正对劳动年龄人口产生积极影响。不过，低收入人口的受教育程度与全部就业年龄人口的受教育程度的差异没有明显变化，表明低收入人口在获得教育机会方面仍然存在不足。

此外可以注意到，6—14岁儿童的在学率在改革开放以来得到了大幅提升，人群之间的差别也几乎消失。表明过去几十年的教育普及政策在让儿童入学方面发挥了较好的效果，它的成效将在未来几十年呈现，并支撑接下来几十年的共同富裕进程。但是，教育质量是否做到了均等化仍然是需要进一步关注的问题（见表3-3）。

表 3-2　就业年龄人口受教育年限情况

年份	全部就业年龄人口受教育年限/年	收入较低 40%人群就业年龄人口受教育年限/年	相对差异/%
1988	6.75	5.48	18.81
1995	7.27	5.73	21.18
2002	8.30	6.70	19.20
2013	8.91	7.43	16.57
2018	9.61	7.87	18.07
1988—2002 年均变化量	0.11	0.09	0.03
2002—2018 年均变化量	0.08	0.07	-0.07

数据来源:Kakwani N, Wang X, Xue N, et al. Growth and common prosperity in China[J]. China & World Economy, 2022, 30(1): 28-57.

表 3-3　6—14 岁儿童在学率情况

年份	全部 6—14 岁儿童在学率/%	收入较低 40%人群 6—14 岁儿童在学率/%	相对差异/%
1988	82.34	77.66	5.68
1995	86.55	83.82	3.16
2002	90.30	89.31	1.09
2013	92.67	91.38	1.39
2018	96.08	96.12	-0.03
1988—2002 年均变化量	0.57	0.83	-0.33
2002—2018 年均变化量	0.36	0.43	-0.07

数据来源:Kakwani N, Wang X, Xue N, et al. Growth and common prosperity in China[J]. China & World Economy, 2022, 30(1): 28-57.

(四)就业质量

表 3-4 报告了就业人口中签订正规劳动合同的劳动力比例,表 3-5 报告了根据第二节就业质量计算方法得到的就业质量指数。可以发现两个主要特点。

第一,就业人口的正规合同签订比例上升幅度较大,并且收入较低群体的提升速度更快(见表 3-4)。其结果是,收入较低 40%就业人口的合同签订比例与全部就业人口的相对差距逐渐缩小,从 1988 年的 86.37%缩小至 2018 年的

45.65%。不过,这个差距仍然较大,未来仍然需要特别关注弱势劳动力的就业保障问题。

第二,从就业质量得分中同样可以发现,群体之间的就业质量差异非常大,尤其是城镇内部不同收入组的差异较大。2013 年和 2018 年城镇内部收入最高和收入最低组就业质量的比值都达到 2 倍左右,东部、中部和西部地区都呈现相似特征。农村地区的就业质量得分普遍较低。就业质量的地区差异、城乡差距是非常重要的问题,因而接下来的工作是提升重点地区、重点群体的就业保障水平,让有劳动能力的人能够安心获得劳动收入(见表 3-5)。

表 3-4　就业人口中签订正规劳动合同的劳动力比例情况

单位:%

年份	全部就业人口中签订正规劳动合同的劳动力比例	收入较低 40% 人群就业人口中签订正规劳动合同的劳动力比例	相对差异
1988	24.78	3.38	86.37
1995	33.27	8.18	75.40
2002	30.47	10.09	66.90
2013	32.11	15.62	51.36
2018	40.56	22.04	45.65
1988—2002 年均变化量	0.41	0.48	-1.39
2002—2018 年均变化量	0.63	0.75	-1.33

数据来源:Kakwani N, Wang X, Xue N, et al. Growth and common prosperity in China[J]. China & World Economy, 2022, 30(1): 28-57.

表 3-5　2013 年和 2018 年不同地区和不同收入组的就业质量得分

单位:分

年份	城乡	地区	均值	按收入分组				
				最低	中低	中间	中高	最高
2013	全国		40.90	30.30	30.91	35.82	46.46	61.01
	城镇	东部	50.23	33.73	41.53	51.53	55.20	69.13
		中部	45.41	29.13	36.94	42.66	53.43	64.90
		西部	42.27	29.29	35.47	38.83	46.61	61.14
	农村	东部	34.00	32.17	29.95	32.27	34.27	41.35
		中部	30.18	29.58	30.28	28.62	29.18	33.22
		西部	30.35	29.75	30.23	28.85	31.52	31.43

续表

年份	城乡	地区	均值	按收入分组				
				最低	中低	中间	中高	最高
2018	全国		50.04	35.27	38.94	47.18	57.18	71.62
	城镇	东部	59.43	42.36	52.94	59.42	66.05	76.38
		中部	54.61	39.78	46.16	53.28	60.02	73.80
		西部	55.39	38.93	46.95	52.76	63.44	74.84
	农村	东部	38.94	35.71	37.47	36.41	40.62	44.49
		中部	37.26	37.02	35.82	34.69	37.37	41.40
		西部	33.79	33.58	30.82	32.49	33.23	38.81

(五)生活条件(居住条件)

此处以居住条件作为生活条件的代理变量,表3-6报告了2013年和2018年各地区不同收入组人均体面住房面积。结果发现,拥有体面住房的人口比例总体上较高,但2013年西部农村地区仍然有四分之一左右人口没有享受体面住房。随着精准扶贫和农村住房改造政策的推进,2018年西部农村地区体面住房覆盖率上升至89.4%,上升了13.1个百分点,政策效果较为明显。不过,西部农村地区的人均体面住房面积仍然明显小于其他地区,西部农村地区的最低收入组的体面住房人均面积只有25.77平方米,明显小于其他地区和其他收入组。

在任何地区的不同收入组之间,体面住房人均住房面积的差异都比较大。全国范围内最高和最低收入组之间2013年的差异约为12平方米,2018年缩小到9平方米左右,表明低收入家庭的住房改善速度相对较快。其中,西部城镇地区和所有农村地区的体面住房人均面积上升幅度较大,这表明2013—2018年的住房改善政策对低收入家庭有所倾斜,有助于住房条件的均衡化。由于住房条件目前仍然存在较大差距,“十四五”期间需要继续保持向低收入家庭倾斜的住房改善政策方针。

表 3-6 2013 年和 2018 年不同地区和不同收入组的体面住房状况

年份	城乡	地区	体面住房人均面积/m²	体面住房人口比例/%	按收入分组体面住房人均面积/m²				
					最低	中低	中间	中高	最高
2013	全国		35.61	94.86	28.63	33.48	36.56	38.51	40.89
	城镇	东部	33.70	99.72	28.53	32.32	34.15	35.27	38.25
		中部	38.37	99.10	35.79	37.41	36.99	39.33	42.35
		西部	33.07	94.17	25.43	28.04	31.23	36.14	44.49
	农村	东部	37.71	98.68	29.77	33.05	37.10	41.11	47.49
		中部	40.22	96.62	34.13	34.23	39.21	42.73	50.80
		西部	31.06	76.30	21.53	24.44	24.55	34.43	50.31
2018	全国		38.40	98.30	33.04	37.47	38.97	39.84	42.68
	城镇	东部	34.78	99.85	29.83	31.90	34.91	36.50	40.76
		中部	39.87	99.87	34.99	35.84	40.14	42.53	45.82
		西部	39.12	99.64	33.48	40.88	35.38	37.51	48.33
	农村	东部	41.42	99.41	35.53	35.84	38.29	43.94	53.52
		中部	45.38	98.88	38.21	39.42	43.26	47.83	58.16
		西部	33.04	89.40	25.77	26.90	29.99	36.43	46.08

三、精神、生态、社会和谐的基本状况

(一)精神和谐(文化娱乐消费状况)

表 3-7 报告了根据 CHIP 数据计算得到的 2013 年和 2018 年家庭文化娱乐消费与食品消费的比值(简称文化娱乐消费比值),用于反映家庭精神生活品质。若一个家庭具有较好的生活条件和精神生活品质,则食品消费占比会相对较低(恩格尔系数较低),用于文化娱乐的消费支出会相对较高。分析数据可以得到如下发现。

第一,我国文化娱乐消费水平在 2013—2018 年上升较为明显。其中,文化娱乐消费拥有率从 90.70% 上升至 96.45%,上升了 5.75 个百分点,达到了较高水平,表明没有娱乐消费的家庭已经非常少。此外,文化娱乐消费与食品

消费的比值从2013年的10.80%上升至2018年的12.83%,也上升了2.03个百分点;对于拥有文化娱乐消费的家庭,其文化娱乐消费与食品消费的平均比值也上升了1.4个百分点。这些数据表明,居民的精神生活品质有明显提升。

第二,不同收入组和不同地区的文化娱乐消费与食品消费比值差异较大。2013年最高组与最低组的差值达到16.51个百分点,2018年略微下降至15.15个百分点,差异缩小的幅度不大。文化娱乐消费的差异还表现在城乡之间和地区之间。可以注意到,城镇和农村之间的文化娱乐消费差异非常明显,平均而言达到7~9个百分点。

表3-7 2013年和2018年不同地区和不同收入组家庭的文化娱乐消费与食品消费比值

单位:%

年份	城乡	地区	比值平均值	文化娱乐消费拥有率	拥有文化娱乐消费家庭的比值平均值	比值平均值(按收入分组)				
						最低	中低	中间	中高	最高
2013	全国		10.80	90.70	11.91	5.13	6.84	8.46	11.94	21.64
	城镇	东	14.51	93.06	15.59	6.62	7.63	11.98	15.99	30.32
		中	13.96	93.28	14.97	7.25	10.08	12.50	17.17	22.81
		西	10.79	90.01	11.99	5.04	5.66	8.54	13.70	21.01
	农村	东	8.94	91.48	9.77	6.07	6.73	8.12	9.73	14.06
		中	7.46	89.10	8.37	4.69	6.04	7.00	8.48	11.09
		西	6.35	85.21	7.45	3.05	5.11	5.40	6.58	11.61
2018	全国		12.83	96.45	13.31	7.55	9.22	10.84	13.85	22.70
	城镇	东	15.40	98.22	15.68	8.54	11.56	14.18	16.75	25.98
		中	18.76	96.81	19.38	15.39	15.89	16.55	19.29	26.70
		西	14.52	98.19	14.79	8.79	9.93	10.66	18.50	24.71
	农村	东	8.40	96.98	8.66	7.25	7.78	8.52	8.03	10.41
		中	8.90	95.07	9.36	8.04	9.15	8.28	9.26	9.78
		西	5.89	90.95	6.47	5.56	4.35	5.49	6.29	7.74

(二)生态和谐(空气质量状况)

本章使用空气质量得分作为生态水平的代理信息。根据中国环境监测总站的数据,过去几年中国空气质量的总体水平有所上升,但仍然有较多城市的空气质量较差。图 3-15 报告了 363 个城市(地区)2016 年 1 月、2018 年 1 月和 2020 年 1 月的空气质量指数。其中,所有城市(地区)按照 2020 年 1 月空气质量指数从大到小进行排序。可以注意到,2016 年以来,空气污染情况有所好转,曲线有向下移动的趋势。但是,仍然有不少城市(地区)的平均空气质量指数超过了 150(中度污染),甚至超过 200(重度污染)。本章设定共同富裕的目标应该是所有城市(地区)的空气质量都尽可能低于 50(优)。从现状来看,短期内实现这个目标会有些困难。一些资源型城市(地区)和具有特殊产业结构的城市(地区)如何提升生态环境水平是值得进一步研究的问题。

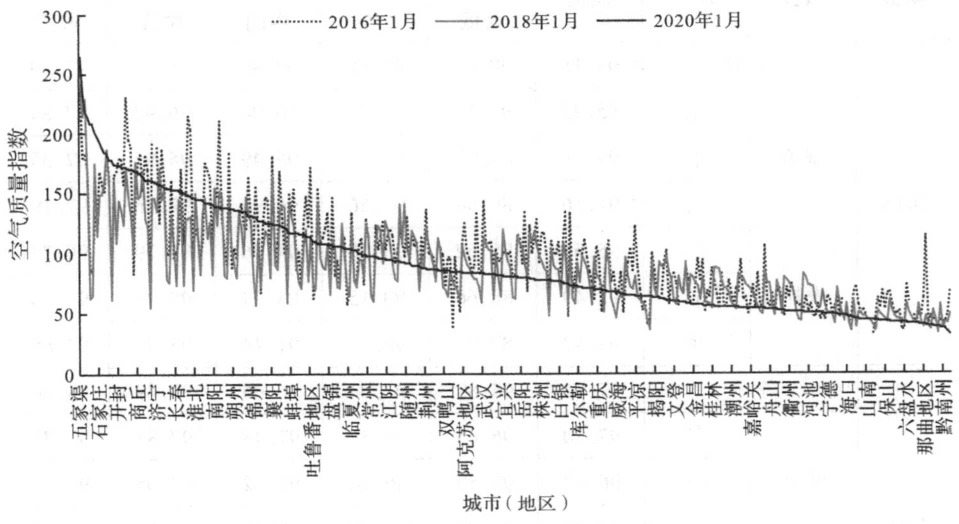

图 3-15　363 个城市(地区)空气质量指数(AQI)

注:城市(地区)名称根据 2020 年 1 月空气质量指数从大到小排序,横坐标仅显示部分城市(地区)名称。空气质量指数小于 50 表示空气质量优。

数据来源:中国环境监测总站。

(三)社会和谐(幸福感状况)

社会和谐的最终效果是让人民切切实实体会到和谐氛围,它是一个综合性的状态,需要根据人的主观获得感来判断。本章将个人的主观幸福感作为社会和谐的衡量指标。表 3-8 报告了 2013 年和 2018 年各地区和不同收入组的主观幸福感平均得分。可以注意到两个明显特征:一是2013—2018年居民主观幸福感得分略有上升,全国平均值从94.18分上升至97.01分,不同地区和不同收入组均有上升趋势。这表明,社会经济发展让居民感受了积极的获得感,对于促进社会和谐是有利的。二是从不同地区和不同收入组的跨期变化看,低收入组和西部地区(尤其是西部农村地区)幸福感得分的上升幅度更大。最高收入组与最低收入组的幸福感差异明显缩小,从2013年的6.96分缩小至2018年的2.11分。

表3-8 2013年和2018年不同地区和不同收入组主观幸福感平均得分

单位:分

年份	城乡	地区	均值	按收入分组				
				最低	中低	中间	中高	最高
2013	全国		94.18	90.43	92.48	94.89	95.72	97.39
	城镇	东	95.75	93.15	94.79	96.04	96.92	97.84
		中	94.18	87.90	94.22	95.49	95.95	97.35
		西	94.56	89.94	91.56	96.96	97.16	97.19
	农村	东	95.58	95.62	93.20	94.56	97.79	96.74
		中	92.49	88.66	90.15	93.24	95.96	94.44
		西	91.42	87.07	90.47	91.44	93.27	94.85
2018	全国		97.01	95.89	97.04	96.65	97.49	98.00
	城镇	东	97.20	96.65	96.35	97.48	97.83	97.71
		中	96.82	96.52	96.16	96.62	97.05	97.73
		西	97.49	95.73	96.49	98.00	98.85	98.41
	农村	东	97.76	97.87	96.40	99.28	97.44	97.80
		中	95.73	94.97	94.27	95.89	96.36	97.17
		西	96.89	96.56	96.24	97.89	96.21	97.55

第四章 助力共同富裕的发达国家经验和教训

总体而言,福利国家及其机制有利于西方国家促进低收入阶层向上流动,有利于形成以中产阶级为主体的社会。同时,应该看到西方国家在后福利国家时期的一些变革,例如提升工作福利,增强对于儿童、青少年及家庭的社会投资等,在改变福利国家传统僵化体制、推进福利国家可持续发展的同时,也部分引发了社会不平等现象。福利国家改革具有“双刃剑”效应。

在逐步消灭绝对贫困这一人类社会痼疾后，我国下一步的重要社会政治目标是实现全民共同富裕。从全球角度来看，地处斯堪的纳维亚半岛的北欧国家实施的是高税收、高福利国家发展模式，然而北欧国家具有人口稀少、社会均质等独特国情，其基于小经济体的特殊经验并不具备代表性。而主要西方大国美国虽然人均 GDP 及人均国民收入处于较高水准，但由于其贫困现象依旧突出，社会处于严重的两极分化状态，并非我国共同富裕道路上适合参照的对象。而作为欧盟最大经济体的德国，不仅经济高度发达，而且经济与社会层面的发展相对而言比较均衡。作为西方主要大国，德国不仅避开了英国和美国普遍存在的低收入人群的贫困陷阱，同时也与法国、意大利、西班牙等国社会冲突激烈、罢工频发的工团主义发展模式有显著区别。德国采取了社会市场经济的发展模式，在劳资领域推行温和的社会伙伴关系，这使得其可以在经济发展、社会综合发展层面实现均衡和谐的发展，这些都有利于德国作为世界主要经济大国实现共同富裕的目标。

由于德国战后社会经济制度与西方世界在战后的福利国家制度总体安排及其后续变革具有密切联系，本书首先从理论角度阐释、介绍福利国家及其变革对于西方国家社会平衡发展的影响及作用，同时也介绍西方发展路径上的一些具有普遍意义的经验教训，系统分析福利国家作为一种制度安排和发展模式如何促进西方社会形成普遍性“共享繁荣”的发展局面，从而有利于“类共同富裕型社会”的形成；其次根据既有的理论基础和理论建构来详细介绍德国独特的社会经济制度安排及其对我国的启示；最后针对我国共同富裕之路提出一些探索性建议。

第一节　福利国家的共富效应及共富功能

一、历史渊源与缘起

早在西方福利国家诞生之前的 19 世纪初，空想社会主义思想家欧文、圣西门和傅立叶等就对未来的"理想国"进行了大胆的构想与设计,对于未来理想社会高度发达的物质水平及精神文化水准进行了哲思与想象。被誉为"穷人先知"的罗伯特·欧文主张,在未来的社会中应将城市与乡村、工业与农业、脑力劳动与体力劳动结合起来,消除分割带来的差别(Pollard and Salt,1971)。彼时早期社会主义思想家所向往的是一个"人人平等、个个幸福"的社会,完全消灭了贫困现象,比较符合阶层分化世界历史上人民大众普遍对"均等富裕"的想象与期待。而提及"空想社会主义"学说及理想,就不得不提到16世纪托马斯·莫尔的《乌托邦》一书。在这本经典名著中,莫尔建构了一个大西洋上的岛国,该国具有完美的政治、司法和社会道德体系,是一个达到完美境界的理想国。在这个理想中完美的新型大西洋共和国中,人类远离贫穷、苦难与物资匮乏,同时也远离战争与冲突,人们富裕、包容而又相互理解。在这样的"理想国"中,人类因富足和宽容而实现了恒久的和平(More,2014)。莫尔的《乌托邦》较大程度上受到柏拉图"理想国"原型的影响,追求人类社会终极的价值目标。先贤们的丰富思想勾勒出了共同富裕社会的早期想象图景与原型,为未来进一步的制度蓝图——例如福利国家的出现——建立了思想和理念基础。特别值得指出的是,"空想社会主义"论述及其社会意涵并非仅停留在"想象"层面,而是从物质、组织、精神、文化、理念等多层面为未来共同富裕类型之社会进行了蓝图初构和思想预备。

福利国家在西方世界近现代史上具有一定的历史渊源,早在普鲁士邦国时代,现代德国所形成的科层官僚体系就有了"福利国家"之论述,马克斯·韦伯曾将专制的普鲁士邦国称为"福利国家"(wohlfahrtsstaat),这种"福利国家"一般被认为是古典时代的福利国家(Lessenich,2003),与第二次世界大战之后公众普遍认知的现代福利国家不同,这里的古典福利国家带有专制王国全面管理、监督、控制社会活动及民间社会之意,带有一定的负面意涵。而英国在第二次世界大战末期宣称在战后要用一种新社会形态——"福利国家"(welfare state)——来取代纳粹暴政下的"战争型国家"(warfare state)形态,这是"福利国家"概念的现代版本(Temple,1942)。与普鲁士邦国的"福利国家"出于父爱主义而实施"全面监管"不同,英国版本的"福利国家”更强调国家为全民建立统一的、综合的、以国民权利为基础的社会保障制度,国家本身就带有“福利”“关怀”与“保障”的基础性质。同时,1942年英国通过的《贝弗里奇报告》及其一系列与该概念相关联的文件显示,英国不仅是口头上承诺“福利国家”,而是要在制度上及政策上全面实践福利国家的制度范式与理念,例如英国覆盖全面的国民健康卫生服务(National Health Service)就成为福利国家的重要象征(Beveridge,1946)。随着第二次世界大战的结束,英国宣称将建立“福利国家”,而这就是英式福利国家的缘起。而英国福利国家的建立也引发了西方世界福利国家的辐射与扩散(Collier and Messick,1975),与普惠式福利文化最为接近的斯堪的纳维亚北欧国家也在战后宣称将建立福利国家,而北欧福利国家则以其宣称的“从摇篮到坟墓”的全生命周期、高质社会保障而著称于世(Kildal and Kuhnle,2007;Petersen,2001)。福利国家在20世纪50年代至70年代西方战后的黄金期成为西方国家制度形态的象征,成为战后资本主义国家的核心目标之一(Zapf,1994)。

随着战后西方国家普遍建成福利国家,一些西方国家的著名学者也对福利国家的概念作了一些定义与区隔。什么样的国家才能被称为福利国家?具有福利国家基本制度形态的社会应该具有哪些基本特点?美国福利国家学者哈里·格维茨认为,福利国家是一个社会通过制度化形式来表达该社会承担全体社会成员基本需求及其基础福祉之责任,这就是福利国家的核心特征(Girvetz,1968)。英国社会学家托马斯·马歇尔认为,福利国家是现代社会综合了民主、资本主义市场经济、福利而形成的一种混合制度体系,他也称现代社会为“连字符社会”(hyphenated society),也就是将各种经济、社会及政治目标串联而形成的综合体系(Marshall,1950)。而德国社会学家弗兰茨·萨瓦·考夫曼认为,福利国家作为一种制度形态需要一系列条件构成来确保其“福利国家地位”。考夫曼认为,其一,国家必须通过宪法及法律的制度化形式来明确表达国家对于全体国民福祉的责任,且这样的基本责任必须以法律语言清晰地表达出来,这是福利国家的首要条件;其二,在福利国家内部形成了一个非国家、非市场的具有独立特征的“福利领域”(welfare sector),也被称为第三领域,这一领域包含着广泛综合却又异质的项目——例如社会保险、社会救助、社会福利、劳动保护措施、教育措施等,这些福利项目未必都是由一个均质化的、从上到下的垂直中央体系提供的,往往是国家及社会不同部门及机构来提供公共福利产品,这是福利国家的“硬件要求”;其三,现代福利国家与古典时期普鲁士福利国家的不同之处在于,现代福利国家的待遇并非君王和君主的“恩赐”,而是公民的“权利”与“权益”,这种“去恩典化”的待遇建立于完备详细的社会法典基础之上,福利国家的公民可以在自身权利遭受侵犯的情况下通过法律手段申述及保障其个人权利,福利国家始终是在通过法律形式、运用集体的力量来保障每位公民的福祉与权益。考夫曼认为,只有满足了上述条件的国家才有资格被称为“福利国家”(Kaufmann,1997)。

二、福利国家的“共富效应”与“共富功能”

虽然西方国家没有直接发展出“共同富裕”的概念,但一些相近的概念在二战之后的西方世界广为流传。例如英语中的“共享繁荣”(shared prosperity)就是接近于共同富裕的一种不同的表述方式。而在德语中,“共同福祉”(Gemeinwohl)也在二战之后成为广为接受的概念。而上文中所提到的查普夫(Zapf)所总结的西方现代社会四大表征之一的“福利国家”也接近共同富裕的概念。应该说,在二战后的西方世界,随着福利国家的普遍建立,一种类似于大众富足与大众福祉的概念也在西方各国流行开来。这样的社会具有的共同特点是富足的生活条件及文明富裕的生活方式在社会各阶层扩散开来,富足与富裕不再是特定阶层所垄断、独享的一种状态,而成为全社会普遍实现和接受的生活方式,这与我国共同富裕治理体系所包含的“发展”与“共享”理念有平行相似之处。而普遍教育制度在全社会的建立与扩展也为社会各个群体打通了上升的通道,社会普遍性的流动特别是向上流动成为一种常态,欧洲历史上阶级固化的状态以及各等级之间的藩篱被彻底打破。20 世纪 50 年代至 70 年代是西方世界普遍实现大众富足与富裕的时代,也是福利国家建设和巩固的阶段,因此福利国家在实现普遍性富裕这一历史进程中扮演着重要、不可或缺的角色。

本部分综合了社会学家及福利国家研究学者弗兰茨·萨瓦·考夫曼、

卡尔斯滕·乌尔里希、乔治·沃布鲁巴、斯蒂芬·胡夫等的观点，主要从结构功能主义角度来详述福利国家及其相应的社会政策制度安排在现代社会中具有哪些社会作用，承载了哪些社会功能，包含了哪些具体的社会意涵（Kaufmann, 1997,2009;Ullrich,2005;Vobruba,1991;Huf,1998）。在此基础上，本部分内容尝试在福利国家与共同富裕之间建立“桥接”关系，通过理论分析及理论综合的形式来显示两者之间所具有的有机连接。根据福利国家分析性理论视角，福利国家及其相应的社会保障制度具有四项重要的社会功能及作用，也就是经济功能、政治功能、文化功能及社会功能。

福利国家首先承载着重要的经济功能，而经济功能又可分为微观企业经济与宏观国民经济两大类别。从微观企业经济角度来看，福利国家通过劳动保护、职业病及工伤预防、保障健康和卫生的工作环境及工作条件等保护了劳动者的身心健康，防范了工作环境对身体可能产生的伤害，降低了人力资本在劳动过程中的折损与消耗，促进了劳动力市场人力资本的培育。联系到共同富裕事业来看，安全生产文化及国家对劳动标准的监管，特别是福利国家通过对工伤保险及职业病等的立法和政策实施等大幅度降低了工作过程中的人力资本损耗，而劳动人力资本是社会生产中的宝贵资产，也是创造社会财富的重要生力军，保护人力资本不受损失实质上就是在降低社会的总损失量，减少社会财富的流失与损耗，在促进安全生产的同时促进社会财富的积累与增加，因此福利国家条件下的安全生产与共同富裕事业密切相关。从宏观国民经济角度来看，福利国家健全的社会保障制度特别是社会救助与救济等承担了社会兜底、反贫、防困、解难的作用，在保障贫困人群与低收入人群最低生活标准的同时也显著促进了其购买力的提升，提高了社会整体消费率。根据边际消费递减原理，贫困人群与低收入人群财富的增加对刺激社会总消费的作用要大于高收入群体财富的增加，增加低收入人群的消费特别有助于推动经济增长和社会共同富裕目标的实现。同时，养老保险与医疗保险制度的建立防范了个人生命历程中的普遍性风险，为国民生命历程的规划提供了稳定预期，显著降低了生活中的风险对于人们生活的冲击及影响。这些因素累积起来都大大有利于国民降低储蓄需求，而更多地进入消费市场、扩大购买力，从而通过扩大内需带动国民经济的可持续发展。因此福利国家本身就是内部消费及内需市场的重要促进机制,这对于一国财富的不断生成及共同富裕具有重要社会意义。在当前全球化逆转、国际贸易争端不断的特殊历史时期,福利国家的一些重要制度安排对于我国持续扩大内需、促进内循环格局形成具有一定的启示。

从政治角度来看,西方福利国家及其社会保障综合体系产生于一个社会冲突累积、阶级对垒空前尖锐、各种社会矛盾相互交织的特殊时期,福利国家制度体系的成型与扩张极大地缓解了社会矛盾,减少了社会各阶级及阶层的对抗性冲突,同时弱化了社会中的戾气与不信任的对抗思维及冲突氛围,通过大幅度投资改善民生、为全体国民提供安全的生活保障及民生保护等组合措施,国家有力地逆转了社会的极化发展和财富的马太效应。随着大众繁荣与大众消费时代的来临,社会逐步进入了阶级矛盾缓和、社会冲突平滑、对抗思维缓解的新发展阶段,有利于社会的和谐、安定、团结。西方福利国家冲突曲线下降的趋势给我国共同富裕事业提供了重要的历史借鉴:一国在走向现代化发展阶段的过程中,随着社会经济的高速发展也将进入社会冲突、矛盾高度累积时期。静态不变动的社会尽管贫困,但在普贫时代社会矛盾相对而言较为缓和,而在社会高速发展进步的时代,随着社会财富总量的增加,社会差异程度反而会不断扩大,不患贫而患不均,显性差异格局反而易诱发社会动荡与冲突。如何既保持社会经济高速增长,又保持社会的相对和谐与稳定?福利国家及其社会保障制度安排对此发挥着一定的枢纽作用。社会冲突及群体冲突事件的大幅减少有助于创造一个长期可持续的稳定谋富、创富、促富的政治环境,使得倍增的社会财富不会因为尖锐的社会冲突而流失殆尽。因此福利国家的政治功能实际上反映了福利国家及其制度安排确保社会稳定发展、稳定社会创富及谋求全民共富的能力,这一点对于当今的中国依然具有至关重要之社会意涵。

从文化角度而言,福利国家及其制度体系的建制成型等也对社会的精神文化氛围及理念思维等层面具有反向影响作用。一个平等的、团结的全民覆盖式社会保障制度也有助于在社会中塑造国民平等及社会关爱、互助的思想,福利国家的建成也有助于激发社会中的利他主义力量,促进社会团结理念的辐射与扩散。荷兰著名福利国家学者斯旺通过研究证明了现代社会保障制度建制成型的阶段，这是西方民族国家形成及巩固的时代，也是欧洲民族国家相互竞争角逐的时代，而普遍教育制度、医疗制度及养老保险制度的建立大大促进了国民意识的形成，有力地促进了“国家建构”(state building)进程，同时也促进了国民对国家忠诚，有利于民族国家形成团结力量参与激烈的国际竞争(Swaan,1988)。凝聚一国国民形成社会发展的合力，对于共富事业也是重要的一环，福利国家思想在国家内部的辐射与传播也有利于社会的和谐与稳定，为社会财富的创造、生成、巩固与扩大创造了规范性层面的理念基础，使得平等、团结、互助的理念深入人心，使得国民平等观念内化为大众普遍认可的精神文化信仰，这些都为共同富裕创造了重要的社会文化心理环境。

从社会角度来看，福利国家及其制度体系安排促进了社会整合及系统整合。社会整合意味着每一位国民都不因其偶然的某些社会风险例如疾病、失业、伤残等被排除在社会经济的进步发展轨道之外，也不因为一些偶然的生活境遇而丧失其生存基础，不会因此与社会经济发展脱节，因此通过现代社会保障制度体系，全体国民可以整合到社会经济发展的进程中去，而不会被社会经济高速奔跑的轨道“甩出”，这有助于“包容性增长”局面的形成。从系统整合角度来看，通过综合的社会保护体系及严密编织的社会保障网络，每位国民的发展能力及潜力都可以得到激发，同时可以在社会中寻找到与其天分及技能相适应的劳动及工作岗位。此外，福利国家及其制度体系安排为社会各个子系统例如经济、教育、科学、法律、艺术、体育等提供了源源不断的合格的人力资本，人力资本的充足供给促进了社会各个子系统的良好运作与整合。通过福利国家及其制度安排，社会可以做到人尽其才，系统各尽其用，社会各个系统相互有机联系的多边耦合模式可以极大促进社会财富的生成、创造与积累，同时有利于良好的社会分配格局的成型。两种不同层面的整合都有利于个人及社会整体主义层面的综合发展，促进了国民总潜力的发挥及总财富的增加，促进了战后的西方社会总体上向共享繁荣方向演进。

福利国家在战后的建制与发展时期正好是西方经济发展的黄金时期，福利国家制度建设与黄金期相互依托、相互支撑，形成制度共振效应。一方面,经济发展黄金周期为西方国家带来了丰盈的税收,有利于国家拓宽税基并投入再分配之中;而福利国家制度也发挥了重要的提升低收入阶层收入及购买力的作用,促进了低收入人群向中等收入人群的流动,扩大了西方中产阶级的规模(de la Escosura,2021),扩大了西方社会的内部消费需求,西方开始进入由中产阶级主导的社会,社会普遍繁荣在西方历史上第一次成为现实,这也与福利国家的建设及持续扩大投资是密不可分的。另一方面,庞大数量的中产阶级及其对福利国家的跨阶级忠诚也夯实了福利国家财税基础。经济发展黄金周期、福利国家扩张与中产阶级壮大遂构成了这一时期西方资本主义社会发展模式的三项主要特征。

三、后福利国家时代与共同富裕

福利国家在20世纪80年代以后经历了一系列变革与转型,过去的福利国家形态发生了一定的变化,对于福利国家变迁的研究也需跟上时代浪潮,了解福利国家转型时代的发展趋势与规律,同时适应时代形势的变化,探索后福利国家时代浮现的一些新福利形态、新福利制度体系与共同富裕如何可以接续产生"桥接"关系。这里之所以用"后福利国家",而不是用"超福利国家"或是"跨越福利国家"这样的术语,是在于笔者认为20世纪80年代起源、20世纪90年代延伸的福利国家转型与变化并非要颠覆福利国家或是为福利国家制度体系彻底画上休止符,而是对福利国家制度进行适当适度的调整与改革,用保罗·皮尔逊的观点来说就是重新校准(Pierson,2002),也是重新调整标尺、调整尺码(re-scaling)。福利国家并未过渡到下一个完整的新形态,而是进入必须改变现状的创新阶段。

福利国家向后福利国家的过渡源于多种不同的因果链条,也与西方在20世纪70年代以来所经历的政治经济危机、国际货币体系危机及能源危机等密切相关。20世纪70年代受石油危机的直接影响,西方经济开始走向黄金期的终点,经济的高速发展戛然而止,经济出现了"滞涨"(stagflation)现象,同时二战后"全民就业"的繁荣发展模式也走到了尽头。伴随着经济增长率的下滑,短期失业及长期失业作为战前资本主义社会常见的一种社会现象重新成为社会常态,同时西方在战后出现的"婴儿潮"社会现象也逐步走向终结,所有西方国家的总和生育率(TFR)都下降到世代更替率之下。这些政治、经济、能源、人口等结构性变化叠加起来都对战后的福利国家产生了重大影响。同时福利国家在二战后经济快速扩张的20年里也产生了一些问题,例如福利客户及利益集团结构的形成制约了改革目标的实现,而西方民主体制下的政治选举也时常被福利议题操纵,这也被皮尔逊称为“途径依赖”(path-dependence),同时“福利依赖”现象及福利国家科层官僚体制的扩张及“官僚主义”倾向也为一些学者所诟病。在这样的背景下,福利国家的改革及调整逐步凝聚成为一种西方社会的共识。

缘起于20世纪80年代的福利国家改革与调整受到了英国首相撒切尔夫人及美国总统里根新自由主义路线的影响,20世纪90年代各福利国家开始出现集中的调整与改革,而在20世纪90年代末期逐步凝结成为新制度概念模式,一系列新论述及新概念也受到了20世纪90年代中期以后英国首相布莱尔、美国总统克林顿及德国总理施罗德“第三条道路”的影响,特别受到了思想界“第三条道路”的影响(吉登斯等),新论述及模式主要体现在社会投资国家(Giddens,1998)、积极福利国家(Kvist,2000)、能力促进国家(Gilbert,1993)、工作福利(Kildal,2001)等概念模式上。本节限于篇幅不再一一详述各种模式的主要特征及主要观点。由于四种概念模式具有较大的概念相似性,而且四项概念均是同一逻辑线条上的不同表述形式,究其本质而言还是后福利国家时代的创新及改革后的福利制度模式,因此这里只总括其主要视角及观点,同时尝试为后福利国家制度体系与共同富裕之间建立“桥接”关系。

后福利主义国家各个派别的主要主导思想和观念如下。

第一,由于一些主要西方福利国家对于劳动群体给予了较为慷慨的福利、社会保障待遇,较为宽松的制度设计及给付条件,同时一些制度设计失当,例如过于松弛的病假制度对于劳动群体就业产生了负向激励效应,后福利国家时代一项重要的改革就是重新设计及修订福利国家一些过度宽松的安排,通过政策调整及重新设计来促进劳动阶层增强工作福利的倾向,也就是通过进入劳动市场而获得相应的经济生活、物质保障及社会保险等,而不是被动等待国家的援助与福利。

第二,更加注重福利国家的"预防性"及"生产性"趋势,这一点在提供高福利待遇的北欧福利国家尤其明显,也就是国家改变被动救助及给付的政策,实施积极的上游干预政策,通过开展大量的成人培训、普通教育、职业教育和再培训等措施从以生产力和就业为中心的角度提升当前就业群体和未来就业群体的就业能力和综合发展能力,从源头防范人们滑入贫困陷阱或是因为技能不足而被排除在劳动市场之外,最大限度提高人们的经济参与程度。这样的预防性社会政策模式同时也要求国家提供更多的家庭服务和就业服务等,促进劳动力市场的参与度与流动性(Esping-Andersen,1996)。

第三,同样也是源于北欧福利国家转型的趋势,后福利国家时代国家特别注意对女性和低技术工人的培训和职业教育,通过对特定群体进行技能培训及实施促进就业措施,同时通过对家庭照护服务的社会化,大幅度提高妇女的就业率及其在经济领域的独立性,通过国家公共机构提供的广泛照护服务使得妇女可以将生育与劳动就业结合在一起,在提升生育率的同时提高女性就业能力及女性就业率。

第四,与上述趋势相适应的是,在福利国家向后福利国家转型的过程中,传统的福利国家目标发生了一定的变化,传统福利国家在面对劳动者和居民面临社会风险时,更多运用现金货币待遇来平滑劳动市场的风险,更多强调福利国家的现金给付功能,福利国家几乎可以被窄化为福利客户的"提款机"。而后福利国家的功能逐渐从"现金转移支付国"向"社会服务国"转型,也就是后福利国家在保持现金待遇转移支付功能的同时,大幅提高国家的服务供给能力,通过包含普通教育、职业培训、能力培训及终身教育等的系列组合措施,国家功能更多定位于提升国民的综合能力及素质上。在全球化、信息化时代,适应性强、技术熟练、受过良好教育的人群可以更好地应对社会风险。

第五,与传统福利国家在面临长寿化、高龄化时代将重心放置在老龄化议题及老龄保障事业上不同,后福利国家特别是社会投资国家与积极福利国家认为,将福利与保障过度放置在老龄化议题上是有问题的,转型及调整后的福利国家应当将更多的社会资源及再分配资源配置到儿童福利、青少年保护及家庭服务等领域,通过对青年世代的投入来增强全社会人力资本竞争力,同时通过减轻家庭照护负担来降低生育成本,间接刺激生育率的提升。这种以孩童与青年人为导向的社会投资政策,为福利国家的可持续运作提供了源源不断的人力资本,因为青年群体始终是福利国家的“顶梁柱”,他们是未来的税收及保费来源,也是未来照护服务的供给来源(Esping-Andersen,1996)。

第六,与过去福利国家强调国家一元角色与中心角色相比,后福利国家日益走向福利多元化,也就是多种机制协调与联合共同提供公共福利产品,而不是仅仅依靠国家这样一个庞大的“利维坦”角色,福利多元主义主张,政府不再是社会福利的唯一提供者,公共部门、市场、非营利组织、社群与社区、社会网络(例如邻里关系、个人的社会资本)等可以共同提升公民的福利水平,国家的角色从过去的供给者逐步转化成为组织者、协调者和监管者(Evers and Olk,2013)。

后福利国家的转型与变迁也与共同富裕有密切关联。传统福利国家对于共同富裕事业的主要贡献在于提供了健康合格的劳动力,释放了具有购买力的消费者,培育了人力资本,这些都对国民经济产生了重要的驱动力。这一关联中可能产生的问题是福利国家的财政给付能力与可持续性没有得到考虑,在高福利制度的驱动下,国家财税能力与福利国家持续扩张之间可能产生脱节,经济增长与社会福利扩张之间也可能产生脱节,福利国家在对共同富裕产生正向驱动效应的同时,也可能因为超越具体社会经济环境的承受能力而对社会共有财富产生“反噬”效应,也可能因为过高福利承诺而损害大众富裕的初衷,其间把握好尺度是关键。而后福利国家的转型与变迁则改变了这一因果逻辑链条,福利国家的功能不再仅仅停留在被动的转移支付与兜底保障,国家功能并不停留在防守式地“付出”什么,而在于积极能动地“出击”去改变人们的社会行为方式及生活状态,通过上游干预手段积极地提升国民的综合素质与职业技术素养,通过提供终身培训与终身教育服务,使人们可以动态地适应全球化、信息化及人工智能化时代的变迁,后福利国家将既往的福利国家转化成为一种能力培育国家与社会服务国家,通过将社会资源更多地向儿童及青年群体分流,后福利国家最终获得了新发展动力及创新财富的来源。而教育及培训的全社会扩散及面向下一代的社会政策,将极大地促进现代人力资本的培育,优化福利国家的资源配置,显著提升社会持续创造财富的能力,同时提升社会可持续性共富的能力。

然而制度改革与调整往往是作用力与反作用力并存,后福利国家的转型与调整在纠正了一些福利国家科层体制过度扩张趋势的同时,也因为工作福利导向而收紧了福利制度特别是社会救助制度的待遇给付,同时扩大市场供给以及增加市场机制也难免带来贫富差距的扩大。[①] 西方在后福利国家时代总体上取得转型成就的同时,自1990年以来也出现了中产阶级数量下降、贫困人口增加及高收入人口增加的趋势,劳动者权益受到一定损害。当前西方社会关于M型社会的讨论就反映出西方社会中等收入群体日益流失的现状。然而我们必须客观地看到,主要西方国家中产阶级“宽度”虽与黄金时期相较变“窄”,但大体仍保持着以中等收入群体为主的社会结构。[②] 西方世界正在发展与共享之间做出更多的平衡性调节,工作福利及社会投资在带来社会活力与劳动市场活力的同时,也难免引起共享程度的下降。如何在高质量发展与共享之间找到合适的平衡点,是包括西方在内的人类社会必须不断探索的永恒的社会命题。

四、小　结

本节讨论了福利国家与后福利国家时代的转型及变迁与共同富裕的关系。福利国家在经济上培育了人力资本,防止了人力资本的损耗,为经济发展及社会共同富裕事业做了制度预备,同时福利国家通过福利及社会保障投入保障社会安全、和谐与稳定,为共同繁荣和共同富裕创立了有利的政治制度基础,普遍富裕型社会形成与社会冲突及社会消耗曲线下降正相关。

---

①例如德国极度严厉且不受公众欢迎的“哈茨四号”改革被公认为扭转了德国劳动市场的长期颓势,“驱赶”大量劳动者重新回到工作市场,被认为是德国经济新奇迹的重要推手。但同时该项改革也被广泛认为削弱了劳动者权益,加剧了社会不平等,使得劳动年龄阶段申请失业金及社会救助的人群遭受“污名化”压力,一些有资格申请“失业金Ⅱ”的人士也因耻感而主动放弃申请。

②根据德国经济研究所的数据,德国中等收入群体比重(中间收入的70%至150%)在1985年至2016年从64.5%下降到56.0%。虽然中产阶级比重在这一时期有所下降,但其依然构成德国社会主流,德国橄榄型社会结构依然坚固,参见德国经济研究所(DIW)的统计数据:https://www.bpb.de/nachschlagen/zahlen-und-fakten/soziale-situation-in-deutschland/61763/einkommensgruppen。

西方在战后出现普遍繁荣与大众相对富足的社会也与福利国家制度安排密不可分。福利国家制度构建也有利于西方形成以中产阶级为主的橄榄型社会,促进社会低收入阶层向中等收入阶层流动,福利国家具有天然的“扩中”“提低”效应。然而,福利国家的扩张从来都是一把双刃剑,在有利于社会财富分配及财富总量增加的同时,如果福利制度设计过于松弛与慷慨,或是过度承诺福利,也会导致社会前进的动力机制和动态机制失灵,而高慷慨度的高福利社会也可能超越社会经济发展的能力而影响到社会财富的创造机制。福利国家更要防范民粹主义的“裹挟”,其核心是福利国家的可持续性发展。而后福利国家时代的社会投资国、能力促进国和积极福利等正是通过修正福利国家的一些弊端得以让福利国家继续前行,通过制度激励及奖惩措施让有劳动能力的人群重新返回劳动市场,同时福利国家投资大幅流向教育、培训、能力培育及能力再造,这一切都让福利国家获得了可持续发展的财务基础及人力资本基础,同时通过对福利国家的重新校准而将福利投资方向显著调整至儿童、青少年、妇女及家庭服务,福利国家投资的年轻化带来了福利国家的生命力与活力,也将为福利国家带来源源不断的生力军及后备军,间接稳固了社会未来的财税来源,而这一切都将有利于社会财富的创造、积累及共同繁荣。在取得进步与发展的同时,社会投资导向与工作福利倾向也给后福利国家带来了社会共享性下降、中产阶级数量下降、低收入人群数量上升的隐忧。西方社会在过去 20 多年的时间里社会共同富裕程度有所下降,社会中的贫困群体和低收入群体数量在多数福利国家有所上升,这样的发展趋势也值得我们认真思考该如何平衡社会发展的活跃动力与社会的共享程度。因此,福利国家及后福利国家的发展历程从不同层面为共同富裕提供了重要的启示,也给我们提供了一些值得注意和汲取的教训,值得我们在走向共同富裕的战略节点上平衡性地思考。

第二节 德国发展模式的主旨理念与具体制度安排

一、德国概况

2020 年德国 GDP 总量为 3.806 万亿美元①，为世界第四大经济体、欧盟最大经济体，同年德国人均 GDP 为 45723 美元②，属于高收入发达国家的中上游水平，其人均 GDP 高于主要西方发达国家如法国、英国、意大利等，但低于美国。德国不仅是富裕的工业化大国，在收入分配领域，德国也取得了不凡的成就。德国在收入分配领域贫富差距相对较小，是西方资本主义主要大国中收入差距最小的国家之一。根据 OECD 2020 年提供的关于 OECD 诸国基尼系数的数据，德国基尼系数为 0.289，显著低于美国（0.390）与英国（0.366），同时也低于法国（0.301）、意大利（0.330）、日本（0.334）和西班牙（0.330）（见图 4-1）。德国是大型经济体中收入分配最公平的国家之一，但其基尼系数要略高于北欧的丹麦、挪威、瑞典等福利国家。与主要发达国家及大型经济体相比，德国坚持制造业立国和工业技术立国的基本发展主旨，在主要发达国家“去工业化”的产业外移浪潮中，德国坚持其工业技术大国的国际地位，对于国民经济金融化及虚拟化保持着审慎态度与适当距离，同时确立了不走美英金融资本主义道路的基本立国路线。这使得德国国民财富的创造更大程度上建立在实体经济基础之上。德国依然是全球制造业强国及工业技术强国，迄今为止，这样的地位还未被撼动，因此，发达的制造业在德国国民经济中依然具有重要的“创富功能”。

---

①参见世界银行 2020 年德国 GDP 总量数据：https://data.worldbank.org/indicator/NY.GDP.MKTP.CD?locations=DE。

②参见世界银行 2020 年德国人均 GDP 数据：https://data.worldbank.org/indicator/NY.GDP.PCAP.CD?locations=DE。

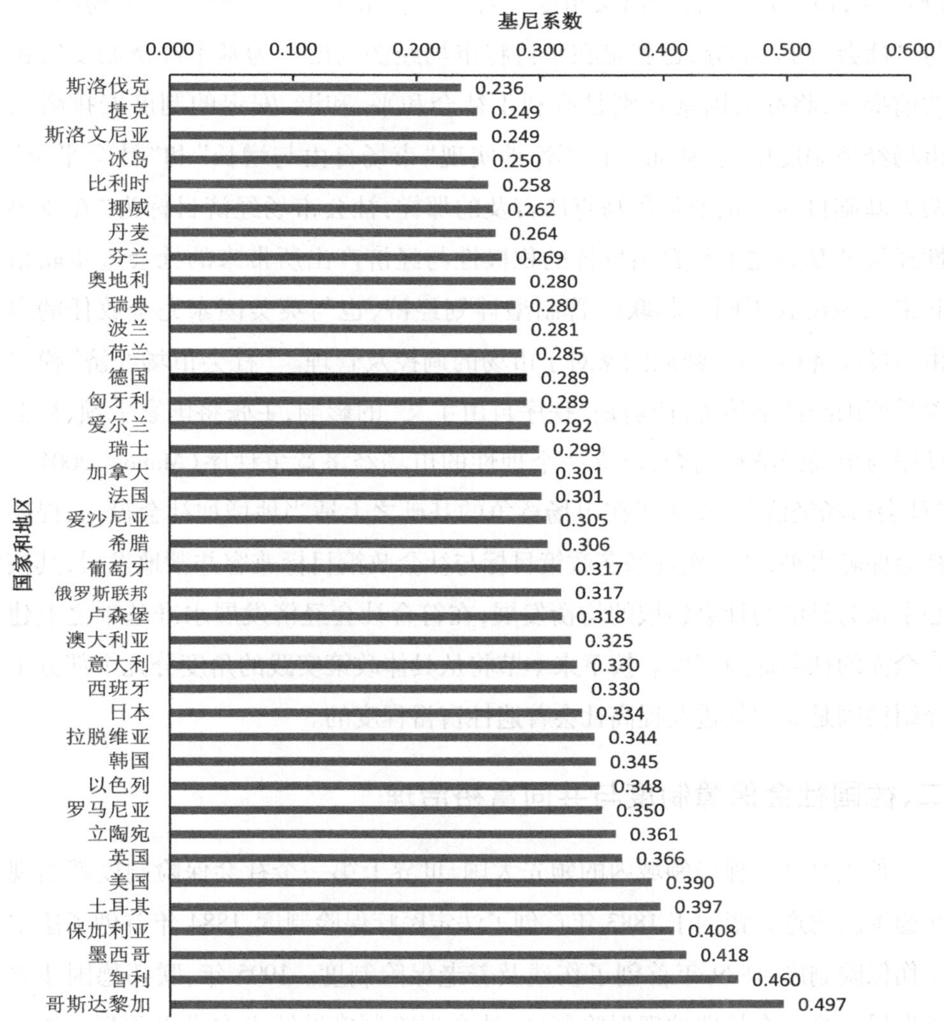

图 4-1 OECD 国家 2020 年基尼系数比较

注：OECD 成员国的基尼系数源于最新可获取的数据，部分成员国为 2017 年或 2018 年数据，一些成员国为 2019 年或 2020 年数据，参见 https://data.oecd.org/inequality/income-inequality.htm。

德国社会市场经济论述及模式产生于战后德国经济恢复时期。在当时的联邦德国，经济学家阿尔弗雷德·穆勒·阿尔马克（Alfred Müller-Armack）于 1947 年首创了“社会市场经济”论述及社会经济发展模式（Müller-Armack，1962），同时通过政治家及经济学家路德维希·艾哈德得到发展

(Erhard,1972)。从社会语义角度来看,“社会市场经济”分解为“市场经济”与“社会”两大部分,也就是在坚持将市场经济制度作为基本经济制度安排的前提下,将社会因素特别是有利于社会和平、和谐、安定的制度安排融入市场经济制度中去,从而并行不悖地实现“市场自由与增长”和“社会平衡”两大基础目标。正如阿尔马克所言及的那样:社会市场经济目标为“在竞争性经济的基础之上将自由发挥的积极性与经济产出所带来的社会进步联系起来”,该模式不同于苏联的管制型计划经济,也与英美国家完全放任的自由市场经济相区别,强调国家对于市场的调控及管理。“社会市场经济”模式深受德国经济学传统,特别是“秩序自由主义”的影响,主张将国家干预、社会秩序与市场经济相结合,建立一个理性的市场经济竞争秩序(Manow,2001)。“社会市场经济”学派主张在市场竞争的基础之上适当地增加社会投入,提高社会保障水平,从而实现经济政策目标与社会政策目标兼容并蓄地发展,其核心主张为经济与社会领域的均衡发展,在符合社会经济发展水准基础之上建立全面的社会保障制度。接下来本节将从具体政策实践的角度分九个部分来介绍德国是如何促进及提高社会普遍性富裕程度的。

二、德国社会保障制度与共同富裕治理

德国是社会保障领域内的领先大国,世界上第一个社会保险制度就出现在德国。德意志帝国于1883年首创了法定医疗保险制度,1884年首创了法定工伤保险制度,1889年首创了伤残及养老保险制度。1995年,联邦德国建立了世界上第一个长期护理保险制度,社会保险制度继续走在世界前列。德国式的社会保障模式亦被称为俾斯麦模式,成为与英国贝弗里奇模式相对应的一种社会保障模式。俾斯麦模式是社会保障制度的代名词,该项制度主要覆盖具有劳动关系及具有社会保险义务的雇员,雇主与雇员承担平均缴纳社会保险费用之责任。[①] 社会保障制度主要由具有公共法人地位的社会自治机构自我管理。德国的社会保障制度包括社会保险、社会救助、普惠式福利待遇及

①在德国,法定工伤保险制度坚持“雇主责任制”,由雇主一方单独缴纳工伤保险之保费,遂构成五个险种中的一个例外。

社会服务等几大不同领域，各项社会保障的子系统构筑了一张严密的社会保障网络，在德国民众的大众福祉及共同富裕领域发挥着重要作用。OECD 2019年提供的统计数据显示：德国在公共社会支出领域（对于社会保险及社会救助等领域的投入占 GDP 的比重）位居 OECD 国家前列，2019 年德国公共社会支出为 GDP 的 25.9%，位于 OECD 国家的第 7 位，高于美国的 18.7%、英国的 20.6%、日本的 22.3%，甚至高于北欧的瑞典（25.5%）与挪威（25.3%）两国，但低于意大利（28.2%）与法国（31.0%）（见图 4-2）。

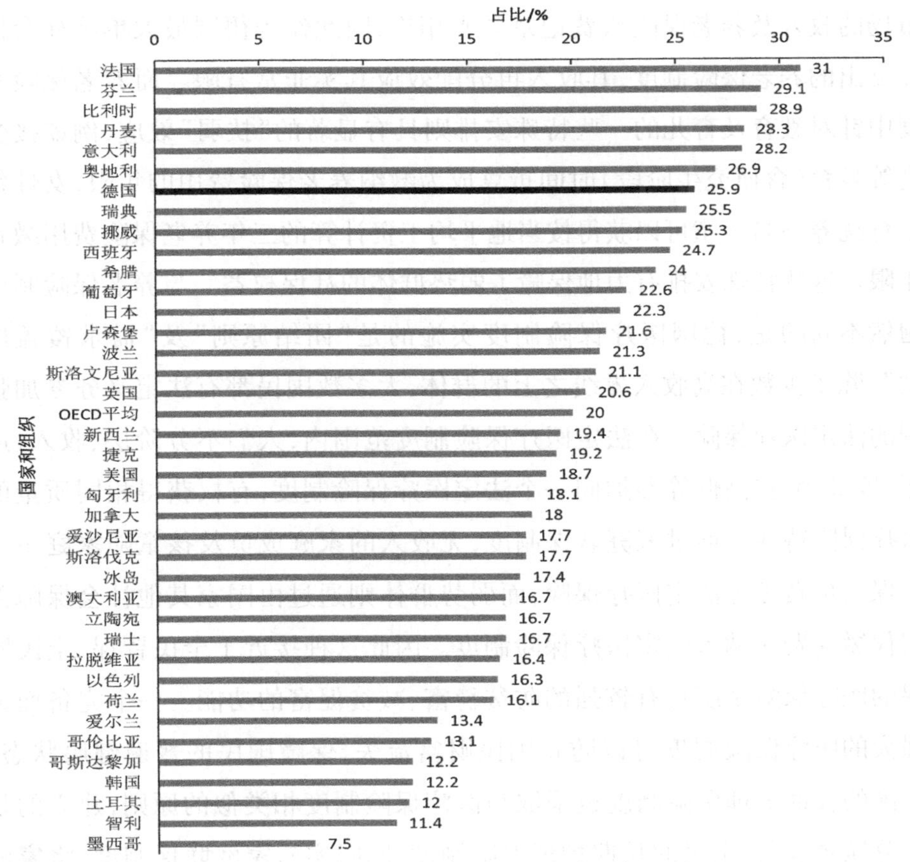

图 4-2 2019 年 OECD 各国公共社会支出占国民生产总值比例

数据来源：由作者根据 OECD 关于公共支出的统计数据翻译、整理，参见 https://www.oecd.org/berlin/presse/aktuelle-zahlen-zu-oeffentlichen-sozialausgaben-23012019.htm。

在德国的社会保障制度中，不同社保项目具有不同的缩小贫富差距的效应,因此也就在社会共同富裕中承担了不同功能。德国的社会救助制度分为基本生活救助、老年人及工作失能人群的基本生活保障、残疾人融合救助、克服特殊社会困难救助、其他生活境遇条件下的救助、医疗救助、护理救助等,德国的社会救助是由国家财政给付的、根据需求而来的社会保障制度,因此具有显著的反贫、防贫的社会功能,有助于提高低收入家庭的社会收入,为弱势群体提供一个符合基本人道尊严的社会生活环境。德国养老保险制度采取的是"对等原则",也就是养老金的领取和养老金待遇与工作市场的收入及养老保险缴费记录紧密相连,因此作为德国最大单项社会保障支出的养老保险制度,其收入再分配效应其实非常有限。而养老保险制度中针对教育及育儿的一些特殊安排则具有显著的"扶弱"效应,例如接受高等教育(含研究生阶段)时间折算成为缴纳养老保险费用的年限,女性每生育抚养一名孩童可以获得按当地平均工资计算的三年养老保险费用缴费年限。这些特殊安排有力地保障了弱势群体的社保权益。与养老保险制度迥然不同的是,德国医疗保险制度实施的是"团结原则"及"需求覆盖原则",除了少数在高收入界线之上的群体,大多数国民都有法定义务参加强制的法定医疗保险。在法定医疗保险制度范围内,人们不分阶层、收入、声望、地域、缴费高低等参加同一个法定医疗保险制度,有权获得相同质量的医疗保险待遇。通过家庭联保制度,无收入的家庭成员及孩童随家庭主要参保人免费参加法定医疗保险,而弱势群体则通过由国家其他社会保障部门代缴保费而纳入法定医疗保险制度。因此这种接近于全民皆保、全民同保的医疗保险制度具有较强的防贫稳富、减贫促富的功能。一个完备而又强大的医疗保险制度可以防止国民财富流失,保障国民的普遍健康状态。德国的长期护理保险制度也采取与医疗保险制度相类似的原则,建立的是不分城乡、覆盖全民的长期护理保险制度,同时实施家庭联保制度,将家庭成员纳入长期护理保险制度之中,建立全民长期护理保险网络。该项制度也有助于防止家庭因护致贫。

三、德国职业教育制度

德国职业教育制度在全世界享有盛誉,普遍认为德国职业教育模式为世界上非常独特的一种融合理论与实践的教育模式,其对德国的高就业率及社会财富的创造具有难以估量的重要影响。德国职业教育制度又被称为双元模式或双元体系,也就是参加职业教育的学生需要在两处同时受训——一是职业学校,二是企业。德国的职业教育体系和德国普遍的教育体系密不可分,德国学生在义务教育阶段会经过两次分流式选择,也就是"小升初"和"初升高"的两次分流。在"小升初"阶段,学生初步决定自己未来是选择早就业道路还是继续升学读书的大方向。在这一阶段,学生根据学习成绩、自身的偏好和特长,综合家长和教师的意见后决定选择文理中学、实科中学、职业预校等,其中文理中学面向大学阶段的学习,实科中学可以实行职业教育或高等教育的双向选择,而职业预校则预定进入职业教育的轨道。在这一阶段,不少学习成绩优秀的学生也会根据自己的爱好和特长选择职业教育的路径,这反映出德国人对于职业教育的不同认识。德国有着悠久的"文匠不分"的文化及传统,一些著名的文学家例如歌德也对技术领域有着浓厚兴趣,许多普通德国居民都会一门或数门熟练的手工艺技术。对于技术的崇拜以及对于匠人的尊重,使得德国社会积淀着一种浓厚的"工匠精神"氛围,掌握熟练的技艺与技术被视为在社会中向上流动的重要途径。这也可以解释在学习阶段分流时期为何部分成绩优秀的学生会较早选定职业预校、职业教育之路。在第一次分流后,德国教育体系还保留着"初生高"的第二次分流,也就是学生可以调整之前所做的选择。德国的双元体系为职业技术学校的学生圆梦提供了完备成熟的制度运行条件,实习学生一般会在学前与企业签订就业协议,也会与企业签订实习协议,通过在职业技术学校的理论学习和同一时期在企业的实习,学生可以将理论知识转化为实践知识,促进知识的系统性、综合性转化,实现"边干边学"的目标;同时,实习学生还可以拿到实习工资,而对于企业来说则可以通过这样独特的双元体系挑选到技艺熟练的技术工人。可以说,德国的双元职业教育体系为德国工业及强大的制造业输入了源源不断的合格高质的技术后备军,同时又向实习学生提供了很好的就业前景,将社会人力资本合理地配置到技术工作岗位上。许多职业学校的实习生结业后,会在博世、西门子、大众、宝马等德国知名大企业就业,因此职业教育也是一种预先的职业预备。在德国,掌握一门技术的工人具有较高的收入,高级技工的收入甚至不亚于公务员和大学教授,这也是技术工人备受推崇的原因。德国汉斯·伯克勒基金会下属的经济与社会研究所(WSI)2014 年就德国技术工人收入所做的一项研究显示,德国技术工人平均工资为每月 3750 欧元,这在德国属于中上游收入水平,如果考虑到行业及不同领域的差别,技术工人工资区间为 3153 欧元至 4085 欧元。①

德国的双元职业教育体系实现了社会教育方向和路径的合理分流,其实施的不是“千军万马过独木桥”的“唯高校”路径,而是将社会中有技艺技术才能、具有工匠天分的学生合理分流到职教体系来,使得德国的工业与制造业有了充足的人才储备与人才供给,这是德国维持制造业强国地位、实现制造业造富的重要制度性安排。同时,德国的职业教育体系为德国的高就业率,特别是青年人的高就业率做出了重要贡献。根据统计网站 Statista 2021 年的统计数据,实施了双元职业教育体系的德国是欧洲 15—24 岁年轻人失业率最低的国家之一,其失业率仅为 7.5%。而没有实行双元教育体系且职业教育声望较低的国家同一年龄段的青年失业率较高,例如意大利为 29.4%,西班牙为 37.1%, 法国为 19.1%。② 由于教育体系合理的分流,德国青年大量被整合到高质职业教育体系之中,通过职业教育顺利进入工作市场。

当然,德国职业教育制度是在德国社会经济文化条件下建立起来的,该项

---

①参见经济与社会研究所关于德国技术工人收入的调查:https://www.lohnspiegel.de/techniker-innen-13894.htm。

②参见关于欧洲各国青年人失业的统计:https://de.statista.com/statistik/daten/studie/74795/umfrage/jugendarbeitslosigkeit-in-europa/。各国青年人失业比率也应考虑到移民因素,例如南欧国家较高的移民占比也会间接影响失业率的情况。

制度体系也与德国独特的“工匠文化”密切相连，考虑到我国不同国情及不同文化传统，该项制度无法完整复制到不同的社会制度文化环境之中，但德国职业教育制度依然可以为我国职业教育提供一些有益的思考与借鉴。

四、德国统一后填平“西东鸿沟”的共富举措

1990 年两德统一后，联邦德国政府面临非常棘手的难题：虽然前民主德国是苏联及东欧阵营最发达、生活水平最高的国家之一，但民主德国与联邦德国在生产率及生活水平上依然差距较大，彼时民主德国的人均国民生产总值只有联邦德国的 1/3，民主德国的生产率只有联邦德国的 40%多，而民主德国的政府外债高达近百亿美元，民主德国与联邦德国的差距是全方位的。同时，由于民主德国与联邦德国在经济体制、社会体制与社会保障制度领域存在巨大差异，统一后的德国面临着非常繁重的任务——填平德国的“西东鸿沟”并统一制度。20 世纪 90 年代，德国政府为原民主德国地区的经济体制转型改革进行了转型方案的总体规划与设计。同时，德国政府还针对民主德国落后的基础设施，例如铁路、公路、桥梁、城市基础设施、通信设备设施等进行了大量投资。到 2000 年时，原民主德国地区的电话普及率及通信数字化水平就已达到和赶上原联邦德国地区。德国为了两德统一，采取了一项罕见的税收措施，也就是德国就业人员需要为两德统一缴纳“团结税”。该项税收自 1995 年起正式征缴，自 1998 年起占个人收入和公司所得的 5.5%，并完全归联邦政府所有，用于为德国统一而进行的长期转移支付。仅 2020 年一年，德国就征收了 187 亿欧元的“团结税”。[①] 而在整个德国统一阶段，联邦政府对东部的转移支付（包含在社会保障领域内的转移支付）预计高达 2 万亿欧元。[②] 在德国联

①参见统计网站 Statista 对德国征收统一团结税的统计：https://de.statista.com/statistik/daten/studie/30376/umfrage/steuereinnahmen-des-bundes-durch-den-solidaritaetszuschlag/。

②参见德国联邦政治教育中心对于德国统一费用不同测算的介绍：https://www.bpb.de/geschichte/deutsche-einheit/zahlen-und-fakten-zur-deutschen-einheit/212659/die-frage-nach-den-kosten-der-wiedervereinigung。

邦制度持续推进“建设东部”的进程中,德国东部各州的基础设施不断得到改善。东部地区一些大学,如洪堡大学、莱比锡大学等学校硬件设施已位居德国前列,吸引了大量西部地区的学生反向流动到东部。① 德国联邦统计局的统计数据显示,自2009年开始,由东部移入西部的德国居民数量开始回落,西部与东部之间移民余额的差距开始缩小。而2017—2019年,移入东部的居民首次超过移出东部的居民②,这是自德国统一以来,东部各州第一次成为移民净盈余地区,这显示东部各州的吸引力指数在上升。而根据德国联邦财政部、德国联邦统计局及德国经济研究所等2020年的相关数据,德国东部居民的人均GDP由1991年占德国西部的33%上升到2019年的69%,德国东部家庭净收入则由1991年占德国西部的54%上升到2019年的78%,德国东部雇员工资(用于衡量人工成本)则由1991年占德国西部的49%上升到2019年的82%,而德国东部雇员的实际国内产值(用于衡量生产效率)则由1991年占德国西部的42%上升到2019年的80%,德国东部的单位人工成本由1991年占德国西部的119%下降到2019年的102%,德国东部居民的资产由1991年占德国西部的38%上升到2019年的78%,德国东部雇员的资产存量由1991年占德国西部的40%上升到2019年的89%(见图4-3)。以上数据充分表明,在德国统一后的30年左右时间里,东西部生活水平及经济生产效率的鸿沟已得到大幅缩小,德国的东西区域已出现了趋同的发展趋势。尽管东西部的差距在一定程度上还存在,但这样的差距已越来越小。德国东西部差距近年来呈现出的显著收敛趋势也对德国内部的移民格局产生了深远和不可估量的影响,德国在统一后第一次出现了平衡的国内人口迁移,统一初期担心的“东德空心化”趋势并没有出现,这与德国坚定不移地推进东部建设、缩小东西部差距密不可分。

---

①参见德国联邦统计局的统计与报告《“柏林墙倒塌后30年:德国东部对于西部学生变得有吸引力起来》,https://www.destatis.de/DE/Presse/Pressemitteilungen/2019/09/PD19_378_213.html。

②参见德国联邦政治教育中心对于德国内部移民的统计报告:https://www.bpb.de/nachschlagen/zahlen-und-fakten/soziale-situation-in-deutschland/313837/binnenwanderung。

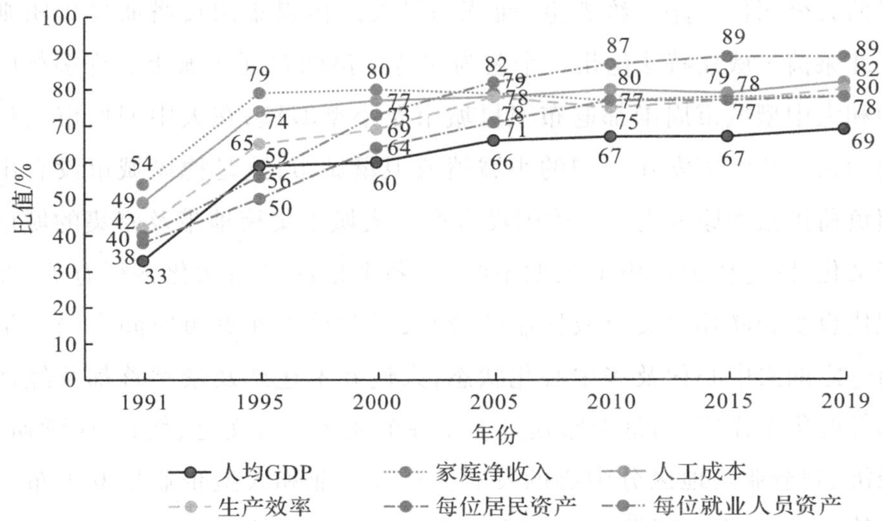

图 4-3　德国东部主要经济指标与西部相较发展趋势(以德国西部为 100 作标准)

数据来源:Röhl K H. 30 Jahre Wiedervereinigung: Ein differenziertes Bild[J]. IW-Trends-Vierteljahresschrift zur empirischen Wirtschaftsforschung, 2020, 47(3): 93-111.

五、德国空间均等化及公共服务均等化举措

与主要西方工业化大国相比,德国在城市的规模、密集程度、城市景观及人口分布等领域具有别具一格的特点。德国没有特大城市,即使是首都与一些大城市的规模也非常有限,德国首都柏林是全德人口最多的城市,总计有 366 万居民,但与 1939 年高峰期时期柏林的 432 万人口相比较,反而下降了 66 万人口。德国没有巴黎、纽约、罗马、东京、首尔那样的特大城市,即使是德国的商业及经济贸易中心、号称德国经济首都的法兰克福,也只有 76.3 万人口,与二战结束后的 54.8 万人口相比,法兰克福人口在整个战后 70 年也只微幅上升了 21.5 万。德国人普遍不具有“大城市膜拜症”,也不存在首都与大都市经济社会功能过度集中、垄断的状况,反而是中小城市群落代表着德国城市文化的主流,反映出德国社会独特的偏好。德国一些著名大企业都分布在名不见经传的中小城市,例如全球知名的德国汽车巨头大众、奥迪及欧宝的总部分别坐落于几个并不知名的中小城市——沃尔夫斯堡、英戈尔施塔特及吕塞尔海姆,全球化工巨头

巴斯夫公司位于路德维希港,而德国最大的传媒集团贝塔斯曼集团则位于北莱茵·威斯特法伦州一个名为居特斯洛的普通小城市。许多德国中型和大中型城市周围都遍布卫星城市及小型城镇,在大中型城市工作的德国人往往将家安在周围的小城镇或卫星城市,这是德国城市没有出现超负荷扩张的原因之一。德国没有产生大城市集聚地带及密集的城市生态文化,既与德国历史上长期不统一、各个地区自治文化盛行有关,在近现代也受到联邦主义分权体制的影响,因此德国在城市空间布局上呈现出一定的去中心化及多中心化状态,人们并不迷恋及崇拜首都及经济首都等的集聚作用,而是天然倾向于在各个地区促进文化、教育、医学研究、经济、制造业的地区分中心的发展。这种产业和大型企业星罗棋布的分散特征,为各个地区带来了发展的机会,避免了产业的过度集聚带来的空间不平等。与此相类似,德国大学并不注重大学排名及名牌大学效应,但是会发布不同大学的专业排名,质量较高的专业一般并不集中于几所名校之内,而是分布于德国各州的一些不同大学,包括一些名不见经传的大学,德国教育制度也体现了浓厚的联邦制特征。

除了上述历史及文化传统原因及联邦主义架构,德国的空间均等化措施也在发挥着调节及分流人群的重要作用。在经历了战后一段高速的城市化增长时期之后,德国自 20 世纪 60 年代始,在公共政策领域也采取了一系列措施来重振乡村及中小城市。德国推行空间均值化及城乡均值化的战略,实行了社会保障不分城乡区域的全国覆盖制度,高度发达、便利迅捷的基础设施也覆盖了大中小城镇所有城乡地区,再加上德国的联邦和州政府有意识地促进基层医疗及公共服务的持续投入,城乡空间和大中小城市空间之间的实质生活差距大幅缩小。德国在联邦体制架构下产生了大学、高校及区域医疗研究中心"分散性分布"模式,这种"去中心化"特性的周边辐射模式,使得德国一些小城市受益于邻近大中城市的医疗与教育资源的配置,提高了其自身的城市吸引力。同时在联邦及州政府的努力下,农民发展成为一种具有技术含量的高技术职业,其与德国的一般性职业教育制度紧密相连,高度发达的农业技术培训为农民提供了技术知识,再加上德国自20世纪70年代以来推进的"生态农业"和"美丽乡村"建设,德国农村在人们的观念意识中逐步转化成为环境优化、贴近自然、技术发达的绿色宜居之所。1971年,联邦德国政府开始在全德范围内推行"我们的乡村应更美丽"(Unser Dorf soll schöner werden)竞赛,1997年后更名为"我们的乡村有未来"(Unser Dorf hat Zukunft)①,通过这样的竞争形式不断促进乡村的振兴与发展,促进乡村发展的相关知识与模式的区域政策学习及知识扩散。德国还专门针对空间平等及均值发展制定了法律,例如1997年通过了《空间规划法》(Raumordnungsgesetz)②,用于调节地区与地区之间、大中小城市之间及城乡之间的均等化发展,其主要目的是通过公共政策与社会政策的均衡发展来促进均衡的移民与空余空间的分布,通过均衡的经济政策、社会政策及生态政策来促进合理的移民流动,防止出现针对某一目的地过度移民及过度城市扩张的现象。该法案的重要理念为促进不同空间范围之内的"均等生活方式",特别是要考虑到人口密集的城市和人口稀疏的乡村、结构强大及结构薄弱地区之间的差异,也要考虑到各地人口、工作岗位、就业等因素的不同,促进各个区域均衡发展;法案还特别强调基础公共服务与基础设施在人口稀疏、结构性薄弱地区促进机会均等与平等发展的重要作用。

六、社会伙伴关系与劳资平衡

具有德国特色的劳资关系——社会伙伴关系(Sozialpartnerschaft),旨在平衡劳资双方的利益关系,促进双方的利益协调,形成稳定的、制度化的劳资冲突协商及解决机制。社会伙伴关系不仅影响到奥地利、瑞士等德语圈国家的社会协调机制及劳资关系的建立,也影响了国际劳工组织(International Labor Organization, ILO)对于劳工权利及劳资关系在国际法层面的界定,例如ILO主张倡导的国家、雇主与雇员的三方协调及谈判机制就

①参见德国联邦食品及农业部对该项运动主旨的介绍:https://www.bmel.de/DE/themen/laendliche-regionen/ehrenamt/wettbewerb-unser-dorf-hat-zukunft/wettbewerb-unser-dorf-hat-zukunft_node.html。

②参见德国空间规划法文本:https://www.gesetze-im-internet.de/rog_2008/__1.html。

直接受到了德国社会伙伴关系的影响。二战后,社会伙伴关系在联邦德国得到进一步加强与巩固,其所包含的企业自我管理、雇员自治、劳资协调及谈判等成为德国劳资关系的重要组成部分。德国任何企业和公司都必须设有企业职工委员会来代表雇员的利益,企业员工通过其代表机构在工资、休假、解雇保护、社会权益等多个领域与企业主实行共决,除了企业职工委员会,德国雇员还通过监事会参加企业管理及企业运营的监督等,例如联邦德国 1976 年通过的《共同决定法案》规定,监事会成员由员工代表与股东代表各占二分之一。德国社会伙伴关系与劳资平衡的最重要体现形式就是劳资谈判的协商机制,劳资谈判主要在三个层面展开:一是在企业内部进行的劳资谈判;二是在某一行业,例如冶金行业或钢铁行业进行的劳资谈判;三是在全国层面由雇主委员会与雇员代表组织即工会展开的谈判。其中,某一产业及所属行业的劳资集体谈判最为重要,这是协调某一行业劳动者工资、企业福利待遇及劳动保护权益最重要的机制,通过谈判劳资双方将就薪资范围、涨薪比率、工作时长、雇员职业培训、加班津贴及补偿、安全生产、企业环境卫生等诸多领域达成雇主—雇员协议。劳资谈判虽然有时耗时较长,特定情况下甚至可以达到数月、一年之久,但整体来看,劳资谈判成为德国稳定劳资关系、协调劳资矛盾、促进社会和平稳定以及有效降低社会冲突的重要制度化安排,其不仅维护了长时间的社会和平与稳定,降低了社会冲突系数,让社会可以集中精力与资源来创造及增加社会财富,而且成为改变初次分配的重要方式,通过定期的谈判机制及理性的利益诉求表达,劳动者可以通过组织协调及组织代言的形式来推动企业合理提高其薪酬,从而避免了资方独大、人为压低收入及探底竞争的不良社会现象。劳资共决机制提高了德国社会福利国家的合法性,使德国成为世界经济中一支稳定的力量。与一些西方主要大国,例如法国、意大利过度为工潮及罢工运动所累不同,德国通过其独有的历史传统及利益协调机制来减少社会冲突及社会消耗,维护社会和平,为社会共富创造了持续稳定的运行空间。与社会冲突所消耗的巨大成本相比,劳资集体谈判形式所需要的社会成本要低得多。

图 4-4 显示,德国劳动收入占国民收入比重非常稳定,其占比接近

70%,德国初次分配中较为稳定的收入状况也与德国稳健成熟的劳资集体谈判与集体协商制度密切相关。同时,劳动者从劳动市场获得较为合适、合理的收入也对社会普遍性富裕程度具有重大影响,不仅使得社会长期稳定发展有了保障,而且提升了就业人员的消费能力与实际购买力,这对于刺激内部消费市场、拉动内需也具有重大意义。

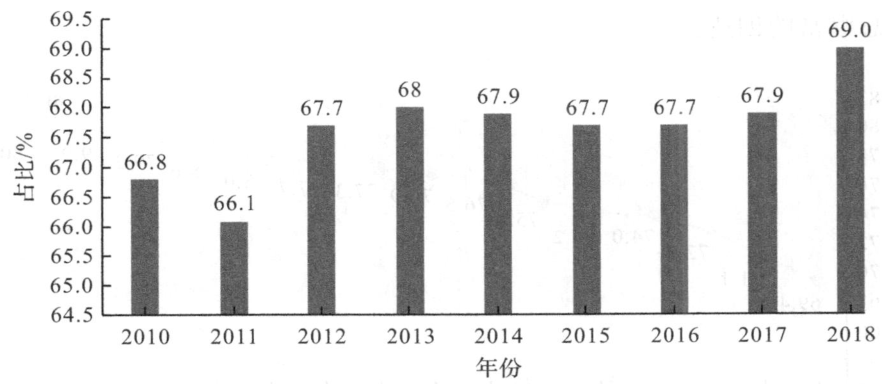

图 4-4 2010—2018 年德国劳动收入占国民收入比重

数据来源:作者根据 Statista 统计数据自制,参见 https://de.statista.com/statistik/daten/studie/161378/umfrage/anteil-des-arbeitnehmerentgelts-in-deutschland/。

七、德国劳动与就业市场

2020 年,德国 20—64 岁人口就业率为 80.1%,其中男性就业率为 83.2%,女性就业率为 76.9%。由于德国在施罗德领导的红绿联盟政府执政期(1998—2005 年)坚决果断地推行了劳动就业市场的改革,实施了从“哈茨一号”到“哈茨四号”一系列富有争议的改革,在劳动就业市场政策上主动向积极的社会投资政策及积极福利国家政策靠拢①,改革的重大成果就是失业率持续下降、就业率持续上升。德国总就业率从 2005 年的

①德国内部具有高度争议的“哈茨四号”改革改变了过去宽松的失业保险及社会救助制度设计,针对就业群体收紧了待遇给付条件,推行积极的就业促进及培训措施,特别是将失业救助与就业年龄段的社会救助合并为“失业金Ⅱ”,通过降低待遇给付、缩减待遇给付时间、条件化待遇领取、实施奖惩并举等激进措施向劳动市场发出了工作福利及积极就业的强信号。尽管这一改革直至今日依然是德国具有高度争议性的话题,但无可否认的是,“哈茨四号”改革大幅增强了德国社会中的工作福利与积极就业倾向。参见刘涛. 德国劳动力市场的改革:社会政策的 v 型转弯和政治光谱的中性化[J]. 欧洲研究,2015(1):64-81.

69.4%上升到2020年的80.1%(见图4-5),而同一阶段女性就业率从63.1%上升到76.9%,女性持续进入就业市场成为德国经济的红利。而同一时期德国失业率从2005年的11.7%下降到2019年的5.0%,2020年仅因新冠疫情略微反弹到5.9%(见图4-6)。而德国长期失业比率也在持续下降。持续的工作福利倾向有利于德国劳动力市场的繁荣,有利于国民总财富的创造。

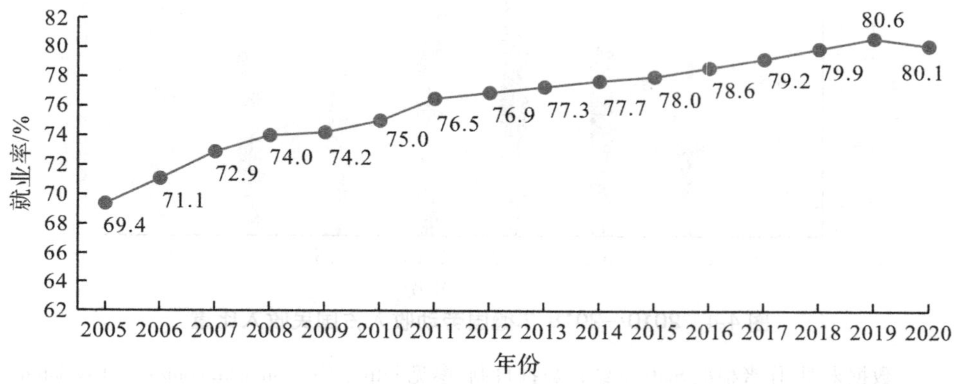

图4-5 2005—2020年德国20—64岁人群就业率变化情况

数据来源:https://www.statista.com/statistics/227005/unemployment-rate-in-germany/。

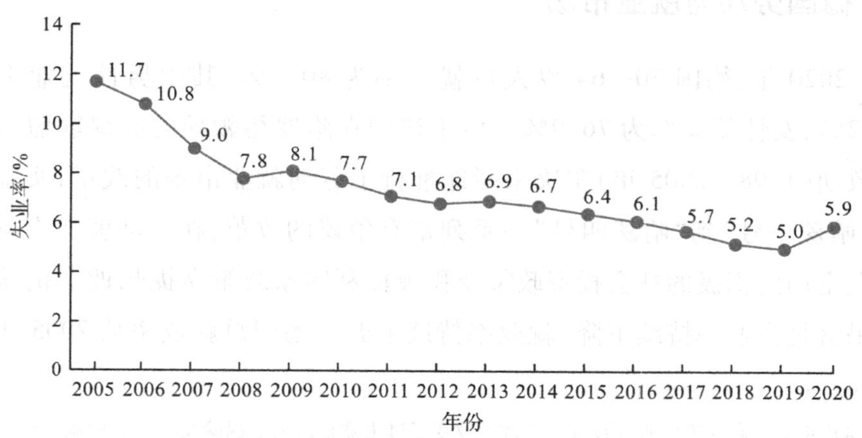

图4-6 2005—2020年德国失业率变化情况

数据来源:https://de.statista.com/statistik/daten/studie/198921/umfrage/erwerbstaetigen-quote-in-deutschland-und-eu-nach-geschlecht/。

德国的税收主要可以分为三类:对企业利润的征税、对消费的征税及对资产的征税。企业所得税又称为公司税或法人税，其纳税主体为以有限责任公司方式运营的企业，税基为企业利润额的15%，全德实施统一的企业所得税率，企业所得税收入为联邦政府及州政府各获得一半。德国个人所得税为累进税率，根据收入的不同，税率从最低的14%逐步上升到上限45%。2020年德国个人所得税免征额为9408欧元。在德国，公司和个人还需要为德国统一额外缴纳5.5%的“团结税”。“团结税”主要用于投资德国东部各州，以缩小德国东西部之间的发展差距。

德国收入最高20%与收入最低20%人群收入比在2010—2019年从4.5倍微幅上升到4.9倍。尽管在这10年间收入比有一定幅度的波动，例如2014年与2018年曾达到5.1倍的差距，但总体而言，其波动幅度较小，两个群体收入比多数年限在5倍以下（见图4-7）。2010—2019年，两个群体的收入比均值为4.67倍。

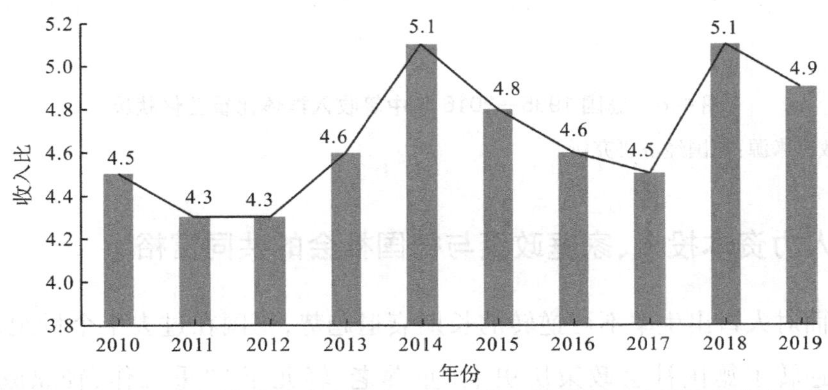

图4-7　2010—2019年德国收入最高20%与收入最低20%人群收入比率变化

数据来源：德国联邦统计局关于德国收入分配的统计，参见 https://www.destatis.de/DE/Themen/Gesellschaft-Umwelt/Einkommen-Konsum-Lebensbedingungen/Lebensbedingungen-Armutsgefaehrdung/Tabellen/einkommensverteilung-silc.html#fussnote-2-114660。

根据德国经济研究所的数据，德国中等收入群体比重（中间收入的70%至150%）在1985—2016年从64.5%下降到56.0%，这显示德国中等收入群体有萎缩趋势。高收入群体（中间收入的150%以上）比重在同一时段从15.3%上升到19.6%，低收入群体（中间收入70%以下）比重则在同一时间段从20.2%上升到24.4%（见图4-8），这显示德国具有西方国家普遍所共有的M型化特征，也就是社会中两头比重上升、中间下降。但总体而言，中产阶级依然是德国社会主流，德国橄榄型社会结构依然坚固。

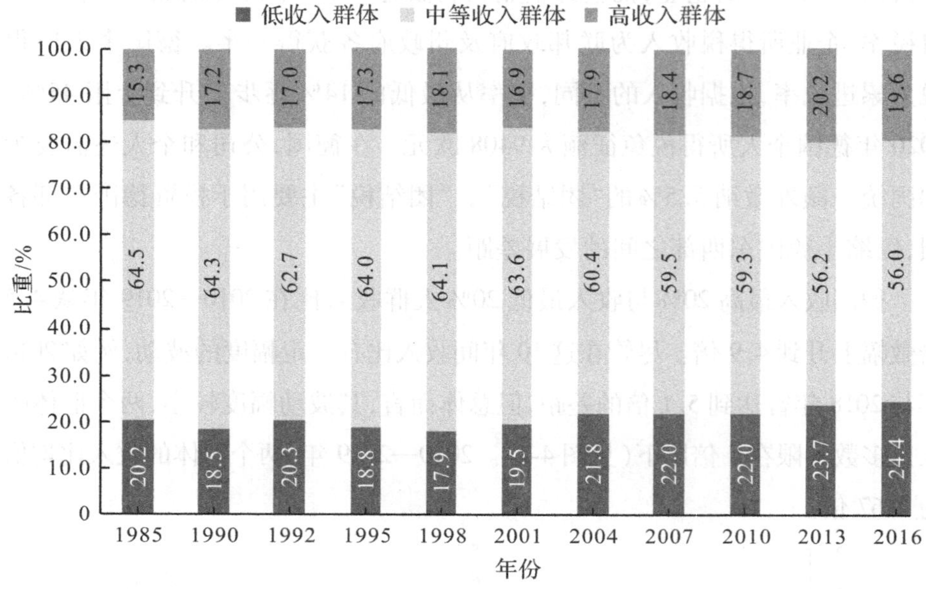

图 4-8　德国 1985—2016 年中等收入群体比重变化状况

数据来源：德国经济研究所。

八、人力资本投入、家庭政策与德国社会的共同富裕

面对人口出生率不可逆转的长期衰退趋势，德国在过去半个世纪以来逐步逆转了德国社会政策历史上"重养老、轻儿童""重工作、轻家庭（投入）""重男性、轻女性"的倾向①，开始转向重视家庭、重视儿童、重视妇女的新社会投资政策。这种新型投资型社会政策由一系列社会政策的项目组合及待遇组合所构成，在促进人力资本培育、促进生育率等层面发挥着重要作

①一般而言，丹麦学者考斯塔·艾斯平－安德森所构建的保守主义—法团主义福利国家体系的一个重要特征就是高度依赖于家庭提供福利，但同时实施性别区分式的福利制度，也就是女性固守其家庭养育孩童和照护的角色而一般不进入劳动市场，其社会保障权益特别是养老保险权益高度依赖于丈夫在劳动市场所获权益，女性往往没有独立的养老金，只有在丈夫过世后获得一笔遗孀养老金。这种性别固化、定型化的角色分工自 20 世纪 80 年代以来受到女权主义和性别平等运动的极大挑战。德国自 20 世纪 80 年代开始，逐步向家庭投资及女权福利国家方向发展，保守主义体制开始褪色。

用。在这项组合型的社会政策中,德国在战后逐步确立了普惠型的“儿童金”(Kindergeld)制度,也就是每位在德国出生的德籍儿童每月都可以获得一笔国家财政给付的“儿童金”,移民家庭如果符合了一定的前提条件也可以获得“儿童金”。当前,德国家庭生育第一、二名孩童可获得每月219欧元的“儿童金”,第三名孩童可获得每月225欧元的“儿童金”,自第四名孩童起每月每孩可获得250欧元的“儿童金”。[①] 在家庭政策领域,除了传统针对女性的产假制度,德国还从2007年建立了“父母金”(Elterngeld)制度,以替代过去的“儿童教育金”制度。该项制度是一项收入替代性制度,主要用于对父母因抚育儿女花费时间或是因抚育儿女而放弃工作时间的一种收入补偿制度,家庭中无论是母亲一方还是父亲一方都可以申请领取“父母金”。该项待遇的金额为工作所得(净收入)的65%~67%[②],如果领取待遇的一方没有工作,那么申请人可以直接获得每月300欧元的“父母金”。该项待遇的领取时间最长可为14个月。“父母金”制度的建立极大减轻了父母在新生儿出生后最需集中照顾时间段的照护压力及财务压力,充分肯定了新生儿父母为家庭及社会所做出的贡献。德国还在其社会保障主体制度的设计中融入了生育和抚育孩童的因素,除了上面提到的养老金缴费年限折算和医疗保险制度中慷慨的家庭联保制度,德国在2001年改革所实施的补充养老保险,也就是里斯特养老金制度中,也充分考虑到了家庭因素。在这项国家补贴、个人缴费、基金积累的补充养老金制度中,养育孩童的参保人处于一个有利的位置,参保人可以因养育每位孩童每年得到国家补助的“儿童津贴”300欧元,该项儿童津贴作为养老保险保费计入个人账户。而在德国的长期护理保险制度中,德国则有一项非常独特的安排,也就是没有养育孩童的参保人必须额外缴纳0.25%的长期护理保险费,以承认生育孩童者对于社会长期护理事业所蕴含的隐性社会贡献。除了上述政策制度安排,德国还分别在儿童及青年社会政策领域有一些帮扶儿童和青年的措施,特别是对于残障儿童和弱

①参见德国联邦就业局关于儿童金待遇的最新发展:https://www.arbeitsagentur.de/familie-und-kinder/kindergeld-anspruch-hoehe-dauer。

②“父母金”待遇根据具体收入而定,收入越高获得替代率越低。

势儿童在教育、文化及心理辅导等领域有相应的社会政策及制度安排。这些政策措施通过《社会法典》第八部《儿童与青少年专业工作法》确立下来。

通过家庭及儿童社会政策的长期实施,德国的总和生育率出现了难得的积极变化。统计网站 Statista 的数据显示:1994 年德国的总和生育率降至1.24 的历史低点,之后虽有恢复性增长,但德国人口总和生育率在 2000 年后却长期在 1.3 至 1.4 徘徊,德国人口出生率低于美国、法国及北欧等国家和地区,但高于东亚国家及东欧、南欧等过渡经济体。自 2012 年开始,德国总和生育率在经过多年家庭政策的促进后出现了新发展趋势,当年总和生育率为 1.41,之后几年出现了续增态势,德国 2020 年的总和生育率为 1.53,虽然距离一个社会生育替代率水平(2.1)尚有较远的距离,但此一发展趋势已证明了通过国家的积极干预、积极社会政策、积极社会投资政策,总和生育率在长期低位运行后是可能出现转折性发展态势的,这也是德国自 20 世纪 70 年代生育率持续下降以来第一次出现持续止跌回升的趋势。一个社会的共同富裕及共同发展归根结底在于人口与社会经济结构的平衡发展,长期衰退的总和生育率势必引起经济收缩、消费锐减,共同富裕治理离不开合理的人口数量,德国在欧洲的第一经济大国地位也与其人口优势密切关联。当前,德国通过艰难的努力已初步逆转了人口长期衰退的颓势,为经济发展重新孕育了动力与势能,德国在此领域的经验值得我们借鉴(见图 4-9)。

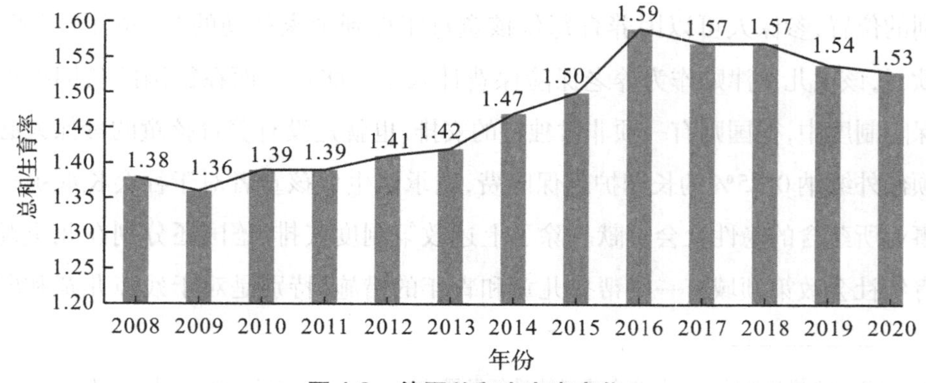

图 4-9 德国总和生育率变化

资料来源:作者根据 Statista 数据自制。

九、老龄化社会德国实施的多层次养老保障

上文曾介绍过社会保障与共同富裕的关系,考虑到老龄化社会来临之际养老事业具有特殊重要性,同时养老事业也跨越国家、社会、市场及家庭等不同子系统领域,所以这部分主要介绍德国多层次养老保障制度的设计,同时探索该领域与社会普遍性富裕程度提高的关联。

为解决养老金支付体系的可持续发展问题,2001 年,德国开始进行养老金改革。因瓦尔特·里斯特当时任施罗德内阁的劳动和社会事务部部长,主抓此次改革,所以此次改革也被称为"里斯特养老金改革"。里斯特养老金改革是德国当代养老保险制度历史上的一场重要改革,其改革目标与德国法定养老保险制度的主要改革目标相互呼应,成为德国法定养老保险制度改革中最重要的连环配套改革。由于面临人口深度老龄化趋势,德国法定养老保险制度无法完成其制度设定的替代率目标,于是选择弃守养老保险制度的制度预期,也就是工作 45 年后达到 70% 的替代率。21 世纪伊始,德国将法定养老保险理想状态的替代率下调至 67%,这虽然是德国养老保险改革历史上的一小步,却是德国现代社会保障史上的一大步。其显示在德国社保领域,现实主义逐步替代理想主义,德国开始在福利国家呈现僵化特征之时改变其固有结构,迎接挑战。按照改革目标,法定养老保险替代率从 70% 到 67% 下降的 3 个百分点,由一个新建的、单独的制度来弥补,而新制度采取的是基金积累制,这就是里斯特养老金制度的来源。

里斯特养老金制度是国家资助的、个人储蓄的、基金积累性质的养老保险制度,德国所有就业人员均可以选择,但不具法定义务强制参加该项保险,而企业方则被豁免缴纳里斯特养老保险保费的义务。可以看出,从制度建立伊始,该项保险就立足于不再增加企业的税费负担,企业在这项制度中不再具体担责,也不再担当融资一方的角色。从是否强制角度来看,该项保险属于自愿参加的保险,但国家通过一系列措施鼓励德国就业者参加。

参加里斯特养老保险的前提是就业者必须缴纳一个年度的最低保费额 60 欧元,而年度缴纳的最高保费额为 2100 欧元,如果一名德国就业者缴纳

的保费达到其税前收入的4%，那么该名就业者就可以获得国家的全额津贴补助。国家给予每位参保人的全额津贴补助为175欧元/年，如果一个家庭双方都参加里斯特养老保险，那么其得到的国家补助为350欧元/年。里斯特养老金给予有孩子的家庭一定的补助，家庭中于2008年前出生的孩子每位得到的津贴补助为185欧元/年，而于2008年之后出生的孩子每位得到的补助为300欧元/年。里斯特养老金制度还规定，缴纳的里斯特养老金保险费用（最高为2100欧元）免税。里斯特养老金是基金积累的养老保险制度，参保人在60岁以前不可以提取使用积累的保险金（见图4-10）。

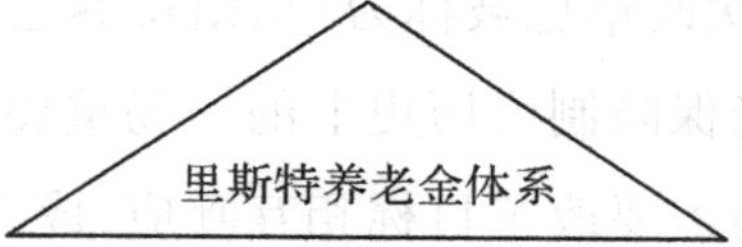

参加里斯特养老金的先决条件：参保人至少缴纳60欧元/年
获得全额国家津贴补助的条件：支付税前收入4%到里斯特账户（但最高不超过2100欧元/年）

基础津贴为175欧元/年（一对夫妇基础津贴为350欧元/年）

孩童津贴为每位孩童300欧元/年，2008年之前出生的孩童为185欧元/年

里斯特养老金最高可享受2100欧元/年的免税额

图4-10　德国里斯特养老金体系

里斯特养老金由德国福利国家织了一张严密的网来调节和监管。这里，传统福利国家的角色发生了一定的转换，福利国家不再是社会福利和社会保障项目的直接供给者，其角色更多地转化为间接的福利市场的调控者与管理者。能够参与里斯特养老基金管理的金融机构均接受国家的严密监管。所有能够参与里斯特养老基金运营的金融机构都必须首先得到德国联邦金融监管局（Bundesanstalt für Finanzdienstleistungsaufsicht，简称BaFin）的认证，只有管理严格、具有良好市场信誉并严格接受国家监管的金融机构才能获得里斯特养老基金的认证书，而只有符合认证条件的金融机构才能参加里斯特养老基金的管理。里斯特养老金也具有非常烦琐复杂的监管条

例,德国为了建立里斯特养老金制度专门通过了一部新法律即《退休储蓄法》(Altersvermögensgesetz)来规范里斯特养老金。

除了严格限定参保者提取和使用储蓄基金的年龄,国家还对金融市场的投资和运营进行监管,防范滥用养老储蓄基金和金融市场的投机行为。国家必须保障其所支付的里斯特养老保险津贴补助及时汇到参保人的个人账户里。国家对里斯特养老金的支付进行了法律层面的确认担保,这也意味着福利国家承担了里斯特养老金的“最后担保人”的角色。在投资里斯特养老保险的金融机构破产的情况下,国家依然运用财政“兜底”来担保里斯特养老金在退休阶段的给付。《退休储蓄法》规定,里斯特养老金的支付必须是终身的,也就是长寿参保人在其整个退休阶段的养老金给付都得到法律之保障。同时,《退休储蓄法》确定了里斯特养老保险基金不可以拿来作抵押,即便是在金融机构破产的情况下也不可以拿来抵债。金融机构也必须定期向投保人介绍基金运行状况,保证里斯特养老金投资的透明运作。一张严密监管的金融网络在限制金融机构投资的利润空间的同时,也降低了里斯特养老基金面临的金融风险,限制了投机行为。

德国也在探索多层次的长期护理保险体系。由于德国法定长期护理保险制度从制度建立伊始就确立了“部分待遇给付”原则,而没有实施法定医疗保险制度中的“(全额)待遇给付”原则,因此长期护理保险在德国也被称为“部分覆盖险”(Teilkasko-Versicherung),这使得有护理需求的老年人必须寻求多元的给付渠道。法定护理保险固然提供了一个重要的待遇给付来源,但是鉴于受护理人员自付比例依然较高,如果加上德国长期护理救助制度可以提供的额外救助待遇,来自国家社会保障制度可以支付的护理保障份额也只占整体护理费用的一半左右,剩余费用仍然依赖老年人的养老金收入、储蓄和家庭接济。护理过程中所产生的高额费用依然是德国老人及其家庭一项重大的负担。在这样的背景下,德国自建立法定护理保险以来,关于建立补充长期护理保险的讨论从来没有停止。与养老保险相似,在长期护理保险领域,一种关于多层次长期护理保险制度的论述也隐然浮现。应该说,长期护理保险的“部分覆盖”原则在制度设计初期就预留了多层次保险的空间及制度预期。

德国自由民主党（FDP）政治家丹尼尔·巴尔在2011—2013年担任德国卫生部部长时期，运用其职位所带来的政治影响推动了补充长期护理保险制度（Pflegezusatzversicherung）的建立。2012年，德国联邦政府决定正式推动长期护理保险补充层次的建设，相关制度在德国也被称为“巴尔护理险”。2013年，德国《护理新调整法案》（Pflege-Neuausrichtungs-Gesetz）[①]正式生效，这是德国继2002年在养老保险领域建立“里斯特养老保险”的补充层次后，在长期护理领域建立的又一补充保险制度。“巴尔护理险”是由国家鼓励及资助的、个人缴费的、基金积累的长期护理保险制度，主要目的是在德国法定长期护理保险的基础之上提供辅助待遇，以减轻有护理需求的德国居民所面临的财务负担。其制度设计如下：参保人如果每年缴纳120欧元的保费，国家则相应补贴60欧元的保费，也就是个人每月缴纳10欧元，国家每月补贴5欧元，缴纳的长期护理保险保费将投资到资本市场及基金市场实现保值、增值，参保人在退休后需继续缴纳费用，而国家持续提供补贴。如果参保人被鉴定为身体失能而产生护理需求，那么参保人以护理五级为基准获得每月一笔定额的待遇补贴：五级获得100%的补贴费用，即每月600欧元；四级获得80%的补贴费用，即每月480欧元；三级获得50%的补贴费用，即每月300欧元；二级获得20%的补贴费用，即每月120欧元；一级则获得10%的补贴费用，即每月60欧元。“巴尔护理险”可以进一步减轻老年受护人的支付负担，但依然不能覆盖所有费用（见图4-11）。

尽管得到国家的鼓励与支持，截至2019年，参加“巴尔护理险”的德国就业人员为91.75万人[②]，仅占德国总就业人口的2%左右；参加“巴尔护理险”的民众占参加补充长期护理保险总人数的24%。当然，补充长期护理保险与补充养老保险有显著区别，整体而言，德国居民参加补充养老保险的意

①参见德国卫生部公布的《护理新调整法案》：https://www.bundesgesundheitsministerium.de/service/begriffe-von-a-z/p/pflege-neuausrichtungs-gesetz.html。

②参见关于“巴尔护理险”参保人数的统计：https://www.pkv.de/verband/presse/meldungen-2020/moderater-anstieg-bei-den-pflegezusatzversicherungen/。

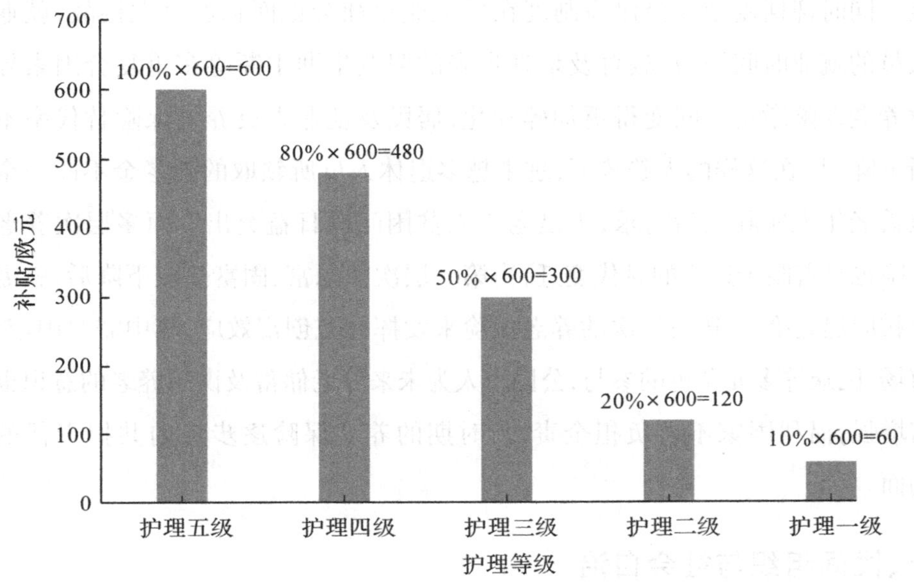

图 4-11 德国"巴尔护理险"待遇

数据来源：https：//www. lvm. de/privatkunden/produkte/gesundheit-und-vorsorge/pflegeversicherung/pflegezusatzversicherung-staatlich-gefoerdert-tab2。

愿明显高于补充长期护理保险，因为养老保险具有更加明确的待遇给付期限，法定退休年龄的到来可以保证人们按期获得待遇。而长期护理保险由于需求来临时间及领取待遇时间具有不确定性与偶然性，一般是在经过法定护理保险鉴定出现身体失能状况后才能获取待遇，因此居民参加补充长期护理保险的紧迫性并不高。另外，身体失能及护理需求主要在高龄(80 岁以上)之后才较为集中地出现，因此随着年龄增长，人们参加补充长期护理保险的意识会相应增强。一般而言，多数参保人会倾向在 50 岁之后参加补充长期护理保险，而年轻及中年代际的居民缺乏意愿参加补充长期护理保险。市场中的私人保险公司一般也在参保人 50 岁后才给参保人投保补充长期护理保险，这与养老保险制度中参保人在整个工作生涯阶段持续缴费、积累是截然不同的。

多层次养老保险改革产生于人口老龄化与高龄化背景之下，随着人口抚养比率的变化及养老负担结构的代际平衡状态逐渐失衡，德国养老保障制度产生了改革需求，改革的目标为建立多层次的养老保险与长期护理保险。同时俾斯麦型社会保险制度在后工业化社会也面临着巨大挑战,就业人员的就业时间缩短、教育及培训带来的职业生涯中断等多重复合因素导致养老保险缴费时间变得更加碎片化,居民及就业人员养老保险替代率不断下降。[①] 在这样的大趋势下,越来越多退休人员所领取的养老金不能完全覆盖老年人实际生活需求,于是老年人贫困问题日益突出。而多层次养老保险也是着眼于这样的时代变迁,当第一层次的稳富、固富效应下降后,就需要相应建立第二、第三层次的养老保险来发挥补充创富效应,其中需要国家、市场、民众等多元角色的参与,公民个人为未来养老储蓄及谋划养老的意识也需增强,福利国家不再负担全责,新时期的养老保险逐步走向共担责任的局面。

十、民间组织与社会自治

根据统计网站 Statista 提供的数据,德国国民在 2019 年度总计捐赠达 51.39 亿欧元,捐赠资金中 75.3% 投入人道主义援助,5.9% 投入动物保护领域,3.5% 投入环境及自然保护领域,3.0% 投入体育领域,2.5% 投入文化及纪念碑维护领域,9.8% 投入其他领域。[②] 根据德国 2020 年的一项社会志愿服务的统计,该年度总计有 1711 万德国民众参与了社会志愿服务,占德国总人口的 21.2%,其中就业群体中有 27% 的就业人员除本职工作之外提供额外的社会志愿服务[③],年轻人群的社会志愿服务成为慈善机构、公益机构与社会机构中护理社工的重要补充来源。根据 2017 年德国民间社会组织及社团调查,德国总计有超过 60 万家公益机构,其中 95% 以协会、基金会、

①据统计,德国 2017 年养老金实际替代率仅为 48.2%。而到 2030 年将持续下降至 44.5%,参见联邦政治教育中心关于养老金给付水平的数据:https://www.bpb.de/politik/innenpolitik/rentenpolitik/290755/das-rentenniveau。

②该项数据基于德国捐赠委员会提供的数据:https://de.statista.com/infografik/8596/spendenvolumen-und-spendenzwecke-in-deutschland/。

③参见统计网站 Statista 关于德国社会志愿服务的统计:https://de.statista.com/themen/71/ehrenamt/。

合作协会等组织形式存在。①

目前,这些组织运行良好的社会机构成为德国社会工作、养老服务及老年人长期护理等重要的支撑力量。德国发达的社会服务网络得益于其社会自治及慈善的强大传统,也特别受益于这些中世纪以来就活跃的慈善机构整合到现代福利国家的制度框架之内。

第三节 对中国扎实推动共同富裕的启示

中德两国尽管现代化发展的阶段不同,但具有一些比较接近的特点:例如德国是制造业强国,我国是制造业大国;2020 年德国出口总额占世界第三,我国出口总额占世界第一;德国坚持工业技术立国,与盎格鲁·撒克逊英语国家的金融资本主义保持适度距离,奉行实体经济强国的信条,而我国也对金融市场实施较为严格的监管措施,金融产业主要为实体产业服务;德国推行的是社会市场经济,我国实行的是社会主义市场经济,两种发展模式都给予了国家较为重要的地位,国家在推行市场经济的同时也约束市场经济放任自流的力量,在较大范围内监督与管制资本的发展,国家在经济生活中具有较强的宏观调控及规划能力。与主要资本主义大国相比,德国社会市场经济模式更加注重经济发展与社会发展的平衡,注重劳资双方权力结构的均衡,注重高等教育与职业教育的并行发展,注重城乡均衡协调的发展及大中小城市的均衡发展。德国社会经济发展模式成功的重要秘诀在于均衡与对等的理念与制度总体安排,例如劳资双方的问题与矛盾通过社会自治与平等共决来解决,既不单方面抬高资方的权力,形成资方强势的局面,也不单方面放大工人的权力,形成斗争式的工团主义局面。德国注重社会和谐与社会秩序,通过建立均衡权力格局来平衡社会利益,最终通过其特有

①参见德国贝塔斯曼基金会关于德国公益机构发展的介绍:https://www.bertelsmann-stiftung.de/de/unsere-projekte/zivilgesellschaft-in-zahlen/projektnachrichten/ziviz-survey-2017/。

的谈判文化及谈判机制来实现社会长时间均衡和谐的发展。在两德统一进程中,德国市场经济均衡的思想同样发挥着重要作用,通过史无前例的税收体系和转移支付体系,德国在30年内逐步缩小了东西差距,为东西两大领土板块的均衡发展创立了重要的制度基础,防范了东西脱钩的非均衡发展可能带来的危害。而地区之间、城乡之间与大中小型城市之间的均衡发展同样体现了德国均衡的思想,空间规划与空间平等的思想在德国深入人心,成为各地均衡发展的重要制度蓝本。德国是仅有的没有特大城市的工业化大国与强国,其社会市场经济所贯穿的"平衡""均衡"发展逻辑值得我们参考借鉴。

德国模式蕴含的一些经验属于人类社会普遍意义上的经验,适合即将迈向高收入经济体的我国借鉴与学习。例如德国对民生及社会保障领域较大的投入,德国在两德统一后采取宏观政策,运用政治、经济、教育及科研等制度化手段缩小东西差别,德国推进家庭、儿童及性别平等导向的福利政策与社会政策,德国医疗制度的统一性、均质性、均衡性与平等性等,德国职业教育的双元模式及双元体系,德国劳动市场面向工作福利、社会投资、积极福利的改革等,都可以从不同角度、不同层面为我国共同富裕事业提供宝贵经验。德国模式也有一些经验与做法源自德国及西欧社会的传统,属于德国社会文化"特异体质"的一部分,这些领域与我国的社会组织结构及组织管理文化有较大差别,是属于难以复制且不易知识转移、制度移植的部分,但依然可以给我国带来一些启示:例如德国强大的社会自治传统与德国社会治理方式就产生于德国及西欧社会独特的发展路径与社会传统之中,德国社会保险中有四险(养老保险、医疗保险、工伤保险及长期护理险等)是由社会自治、代表当事人利益的公法自治团体进行社会自我管理,而并非由国家社会保障部门垂直管理。德国福利国家与福利社会形成一种"国家掌舵、社会划桨"的独特组合,国家很少直接参与社会保障领域的管理,而主要将管理权限交给社会自治团体自我化管理,而福利国家主要负责划定社会自治管理的范围,扮演好掌舵、监督、规制、管理的角色。就此意义而言,德国福利国家制度体系更接近于社会治理模式而不是国家直接管理模式,这些都与我国的文化与管理体系差异较大。同时在德国的养老服务、长期照护、家庭服务、儿童及青少年服务等领域，服务供给者的角色多由福利社会及市场来承担，国家主要的任务是创造良好的宏观治理环境让各种不同角色加入服务市场、参与服务竞争、公平获取市场准入等，国家较少直接进入微观服务供给体系中，公立机构很少卷入微观层面复杂的利益纠葛中，国家主要担当的是规范、监管、协调的角色，也就是“国家当好裁判而非踢球”，这些都得益于德国国家与个体公民及家庭之间存在着一个强大的社会中间夹层——一个由福利协会、慈善机构、公法社会团体与教会等不同异质角色共同构成的多元社会组织结构，一些社会组织及教会组织在中世纪就发展起来，在走向现代社会历程中又通过制度化及法律形式被纳入社会治理体系中。尽管在这些领域我国较难直接学习或复制德国模式，但考虑到我国越来越重视社会治理、社会组织与社会参与，也越来越重视社会组织参与慈善组织与公共服务体系，德国作为先发国家的独特发展经验还是可以作为一种独特的制度镜像参考的。

第五章 中国收入分配和财富分配格局

根据相关统计数据，改革开放以来，我国收入差距呈现先扩大、后高位徘徊的基本特征。2008 年之后，城乡差距有缩小趋势，但是城镇内部和农村内部的收入差距持续扩大。此外，地区差距主要表现为不同地区之间的农村差距，城镇的地区差距相对较小。根据收入来源的分析，过去的社会保障改革和劳动力市场发展存在缩小收入差距的作用，但是由于要素分布不均、要素回报不平衡、再分配体系不完善，近些年仍然存在许多使得收入差距扩大的因素。

党的十九届五中全会审议通过了《中共中央关于制定国民经济和社会发展第十四个五年规划和二〇三五年远景目标的建议》,明确提出到二〇三五年基本实现社会主义现代化远景目标,其中之一是"人民生活更加美好,人的全面发展、全体人民共同富裕取得更为明显的实质性进展"。早在2017年,党的十九大报告就指出,我国社会主要矛盾已经转化为人民日益增长的美好生活需要和不平衡不充分的发展之间的矛盾。2021年8月17日,习近平总书记主持召开中央财经委员会第十次会议,再次指出,"必须清醒认识到,我国发展不平衡不充分问题仍然突出,城乡区域发展和收入分配差距较大"①的基本现实。为了扎实推动共同富裕,逐步缩小居民收入和实际消费水平差距是一个重要方面。本章根据国家统计局公布的统计数据和中国家庭收入调查数据,整理了改革开放以来的收入分配趋势和近期财产差距趋势,为下一步扎实推动共同富裕提供对现实的认识基础。

第一节 改革开放以来的收入差距

一、居民收入差距的总体变动趋势

(一)改革开放以来,我国居民收入差距呈现先扩大后高位徘徊的总体特征

总的来说,改革开放以来,中国居民收入差距的变动趋势大致可以划分为两个阶段(李实和朱梦冰,2018)。第一个阶段是从20世纪80年代早期到2008年金融危机以前,在这一时期,中国居民的收入差距持续扩大,居民可支配收入分配从一个差距不大的区间跃升到了差距过大的范围(国家统计局,2021)。相关的研究表明,20世纪80年代初,中国居民的收入差距基

①习近平.扎实推动共同富裕[J].求是,2021(20):4.

尼系数仅在0.30左右(Adelman and Sunding,1987)。而在21世纪初,根据国家统计局公布的数据,中国居民人均可支配收入的基尼系数已经从2003年的0.479攀升到2008年的0.491。[①] 第二个阶段从2008年开始,在2008年以后的10余年间,中国的收入差距略有缩小但仍在高位徘徊。根据国家统计局的数据,中国居民人均可支配收入的基尼系数已经从2008年的0.491逐步缩小到2020年的0.468。学术界对于收入基尼系数的这种轻微下降从"下降"和"轻微"两个角度有不同的解释:一方面,开发式扶贫等惠农政策以及农村劳动力向城市的转移在一定程度上起到了缓解收入不平等的作用;另一方面,财产差距在不断扩大,仍然存在多种因素扩大收入不平等(罗楚亮等,2021)。此外,一些文献推算结果表明,基尼系数的下降可能是由住户调查数据缺乏对高收入人群的有效覆盖造成的(李实和朱梦冰,2018;罗楚亮,2019)。如果通过高净值人群数据修复住户调查数据的缺失问题,2007年至2013年的收入基尼系数会大幅上升(罗楚亮,2019;Li et al.,2020),不过2013年至2018年没有明显上升(罗楚亮等,2021)。

(二)改革开放以来的城乡收入差距先扩大后缩小

根据城乡差距的变动趋势(见图5-1),可以将城乡居民收入差距的变化分为如下几个阶段:第一阶段,改革开放初期的快速缩小阶段。以家庭联产承包责任制为代表的农村经济改革充分带动了农民收入的增长,推动了城乡收入比的大幅下降。根据国家统计局的数据,城镇人均可支配收入与农村人均纯收入的差距从1978年的2.56倍逐年下降到1983年的1.82倍。第二阶段,20世纪80年代末的城镇改革引起城乡收入差距扩大。20世纪80年代中期,政府在城镇地区启动了多项制度改革措施,由于城乡分割的市场体系,城乡之间的要素流动受阻,城乡收入比逐步上升。20世纪90年代中期的国企改革产生大量下岗职工,在短时间内约束了城乡收入比的上涨趋势。不过1998年之后,城乡收入比继续上升,直到2003年达到3.12。第三阶段,2003年起,政府开始推出大量惠农政策,并

①参见《中国住户调查年鉴2020》中的表5-1。

逐步完善覆盖农村地区的社会救济制度(含低保制度)、居民养老保险制度和居民医疗保险制度。2014 年开始的精准扶贫工作对于提高农村低收入居民收入也产生了积极影响。在这些政策的推动下,城乡收入比在 2003 年之后没有继续大幅扩大,2007 年达到高位 3.14,此后开始缓慢缩小,2020 年降至 2.56,回到了改革开放初期的水平。

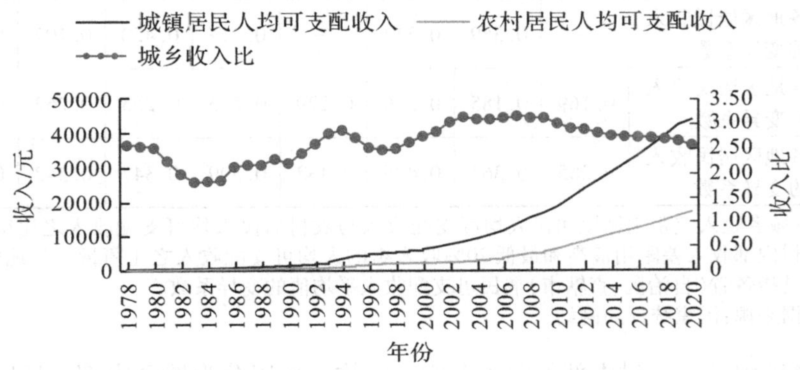

图 5-1 1978—2020 年城乡收入差距变动趋势

数据来源:城镇和农村居民人均可支配收入数据来自国家统计局官网;城乡收入比率由笔者计算。

(三)城镇内部和农村内部收入差距持续扩大的趋势较为明显

城镇内部和农村内部居民收入差距变化与城乡之间收入差距变化趋势有所不同。特别是在过去 20 年中,城镇内部居民收入差距一直处于扩大的趋势,农村内部居民收入差距只在 2018 年后略有下降。将城镇居民和农村居民分别划分为五个等分组,可以使用最高收入组与最低收入组的比值作为城镇和农村内部居民收入差距的代理指标。根据表 5-1 的统计结果,城镇内部和农村内部收入差距在 2000 年之后基本上一直处于扩大趋势,并且农村内部差距持续大于城镇内部差距。城镇最高收入组与最低收入组的比值从 2003 年的 5.33 持续上升至 2020 年的 6.16。农村内部收入比从 2003 年的 7.33 上升至 2017 年的 9.48(表 5-1 未报告),之后略有下降,在 2020 年降至 8.23。

表 5-1 1980—2020 年部分年份国家统计局公布的收入差距数据

项目	1980 年	1990 年	2000 年	2003 年	2008 年	2013 年	2018 年	2020 年
居民收入基尼系数	—	—	—	0.479	0.491	0.473	0.468	0.468
城乡居民收入比	2.50	2.20	2.51	3.12	3.11	2.81	2.69	2.56
城镇最高收入组与最低收入组之比	—	—	—	5.33	5.74	5.83	5.90	6.16
农村最高收入组与最低收入组之比	—	—	—	7.33	7.53	7.41	9.29	8.23
全国各地区居民收入的变异系数	—	0.359	0.514	—	0.477	0.420	0.407	0.395
城镇各地区居民收入的变异系数	0.169	0.185	0.286	0.279	0.273	0.255	0.262	0.263
农村各地区居民收入的变异系数	0.285	0.363	0.425	0.432	0.399	0.347	0.342	0.327

注:城乡收入差距用城镇居民人均可支配收入与农村居民人均可支配收入之比衡量,城镇或农村内部收入差距用最高和最低 20% 收入组的人均可支配收入之比衡量。各地区的变异系数是指各省(自治区、直辖市)居民可支配收入平均值的变异系数。

数据来源:国家统计局网站。

城镇内部和农村内部的收入差距从结构上可以分为地区内部和地区之间的收入差距。那么两类差距中哪一种起到的作用更大呢?为此,本书计算了城镇内部和农村内部地区之间的变异系数(见表 5-1)。从中可以看出,城镇内部和农村内部收入差距扩大,并不是因为各地区之间收入差距的扩大,而是因为各个地区内部收入差距的扩大。正如表 5-1 所示,城镇各地区居民收入的变异系数在 2000 年之后并没有上升趋势;农村各地区居民收入的变异系数在 2000 年之后不仅没有上升,反而持续下降。这一方面表明,在这 20 年间,城镇和农村的地区内部收入差距的扩大超过了两者地区间收入差距的扩大,成为城乡内部收入差距扩大的主导因素;另一方面表明,农村的地区内部收入差距的扩大速度超过了城镇的地区内部收入差距扩大速度。

综上所述,我们可以得到这样的判断:解决城乡差距的重点是加快农村居民收入增速,从而缩小城乡差距;与此同时,在加快农村居民增收中,最主要的是加快农村低收入人群的收入增速,从而缩小农村内部收入差距,让农村低收入居民跟上共同富裕的步伐。

(四)地区差距先扩大后缩小

表 5-1 计算了各地区居民收入的变异系数,可以用于反映地区差距的变

动趋势。总的来看,居民收入的地区差距在2000年之前持续扩大,2000年之后持续缩小。值得注意的是,1980—2000年之间城镇内部和农村内部的地区差距也在大幅扩大。2000年之前地区差距的扩大源于一部分地区整体发展水平的提高,这与1985年10月邓小平会见美国时代公司组织的美国高级企业家代表团时提出的"一部分人先富起来"的思想相吻合。此外,改革开放初期的重点发展城市大多在沿海地区,这是地区差距在2000年前大幅扩大的现实背景。

2000年以后,城镇居民收入的地区差距先是出现了近十年的下降期,2013年后出现了小幅回升,可以说是处于一种高位徘徊状态,但农村居民收入的地区差距明显下降。因而,2000年之后全国地区收入差距缩小的主要原因是农村内部地区间收入差距的缩小。这可以归结为2003年之后中央出台了大量有助于农村发展的政策,包括取消农业税、建立农村居民社会保障体系、实施大规模农村扶贫政策、进行新农村建设等。这些政策对于提高农村居民收入具有重要意义,从而缩小了中西部与东部地区农村居民收入的差距。这个现象的意义在于,在扎实推动共同富裕的过程中,缩小地区差距的主要途径是缩小农村居民收入的地区差距。

二、收入结构与收入差距分析

(一)初次分配收入来源的多样化

随着改革开放的不断推进,城乡居民收入来源日益多样化。城镇居民收入结构从以工资性收入为主(如1998年占比75.2%)向收入多样化发展,表现为经营净收入和财产净收入占比有所增加。这两项收入占比的增加都与进行城镇经济市场化改革、放宽非公有制经济市场准入、推动金融市场和房地产市场发展有关。到2010年,工资性收入占比下降至65.9%,经营净收入和财产净收入占比在2010年分别上升至9.7%和7.5%。2020年,三类收入来源占比分别变化为60.2%、10.7%和10.6%(见图5-2)。

农村居民收入结构从以家庭经营净收入为主(如1998年占比67.8%,其中以农业经营净收入为主)逐渐转变为以非农收入为主的收入结构。

2009年,家庭经营净收入占比降至48.6%,工资性收入占比上升至35.7%,财产净收入占比也增至2.2%。到2020年,家庭经营净收入占比进一步降至35.5%,工资性收入和财产净收入占比增加至40.7%和2.4%。其中工资性收入已成为农村居民最主要的收入来源。财产净收入占比仍然较低。财产净收入没有如城镇居民财产净收入那样大幅增加,是制约农村居民收入进一步增加和城乡差距进一步明显缩小的主要因素。

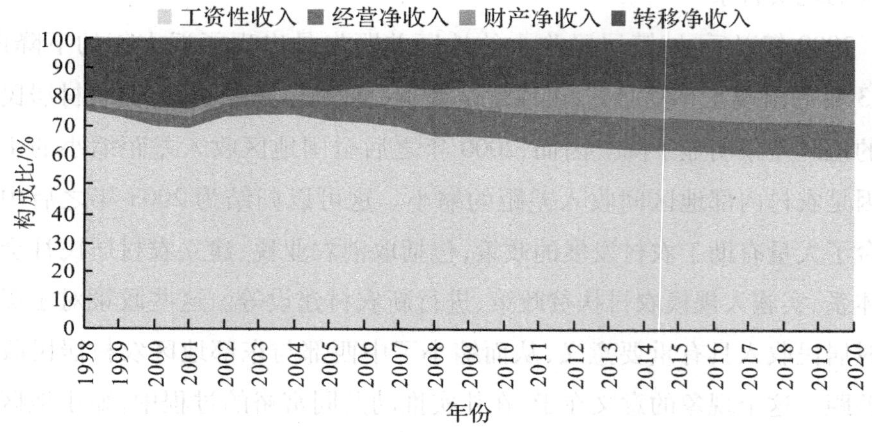

图5-2 1998—2020年城镇居民可支配收入构成比例的变动趋势

数据来源:国家统计局网站。

城镇和农村居民的收入构成比例变化方向有趋同的趋势。这表明从大方向上看,随着农村扶贫开发、新农村建设和乡村振兴等多项工作的开展,城乡收入结构性的差异有所缩小。不过,当前城镇和农村收入构成仍然存在较大差异,这既有两者产业和就业结构差异方面的原因,也有城乡经济融合发展不够方面的原因。由于农村地区发展环境相对受限,土地要素和劳动力要素还难以获得足够的经济回报。比如,房地产市场发展对于推动城镇财产性收入份额上升具有重要作用,一方面促使自有住房估算租金增加(图5-2中由国家统计局公布的可支配收入定义中包含此项),另一方面促使一部分家庭获得更高的出租房屋收入。不过,房地产市场发展的影响主要发生在城镇地区,对农村的影响不大。因而,从根本上缩小城乡差距的一个重要问题是如何盘活农村地区的各种生产要素,尤其是土地要素,给农民创造更多的财产性收入来源。

(二)惠农政策的再分配效果

农村居民收入来源中的转移净收入份额大幅增加,从 1998 年的 4.5%增加到 2020 年的 21.4%,增幅明显快于城镇地区。从图 5-3 可以看出,转移净收入开始快速增加的时间点大致在 2004 年。从 2004 年开始,政府陆续推出了一系列有助于农村发展和农民增收的政策,其中的代表性政策包括取消农业税(2003—2005 年)、推出一系列惠农政策、建立新型农村合作医疗制度(2003 年)、建立农村最低生活保障制度(2007 年)、建立新型农村养老社会保险制度(2009 年)等。2014 年开始的精准扶贫工作对于提高低收入家庭尤其是偏远农村地区低收入家庭的收入水平具有重要作用。

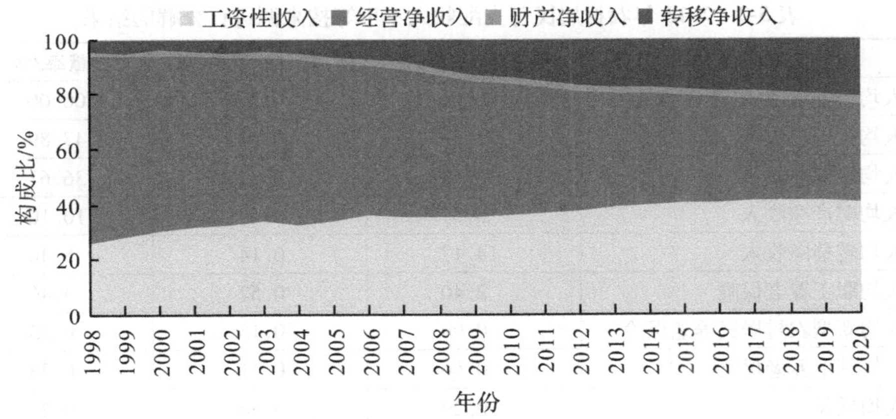

图 5-3 1998—2020 年农村居民可支配收入构成比例的变动趋势

数据来源:国家统计局网站。

在来自政府的公共转移性收入中,不是所有政策都瞄准低收入人群。根据对 2013 年农村收入来源的分解分析(见表 5-2),职工养老保险在收入来源中的份额比较高,但是集中率高达 0.52,超过了农村居民人均可支配收入的基尼系数(0.37),因而职工养老保险主要分布在高收入人群,存在扩大不平等的影响。农村居民收入中新型农村居民社会养老保险占的份额也相对较大,而它的集中率仅为 0.13,小于农村居民人均可支配收入的基尼系数,因而具有缩小不平等的作用。此外,低保政策和退耕还林还草补贴收入的集中率为负值,表明这部分收入在低收入人群的分布比例更高,虽然它们的份额不高(在全部家庭人均可支配收入的份额分别只有 0.29% 和 0.10%),但起到了缩小收入差距的作用。粮食直接补贴和其他现金性政策性惠农补贴也具有缩小收入差距的作用。农民获得的医疗报销费用的集中率相比其他公共转移性收入的集中率更高,达到0.34,接近人均可支配收入的基尼系数。因为健康与收入有关,低收入家庭理论上面临更高的健康风险,因而医疗保险政策在低收入家庭理应发挥更大的作用。现在的实际情况不完全符合这个推断,因而医疗保险政策对于低收入人群的保障作用可能还存在不足。未来应重点考虑如何让医疗健康政策进一步向低收入人群倾斜。

表 5-2　2013 年农村居民可支配收入不平等按来源进行分解的结果

项目	收入百分比/%	基尼系数(集中率)	贡献率/%
人均可支配收入	100.00	0.37	100.00
人均工资性收入	43.68	0.41	47.89
人均经营净收入	36.58	0.37	36.61
人均财产净收入	5.57	0.67	10.10
人均转移净收入	14.17	0.14	5.40
人均职工养老保险	2.40	0.52	3.40
人均新型农村居民养老保险	0.99	0.13	0.35
人均其他养老保险	0.66	0.41	0.73
人均低保	0.29	-0.30	-0.23
人均其他社会救济	0.31	0.05	0.04
人均退耕还林还草补贴	0.10	-0.07	-0.02
人均粮食直接补贴	0.51	0.02	0.03
人均其他现金政策性惠农补贴	0.53	0.08	0.12
人均报销医疗费	0.91	0.34	0.83
人均外出带回寄回收入	7.29	0.00	0.00
人均其他转移净收入	0.17	0.33	0.15

注:“基尼系数(集中率)”一列中,第一行是基尼系数,第二行及以下是集中率。若集中率大于基尼系数,表示该项收入在高收入人群的分布比例相对较高;反之亦然。关于基尼系数按收入来源的计算方法可以参考本节的专栏说明。

数据来源:笔者根据 CHIP 2013 的农村数据计算得到。

专栏:基尼系数按收入来源的计算方法

具体可参考 Pyatt 等(1980)的计算方法。首先,计算基尼系数:

$$G(y) = \frac{2}{n^2\mu}\sum_i (i - \frac{n+1}{2}) y_i \tag{5-1}$$

其中,y_i 为总收入,下标 i 是按人均可支配收入(合计收入) 排序的人口位次。对上述公式进行分解得到:

$$G(y) = \frac{2}{n^2\mu}\sum_i\left(i - \frac{n+1}{2}\right)\sum_k y_i^k = \sum_k \frac{\mu^k}{\mu}\overline{G}(y^k) \tag{5-2}$$

$\overline{G}(y^k)$ 就是分项收入 k 的集中率指数,它是按照人均可支配收入(合计收入) 对个体进行排序,按公式(5-1) 类似公式计算得到的数值。即:

$$\overline{G}(y^k) = \frac{2}{n^2\mu^k}\sum_i (i - \frac{n+1}{2}) y_i^k \tag{5-3}$$

当 $\overline{G}(y^k) > G(y)$,且样本人均收入不变时,k 项收入来源在总收入中比重增加,将导致基尼系数上升,即不平等加剧;若 $\overline{G}(y^k) < G(y)$,则不平等程度降低。

那么,分项收入对总收入不平等的绝对贡献率为收入占比与集中率的乘积,用公式可以表示为:

$$c_k = \frac{\mu^k}{\mu}\overline{G}(y^k) \tag{5-4}$$

分项收入的相对“贡献率” 为:

$$s_k = \frac{\mu^k \overline{G}(y^k)}{\mu G(y)} \tag{5-5}$$

三、各收入组的收入增长差别

(一)2007 年之前高收入人群的收入增速更快,2007 年之后低收入人群收入增速更快

2007 年之前高收入组的收入增速都明显高于低收入组。其中,1988—1995 年最高组增速明显更快,1995—2002 年最高的三个收入组增速明显更快,2002—2007 年最高的五个收入组的收入增速更快。这里反映了经济转型带来的经济红利从最高收入组逐渐向下扩散的趋势。1988 年之后,逐渐

放宽对私有经济的限制、开展国企改革、放宽劳动力流动限制、增加就业保障等改革措施都有助于促使劳动者增收,也有助于增加中等收入人群和高收入人群的占比。2001 年,中国加入世界贸易组织(WTO),促使一大批参与外贸生产和经营的劳动者获得更多增收机会。20 世纪 90 年代以来,金融和证券行业的发展对该行业的就业人员的收入增长产生积极影响,从而促使越来越多的中高收入群体的收入有了更快的增长。

2007 年之后,收入差距开始处于高位徘徊,从收入组的增速差别看,2007—2013 年是中低收入人群增速最快的时期。这一时期,养老保险政策、最低生活保障政策、医疗保险政策等逐步建立和完善,为低收入人群提供了更多基本生活保障。2010 年之后,让惠于农村居民的这些政策趋于稳定并不断改善,因而 2013 年之后在精准扶贫等政策的推动下,低收入组的收入增速仍然相对较快(见表 5-3和图 5-4)。

表 5-3　2013 年和 2018 年十等分组人均收入及其增长率

年份	最低组	第 2 组	第 3 组	第 4 组	第 5 组	第 6 组	第 7 组	第 8 组	第 9 组	最高组
人均收入/元										
1988	676	1212	1541	1857	2201	2647	3273	4129	5218	8234
1995	1054	1734	2251	2809	3478	4321	5435	6958	9255	16744
2002	1316	2131	2792	3510	4349	5504	7195	9783	13594	25223
2007	1925	3358	4502	5794	7622	10362	14216	19091	26304	48985
2013	3357	6755	9451	12349	15638	19472	24116	30426	39883	70447
2018	4751	9995	13958	17922	22215	27402	33936	42721	56251	101738
年均实际增长率/%										
1988—1995	6.5	5.3	5.6	6.1	6.8	7.3	7.5	7.7	8.5	10.7
1995—2002	3.2	3.0	3.1	3.2	3.2	3.5	4.1	5.0	5.6	6.0
2002—2007	7.9	9.5	10.0	10.5	11.9	13.5	14.6	14.3	14.1	14.2
2007—2013	9.7	12.4	13.2	13.4	12.7	11.1	9.2	8.1	7.2	6.2
2013—2018	7.2	8.1	8.1	7.7	7.3	7.1	7.1	7.0	7.1	7.6

数据来源:1988 年和 1995 年结果由作者根据 CHIP 1988 和 CHIP 1995 数据计算得到;2002 年和 2007 年结果来自李实等(2013)的第二章;2013 年和 2018 年结果来自罗楚亮等(2021)。所有结果均按消费物价指数(CPI)调整为 2018 年价格的可比值,并在此基础上计算了年均实际增长率。用于调整收入口径的消费物价指数来自国家统计局网站。本表结果均为 CHIP 收入定义。

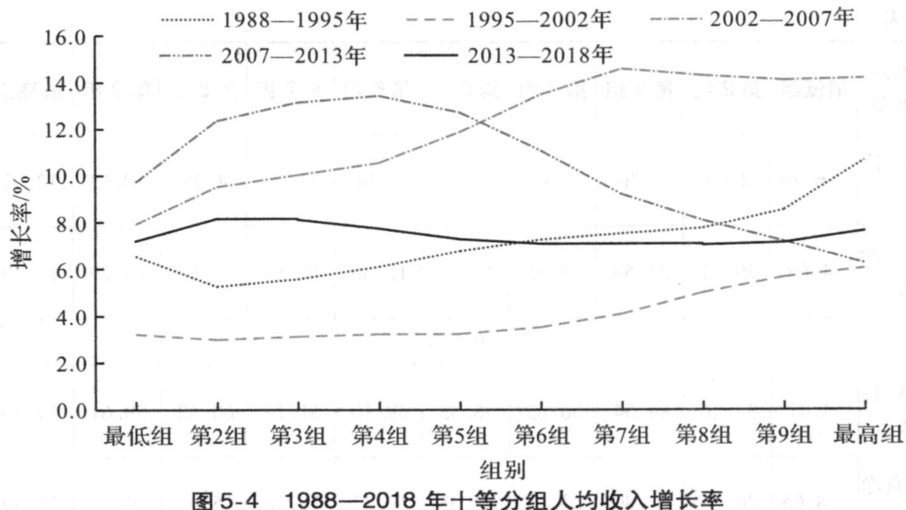

图 5-4　1988—2018 年十等分组人均收入增长率

(二)低收入组对转移性净收入的依赖程度较高

表 5-4 报告了 2013 年和 2018 年每个收入组的四大类收入来源份额。其中,低收入组的转移净收入份额在 2013—2018 年明显增加,高收入组的转移净收入份额明显下降。一方面,这表明转移净收入的瞄准效果在增强,对于缩小收入分配不平等有更强的积极意义。另一方面,低收入人群收入增长更多地依赖于转移净收入,其份额甚至超过 50%。对于低收入人群来说,从再分配过程中获得更大的收入份额,意味着他们从初次分配中得到的收入份额更小了。这是一个值得关注的问题。

表 5-4　2013 年和 2018 年十等分收入组的收入构成

单位:%

收入类型	最低组	第 2 组	第 3 组	第 4 组	第 5 组	第 6 组	第 7 组	第 8 组	第 9 组	最高组
2013 年										
工资性收入	34.76	29.51	38.11	45.23	49.90	57.15	60.43	60.37	58.76	60.86
经营净收入	36.76	39.20	36.06	32.70	30.98	24.91	20.86	16.29	14.33	12.79

续表

收入类型	最低组	第2组	第3组	第4组	第5组	第6组	第7组	第8组	第9组	最高组
财产净收入	-6.20	2.02	2.26	3.41	3.30	5.34	6.14	8.28	10.13	12.07
转移净收入	34.68	29.27	23.58	18.65	15.81	12.60	12.57	15.06	16.79	14.29
2018年										
工资性收入	54.47	37.16	44.54	50.85	56.45	59.10	61.17	60.42	59.61	59.40
经营净收入	-8.65	26.64	25.80	23.72	22.38	19.32	16.28	15.52	14.88	18.89
财产净收入	3.88	2.85	3.44	3.68	5.47	6.06	7.18	8.43	9.62	10.67
转移净收入	50.31	33.35	26.21	21.75	15.71	15.52	15.37	15.63	15.89	11.04

数据来源:笔者根据 CHIP 2013 和 CHIP 2018 数据库计算得到。本表结果为 NBS 收入定义。

制约低收入组初次分配收入份额(工资性收入、经营净收入和财产净收入份额)的主要因素可以从两个方面来理解:一方面,从禀赋上看,低收入组聚集了大量农村居民和发展能力较低的人群。农村地区的发展水平还比较低,缺乏均等的增收机会。低收入组的受教育程度明显更低,以受教育水平为代表的人力资本水平制约了通过劳动获得更多回报的机会。另一方面,低收入组已有的禀赋也没有获得应有的回报。现有的户籍制度和土地制度制约了已有土地要素和劳动力要素的收入回报。因而,推进城乡之间基本公共服务均等化、促使不同收入组机会均等是未来进一步挖掘低收入人群收入潜力的重要途径(见表 5-5)。

表5-5 2013年和2018年十等分收入组的人群特征

人群特征	最低组	第2组	第3组	第4组	第5组	第6组	第7组	第8组	第9组	最高组
2013年										
城镇样本占比/%	3.61	4.30	6.25	9.80	18.97	26.75	42.02	57.15	71.85	83.66
农村样本占比/%	95.41	95.00	92.47	87.54	77.50	67.49	51.73	36.80	22.11	12.15
流动人口占比/%	0.98	0.70	1.29	2.65	3.53	5.76	6.25	6.05	6.04	4.19
受教育年限/年	6.52	6.46	6.80	7.14	7.44	7.99	8.47	9.11	9.85	11.37
2018年										
城镇样本占比/%	5.45	9.21	16.52	24.54	36.72	47.34	57.01	65.19	72.86	78.17
农村样本占比/%	93.19	89.26	80.19	69.45	53.62	39.25	27.15	19.69	11.28	5.74
流动人口占比/%	1.36	1.53	3.29	6.01	9.66	13.42	15.84	15.12	15.85	16.09
受教育年限/年	6.69	6.73	7.11	7.46	7.88	8.39	8.90	9.39	10.22	11.47

数据来源：笔者根据 CHIP 2013 和 CHIP 2018 数据库计算得到。本表结果为 NBS 收入定义。

第二节　近期财产差距变动趋势

进入21世纪后,居民财产积累大幅度增加。与此同时,中国居民财产分配差距也出现了不断扩大的趋势。从共同富裕的内涵出发,居民的财产水平是衡量一个社会的富裕程度的指标之一,财产分配差距也是衡量一个社会共享程度的指标之一,因此研究居民财产水平及其分配差距构成了共同富裕研究中的重要内容。

本节根据中国家庭收入调查(CHIP)数据推断2002—2018年家庭财产不平等变化趋势及其原因。其中,2002年结果引自Sicular等(2020)的第四章;2013年和2018年结果由笔者核算得到,核算方法参考了李实等(2005)、詹鹏与吴珊珊(2015)以及Knight等(2021)。由于2018年CHIP数据只有现住房信息,没有其他房产信息,因此本节根据北京大学中国社会科学调查中心的中国家庭追踪调查2012年和2018年数据推断了2013年和2018年其他房产信息。所有结果都根据全国居民消费价格指数(CPI)调整至2018年水平。

一、财产差距的变化

表5-6从住户和人均两个层面报告了2002—2018年居民财产不平等的变化趋势。总体来看有三个发现:一是2002年以来,财产基尼系数都高于收入基尼系数(表5-6和表5-7对比),人均财产的基尼系数都高于住户总财产的基尼系数。二是住户和人均的财产差距在持续扩大,而根据相同数据计算的收入基尼系数在2013—2018年没有明显变化(罗楚亮等,2021)。由此看来,抑制财产差距继续扩大是新阶段的一个重要工作。三是城乡内部财产差距出现了略有不同的变化,城镇财产差距在2002—2018年持续上升,而农村财产差距则在2013—2018年有所下降。四是城镇居民财产增长率一直高于农村居民,导致城乡之间的财产差距愈发明显。

表 5-6 2002—2018 年财产基尼系数

类别	样本范围	2002 年	2013 年	2018 年
住户层面	全国	0.453	0.574	0.595
	城镇	—	0.537	0.549
	农村	—	0.530	0.515
人均层面	全国	0.506	0.601	0.620
	城镇	—	0.551	0.565
	农村	—	0.538	0.518

数据来源：本表和后续的表格中，2002 年的结果来自 Sicular 等（2020）的第四章；2013 年和 2018 年的结果通过相应年份的 CHIP 数据计算得到。所有结果都根据全国居民消费价格指数（CPI）调整至 2018 年价格水平。

表 5-7 1988—2018 年收入基尼系数估算结果

基尼系数	定义	1988 年	1995 年	2002 年	2007 年	2013 年	2018 年
全国收入	NBS 收入定义	—	—	0.455	0.478	0.448	0.450
基尼系数	CHIP 收入定义	0.382	0.452	0.464	0.492	0.432	0.431
城镇收入	NBS 收入定义	—	—	—	—	0.354	0.367
基尼系数	CHIP 收入定义	0.233	0.286	0.329	0.334	0.354	0.365
农村收入	NBS 收入定义	—	—	0.358	0.363	0.400	0.418
基尼系数	CHIP 收入定义	0.338	0.429	0.354	0.358	0.411	0.390

数据来源：2013 年和 2018 年全国结果来自罗楚亮等（2021），城镇和农村内部收入基尼系数结果由笔者根据 CHIP 数据计算得到；2002 年和 2007 年全国结果和城镇结果来自李实等（2013）的第二章，农村结果来自第七章；1988 年和 1995 年结果来自赵人伟等（1999）。所有结果均根据中国家庭收入调查（CHIP）数据计算得到，考虑了地区权重、未调整地区物价，城镇包含流动人口。

二、财产构成变化

表 5-8 显示了 2002 年、2013 年及 2018 年住户层面的财产结构。从全国来看，居民财产中金融资产的占比从 2002 年的 21.9% 跌至 2013 年的 12.4%，到 2018 年增长到 12.8%。净房产的占比则持续提高，从 2002 年的 52.8%攀升至 2018 年的 76.0%，体现出净房产在居民财产结构中日益重要

的地位。与2002年相比,生产性固定资产、耐用消费品和其他资产的占比在2018年均有所下降,分别占总财产净值的3.9%、7.0%和0.8%。非住房负债的占比在2013年下降至不足2002年的一半,但在2018年上升到了超过2002年的水平。土地价值的占比在2002—2013年迅速下降,到2018年进一步跌至0.8%。

从城镇样本来看,土地价值被设定为0。除生产性固定资产的占比逐年上升外,其他财产分项的结构变化与全国基本相同。值得注意的是,2018年城镇居民的金融资产占比低于全国平均,但净房产占比高于全国平均水平,体现了城乡居民在资产配置结构上的差异。同时看到,2018年城镇居民的非住房负债率达到了历史最高的-1.0%,但仍低于全国平均水平。从农村样本来看,金融资产和耐用消费品的占比在2002—2018年保持上升,而生产性固定资产和土地价值的占比持续下降。净房产的占比在2013年上升至62.5%,在2018年又下降到60.3%。与此同时,2018年非住房负债占总财产净值的-3.3%,达到了2002年的两倍以上。

表5-8 2002—2018年住户财产结构

单位:%

资产类型	全国			城镇			农村		
	2002年	2013年	2018年	2002年	2013年	2018年	2002年	2013年	2018年
总财产净值	100.0	100.0	100.0	100.0	100.0	100.0	100.0	100.0	100.0
金融资产	21.9	12.4	12.8	27.0	11.6	12.0	15.2	16.0	18.5
净房产	52.8	75.4	76.0	61.6	78.2	78.2	41.2	62.5	60.3
生产性固定资产	4.9	3.2	3.9	2.0	2.4	3.5	8.8	7.0	6.9
耐用消费品	8.1	7.2	7.0	8.4	6.8	6.4	7.8	8.7	11.0
其他资产	1.1	1.0	0.8	1.8	1.2	0.9	0.0	0.0	0.0
非住房负债	-1.1	-0.5	-1.3	-0.7	-0.3	-1.0	-1.6	-1.3	-3.3
土地价值	12.3	1.3	0.8	0.0	0.0	0.0	28.6	7.1	6.7

数据来源:同表5-6。

表5-9提供了2002—2018年总财产净值和分项财产的平均水平和增长速度。从全国来看,居民总财产净值从2002年的29594元快速增长至2018

年的242912元。总财产净值的增长速度在2002—2013年达到年均17.39%,在2013—2018年迅速降低到7.08%。[①] 从分项财产的增长速度来看,净房产的增长速度明显放缓,而非住房负债上升迅猛。从城镇样本来看,2013—2018年总财产净值的增长率为15.13%。除非住房负债外,生产性固定资产的增长率最快,达到14.93%,其次是金融资产增长率为7.66%和净房产增长率为6.96%。耐用消费品和其他资产的增长速度相对较慢,分别为5.71%和0.54%。从农村样本来看,2013—2018年的总财产净值增长率仅为1.56%。按财产分类,非住房负债增长率最高为22.67%,土地价值增长率最低为0.29%。金融资产、生产性固定资产和耐用消费品的增长率分别为4.59%、1.20%和6.38%,均高于净房产0.81%的增长率。

表5-9 2002—2018年人均财产结构及年均增长率

类别	2002年财产均值/元	2013年财产均值/元	2018年财产均值/元	2002—2013年均增长率/%	2013—2018年均增长率/%
全国					
总财产净值	29594	172586	242912	17.39	7.08
金融资产	6531	21390	31064	11.39	7.75
净房产	15754	130201	184607	21.17	7.23
生产性固定资产	1409	5603	9476	13.37	11.08
耐用消费品	2417	12360	16969	15.99	6.54
其他资产	305	1734	1910	17.12	1.96
非住房负债	-309	-871	-3076	9.88	28.71
土地价值	3487	2169	1963	-4.22	-1.98

①表5-9中全国总财产净值的增长率既高于城镇,也高于农村,这种结果是合理的。考虑这样一种情况:2013年城镇有1人,财产各为10;农村有1人,财产为0。2018年城镇有2人,财产各为10;农村有1人,财产为0。此时,城镇的人均财产年增长率为0,农村的人均财产年增长率也为0,但全国的人均财产增长率明显为正。因此,造成这种情况的可能原因是2018年城镇样本量大于2013年。

续表

类别	2002 年财产均值/元	2013 年财产均值/元	2018 年财产均值/元	2002—2013 年均增长率/%	2013—2018 年均增长率/%
城镇					
总财产净值	50452	237595	332852	15.13	6.98
金融资产	13615	27629	39952	6.65	7.66
净房产	31068	185850	260175	17.66	6.96
生产性固定资产	977	5790	11613	17.56	14.93
耐用消费品	4238	16234	21430	12.99	5.71
其他资产	889	2899	2978	11.34	0.54
非住房负债	-335	-807	-3295	8.32	32.51
土地价值	0	0	0	0.00	0.00
农村					
总财产净值	18754	75902	81993	13.55	1.56
金融资产	2849	12113	15160	14.06	4.59
净房产	7795	47438	49402	17.84	0.81
生产性固定资产	1636	5325	5653	11.33	1.20
耐用消费品	1471	6598	8987	14.62	6.38
其他资产	0	0	0	0.00	0.00
非住房负债	-296	-966	-2684	11.34	22.67
土地价值	5300	5395	5475	0.16	0.29

数据来源:同表 5-6。

三、财产构成对财产不平等的“贡献”

表 5-10 对 2013 年和 2018 年的财产不平等进行分解。为了便于比较,第一列代表每个财产分项占总财产的比例;第二列代表财产的集中程度,反映出财产分项与总财产的关系;第三列代表每个财产分项的不平等对于总财产不平等的“贡献”程度。

表 5-10 2013 年和 2018 年住户财产不平等分解

区域	财产类型	2013 年			2018 年		
		财产结构/%	集中率	贡献率/%	财产结构/%	集中率	贡献率/%
全国	合计	100.00	0.601	100.00	100.00	0.620	100.00
	金融资产	12.39	0.447	9.22	12.79	0.483	9.96
	净房产	75.44	0.638	80.08	76.00	0.657	80.54
	生产性固定资产	3.25	0.552	2.98	3.90	0.604	3.80
	耐用消费品	7.16	0.469	5.59	6.99	0.394	4.43
	其他资产	1.00	0.540	0.90	0.79	0.495	0.63
	非住房负债	-0.50	-0.433	0.36	-1.27	-0.104	0.21
	土地价值	1.26	0.415	0.87	0.81	0.329	0.43
城镇	合计	100.00	0.551	100.00	100.00	0.565	100.00
	金融资产	11.63	0.405	8.54	12.00	0.434	9.23
	净房产	78.22	0.582	82.63	78.17	0.596	82.56
	生产性固定资产	2.44	0.572	2.53	3.49	0.601	3.71
	耐用消费品	6.83	0.414	5.13	6.44	0.329	3.75
	其他资产	1.22	0.376	0.83	0.89	0.330	0.52
	非住房负债	-0.34	-0.557	0.34	-0.99	-0.127	0.22
农村	合计	100.00	0.538	100.00	100.00	0.518	100.00
	金融资产	15.96	0.420	12.45	18.49	0.453	16.19
	净房产	62.50	0.534	62.10	60.25	0.481	55.99
	生产性固定资产	7.02	0.595	7.76	6.89	0.580	7.72
	耐用消费品	8.69	0.454	7.33	10.96	0.384	8.12
	非住房负债	-1.27	-0.228	0.54	-3.27	-0.146	0.92
	土地价值	7.11	0.742	9.81	6.68	0.856	11.05

数据来源:同表 5-6。关于基尼系数分解结果的解释,参见本章的专栏解释。

从全国来看,净房产不平等始终是财产不平等的最大来源,其贡献率在 2013 年和 2018 年达到 80.08%和 80.54%。金融资产对不平等的贡献率在 2013 年和 2018 年分别为 9.22%和 9.96%,是总财产不平等的第二大诱因。耐用消费品和生产性固定资产分别是财产不平等的第三、第四大来源,生产性固定资产的贡献率持续上升,到 2018 年达到了接近耐用消费品的水平。此外,2018 年其他资产、非住房负债和土地价值对不平等的贡献率都不足 1%。

分城乡来看,城镇居民 2018 年对总财产不平等贡献率最高的四项财产为净房产、金融资产、生产性固定资产和耐用消费品,贡献率分别为 82.56%、9.23%、

3.75%和3.71%。对于农村居民来说,净房产的不平等仍然是最主要的因素,其对总财产不平等的贡献率在2018年达到了55.99%。金融资产的贡献率接近20%,而生产性固定资产、耐用消费品和土地价值的贡献率都在8%左右。尽管非住房负债的增长率很高,但其贡献率在2002—2018年始终保持低位。

四、城镇财产向高净值人群集聚,农村财产两极分化趋势减弱

2002年以来,城乡居民财产的聚集和分配差距既有相同的特点,也有不同的变化趋势。表5-11将住户按照财产值从低到高排列,划分为人数接近的十等分组,并提供了各组住户的财产占总财产的份额。从全国来看,2013年前六组住户的财产份额低于2002年,第七、第八和第九组的份额十分接近,但第十组的财产份额从37.1%提高到了42.2%。从2013年到2018年,财产向高净值人群的集中更加明显。2018年前七组的财产份额均低于2013年,但最高组的财产占全国居民总财产净值的43.5%。分城乡来看,2018年城镇居民财产份额的变化与全国差别不大,但农村居民财产份额的变化则完全不同。相比于2013年,农村居民最低财产组和最高财产组的份额均有所下降,而中间八组的财产份额逐步上升,可见农村居民财产两极分化的趋势在减弱。

表5-11 住户财产分布十等分组份额(按住户财产分组)

单位:%

组别	全国			城镇			农村		
	2002年	2013年	2018年	2002年	2013年	2018年	2002年	2013年	2018年
1	1.2	-0.2	-0.7	0.4	-0.2	-0.6	2.2	0.2	-1.4
2	2.6	1.4	1.2	2.0	1.7	1.5	3.8	2.1	2.3
3	3.6	2.5	2.3	3.6	3.2	3.1	5.0	3.2	3.7
4	4.6	3.7	3.5	5.0	4.5	4.4	6.1	4.4	5.1
5	5.7	5.1	5.0	6.5	5.9	5.8	7.2	5.7	6.5
6	7.0	6.8	6.6	8.3	7.4	7.3	8.6	7.3	8.1
7	8.9	9.0	8.8	10.5	9.2	9.3	10.1	9.1	10.1
8	11.8	11.9	12.0	13.6	11.9	12.1	12.3	11.7	12.7
9	17.5	17.4	17.6	18.5	17.4	17.2	15.8	16.5	17.0
10	37.1	42.2	43.5	31.5	39.1	39.8	29.0	39.8	35.9

数据来源:同表5-6。

五、财产收入比：城镇整体大幅增加，农村低收入组增加明显

为了进一步考察居民财产分配与收入分配的关系，我们分别分析了不同收入组之间的财产分布情况。表 5-12 按照人均收入值从低到高排列，划分为人数接近的十等分组，并提供了各组人均财产收入比的信息。纵向比较发现，无论是使用全国样本还是城镇样本，财产收入比在 2018 年均呈现出先下降后上升的趋势。与此不同的是，2018 年农村样本的财产收入比随人均收入上升而持续下降，由此体现出农村财产向高收入者聚集的效应有所缓解。横向比较发现，全国样本的财产收入比在低收入组的数值逐年增加，在 2018 年农村地区甚至达到了 41.5。值得注意的是，这一现象并不完全意味着财产向低收入组聚集，而可能是由两个原因引起的：一是在财产普遍增加的背景下，低收入组的收入增速相对较低，因此财产收入比更高；二是 2018 年低收入组中有许多从事非农生产经营活动的人群，他们由于瞬时收入较低而被纳入低收入组，但消费和社会保障缴费都很高，从而拥有较大的财产规模（与持久性收入相关），因此财产收入比更高。

表 5-12　财产收入比十等分组份额（按人均收入分组）

单位：%

组别	全国			城镇			农村		
	2002 年	2013 年	2018 年	2002 年	2013 年	2018 年	2002 年	2013 年	2018 年
1	6.6	10.2	22.3	6.4	12.8	11.8	7.1	4.6	41.5
2	5.6	8.5	8.7	5.1	7.9	10.2	5.7	10.7	11.6
3	5.1	7.7	8.2	4.7	8.5	9.5	5.5	9.1	9.4
4	5.0	7.6	7.8	4.7	7.6	9.5	5.3	7.5	7.0
5	4.7	7.7	8.1	4.8	8.6	8.9	5.0	7.6	6.8
6	4.5	7.4	8.5	4.5	7.9	8.5	4.8	7.5	5.8
7	4.6	8.2	8.2	4.5	8.2	8.8	4.7	6.9	6.5
8	4.5	8.0	8.3	4.4	8.6	8.8	4.4	6.9	5.3
9	4.3	8.4	8.5	4.2	8.7	9.2	4.3	7.0	5.2
10	4.1	9.3	9.0	4.2	9.9	9.0	4.0	7.1	4.5

数据来源：同表 5-6。

第三节 应对收入差距和财产差距问题

大量数据表明,当前收入差距处于高位徘徊。其中,拉大收入差距和缩小收入差距的因素并存。由于要素分布不均和要素回报的城乡、地区差异,进一步缩小城乡差距、地区差距和收入差距的难度较大。与此同时,财产差距还在继续扩大,财产性收入份额和收入不平等程度有继续扩大的趋势。笔者认为,应对收入差距和财产差距问题首先要完善收入分配制度,尤其是要关注低收入人群的增收问题。

一、推进收入分配制度创新

从初次分配、再分配和第三次分配的制度框架来看,三个层次的分配制度都存在着不同的问题。在初次分配环节,首先是政府、企业和居民之间的分配问题。20 世纪 90 年代初期以来,政府的收入份额在初次分配中是不断增加的,政府通过生产税拿去大量的收入。但是政府收入份额的增加到底是好还是坏,不能光看份额本身,更要看政府到底拿钱做了什么。如果政府拿钱提供了更多的公共服务,而且能提供让老百姓非常满意的公共服务,那么政府的收入份额即使增加也是合理的。垄断行业收入过高的问题也是初次分配中的问题。在 2008 年以前,行业之间工资差距出现了将近 20 年的不断扩大的过程,相对制造业这个竞争性比较高的行业,其他一些行业包括金融业、电信业、电力业等,从 20 世纪 90 年代初期开始出现了超常增长。在 90 年代初期,这些行业的工资水平只比制造业高出 20% ~ 30%,而到了 2008 年则高出几倍。

在收入再分配环节也存在一些问题。比如在政府、企业和居民之间的分配,经过再分配后政府的收入份额不是下降,而是进一步上升。在初次分配中,政府的收入份额已经很高了,经过再分配,政府的收入份额又有所增加。政府手上钱多了,就意味着企业钱少了,居民钱少了,这会影响到消费需求,影响到居民的获得感和幸福感。

收入再分配中的另外一个问题是税收调节力度不够。税收是政府用来调节收入分配、缩小收入差距的重要手段。然而,从我国的个人所得税和社保缴费综合来看,税收是在扩大收入差距,而不是在缩小收入差距。也就是说,居民缴纳的税和费具有一定的累退性,高收入人群负担的税(费)率低于低收入人群。如果综合考虑直接税和间接税,最后的结果是税收在扩大收入差距,它会使收入差距的基尼系数上升2~3个百分点。

收入再分配中另外一个政策手段是转移支付。政府调节收入分配,一要靠税收,税收主要来自高收入人群;二要通过转移支付和社会保障,转移到低收入人群身上,从而缩小收入差距。总体上来看,中国通过转移支付缩小了收入差距。比如说在转移支付之前,全国收入差距的基尼系数大约是0.52,与一些发达国家的水平大体相同,如英国再分配之前的收入差距的基尼系数还要高一些。经过转移支付以后,中国收入差距的基尼系数下降到0.47,下降了9%左右,而一些发达国家经过转移支付后基尼系数都会下降到0.4以下。我们再看一下各种各样的转移支付项目,这方面的项目很多,有养老金、低保金,还有农村的医疗报销款和种粮补贴等等。进一步考察所有的转移支付项目,可以看到每一项对缩小收入差距的作用。一般认为,低保是一个很大的项目,它覆盖了全国5000多万人口,应该对缩小收入差距起很大的作用,但估算结果并不是这样。大家可以看到,低保金可以使全国收入差距的基尼系数下降不到0.4%,说明低保金的覆盖面并不是很大,再加上低保金的水平比较低,导致了这样的结果。所以,除城镇职工退休人员退休金外,其他的转移支付项目,实际上对收入差距的影响并不是很大,这说明了我们转移支付的力度不大。如果要进一步缩小收入差距,需要在转移支付上增加力度。

在这种情况下,我们要在初次分配、再分配和第三次分配领域进行制度创新,做进一步的改革,让三个层次分配制度能够发挥更大的作用。在初次分配方面,笔者认为,最重要的是建立一个更加完善的生产要素市场。我们知道初次分配的结果主要由市场决定,特别是生产要素市场发挥了很大的作用。生产要素市场包括劳动力市场、资本市场、土地市场以及各种资源市场。虽然我国市场化改革已经进行了40多年,但是要素市场化程度存在着各种各样的问题,统称为要素市场不完善问题。如劳动力市场的分割问题,在就业领域存在身份歧视,收入决定中存在同工不同酬问题,存在劳动力流动的障碍和制度限制;资本市场存在严重的垄断和资本价格扭曲问题,存在进入门槛限制问题;土地市场只是有土地交易,但不是土地市场起作用。在要素市场不完善的情况下,要素资源就不可能得到有效的配置,也不可能带来合理的要素报酬。这个道理非常简单,比如说农民工在城市受到就业歧视,不能享受同工同酬,他就不可能得到公平合理的劳动报酬。这不仅造成了收入差距,也产生了社会不公平的问题。所以,尽快建立更加完善的生产要素市场,将是初次分配制度改革中最关键的一步。

在再分配方面,笔者认为,还是要提高税收的调节力度。我国个人所得税使收入差距的基尼系数下降不到1%,力度很小。再加上直接税比重低,间接税比重高,间接税在扩大收入差距,从而造成税收不能起到调节收入差距的作用。若想使得税收发挥更大的作用,就需要调节税收结构,增加直接税的比重,降低间接税的比重。这就涉及要不要开征财产税或房产税、遗产税的问题。这个问题已经有了较为明确的说法。中央决定从2022年开始扩大房产税的试点范围,更多的地方进行房产税试点,五年后决定是否在全国范围推开。在增加直接税的同时,需要降低间接税的比重,增值税、消费税、关税等间接税比重是明显偏高的。也就是说在总税负不变的情况下,需要调整税收结构,使得税收在调节收入分配上发挥更大的作用。从未来的趋势来看,应该是增加直接税,降低间接税,以加强税收调节收入分配的作用。此外,要继续推进个人所得税改革。其中一个改革方向是个人所得税要覆盖到所有的高收入人群。现在的个人所得税基本上就变成了工薪税,有工资的人必须缴税。但有很多的高收入人群,收入不是来自工资,就有办法不缴个人所得税。因此,个人所得税需要改革,要覆盖所有的高收入人群。这是改革的内容之一。另一项改革内容是使个人所得税起到调节“过高收入”的作用。中央财经委员会第十次会议专门提到“合理调节过高收入”。什么是过高收入？如何来调节过高收入？这些都是需要研究的问题。既然提到要调节过高收入，不久就会有过高收入的标准，有了标准就要采取调节的办法。调节过高收入可以靠个人所得税，也可以通过其他的税种，或者出台一个“过高收入税”，这也是完全可能的。像一些发达国家专门出台了富人税，这是针对少部分高收入人群的一种税收。最后是改革社保缴费制度。现在的社保缴费基本上是累退性的，这使得高收入人群缴纳的社保费占其收入比率更低，而低收入人群缴纳的社保费占其收入比率更高。因此，需要改革社保缴费制度，让它更有累进性，从而可以缩小老年人的收入差距。

在第三次分配方面，也要进行一些制度改革，出台一些鼓励性政策，促进社会组织和慈善事业发展。2021 年 8 月 17 日，中央财经委员会第十次会议提到第三次分配，引起了社会很大的关注，特别是高收入人群和企业家很关心。笔者理解中央强调第三次分配，更多是从构建收入分配的基础性制度框架的角度出发。作为一个总的基础性制度框架，包括了初次分配、再分配和第三次分配，这样第三次分配变得更加重要。同时，强调第三次分配的重要性也是希望第三次分配应该做得更好。确实，我们的第三次分配做得不好，没有形成一个比较好的社会风尚鼓励慈善事业发展，也没有形成激励社会捐助的制度和政策。因此，让第三次分配发挥更大的作用，需要营造更加友好的社会环境，让人人都愿意做公益，富人乐意做慈善。然后需要构建更好的制度安排，再出台一些鼓励性的政策，这样第三次分配就可以发挥更大的作用。

二、提高低收入群体增收能力和保障

直接为低收入群体创造均等的发展机会，努力促进不同类型低收入群体实现增收。低收入群体可以分为两大类：一类是具有劳动能力但缺乏增收机会的群体，另一类是没有足够劳动能力且缺乏增收能力的群体。

为具有劳动能力的低收入群体提供足够的发展机会，增加初次分配收入来源。低收入群体多数分布在农村和中西部地区，因而，增收政策应该向这些地区倾斜,实现城乡和地区协调发展。其中,针对农村居民增收问题,需要关注两个重要途径:一是完善农业转移人口政策,加快农业转移人口市民化,促使农村劳动力顺利转移到就业机会更多的城镇地区或发达地区;二是推进乡村振兴战略,盘活农村要素资源,合理利用土地资源,为农村居民创造更多增收机会。

为低收入群体提供均等的基本公共服务。按照《国家基本公共服务标准(2021 年版)》,基本公共服务包含幼有所育、学有所教、劳有所得、病有所医、老有所养、住有所居、弱有所扶等方面,覆盖了人的全生命周期,影响人的早期发展能力、成年时期就业保障和老年时期的生存能力。有一些群体所享受的基本公共服务水平仍然较低。例如,一些偏远落后地区仍有不少婴幼儿营养不足,缺少科学的养育方式,没有条件接受学前教育。过去几十年,义务教育普及率提升很快,但教育质量的城乡差别和地区差别仍然较大,农村地区和偏远地区的教育条件仍有不足。再如,养老保险存在较为突出的不平衡、不充分和可持续性问题,城乡之间、不同类型养老金待遇存在较大差距,尤其是农民的养老金待遇严重偏低,不仅大大低于城镇居民的养老金标准,甚至低于农村的绝对贫困标准。面对这些问题,需要进行深入的科学研究,客观了解基本事实,认真研究解决方案。

增收措施不仅要关注到收入水平的提高,也需要防范发生概率较小但影响后果严重的收入风险。我们认为两类风险尤其需要注意:一是经济上的风险,需要预防和应对天灾或市场环境变化引起低收入群体出现巨额亏损;二是身体上的风险,需要预防和应对低收入群体的慢性病和大病问题,防止因病致贫。解决经济上的风险,一方面需要创造稳定的发展环境,提高低收入群体劳动力的技能水平,降低风险发生概率;另一方面需要提供风险应对和救助机制,降低风险发生后的后果。解决身体上的风险,一方面需要医疗保障体系在医疗费用方面给予尽可能足够的经济支持;另一方面需要关注到医疗费用之外的经济负担,通过多种手段应对健康风险。

总体而言,中国当前的发展水平与“十四五”规划和 2035 年远景目标纲要所描绘的共同富裕目标存在差距,在刚刚实现全面脱贫和全面建成小康社会的背景下,低收入群体规模仍然较大,城乡之间和地区之间的发展差距较为明显。现阶段,通过各种手段促使低收入群体尽快增收是一项重要工作,其中需要挖掘低收入群体自身的增收潜力,同时需要给予低收入群体均等的基本保障。

第六章 扩大中等收入群体推动共同富裕

选取全世界200多个国家各年份收入中位数的67%~200%作为定义我国当年中等收入者的上下限。测算表明:在1995年,我国仅有3.6%的人口属于中等收入者,在2002年,仅有10%的人口属于中等收入者。随着我国经济的高速发展和居民收入的提高,中等收入者比重增长到2007年的20.2%,又进一步增长到2013年的27.3%和2018年的29.4%。从中国当前发展的实际状况出发,实现共同富裕就需要不断扩大中等收入群体规模、改善收入分配格局。

扩大中等收入群体规模，是我国"十四五"时期发展目标之一，也是实现共同富裕目标的题中应有之义。从中国当前发展的实际状况出发，实现共同富裕就需要不断扩大中等收入人群规模。而且中等收入群体还是维护社会稳定的中坚力量、支撑创新转型的人力资本基础、释放消费红利的主力军。确立扩大中等收入群体战略，明确中等收入群体比重增长目标，关系到经济社会转型与改革的全局。我国经济进入新常态，居民收入增速下降、收入差距高位运行、消费需求增长低迷等问题持续存在，扩大中等收入群体比重，不仅可以为缩小收入差距和扩大消费比重提供出路，而且对于我国经济社会"调结构、稳增长、促发展、保稳定"具有重要意义。

中等收入群体的相关论述最早来自西方"中产阶级"的概念，指处于社会中间位置的人群。中产阶级是一个多维度的概念，判断一个社会中产阶级家庭的标准不仅涉及收入、财产，还涉及职业、社会地位，甚至生活方式。而国内提出的中等收入群体的概念与中产阶级的概念大有不同，它更多的是指在经济地位上处于中间位置的人群。虽然目前学术界对"中等收入群体"在概念上有着一定的共识，但在具体量化标准上有很大的差异。比如，在使用消费、财富还是收入等经济指标上有着不同的意见。即使在主张使用收入指标的学者中，有的主张采用绝对标准，有的主张采用相对标准。

本书认为，"中等收入群体"的本义应该是从收入角度来看社会群体的分化状态，因此家庭（人均）收入应该是主要（唯一）衡量标准。在收入指标确定的情况下，使用绝对标准还是相对标准？使用多大区间的标准？这是没有定论的。它往往取决于一个国家的发展水平，也取决于学术界通常的做法。

由于目前国内外对中等收入群体的界定标准众说纷纭，又由于采用的数据和分析方法不同，所得结论也不同，相互之间也没有可比性，因此，本书拟在文献综述基础上，提出一个界定中等收入群体的标准，即选取全世界200多个国家和地区相关年份收入中位数的67% ~200%，作为界定我国中等收入群体的上下限。基于此标准，本章使用2002—2018年的CHIP数据估算了近年来我国中等收入群体比重及其趋势；描述了当前中等收入群体的主要特征及各类子群体之间的差异性，与此同时进一步分析未来"扩中"

的目标人群即潜在中等收入群体的特征。最后基于上述分析结果提出有针对性的政策建议。

第一节 中等收入群体的界定标准

一、现有的各种界定标准

虽然学者、公众乃至政策制定者对“中等收入群体”有着概念上的一定共识,但对这部分处于“社会中间位置”人群的界定标准各执一词(见表6-1)。大致而言,现有对中等收入群体的界定有以下六类。

表6-1 定义中等收入者的各类文献

分类	指标	标准	代表研究
定性标准	阶层		Wright (1985);Erikson 和 Goldthorpe(1992);张翼(2008)
	职业		Szelenyi 和 Martin(1988);刘欣(2007);李强(2005,2016)
	复合指标(职业+收入+消费+主观认同感)		李春玲(2003);李培林和朱迪(2015)
	复合指标(职业+收入+教育)		李春玲(2013);李培林和张翼(2008)
消费标准	恩格尔系数	0.50~0.59	李培林和张翼(2000);李春玲(2003)
		1/3~2/3之间	胡鞍钢(2016)
	作者设计的反映家庭耐用消费品拥有情况的指数	6分以上	李春玲(2003)
	人均消费支出/天	10~100美元(2005 PPP)	Kharas (2010)
		11~110美元(2011 PPP)	Kharas (2017)
		2~10美元(1993 PPP)	Banerjee 和 Duflo (2008)
		10~20美元(PPP)	Chen 和 Qin (2014)
财富标准	个人财产	五等分组中的中间三组	Wolff(2010)
	个人净资产	5万~50万美元	瑞信研究院发布的《全球财富报告2015》;甘犁(2015)

续表

分类	指标	标准	代表研究
绝对收入标准	人均可支配收入/天	4～20美元(PPP)	Yuan等（2012）
	人均可支配收入/年	3万～8万元	纪宏和陈云(2009)
		2.2万～6.5万元	国家发改委社会所课题组(2012);李伟和王少国(2014)
	户收入/年	6万～50万元	国家统计局城调总队课题组(2005)
		2.5万～4万元(中产下层)、4万～10万元(中产上层)	Farrell等(2006)
		6万～10.6万元(中产下层)、10.6万～22.9万元(中产上层)	Barton等(2013)
相对收入标准	收入中位数	收入中位数的75%～125%	Kacapyr等(1996)
		60%～225%	Blackburn和Bloorn(1985)
		50%～150%	Davis和Huston(1992)
		收入中位数的67%和200%	美国皮尤研究中心2012—2016年的一系列报告
		同时用收入中位数的75%～125%,75%～150%,50%～150%	王朝明和李梦凡(2013)
	收入平均数	收入平均数的1～2.5倍	李培林和张翼(2008);李培林等(2016);苏海南(2016)
	收入等分组	五等分组中的中间三组,或第三组和第四组,或仅第三组	Barro（1999);Easterly（2001）;Alesina和Perotti（1997)
		十等分组中的第三组至第九组	Solimano（2008）
相对收入标准	收入分位点	年人均收入的25%分位点与95%分位点	李培林和朱迪(2015)
绝对和相对	年收入	1万元/年为下限(绝对线),95%收入分位点对应的收入为上限(相对线)	Bonnefond等(2013)
		需同时满足两个标准:一是用年收入2万～20万元(2015年价格)的绝对标准;二是用中位数收入的70%～200%这个相对标准	王小鲁(2017)

(一)基于定性标准:阶层、职业、教育、主观认同等

早期学者从“社会关系”的角度基于阶层/阶级来定义处于“社会中间位置”的人群,比如马克思、新马克思主义者(Wright ,1985)、新韦伯主义者(Erikson and Goldthorpe,1992)等。

近些年,学者们更多是从“社会等级分层”的角度来定义处于“社会中间位置”的人群,通常依据职业、教育、主观认同等来划分。有的单纯采用职业、教育、收入、主观认同中的一个指标(李强,2016),也有的同时使用这几个指标即采用多维度指标来定义中产阶层(李春玲,2013;李培林和朱迪,2015)。

(二)基于消费标准

有学者以衡量消费水平的恩格尔系数作为划分社会阶层的依据,把恩格尔系数介于0.50~0.59或1/3~2/3之间的人群定义为中等收入群体(李培林和张翼,2000;李春玲,2003)。也有学者设计了一个反映家用电器和耐用消费品拥有情况的指数,把得分在6分及以上的人群定义为消费中产(李春玲,2003)。

还有学者倾向基于消费支出的具体数额来定义。比如,Kharas(2010,2017)把日人均消费支出在10~100美元(PPP)、11~110美元(PPP)的人群定义为全球中等收入群体;还有学者采用2~10美元(1993 PPP)或10~20美元(PPP)的标准(Banerjee and Duflo,2008;Chen and Qin,2014)。

(三)基于财富标准

目前基于财富来定义中等收入群体的文献较少,主要是受数据可得性限制。Wolff(2010)利用财产数据从低到高对美国人群进行五等分组,把处于中间三组的人群视为中等收入群体。瑞信研究院发布的《全球财富报告2015》将个人净资产在5万~50万美元的人群定义为全球的中等收入群体,甘犁(2015)也沿用此标准来定义中国的中等收入群体。

(四)基于绝对收入标准

在用收入定义中等收入群体时,界定标准大致可分为两类。第一类是

绝对标准,即设定一个固定的收入上下限,从经济发展或增长的角度来理解中等收入群体。

第一,关于全球的中等收入群体。世界银行(2007)和有些学者将日人均收入介于10～50美元的人群视为全球中等收入群体(Milanovic and Yitzhaki,2002),也有学者使用10～100美元的标准(Bhalla,2007),还有学者使用2～13美元的标准来定义"全球发展中国家的中等收入群体"(Ravallion,2010)。

第二,关于中国的中等收入群体。在使用绝对收入标准定义我国中等收入群体时,有人用以家户为单位的家户收入(如国家统计局城调总队课题组,2005),也有人用日人均收入(Yuan et al.,2012),还有人用年人均收入(纪宏和陈云,2009)。关于"数据",有的使用住户调查数据(如上述几篇文章),有的使用统计年鉴公布的收入等分组汇总数据(国家发改委社会发展研究所课题组,2012)。

(五)基于相对收入标准

在用收入来定义中等收入群体时,采用的第二类标准是相对标准,即从收入分配结构的角度来确定中等收入群体。

在使用相对标准来定义中等收入群体的文献中,又大致可以分为四类。

第一,基于收入中位数。在所有使用相对标准的文献中,以使用收入中位数为参照标准的最多,即把收入介于全体人口收入中位数一定比例区间的人群视为中等收入群体,比如75%～125%、60%～225%、50%～150%、75%～150%、67%～200%等(Birdsall et al.,2000;Pew Research Center,2015)。但是,具体应该选用收入中位数哪个比例区间还存在一定争议。

第二,基于收入平均数。我国有些学者基于收入平均数来定义我国的中等收入群体,比如李培林和张翼(2008)使用收入平均数的1倍至2.5倍作为下限和上限。

第三,基于收入等分组。具体做法是,首先根据收入从低到高对人群进行排序,然后把人群分成若干等分组,将处于中间位置的某组视为中等收入群体。比如,有把五等分组里的中间三个等分组或将五等分组中的第三组和第四组的人群视为中等收入群体的(Barro,1999; Easterly ,2001),也有将人群分成十等分组,将第三组至第九组之间的等分组视为中等收入群体的(Solimano ,2008)。

第四,基于收入的分位点。比如,李培林和朱迪(2015)使用城镇居民年人均收入的25%分位点与95%分位点作为定义我国城镇居民中等收入群体的下限和上限。

(六)基于绝对与相对收入标准相结合的复合标准

第一,下限用绝对标准,而上限用相对标准。比如 Bonnefond 等(2013)把家庭 1 万元/年作为定义中等收入群体的下限,95%收入分位点对应的收入为上限。

第二,用绝对与相对两个标准来同时界定。比如,王小鲁(2017)就用到两个标准:一是年收入在 2 万 ~20 万元(2015 年价格)的绝对标准,二是收入中位数的 70% ~200%这个相对标准。只有同时满足这两个标准才会被界定为中等收入群体。

二、对现有各种界定标准的述评

(一)关于指标的选择,建议使用收入指标

关于职业、教育、收入的多维度综合指标。由于同一个国家的职业类别在不断发生变化,不同国家间的职业结构也有很大差别,若选取职业作为定义中等收入群体的指标,既不便于同一国家内部不同时间点的比较,也不便于国家间的比较。另外,若采用职业、教育、收入等多个维度的综合指标,这种定义方法看起来虽然科学但在实践中经常无法操作,尤其是不同指标之间的权重根本无法确定,而且会使问题更加复杂化,还不如使用单一指标来定义中等收入群体,再对相关问题进行深入研究。

关于消费、财产指标。由于不同时期、不同地区人们的消费结构、消费品的种类和质量不同,若基于消费来定义中等收入群体,不便于比较不同时期、不同国家中等收入群体的规模等问题。由于不同国家和地区关于财产

的统计口径不一,且受到数据可得性的限制,基于财产来定义中等收入群体面临很多困难,不便于国际比较。

关于收入指标。相对来说,收入指标则不存在上述问题。一是关于收入的统计口径,人们的分歧不是很大;二是不同时间点、不同地区人们的收入通过一定方法调整后具有很好的可比性,比如使用 CPI 来调整一个国家内部不同时间点、不同地区的收入,用购买力平价指数(PPP)来调整不同国家间的收入。三是收入是一个能反映教育、职业、技能等很多因素的综合指标,仅采用收入指标来定义中等收入群体,不仅能同时反映这些因素,操作上还比较简单。

(二)关于不同收入指标的选择,建议使用户人均可支配收入的中位数

宏观与微观收入指标相比,建议使用微观收入指标。人均 GDP(从生产角度衡量一个国家或地区的经济总量)和人均 GNI(国民总收入,从收入初次分配角度衡量一个国家或地区的经济总量)都属于宏观指标,依据这样的宏观指标来研究中等收入群体,虽然简单且通俗易懂,容易为社会大众所了解,但只能局限在国家或区域层面,无法进行更细化的分析。

可支配收入与净收入相比,建议使用可支配收入。若用微观收入指标来定义中等收入群体,涉及可支配收入与净收入之间的选择问题。2013 年之前,城镇居民采用可支配收入概念,而农村居民则采用净收入概念。从 2013 年开始,国家统计局采用城乡一体化调查方案,都使用调整后的居民可支配收入定义。因此,在估算我国中等收入者规模及其趋势时,可以统一使用可支配收入这个微观指标。

家庭收入与个体收入相比,建议使用个体收入。根据不同的研究目的,居民可支配收入既可以在家庭层面也可以在个体层面来计算。如果在家庭层面,就涉及家庭规模的问题,比如每年户收入为 4 万元的三口之家与六口之家所面临的生活境遇是不一样的,两者不能等同看待。所以,我们建议采用户人均可支配收入来定义中等收入群体。

平均数与中位数相比,建议使用中位数。基于户人均可支配收入并利

用相对标准来定义中等收入群体时,会遇到是参照收入平均数还是收入中位数的问题。在收入差距水平较大且低收入人群居多的我国,收入平均数要明显高于收入中位数,如果采用平均数的一定倍数区间来定义,就会明显拉高中等收入群体的下限标准,从而低估中等收入群体规模。另外,与收入平均数相比,收入中位数大小不受最高和最低收入人群的收入统计误差影响。

(三)关于绝对标准与相对标准的选择,建议使用绝对与相对有机结合的标准

绝对标准是从经济发展的角度来理解和定义中等收入群体,随着一个国家或地区的经济发展和生活水平的提高,中等收入群体比重会随之发生变化。相对标准则是从收入分布结构的角度来理解和定义中等收入群体,一个国家收入分布结构的变化会影响到中等收入群体比重。在定义中等收入群体时,绝对标准和相对标准各有优势。最佳的办法是采用绝对和相对标准相结合的方式来定义我国的中等收入群体,综合绝对和相对收入标准的优点。

三、本书提出的标准及其理由

根据前文论述,在定义中等收入者时,关于指标的选择,本书建议使用"收入"指标;关于具体选用哪个收入指标,本书建议使用"户人均可支配收入";关于绝对与相对标准的选择,本书建议使用"绝对和相对标准有机结合的方式",即把绝对和相对标准都统一到一个定义中来,而不是下限用绝对标准、上限用相对标准的方式。因此,本书建议使用如下方式来定义我国的中等收入者:选取全世界200多个国家和地区各年份收入中位数的67%~200%,作为定义我国当年中等收入者的上下限。具体计算步骤详述如下。

首先,采用相对标准来定义全球的中等收入群体,即选取每个年份全世界200多个国家和地区收入中位数的67%~200%,作为定义当年全球中等收入群体的上下限。然后,把这个具体的标准应用到我国,定义相同

年份我国中等收入群体并估算比重。对我国来说,就是把全球的相对标准当作定义我国中等收入群体的绝对标准,从而实现绝对与相对标准的有机结合。

之所以选取"收入中位数的67%和200%"作为定义中等收入群体的下限和上限,是借鉴美国皮尤研究中心(Pew Research Center)的做法。皮尤研究中心在2012年、2015年、2016年发布的关于中等收入群体的一系列报告,用的都是这个相对标准。

之所以把全世界所有国家和地区视为一个整体作为参照系来定义我国的中等收入群体,是因为:首先,加入世界贸易组织后,我国与世界经济逐步接轨,所以应该用国际视野来看待我国的中等收入群体。其次,对所有国家和地区的中等收入群体都采用相同的定义,方便做国际比较。采用相同的标准来识别和估算不同发展阶段国家和地区的低收入人群、中等收入人群、高收入人群分别占多大比重,研究这些国家和地区的收入结构,并与我国相比较,可以明晰我国当前所处位置,寻找差距,明确我国未来的发展目标和奋斗方向,进而找到我国为实现此目标所需的政策抓手和改革方向。最后,根据相同的标准来定义全世界所有国家和地区的中等收入群体,还便于研究全世界中等收入群体在不同地域的分布。考虑到中等收入群体是全世界消费的主力军,可以估算不同国家和地区中等收入群体消费能力的大小、消费市场的大小,以及各地域对世界整体经济增长的贡献等。

第二节　我国中等收入群体的比重及其变化趋势

一、数据介绍

(一)人均 GNI

在确定各个年份中等收入群体上下限时,所用到的各年份各国家和地区人均 GNI 和人口数信息,都来自世界银行官方网站。[①] 其中,人均 GNI 具体指“GNI per capita, PPP (current international MYM)”。

在寻找世界所有国家和地区人均 GNI 中位数的时候,考虑国家和地区的人口数调整过权重。具体思路是:全世界有 200 多个国家和地区,每个国家和地区对应一个“人均 GNI”的数值。首先,世界上每个人被赋予的“人均 GNI”等于自己所属国家和地区的人均 GNI;其次,根据每个人对应的人均 GNI 的大小,从低到高对全世界所有人进行排序,处于最中间位置的人对应的人均 GNI 即为“世界所有国家和地区人均 GNI”的中位数。

需要说明的是,这里的“GNI per capita, PPP (current international MYM)”是基于购买力平价指数(PPP)而得的,具体是指将每个国家和地区的人均 GNI 根据购买力平价指数转换成用国际货币美元衡量的具体数值,这里的 1 美元与在美国的 1 美元有相同的购买力。人均 GNI 由每个国家的 GNI 除以年均人口计算得到。CNI 既包括企业所得和政府所得,也包括居民个人所得。CNI = GDP + 来自境外的要素收入 - 对境外的要素支出。其中来自境外的要素收入是指本国(地区)常驻单位从境外获得的劳动报酬、利息、利润等。

PPP 购买力平价指数是指,能够买到与在美国 1 美元所能买到的相同数量的商品和劳务所需的一个国家的货币数量。这里的 PPP 购买力平价指数是针对私人消费的(比如家户最终的消费支出)。PPP 的数据信息也都来源于世界银行官方网站。

(二)CHIP 数据简介

在估算我国各年份中等收入者比重时,使用的是 1995 年、2002 年、2007 年、2018 年的中国家庭收入调查数据(China Household Income Project, CHIP),包含城镇样本、农村样本和流动人口样本。CHIP 数据的样本抽选自国家统计局的大型住户调查数据,该数据被国家统计局用来计

---

①下载网址:http://data.worldbank.org/data-catalog/world-development-indicators。

算中国家庭收入和消费方面的相关官方统计数字。1995 年的样本共计 56437 人，其中城镇样本 21698 人，农村样本 34739 人。2002 年的样本共计 61889 人，其中城镇样本为 20624 人，农村样本为 37969 人，流动人口样本为 3296 人。2007 年样本共有 89804 人，其中城镇样本为 29553 人，农村样本为 51847 人，流动人口样本为 8404 人。2018 年样本有 70431 人，其中城市样本为 29030 人，农村样本为 34491 人，流动人口样本为 6910 人。随着调查年份的变化，CHIP 数据所覆盖的省份有所变化，在不同省份抽样的比例也有所变化。为避免此因素对数据结果的影响，在计算过程中我们利用 CHIP 团队提供的基于两个层级（东部/中部/西部，城镇/农村/流动人口）的权重对数据进行了调整（见表 6-2）。

表 6-2 各年份 CHIP 数据的样本量

年份	分段	城镇	农村	流动人口	全国
2002	加权前	20624	37969	3296	61889
	加权后	392755759	755671585	18707963	1167135307
2007	加权前	29553	51847	8404	89804
	加权后	448353719	704238751	146554821	1299147291
2013	加权前	18668	37090	2063	57821
	加权后	554705545	620200907	180199484	1355105936
2018	加权前	29030	34491	6910	70431
	加权后	666755923	557088654	172655162	1396499739

数据来源：作者根据 CHIP 数据计算得到。

二、1995—2018 年我国中等收入群体比重的变化趋势

首先，根据世界银行公布的 1995 年、2002 年、2007 年、2013 年、2018 年这五个年份全世界所有国家和地区的人均 GNI 和人口数，寻找到每个年份所有国家和地区人均 GNI 的中位数（根据各国和地区人口数调整过权重）。其次，把这个中位数的 67% 和 200% 作为定义我国当年中等收入者的上下限。上下限对应的具体金额详见表 6-3。

表6-3 各年份定义中等收入者的上下限

单位:元/天

收入组	1995 年	2002 年	2007 年	2013 年	2018 年
收入中位数的 67%	22	28	44	68	83
收入中位数的 200%	65	83	131	202	247

数据来源:作者根据 CHIP 数据计算得到。

根据表 6-3 里给出的上下限,估算出我国 1995 年、2002 年、2007 年、2013 年、2018 年的中等收入者比重(见表 6-4)。

表6-4 1995—2008 年我国各收入组所占比重

单位:%

收入组	1995 年	2002 年	2007 年	2013 年	2018 年
低收入者	96.3	89.6	78.3	70.6	67.5
中等收入者	3.6	10.0	20.2	27.3	29.4
高收入者	0.1	0.4	1.5	2.1	3.1
总计	100.0	100.0	100.0	100.0	100.0

如表 6-4 所示,在 1995 年,我国仅有 3.6% 的人口属于中等收入者;在 2002 年,仅有 10.0% 的人口属于中等收入者。随着我国经济高速发展和居民收入提高,中等收入者比重增长到 2007 年的 20.2%,随后进一步增长到 2013 年的 27.3% 和 2018 年的 29.4%。虽然单从比重来说,现阶段我国中等收入者比重依然偏低,但若从绝对数量来看,我国中等收入者的人数规模还是相当可观的。

图 6-1 进一步显示,我国中等收入者规模的扩大主要发生在城市地区。在城镇居民中,中等收入者所占比重从 2002 年的 25.9% 上升到 2018 年的 45.0%。在流动人口中,中等收入者所占比重从 2002 年的 14.3% 上升到 2018 年的 42.4%。在农村人口中,中等收入者所占比重很小,即便是在 2018 年也仅有 6.6%。

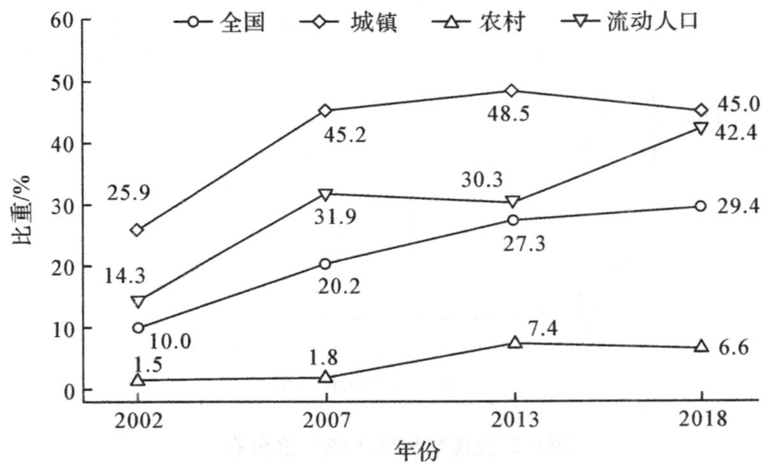

图 6-1 各年我国中等收入者比重估算

数据来源:作者根据 CHIP 数据计算得到。

为了分析中等收入者比重对中等收入者定义的上下限有多大的敏感性,本书做了两类稳健性检验。在保持下限不变的前提下(收入中位数的 67%),分别使用收入中位数的 125%、150%、200%、225%和 300%作为上限估算我国中等收入者比重,所得结果差别不大。由此看出,我国中等收入者比重对上限并不敏感。在保持上限不变的前提下(收入中位数的 200%),分别使用收入中位数的 50%、60%、67%和 75%作为下限来估算我国中等收入者比重,所得结果差别较大。由此看出,我国中等收入者比重对下限比较敏感。

这再次说明了我国低收入者占大多数,收入中位数的下限附近分布较多人群,下限标准的高低对中等收入者规模有显著影响;而上限附近分布着较少人群,上限标准的高低对中等收入者规模影响不大(见图 6-2)。

三、其他界定标准下得出的我国中等收入群体比重变化趋势

我们还使用另外三种不同的界定标准来估算我国中等收入群体的比重。第一个标准是将 2018 年 28 个欧盟成员居民收入中位数的 60% 和 200%作为定义我国中等收入群体的上下限。第二个标准是国际上引用率较高的卡拉斯(Kharas)提出的 10 美元和 100 美元(2005 PPP 价格)作为界

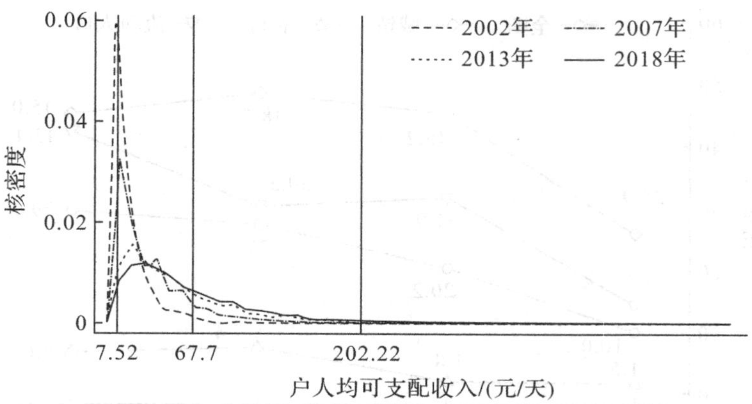

图 6-2 我国居民收入核密度分布

注:作者根据 CHIP 数据计算。根据国家统计局公布的各年份 CPI,将 2002 年、2007 年、2018 年的收入都调整到以 2013 年价格计价的收入水平。

定中等收入群体日收入的下限和上限(Kharas, 2010)。其中,10 美元是贫困线最低的两个发达国家(葡萄牙和意大利)的贫困线的平均数,100 美元是最富裕发达国家(卢森堡)的收入中位数的 2 倍。第三个标准是我国国家统计局曾采用的定义方式,将 2018 年价格下家庭年收入(典型的三口之家)在 10 万 ~50 万元的家庭定义为中等收入家庭。① 表 6-5 给出了在每种定义方式下,界定我国 1995 年、2002 年、2007 年、2013 年、2018 年中等收入群体所使用的上下限对应的具体数额。

表 6-5 不同界定标准对应的下限和上限

单位:元/天

区间	上下限	1995 年	2002 年	2007 年	2013 年	2018 年
世界人口当年收入中位数的 67% ~ 200%(当年价格)	下限(户人均收入)	22	28	44	68	83
	上限(户人均收入)	65	83	131	202	247

①该定义与统计局之前提出的将"2010 年价格下家庭年收入(典型的三口之家)在 8 万 ~40 万元"的家庭定义为中等收入家庭的提法一致,只是调整了价格水平。

续表

区间	上下限	1995 年	2002 年	2007 年	2013 年	2018 年
28 个欧盟国家 2018 年收入中位数的 60% ~ 200%(当年价格)	下限(户人均收入)	—	103	118	142	155
	上限(户人均收入)	—	344	392	472	516
10 ~ 100 美元(2005 PPP)	下限(户人均收入)	28.0	32.2	37.6	46.5	50.9
	上限(户人均收入)	280	322	376	465	509
家庭年收入 10 万 ~ 50 万元(2018 年价格)	下限(户人均收入)	56	61	69	83	91
	上限(户人均收入)	279	304	346	417	457

注:上述基于欧盟收入中位数来界定我国中等收入群体时,这里的收入是指用每个家户的户可支配收入除以加权后的家户人数的收入。欧盟统计局的具体赋权方式是:每个家户第一个成年人赋权重为 1,其他成年人赋权重为 0.5,14 岁及以下的孩子赋权重为 0.3。为和欧盟标准保持一致,在用 CHIP 数据估算我国中等收入者比重时,也采用了相同的加权方式调整了每户的人数并使用加权后的家户人数来计算户人均可支配收入。其他标准对应的户人均收入,都是用户可支配收入除以一个家户的实际人数。

1995—2018 年,我国中等收入群体规模在逐渐壮大。表 6-6 给出了不同界定标准下使用各年份中国住户收入调查数据估算出的我国中等收入群体比重。虽然在不同定义下估算出的我国中等收入群体比重存在差异,但都显示,随着近些年我国经济的发展和居民收入水平的提高,我国中等收入群体比重在逐渐提高。

而且无论是使用全世界 200 多个国家和地区收入中位数的 67% 和 200% 的国际标准,还是使用国家统计局的标准,数据结果都显示,随着我国经济的高速发展和居民收入的提高,中等收入群体比重从 2002 年的微乎其微,增长到 2018 年的 29% 左右,我国居民收入分布也逐渐向橄榄型转变。虽然我国中等收入群体比重依然偏低,但绝对规模还是相当可观的。2018 年我国中等收入群体规模已达 4.1 亿人,约相当于当年美国总人口的 1.25 倍。

表6-6　在不同定义方式下估算出的各年份我国中等收入者比重

单位:%

	定义方式	1995 年-中	2002 年-中	2007 年-中	2013 年-中	2018 年-中	2018 年-低	2018 年-高
全国	世界人口收入中位数的67%~200%	3.6	10.0	20.2	27.3	29.4	67.6	3.0
	28个欧盟国家2018年收入中位数的60%~200%(当年价格)	—	0.6	2.0	13.8	24.7	74.2	1.1
	10~100美元(2005 PPP)	1.4	7.4	27.2	46.1	54.2	45.5	0.3
	家庭年收入10万~50万元(2018年价格)	0.24	1.55	9.52	25.35	29.4	70.2	0.4
城镇	世界人口收入中位数的67%~200%	8.4	25.9	45.2	48.5	45.0	50.1	4.9
	28个欧盟国家2018年收入中位数的60%~200%(当年价格)	—	1.5	4.8	27.1	38.2	60.2	1.6
	10~100美元(2005 PPP)	3.4	19.6	59.1	74.2	76.4	23.2	0.4
	家庭年收入10万~50万元(2018年价格)	0.44	3.80	24.19	43.35	45.6	53.8	0.6
农村	世界人口收入中位数的67%~200%	0.6	1.5	1.8	7.4	6.6	93.1	0.3
	28个欧盟国家2018年收入中位数的60%~200%(当年价格)	—	0.1	0.2	2.0	4.2	95.7	0.1
	10~100美元(2005 PPP)	0.2	1.0	3.0	18.1	20.6	79.3	0.1
	家庭年收入10万~50万元(2018年价格)	0.12	0.39	1.15	9.23	5.7	94.2	0.1

数据来源:作者根据中国收入分配课题组住户调查数据(CHIP)计算。

四、我国中等收入群体比重未来的趋势预测

实现共同富裕是一个长期的发展目标,需要几代人的持续努力和奋斗。

同样地,扩大中等收入人群规模以达到一个收入分布橄榄型社会,并不断缩小收入差距以建立一个共享发展的社会将是一项长期的任务。因此,我们需要从长期发展的眼光来看待共同富裕的实现路径。

我们使用全世界200多个国家和地区收入中位数的67%和200%作为定义我国中等收入群体的上下限,并在3%、4%、5%、6%、6.5%不同经济增长率的假定情形下,根据CHIP数据中住户收入分布,估算我国2025年、2030年、2035年的中等收入群体比重。

关于定义2025年、2030年和2035年中等收入者的上下限,我们借鉴国际上权威学者现有研究的做法①,假定从2020年到2035年世界经济年均增长率为3%,并且收入分布不变。基于上述两个假定,本书利用2020年的世界各国人均GNI的信息,进而估算出2025年、2030年和2035年世界所有国家人均GNI中位数,并把此中位数的67%和200%作为定义我国2025年和2030年和2035年中等收入者的上下限。

然后,根据世界银行公布的各个年份的PPP,将用美元衡量的上下限换算成用人民币衡量的上下限,并进一步除以365,得出以"元/天"为单位的上下限。具体数值如表6-7所示。

表6-7 2025年、2030年、2035年中等收入者的上下限

单位:元/天

收入组	2025年	2030年	2035年
收入中位数的67%	104	121	140
收入中位数的200%	310	360	417

数据来源:作者根据CHIP数据计算。

最后,在收入分布不变的假设下,在6.5%、6%、5%、4%和3%不同收入

①哈佛大学经济系教授、美国前副国务卿、世界著名的国际经济问题专家理查德·库珀在2014年撰写的"Prospects for the World Economy in 2035"(《2035年世界经济展望》)一文中认为,2010年到2035年,世界经济的年均增长率为3%。另外,布鲁金斯学会的高级研究员、世界经济与发展研究室主任霍米·卡拉斯教授,在2017年的文章中,假设2021—2030年这10年间的世界经济年均增长率与2012—2021年这9年间的年均经济增长率相同。并且在做预测时,假定未来每个国家的收入分布情况与基于现有最新年份数据得到的收入分布是相同的,即保持每个国家的收入分布不变。

年均增长率情境中,我们估算了2025年、2030年和2035年的中等收入者比重。从图6-3中可以看出,如果增速为6%,到2025年和2035年我国中等收入者比重将分别达到37.7%和44.3%;如果增速下降至3%,则我国中等收入者比重只能徘徊在29.4%的水平。由此看出,要提高我国中等收入者比重,保持一定的经济增长速度至关重要。

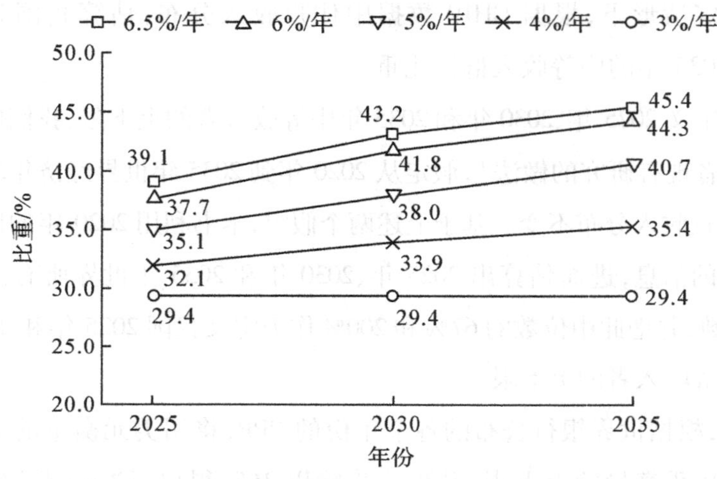

图6-3 不同增长率假定下我国未来中等收入者比重的估算(全国)

注:在3%增长率的假定下四个年份对应的比重都为29.4%,是因为:我们在确定2020年之后各年份的中等收入者上下限时,假定世界人均GNI年增长率为3%;当假定2020年之后我国年人均收入增速也为3%时,意味着人们的收入和中等收入者的上下限都以相同的速度在增长,所以据此估算出的2025年、2030年、2035年我国中等收入者比重没有发生变化。

第三节 我国中等收入群体的整体特征

本节利用2018年的CHIP数据进一步分析中等收入者与低收入者、高收入者相比具有哪些特征。其中,低收入者是指户人均可支配收入低于下限标准的人群,高收入者是户人均可支配收入高于上限的人群,中等收入群体是介于下限和上限之间的人群。

一、地域分布

就城乡分布而言，我国中等收入者的分布相对集中（见表6-8）。91.0%的中等收入者为城市居民（包括流动人口在内，后同），96.7%以上的高收入者也为城市居民；而89.4%的贫困人口为农村居民。就地区分布而言，53.3%的中等收入者居住在东部地区，而有69.8%的高收入者居住在东部地区。高收入者比中等收入者更加集中在东部地区。

各省份中等收入者的规模与各省份的经济发展水平和城市化水平有一定的关系。我们选取了3个不同的指标来衡量各省份的经济发展水平，分别是人均GDP（地区生产总值）、人均可支配收入、城镇人口所占比重。图6-4显示，人均GDP越高的省份、人均可支配收入越高的省份、城镇人口所占比重越高的省份，中等收入者所占比重也越高。北京是一个比较特殊的例子，与其他省份相比，北京不仅具有较高的人均GDP、人均可支配收入和城市化率，还拥有较高比重的中等收入者。北京所拥有的中等收入者规模与其他省份有很大差异。

表6-8 各收入组人群的地域分布

单位：%

地域分布		贫困人口	低收入者	中等收入者	高收入者	总计
城乡分布	城市	8.3	36.5	73.2	76.8	47.7
	农村	89.4	53.5	9.0	3.3	39.9
	流动人口	2.3	10.0	17.8	19.9	12.4
	全国	100.0	100.0	100.0	100.0	100.0
地区分布	东部	22.6	35.8	53.3	69.8	41.6
	中部	30.4	35.0	24.5	15.1	31.2
	西部	47.0	29.2	22.1	15.1	27.2
	全国	100.0	100.0	100.0	100.0	100.0

数据来源：作者根据CHIP数据计算。

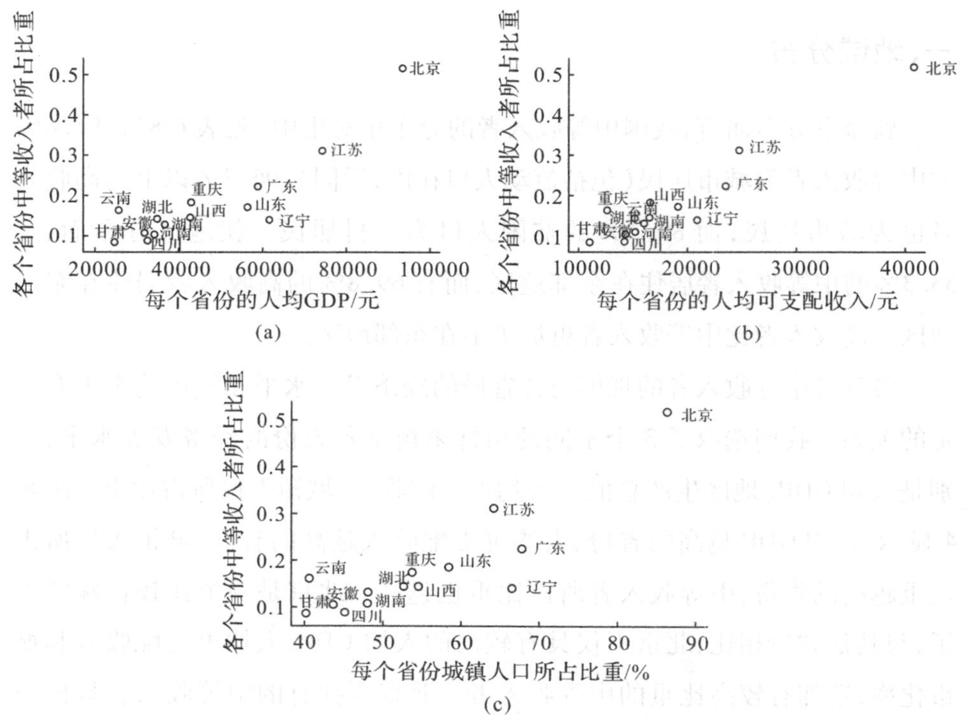

图 6-4　2018 年各省份中等收入者所占比重与人均 GDP/人均可支配收入/城镇人口所占比重之间的关系

数据来源：作者根据 CHIP 数据计算。每个省份中等收入者所占比重是基于 2018 年的 CHIP 数据计算所得；已经调整过权重；每个省份的“人均 GDP”“人均可支配收入”“城镇人口所占比重”信息来源于国家统计局网站。

二、个体特征：民族、年龄、平均受教育年限

就个人特征而言，中等收入者与其他组别的差别不是很大（见表 6-9）。少数民族在中等收入者中的占比低于其在贫困人口和低收入者中的占比，孩子（未成年人）的占比也略低，成年人（不含老人）所占比重则略高。中等收入者中，成年人的平均受教育年限为 11.2 年，贫困人口和低收入者中，成年人的平均受教育年限分别为7.9 年和8.8 年。换句话说，中等收入者中的成年人主要为高中学历，低收入者和贫困人口中的成年人主要为初中学历。高收入者中的成年人的平均受教育年限为 13.0 年。

表 6-9 各组人群的个体特征

人群类型	贫困人口	低收入者	中等收入者	高收入者	总计
汉族占比/%	87.4	93.2	94.5	94.8	93.5
少数民族占比/%	12.6	6.8	5.5	5.2	6.5
孩子(未成年人)占比/%	19.5	19.8	14.0	11.7	17.8
成年人(不含老人)占比/%	64.7	63.9	68.6	73.6	65.6
老人占比/%	15.8	16.4	17.4	14.7	16.6
成年人平均受教育年限/年	7.9	8.8	11.2	13.0	9.7

数据来源:作者根据 CHIP 数据计算。

三、储蓄率

表 6-10 显示,我国中等收入者的储蓄率较高,平均为 37.72%,中位数为 41.48%,高于低收入者。中等收入者在教育、医疗、养老方面的支出并不是太高,其储蓄更多的是用来买房,房产价值在中等收入者和高收入者的总财产中所占比重超过 70%。

表 6-10 各组人群的储蓄率中位数和平均值

单位:%

收入组	平均值	中位数
低收入者	7.12	21.41
中等收入者	37.72	41.48
高收入者	51.44	55.62

数据来源:作者根据 CHIP 数据计算。

我们根据收入从低到高对样本进行排序,平均分成 10 个组别,图 6-5 展示的是每个组别对应的储蓄率中位数。其中,1—7 组代表贫困人口与低收入者各组对应的储蓄率,8—10 组代表中等收入者各组的储蓄率(数据中属于高收入者的样本量非常少,可以忽略不计)。图 6-5 显示贫困人口的储蓄率中位数是负值,低收入者的储蓄率中位数介于 10% ~36%,中等收入者的储蓄率中位数在 38% ~46%。由此看出,中等收入者规模的扩大并不一定意味着消费率的上升,尽管消费量的总体数额增加了。

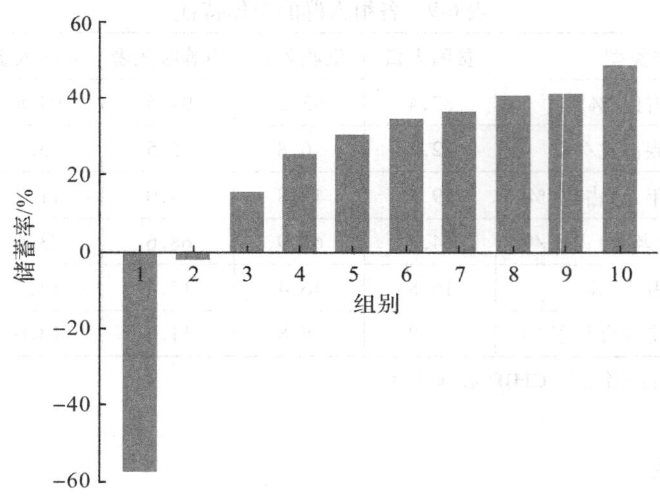

图 6-5 随着人均可支配收入的提高人们储蓄率的变化趋势

数据来源:作者根据 CHIP 数据计算。

四、收入来源结构

1998—2020 年我国城镇及农村居民收入来源结构变动如表 6-11 所示。

表 6-11 1998—2020 年收入来源结构变动

单位:元

年份	城镇居民人均可支配收入				农村居民人均可支配收入			
	工资性收入	经营净收入	财产净收入	转移净收入	工资性收入	经营净收入	财产净收入	转移净收入
1998	4075	144	143	1056	571	1473	30	97
1999	4294	165	149	1231	626	1463	30	111
2000	4405	255	159	1437	697	1453	42	91
2001	4723	283	179	1639	764	1494	43	106
2002	5610	346	144	1552	829	1530	45	125
2003	6224	423	209	1549	905	1599	57	129
2004	6900	520	271	1644	980	1820	65	163
2005	7456	719	352	1855	1147	1931	73	219
2006	8305	860	484	1971	1336	2030	81	284

续表

年份	城镇居民人均可支配收入				农村居民人均可支配收入			
	工资性收入	经营净收入	财产净收入	转移净收入	工资性收入	经营净收入	财产净收入	转移净收入
2007	9561	998	758	2286	1543	2315	100	368
2008	10438	1547	905	2660	1766	2556	112	565
2009	11333	1631	1088	2848	1940	2643	122	729
2010	12372	1826	1414	3167	2278	2978	144	873
2011	13673	2345	1903	3506	2734	3367	157	1136
2012	15247	2715	2231	3934	3123	3660	165	1441
2013	16617	2975	2552	4323	3653	3935	195	1648
2014	17937	3279	2812	4816	4152	4237	222	1877
2015	19337	3476	3042	5340	4600	4504	252	2066
2016	20665	3770	3271	5910	5022	4741	272	2328
2017	22201	4065	3607	6524	5498	5028	303	2603
2018	23792	4443	4028	6988	5996	5358	342	2920
2019	25565	4840	4391	7563	6583	5762	377	3298
2020	26381	4711	4627	8116	6974	6077	419	3661

数据来源：国家统计局网站。

图 6-6 展示的是不同组别的收入来源结构。无论是中等收入者和高收入者，还是低收入者，工资性收入所占比重都在 60% 左右。工资性收入是人们的主要收入来源。另外，我们也发现，相对于低收入者和高收入者来说，经营性收入对中等收入者来说没有那么重要，仅占到中等收入者收入来源的 13.6%，而对于低收入者和高收入者而言，所占比重都在 20% 左右。由此看出，中等收入者更多的是工薪阶层，而不是自主经营者等商业人员。

财产性收入在中等收入者和高收入者的总收入中所占比重在 10% 左右，远低于发达国家。美国中等收入者的财产性收入占比在 20% 左右，日本在 24% 左右，瑞典在 30% 左右（Kharas，2010）。对于发达国家的中等收入者来说，财产性收入通常都是其收入的重要来源。所以，未来要扩大中等收入者比重，需要采取相应措施增加人们的财产性收入来源。

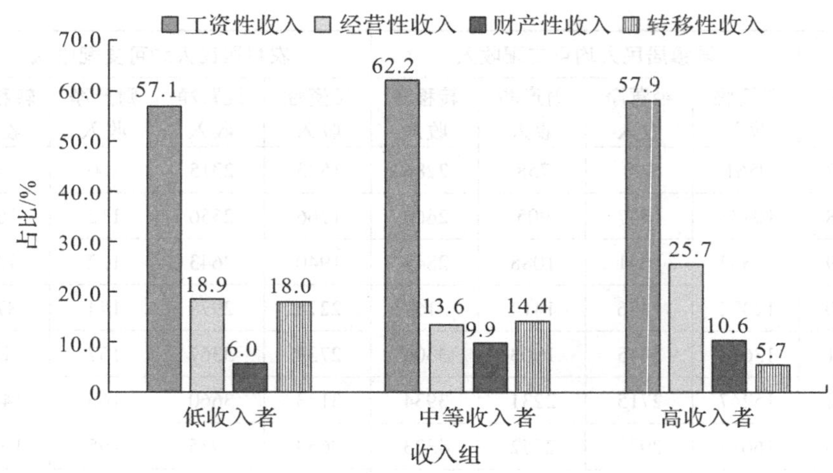

图 6-6　各收入组人群的收入来源结构

数据来源:作者根据 CHIP 数据计算。

五、财产结构

表 6-12 展示的是各收入组的财产结构。四个收入组之间所存在的最大差别是,房产在总财富中所占比重不同。在中等收入者所拥有的财富中,72.3%的财富是房产。前文关于中等收入者地域分布的结果显示,我国中等收入者更多来自城市,所以,我国中等收入者所拥有的财产中有 70%以上都属于房产与近些年我国房地产价格上涨带来的房产溢价有一定关系。而贫困人口和低收入者的房产占其总财富的份额(依次为 56.9%、63.8%)明显低于中等收入者。这一方面与贫困人口和低收入者大多来自农村地区,而农村地区的房价远低于城市有关;另一方面也与贫困人口和低收入者的住房质量比较差有关。

虽然在不同的收入人群所拥有的财富中,房产所占份额有所差异,但与其他各分项财产相比,房产在每个收入人群所拥有的总财富中所占份额都是最高的。另外,贫困人口和低收入者对应的土地价值份额分别为 7.6%和 5.4%,明显高于中等收入者对应的 1.1%,这也与贫困人口和低收入者大多是农村居民,而中等收入者大多是城市居民有关。

表 6-12 各收入组的财产结构

单位：%

财产类型	贫困人口	低收入者	中等收入者	高收入者
房产净值	56.9	63.8	72.3	67.5
金融资产	20.4	18.0	15.7	19.9
生产性固定资产	9.8	5.7	3.9	6.2
耐用消费品价值	11.3	9.3	7.4	6.1
土地价值	7.6	5.4	1.1	0.7
非住房负债	-6.2	-2.7	-1.1	-1.0
其他资产	0.2	0.5	0.7	0.5
总计	100.0	100.0	100.0	100.0

数据来源:作者根据 CHIP 数据计算。

六、住房和耐用消费品拥有情况

表 6-13 展示了不同收入组人群的住房和耐用消费品拥有情况。不同组别的自有住房估算租金差别很明显。平均来说,中等收入者自有住房的估算租金约是低收入者的 2.4 倍,约是贫困人口的 4.5 倍,而高收入者自有住房的估算租金约是中等收入者的 1.7 倍。如果用“是否使用管道供水”“是否使用冲水式厕所”来衡量住房条件的话,几乎所有中等收入者和高收入者都是此种类型的供水方式和厕所类型;而贫困人口和低收入者则并非如此。不同组别日常使用的炊用能源也很不同,有极少数的中等收入者和高收入者使用柴草和煤炭作为炊用能源,而约有 22% 的低收入者和 45% 的贫困人口仍用柴草和煤炭作为炊用能源。

表 6-13 各收入组人群的住房和耐用消费品拥有情况

住房和耐用消费品	贫困人口	低收入者	中等收入者	高收入者
自有住房的月估算租金/元	376	698	1686	2899
管道供水拥有者占比/%	80.6	88.9	98.7	99.0
冲水式厕所拥有者占比/%	39.1	63.1	92.8	97.0
电冰箱拥有者占比/%	89.2	94.2	97.7	98.4

续表

住房和耐用消费品	贫困人口	低收入者	中等收入者	高收入者
洗衣机拥有者占比/%	89.5	93.7	96.6	97.3
空调拥有者占比/%	38.2	61.3	80.2	88.1
主要炊用能源为柴草和煤炭者占比/%	44.6	21.6	2.5	1.8
能联网的电脑拥有者占比/%	16.5	33.9	62.6	77.1
私家汽车拥有者占比/%	27.1	34.9	58.7	73.7

数据来源:作者根据 CHIP 数据计算。

就耐用消费品而言,冰箱和洗衣机无论是在中等收入者、高收入者家户中,还是在贫困人口、低收入者家户中都很普遍。而就其他一些耐用消费品的拥有情况来说,不同组别则不太一样。比如,大多数中等收入者都拥有空调和能联网的电脑,高收入者家户中更是普遍,而对于贫困人口和低收入者来说并非如此。另外,约60%的中等收入者拥有自己的私家汽车,而低收入者和贫困人口则较少拥有私家车。因此,就耐用消费品的拥有情况而言,我国中等收入者与低收入者和贫困人口差别明显,但与发达国家的中等收入者比较相似。

七、中等收入者在全国总体中所占份额

从表6-14和表6-15中可以看出,中等收入者仅占全国总人口的29.4%,但其所拥有的收入、财产、消费支出都约占全国总体的一半。具体而言,中等收入者所拥有的财产在全国人口财产总额中占到46.9%,其中房产、金融资产、非住房负债分别占全国总体的49.7%、42.7%和28.8%。中等收入者的消费支出总额占全国人口消费支出总额的46.5%,其中居住支出、医疗支出、教育支出也分别占全国人口居住支出总额、医疗支出总额、教育支出总额的47.6%、43.2%和45.3%。

表 6-14 各收入组人群的人数、收入在全国总体所占份额

单位:%

<table>
<tr><th>收入组</th><th colspan="2">人数</th><th colspan="2">收入</th><th colspan="2">消费支出总额</th><th colspan="2">居住消费</th><th colspan="2">医疗支出</th><th colspan="2">教育支出</th></tr>
<tr><td>贫困人口</td><td colspan="2">2.7</td><td colspan="2">-0.1</td><td colspan="2">1.3</td><td colspan="2">1.4</td><td colspan="2">1.3</td><td colspan="2">1.4</td></tr>
<tr><td>低收入者</td><td colspan="2">64.8</td><td colspan="2">35.3</td><td colspan="2">42.5</td><td colspan="2">39.9</td><td colspan="2">47.5</td><td colspan="2">44.0</td></tr>
<tr><td>中等收入者-最低 20%</td><td>5.6</td><td rowspan="5">29.4</td><td>6.5</td><td rowspan="5">50.4</td><td>6.2</td><td rowspan="5">46.5</td><td>5.9</td><td rowspan="5">47.6</td><td>5.9</td><td rowspan="5">43.2</td><td>5.8</td><td rowspan="5">45.3</td></tr>
<tr><td>中等收入者-中低 20%</td><td>5.8</td><td>7.8</td><td>7.5</td><td>7.5</td><td>7.1</td><td>7.0</td></tr>
<tr><td>中等收入者-中等 20%</td><td>5.9</td><td>9.3</td><td>9.0</td><td>9.0</td><td>8.7</td><td>9.1</td></tr>
<tr><td>中等收入者-中高 20%</td><td>6.0</td><td>11.5</td><td>10.4</td><td>10.9</td><td>9.8</td><td>10.1</td></tr>
<tr><td>中等收入者-最高 20%</td><td>6.1</td><td>15.7</td><td>13.4</td><td>14.3</td><td>11.7</td><td>13.3</td></tr>
<tr><td>高收入者</td><td colspan="2">3.1</td><td colspan="2">13.9</td><td colspan="2">9.7</td><td colspan="2">11.1</td><td colspan="2">8.0</td><td colspan="2">9.3</td></tr>
<tr><td>总计</td><td colspan="2">100.0</td><td colspan="2">100.0</td><td colspan="2">100.0</td><td colspan="2">100.0</td><td colspan="2">100.0</td><td colspan="2">100.0</td></tr>
</table>

数据来源:作者根据 CHIP 数据计算。

表 6-15 各收入组人群的财产在全国总体所占份额

单位:%

<table>
<tr><th>收入组</th><th colspan="2">财产总额</th><th colspan="2">房产</th><th colspan="2">金融资产</th><th colspan="2">非住房负债</th></tr>
<tr><td>贫困人口</td><td colspan="2">1.1</td><td colspan="2">0.9</td><td colspan="2">1.4</td><td colspan="2">4.0</td></tr>
<tr><td>低收入者</td><td colspan="2">40.5</td><td colspan="2">38.4</td><td colspan="2">42.0</td><td colspan="2">60.5</td></tr>
<tr><td>中等收入者-最低 20%</td><td>6.0</td><td rowspan="5">46.9</td><td>6.0</td><td rowspan="5">49.7</td><td>6.2</td><td rowspan="5">42.7</td><td>5.4</td><td rowspan="5">28.8</td></tr>
<tr><td>中等收入者-中低 20%</td><td>7.2</td><td>7.7</td><td>6.4</td><td>5.1</td></tr>
<tr><td>中等收入者-中等 20%</td><td>8.9</td><td>9.2</td><td>8.4</td><td>5.8</td></tr>
<tr><td>中等收入者-中高 20%</td><td>10.5</td><td>11.4</td><td>8.9</td><td>5.7</td></tr>
<tr><td>中等收入者-最高 20%</td><td>14.3</td><td>15.4</td><td>12.8</td><td>6.7</td></tr>
<tr><td>高收入者</td><td colspan="2">11.5</td><td colspan="2">11.0</td><td colspan="2">13.9</td><td colspan="2">6.7</td></tr>
<tr><td>总计</td><td colspan="2">100.0</td><td colspan="2">100.0</td><td colspan="2">100.0</td><td colspan="2">100.0</td></tr>
</table>

数据来源:作者根据 CHIP 数据计算。

八、小 结

我国中等收入者主要集中在城市地区,且东部居多。各省份中等收入者比重与其经济发展水平和城市化水平有关,比如,人均 GDP 越高、人均可支配收入越高、城镇人口所占比重越高的省份,其中等收入者所占比重也越高。

中等收入者的储蓄率较高,平均为35%。我国中等收入者的储蓄率随着收入的增加呈逐渐上升的趋势,意味着消费率呈现逐渐下降的趋势。由此推论出,中等收入者规模的扩大意味着消费量的总数额会增加,但并不一定意味着消费率会上升。

我国中等收入者以高中学历居多,且工资性收入是其主要收入来源,占其总收入的60%左右。我国中等收入者大多是工薪阶层,而不是自主经营者等商业人员。财产性收入在其总收入中仅占10%左右,远低于发达国家。未来要扩大中等收入者比重,采取措施拓宽人们的财产性收入来源是重要途径。①

我国中等收入者约有73%的财富都是房产。这与我国中等收入者主要集中在城市且近些年我国城市房地产价格大幅上涨带来房产溢价有一定关系。我国中等收入者日常消费仍以满足衣食住行等较低层次基本需求的生存资料消费支出为主,份额占到80%以上。排在前三位的依次是食物支出(29.8%)、居住支出(24.3%)、交通支出(12.6%)。而发展性消费支出所占比重较低,比如,教育支出仅占10.2%,医疗支出仅占7%。

我国中等收入者所居住的住房里基本都有管道供水、冲水式厕所,电冰箱、洗衣机也基本是中等收入者家庭的必备耐用消费品。约80%的中等收入者家庭拥有空调,近2/3的中等收入家庭有能联网的电脑,近60%的中等收入者家里有私家汽车。中等收入者的人口规模在全国仅占29.4%,但中等收入者所拥有的收入、财产、消费支出约占全国总体的一半。

---

①据迟福林的初步测算:土地承包权流转方面,户均耕地为8亩(约合5333平方米)左右,若每亩流转年平均收益500元左右,每户农民每年可新增流转收益4000元左右。宅基地使用权流转方面,全国农村宅基地估值约为50万亿元,户均22.7万元。如果年收益率达到5%,每户农民每年可获得1.1万元左右的新增收入。若上述两项财产性收入能落地,每户农民每年可新增收入1.5万元左右,由此为一部分农民进入中等收入者行列提供重要条件。

第四节 中等收入者内部各子群体的异质性

一、根据收入主要来源的不同进行分组

根据收入来源的不同，将中等收入者细分为四个子群体：一是以工资性收入为主的中等收入者（工资性收入在可支配收入中所占比重超过50%）；二是以经营性收入为主的中等收入者（经营性收入在可支配收入中所占比重超过50%）；三是以财产性收入为主的中等收入者（财产性收入在可支配收入中所占比重超过50%）；四是上述三类之外的中等收入者。

表6-16和表6-17显示，我国61.07%的中等收入者以工资性收入为主，在全国总人口中所占比重为17.94%；仅2.58%的中等收入者以财产性收入为主，在全国总人口中所占比重为0.76%；13.78%的中等收入者以经营性收入为主，在全国总人口中所占比重为4.05%。

表6-16 各收入组在全国总人口中所占比重

收入组		定义方式	调整权重前		调整权重后	
			样本量	比重/%	样本量	比重/%
低收入者		户人均可支配收入<83元/天	50747	72.05	943791292	67.58
中等收入者	以工资性收入为主	83元/天≤户人均可支配收入<247元/天；并且，工资性收入所占比重≥50%	10619	15.08	250575028	17.94
	以经营性收入为主	83元/天≤户人均可支配收入<247元/天；并且，经营性收入所占比重≥50%	2724	3.87	56528402	4.05
	以财产性收入为主	83元/天≤户人均可支配收入<247元/天；并且，财产性收入所占比重≥50%	462	0.66	10594834	0.76
	其他	83元/天≤户人均可支配收入<247元/天；上述三类之外的中等收入者	4128	5.85	92584110	6.63
高收入者		户人均可支配收入>247元/天	1751	2.49	42426073	3.04
总计			70431	100.00	1396499739	100.00

注：作者根据CHIP数据计算。已根据全国人口分布情况对样本调整过权重。

表 6-17　中等收入者中各子群体所占比重

各类中等收入者	调整权重前		调整权重后	
	样本量	比重/%	样本量	比重/%
以工资性收入为主 - 中等收入者	10619	59.21	250575028	61.07
以经营性收入为主 - 中等收入者	2724	15.19	56528402	13.78
以财产性收入为主 - 中等收入者	462	2.58	10594834	2.58
其他 - 中等收入者	4128	23.02	92584110	22.57
总计	17933	100.00	410282374	100.00

数据来源:作者根据 CHIP 数据计算。

表 6-18 显示,以工资性收入为主和以财产性收入为主的中等收入者主要是城市居民,分别占到 73.7%和 87.6%。而以经营性收入为主的中等收入者分布相对均匀,不过仍以城市居多,占到 36.5%,农村居民和农民工分别占到 33.1%和 30.4%。

表 6-18　各中等收入者子群体的人口结构

单位:%

群体	以工资性收入为主 - 中等收入者	以经营性收入为主 - 中等收入者	以财产性收入为主 - 中等收入者	其他 - 中等收入者
农村居民	5.4	33.1	7.4	6.6
农民工	20.9	30.4	5.0	2.6
有农转非经历的城市居民	20.2	9.7	45.9	21.3
无农转非经历的城市居民	53.5	26.8	41.7	69.5
总计	100.0	100.0	100.0	100.0

注:作者根据 CHIP 数据计算。这里的“农民工”指在城市工作或生活超过 6 个月的拥有农村户口的农村居民。

表 6-19 显示,以工资性收入为主的中等收入者的受教育程度最高,有 40.6%的人拥有大专及以上学历;其次是以财产净收入为主的中等收入者,约 15.2%拥有大专及以上学历。

表 6-19 各中等收入者子群体的受教育程度构成

单位:%

群体	以工资性收入为主－中等收入者	以经营性收入为主－中等收入者	以财产性收入为主－中等收入者	其他－中等收入者
未上过学	3.5	5.7	3.2	3.1
小学	11.7	19.5	19.1	14.3
初中	21.8	38.6	37.3	32.8
高中	15.2	15.4	20.6	21.5
职高/技校	2.6	2.2	1.4	2.1
中专	4.6	3.9	3.2	5.5
大专	17.3	8.2	7.9	12.4
本科	21.1	5.9	6.3	7.8
研究生	2.2	0.6	1.0	0.5
总计	100.0	100.0	100.0	100.0

数据来源:作者根据 CHIP 数据计算。

表6-20 显示,约37.2%的以工资性收入为主的中等收入者、17.3%的以财产性收入为主的中等收入者工作于党政机关及人民团体、事业单位和国有及国有控股企业,而仅有6.9%的以经营性收入为主的中等收入者工作于这几类单位。以经营性收入为主的中等收入者主要工作于私有部门,78.0%的以经营性收入为主的中等收入者为个体户或工作于私营企业。94.2%的以工资性收入为主和82.3%的以财产性收入为主的中等收入者的就业身份都为雇员。以经营性收入为主的中等收入者的就业身份分布相对均匀一些,以自营劳动者居多(47.6%),其次是雇员(30.5%),再次是雇主(15.6%)。

表 6-20 各中等收入者子群体的单位所有制和就业身份

单位:%

类别	以工资性收入为主-中等收入者	以经营性收入为主-中等收入者	以财产性收入为主-中等收入者	其他-中等收入者
A. 单位所有制				
党政机关及人民团体	6.6	1.5	3.9	4.4
事业单位	18.3	3.8	7.9	11.0
国有及国有控股企业	12.3	1.6	5.5	10.5
集体企业	8.1	2.2	7.0	6.5
中外合资或外商独资	2.2	0.6	8.2	3.2
个体户	6.5	16.7	4.4	8.2
私营企业	37.9	61.3	43.4	43.1
土地承包者	0.3	2.0	0.0	1.4
其他	7.8	10.3	19.7	11.7
总计	100.0	100.0	100.0	100.0
B. 就业身份				
雇主	1.3	15.6	3.6	3.7
雇员	94.2	30.5	82.3	83.1
自营劳动者	4.1	47.6	11.0	11.7
家庭帮工	0.4	6.3	3.1	1.5
总计	100.0	100.0	100.0	100.0

数据来源:作者根据 CHIP 数据计算。

表 6-21 显示,以工资性收入为主的中等收入者和以财产性收入为主的中等收入者中,商业、服务业人员所占比重(18.0%、25.0%)明显低于以经营性收入为主的中等收入者对应的比重(42.6%),而专业技术人员、办事人员和有关人员所占比重(51.7%、37.7%)则明显高于以经营性收入为主的中等收入者对应的比重(17.5%)。在以经营性收入为主的中等收入者子群体中,商业、服务业人员所占比重是最高的。

表6-21 各中等收入者子群体的职业

单位:%

职业	以工资性收入为主－中等收入者	以经营性收入为主－中等收入者	以财产性收入为主－中等收入者	其他－中等收入者
党政机关/企事业单位负责人	6.6	6.1	3.0	4.9
专业技术人员	24.1	7.6	13.3	14.4
办事人员和有关人员	27.6	9.9	24.4	26.3
商业、服务业人员	18.0	42.6	25.0	22.8
农、林、牧、渔、水利业生产人员	1.0	4.3	0.0	2.9
生产、运输设备操作人员及有关人员	10.0	12.2	7.4	9.2
军人	0.2	0.1	0.5	0.2
不便分类的其他从业人员	12.5	17.2	26.4	19.3
总计	100.0	100.0	100.0	100.0

数据来源:作者根据CHIP数据计算。

表6-22显示,以经营性收入为主的中等收入者的储蓄率中位数为56%,明显高于以工资性收入为主和以财产性收入为主的中等收入者的储蓄率中位数(41%、34%)。以经营性收入为主的中等收入者之所以储蓄率很高,与他们的工作和收入具有很大的不稳定性有关。这也反映出在营商环境具有很大的不确定性且政策制度环境不明确的背景下,这部分中等收入者的焦虑和对未来的不安感增强,从而使得他们的预防性储蓄增加,导致他们具有消费能力却没有消费意愿。这与通常情况下中等收入者对拉动消费所做出的贡献不匹配(不符)。

表6-22 各中等收入者子群体的储蓄率

单位:%

统计量	以工资性收入为主－中等收入者	以经营性收入为主－中等收入者	以财产性收入为主－中等收入者	其他－中等收入者
中位数	41	56	34	39
平均值	36	50	28	36

数据来源:作者根据CHIP数据计算。

表6-23显示,对于各中等收入者子群体来说,排在前两位的消费支出都是食物和居住,都属于满足人们最基本需求的生存资料消费。对于以工资性收入为主和以经营性收入为主的中等收入者来说,排在第三位的消费支出是交通;对于以财产性收入为主的中等收入者来说,排在第三位的消费支出是教育。对于这三个子群体来说,用于教育方面的支出都在12%左右。

表6-23　各中等收入者子群体的消费结构

单位:%

消费类别	以工资性收入为主-中等收入者	以经营性收入为主-中等收入者	以财产性收入为主-中等收入者	其他-中等收入者
食物	26.3	27.4	24.8	28.6
衣着	7.8	7.5	5.7	5.3
交通	15.9	17.6	9.7	8.0
生活	7.0	6.1	5.4	6.0
居住	22.8	21.9	34.0	26.9
教育	12.0	11.8	12.2	7.6
医疗	5.3	5.3	5.7	14.9
其他	2.9	2.4	2.5	2.7
总计	100.0	100.0	100.0	100.0

数据来源:作者根据CHIP数据计算。

二、根据户籍和流动状况进行分组

根据户籍和流动状况的不同,将中等收入者分为四个子群体:一是拥有农村户口且居住在农村的农村居民;二是拥有农村户口但流动到城市工作或生活的农民工;三是曾经有将农业户口转为非农业户口经历的城市居民;四是拥有城市户口且居住在城市的城市居民。

图6-7显示,我国73.2%的中等收入者都属于城市居民,仅有9.3%的中等收入者是拥有农村户籍且居住在农村地区的农村居民,仅有17.5%的中等收入者是流动到城市工作的农民工群体。

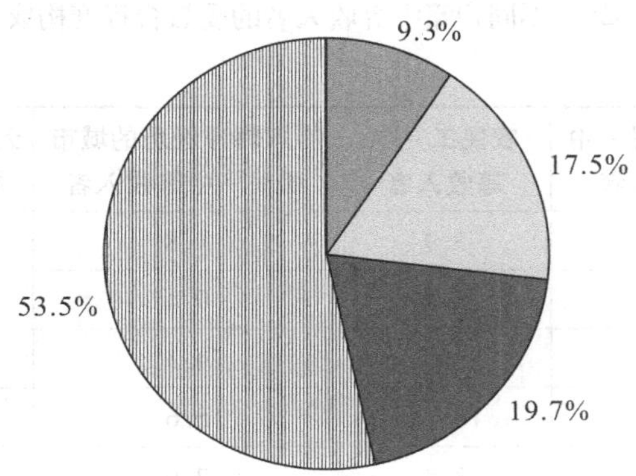

图 6-7 我国中等收入者的人群构成

数据来源:作者根据 CHIP 数据计算。

农村居民中等收入者中,35.8%的以工资性收入为主,45.7%的以经营性收入为主,以财产性收入为主的微乎其微。农民工中等收入者中,73.4%的以工资性收入为主,22.5%的以经营性收入为主。无农转非经历的城市居民中等收入者中,61.4%的以工资性收入为主,6.5%的以经营性收入为主,仅有1.8%的主要收入来源是财产性收入(见表6-24)。

表 6-24 不同户籍中等收入者的主要收入来源构成

单位:%

主要收入来源	农村居民-中等收入者	农民工-中等收入者	有农转非经历的城市居民-中等收入者	无农转非经历的城市居民-中等收入者
以工资性收入为主	35.8	73.4	63.0	61.4
以经营性收入为主	45.7	22.5	6.4	6.5
以财产性收入为主	1.8	0.6	5.3	1.8
其他	16.7	3.5	25.3	30.3
总计	100.0	100.0	100.0	100.0

数据来源:作者根据 CHIP 数据计算。

表6-25显示,相比较而言,中等收入者中农民工的学历整体比中等收入者中农村居民的学历高。而这两个群体的整体学历又都低于中等收入者中的城市居民。

表 6-25　不同户籍中等收入者的受教育程度构成

单位:%

受教育程度	农村居民 - 中等收入者	农民工 - 中等收入者	有农转非经历的城市居民 - 中等收入者	无农转非经历的城市居民 - 中等收入者
未上过学	5.8	3.9	1.8	3.7
小学	22.7	15.7	9.4	11.2
初中	43.2	33.0	24.3	19.7
高中	13.2	16.7	15.6	18.9
职高/技校	2.1	2.8	2.6	2.4
中专	2.9	4.0	6.3	5.0
大专	6.3	14.3	16.6	16.9
本科	3.8	9.3	21.0	20.1
研究生	0.0	0.3	2.4	2.1
总计	100.0	100.0	100.0	100.0

数据来源:作者根据 CHIP 数据计算。

表 6-26 显示,约 66%的中等收入者中的农村居民、约 74%的中等收入者中的农民工都属于个体户或者工作于私营企业,很少有工作于公有部门的。而与此相反,仅有约 36%的中等收入者中的城市居民属于个体户或者工作于私营企业,有将近 50%的中等收入者中的城市居民工作于党政机关、事业单位和国企等公有部门。约 73%的"农村居民 - 中等收入者"和约 77%的"农民工 - 中等收入者"的就业身份是雇员。约 20%的"农村居民 - 中等收入者"和约 14%的"农民工 - 中等收入者"的就业身份是自营劳动者。而将近 90%的"城市居民 - 中等收入者"的就业身份是雇员,仅有 7%左右属于自营劳动者。

表 6-26 不同户籍中等收入者的单位所有制和就业身份

单位:%

类别	农村居民-中等收入者	农民工-中等收入者	有农转非经历的城市居民-中等收入者	无农转非经历的城市居民-中等收入者
A. 单位所有制				
党政机关及人民团体	3.5	0.8	8.6	7.9
事业单位	4.8	3.6	22.3	22.6
国有及国有控股企业	2.8	5.1	12.4	16.5
集体企业	3.4	8.7	6.3	8.3
中外合资或外商独资	1.7	0.6	3.2	2.0
个体户	61.8	5.7	3.6	2.7
私营企业	4.3	68.6	34.8	33.1
土地承包者	2.0	0.4	0.3	0.2
其他	15.7	6.5	8.5	6.7
总计	100.0	100.0	100.0	100.0
B. 就业身份				
雇主	5.1	6.2	2.5	2.3
雇员	72.7	77.4	89.4	89.9
自营劳动者	19.7	14.3	7.2	6.9
家庭帮工	2.5	2.1	0.9	0.9
总计	100.0	100.0	100.0	100.0

数据来源:作者根据 CHIP 数据计算。

中等收入者中的农村居民和农民工的职业相似,都以商业服务业人员和生产运输设备操作人员为主。表 6-27 显示,中等收入者中,约 25% 的农村居民和约 33% 的农民工是商业和服务业人员。中等收入者中的城市居民的职业分布相对多样,办事人员和有关人员占 33%,专业技术人员约占 25%,商业和服务业人员约占 17%,生产、运输设备操作人员及有关人员约占 7%。

另外,无论是中等收入者中的农村居民、农民工还是城市居民,职业是农、林、牧、渔、水利业生产人员的比重都非常低,即便是中等收入者中的农村居民,也仅有约 5% 的人员是纯粹从事农业生产的。这也意味着,单纯依靠发展第一产业是无法大幅提高农民的收入,让他们进入中等收入者的行列的。若想提高农村地区的中等收入者比重,还需要增加农村居民从事非农工作或非农经营的机会,大力拓宽农民的非农收入来源,发展农村地区的非农经济或鼓励农民流动到城市就业。

表6-27显示,中等收入者中的农村居民和农民工比城市居民更加集中于东部地区。具体到我国中等收入者中的农村居民,仅有不到20%在西部地区,约53%在东部地区,地域分布很不均衡。我国中等收入者中的农民工,约63%在东部地区,约18%在中部地区,约19%在西部地区。

表6-27 不同户籍中等收入者的职业和地区分布

单位:%

类别	农村居民-中等收入者	农民工-中等收入者	有农转非经历的城市居民-中等收入者	无农转非经历的城市居民-中等收入者
A. 职业				
党政机关/企事业单位负责人	2.4	5.3	7.4	7.9
专业技术人员	11.2	17.8	25.8	24.6
办事人员和有关人员	14.2	15.8	28.2	33.0
商业、服务业人员	24.5	33.4	19.0	16.8
农、林、牧、渔、水利业生产人员	5.4	0.7	1.0	0.7
生产、运输设备操作人员及有关人员	20.0	12.2	6.7	6.5
军人	0.1	0.1	0.2	0.2
不便分类的其他从业人员	22.2	14.7	11.7	10.3
总计	100.0	100.0	100.0	100.0
B. 地区分布				
东部	53.2	62.8	50.6	49.1
中部	27.7	17.9	22.4	27.6
西部	19.1	19.3	27.0	23.3
总计	100.0	100.0	100.0	100.0

数据来源:作者根据CHIP数据计算。

表6-28显示,中等收入者中的农村居民和农民工的储蓄率高于城市居民。这也说明,相比于城市居民通常拥有稳定的工作、稳定的收入,农村居民和农民工的未来生活存在很大的不确定性,所以中等收入者中的农村居民和农民工尽管收入没有城市居民高,却会将更多的收入储蓄起来以备不时之需。这也进一步说明,要想促进农村居民和农民工群体消费,提高他们的消费意愿和动机,让他们能享受到像城镇职工一样的公共服务及福利待遇至关重要。

表6-28 不同户籍中等收入者的储蓄率

单位:%

统计量	农村居民-中等收入者	农民工-中等收入者	有农转非经历的城市居民-中等收入者	无农转非经历的城市居民-中等收入者
中位数	59	43	40	38
平均值	53	38	36	34

数据来源:作者根据CHIP数据计算。

表6-29显示,中等收入者中的农村居民、农民工、城市居民的消费结构差别不大,都以食物、居住、交通支出等满足人们最基本生活需求的消费支出为主。而教育、医疗这些满足人们发展需求的消费所占比重都不到20%。

表6-29 不同户籍中等收入者的消费结构

单位:%

消费类别	农村居民-中等收入者	农民工-中等收入者	有农转非经历的城市居民-中等收入者	无农转非经历的城市居民-中等收入者
食物	27.8	28.5	26.0	26.4
衣着	5.6	7.5	7.3	7.2
交通	17.2	17.6	13.5	12.9
生活	6.6	6.3	6.7	6.6
居住	21.9	22.8	25.3	24.3
教育	8.1	10.2	11.3	11.7
医疗	10.7	4.5	7.4	8.1
其他	2.1	2.6	2.5	2.8
总计	100.0	100.0	100.0	100.0

数据来源:作者根据CHIP数据计算。

三、根据职业进行分组

根据职业不同,将中等收入者分为七个子群体:一是党政机关/企事业单位负责人;二是专业技术人员;三是办事人员和有关人员;四是商业、服务业人员;五是农、林、牧、渔、水利业生产人员;六是生产、运输设备操作人员及有关人员;七是军人及不便分类的其他从业人员。表6-30给出了我国中等收入者的职业分类及各自占比。

表6-30　我国中等收入者的职业分类

单位:%

职业分类	比重
党政机关/企事业单位负责人	3.9
专业技术人员	15.1
办事人员和有关人员	17.8
商业、服务业人员	22.2
农、林、牧、渔、水利业生产人员	4.1
生产、运输设备操作人员及有关人员	16.2
军人及不便分类的其他从业人员	20.7
总计	100.0

注:作者根据CHIP数据计算。

表6-31显示,我国中等收入者中党政机关/企事业单位负责人、专业技术人员、办事人员和有关人员的受教育程度,明显高于中等收入者中的商业、服务业人员和生产、运输设备操作人员及有关人员。前者以大专、本科及以上学历为主,而后者以初中、高中学历为主。

表6-31　不同职业中等收入者的受教育程度构成

单位:%

受教育程度	党政机关/企事业单位负责人－中等收入者	专业技术人员－中等收入者	办事人员和有关人员－中等收入者	商业、服务业人员－中等收入者	生产、运输设备操作人员及有关人员－中等收入者
未上过学	0.0	0.0	0.2	0.6	0.7
小学	1.2	1.8	1.7	8.2	10.5
初中	13.5	10.9	12.7	38.2	46.3

续表

受教育程度	党政机关/企事业单位负责人－中等收入者	专业技术人员－中等收入者	办事人员和有关人员－中等收入者	商业、服务业人员－中等收入者	生产、运输设备操作人员及有关人员－中等收入者
高中	11.0	9.3	16.0	20.2	17.8
职高/技校	2.8	2.6	2.8	3.5	5.0
中专	6.1	4.9	5.7	6.4	4.8
大专	24.7	24.6	27.5	15.3	12.2
本科	36.1	40.5	31.1	7.4	2.5
研究生	4.6	5.4	2.3	0.2	0.2
总计	100.0	100.0	100.0	100.0	100.0

数据来源:作者根据 CHIP 数据计算。

表 6-32 显示,无论是哪种职业的中等收入者,工作于私营企业的人员比重都很高,在 27.3% ~66.3%。中等收入者中的党政机关/企事业单位负责人、专业技术人员、办事人员和有关人员,大多数都工作于党政机关团体、事业单位和国有企业等公有部门。而中等收入中的商业、服务业人员和生产、运输设备操作人员及相关人员,则大多数为个体户或工作于私营企业。

表 6-32 不同职业中等收入者的单位所有制

单位:%

单位所有制	党政机关/企事业单位负责人－中等收入者	专业技术人员－中等收入者	办事人员和有关人员－中等收入者	商业、服务业人员－中等收入者	生产、运输设备操作人员及有关人员－中等收入者
党政机关及人民团体	19.3	1.6	14.3	0.5	0.4
事业单位	15.7	33.0	22.5	3.0	1.6
国有及国有控股企业	10.2	16.3	12.1	5.2	16.4
集体企业	7.5	8.8	8.5	6.3	6.8
中外合资或外商独资	2.3	1.8	2.5	2.3	2.1
个体户	3.3	7.0	4.7	8.1	18.8
私营企业	38.1	28.9	27.3	66.3	47.5
土地承包者	0.0	0.1	0.0	0.0	0.2
其他	3.6	2.6	8.1	8.2	6.3
总计	100.0	100.0	100.0	100.0	100.0

数据来源:作者根据 CHIP 数据计算。

表6-33显示,中等收入者中的党政机关/企事业单位负责人及办事人员和有关人员的储蓄率相对最低,中位数为40%,平均值为35%。中等收入者中的生产、设备操作人员及有关人员的储蓄率最高,中位数为47%,平均值为42%。这也在情理之中,通常党政机关/企事业单位负责人拥有稳定的工作、稳定的收入,享有比较完善的社会福利保障,而生产、运输设备操作人员及有关人员的流动性比较大,收入不稳定且享受不到完善的社会福利保障,所以他们会将收入的很大一部分储蓄起来以备不时之需。

表6-33 不同职业中等收入者的储蓄率

单位:%

统计量	党政机关/企事业单位负责人－中等收入者	专业技术人员－中等收入者	办事人员和有关人员－中等收入者	商业、服务业人员－中等收入者	生产、运输设备操作人员及有关人员－中等收入者
中位数	40	41	40	44	47
平均值	35	37	35	40	42

数据来源:作者根据CHIP数据计算。

表6-34显示,无论是哪种职业的中等收入者,食物支出所占比重最高(25.3%～29.3%),居住支出所占比重排在第二位(20.4%～24.4%),交通支出所占比重排在第三位(15.3%～19.3%)。而教育和医疗这两类发展型支出加起来所占比重还不足20%。这也意味着我国中等收入者的消费质量和消费层次还有待提升。

表6-34 不同职业中等收入者的消费结构

单位:%

消费类别	党政机关/企事业单位负责人－中等收入者	专业技术人员－中等收入者	办事人员和有关人员－中等收入者	商业、服务业人员－中等收入者	生产、运输设备操作人员及有关人员－中等收入者
食物	26.6	25.3	26.5	28.7	29.3
衣着	8.5	8.1	8.0	7.4	6.9
交通	16.1	15.7	16.1	15.3	19.3
生活	7.3	6.9	6.9	6.4	6.9

续表

消费类别	党政机关/企事业单位负责人－中等收入者	专业技术人员－中等收入者	办事人员和有关人员－中等收入者	商业、服务业人员－中等收入者	生产、运输设备操作人员及有关人员－中等收入者
居住	23.5	23.2	23.0	24.4	20.4
教育	12.6	12.4	10.9	10.1	8.1
医疗	4.6	5.7	5.4	5.3	6.3
其他	0.8	2.7	3.2	2.4	2.7
总计	100.0	100.0	100.0	100.0	100.0

注：作者根据 CHIP 数据计算。

四、根据支收压力进行分组

我们用"支收压力＝总消费÷可支配收入"来衡量中等收入者的消费负担、生活压力，并根据支收压力的高低，将中等收入者细分为五个子群体，从而比较具有不同生活压力的中等收入者的特征有何差异。具体细分方法为：根据"支收压力＝总消费÷可支配收入"数值从小到大对中等收入者进行排序，然后划分为五等分组。表 6-35 显示，支收压力越大的中等收入者，受教育程度也越高。由于"储蓄率＝1－总消费÷可支配收入"，因此，也可以说，储蓄率越低的中等收入者，受教育程度越高。

表 6-35　具有不同支收压力的中等收入者的受教育程度构成

单位：%

受教育程度	等分组 1	等分组 2	等分组 3	等分组 4	等分组 5
未上过学	3.8	3.9	4.0	3.5	3.5
小学	16.6	13.9	13.8	12.0	12.0
初中	33.5	28.0	26.1	24.2	24.2
高中	15.0	16.7	17.4	16.9	17.5
职高/技校	2.3	2.5	2.3	2.7	2.1
中专	4.2	4.5	4.3	6.0	4.5
大专	11.7	13.7	13.9	16.9	17.1
本科	12.0	15.0	16.8	16.0	17.3
研究生	0.9	1.8	1.4	1.8	1.8
总计	100.0	100.0	100.0	100.0	100.0

数据来源：作者根据 CHIP 数据计算。

表6-36显示,支收压力越大的中等收入者,食物消费支出所占比重越低,即恩格尔系数越低,而教育和医疗这些发展型消费支出比重则越高。或者说,储蓄率越低的中等收入者,食物消费支出所占比重越低,恩格尔系数越低,而教育和医疗这些发展型消费支出所占比重则越高。由上可以看出,支收压力越大(储蓄率越低)的中等收入者,是受教育程度较高,且教育、医疗等发展型消费支出所占比重较高、教育和医疗负担也较重的中等收入者。

表6-36 具有不同支收压力的中等收入者的消费结构

单位:%

消费类别	等分组1	等分组2	等分组3	等分组4	等分组5
食物	34.0	31.9	29.3	27.3	22.4
衣着	7.8	7.8	7.6	7.3	6.5
交通	12.1	11.9	12.1	11.7	16.6
生活	5.2	5.7	6.3	6.6	7.5
居住	25.5	24.8	24.6	25.1	22.9
教育	8.2	9.7	10.6	11.3	12.3
医疗	5.2	6.0	6.9	7.8	8.8
其他	2.0	2.2	2.6	2.9	3.0
总计	100.0	100.0	100.0	100.0	100.0

数据来源:作者根据CHIP数据计算。

五、小 结

若按收入来源分,我国61.07%的中等收入者以工资性收入为主,13.78%的中等收入者以经营性收入为主,2.58%的中等收入者以财产性收入为主。若按职业分,我国约22%的中等收入者为商业、服务业人员,另外约33%为专业技术人员以及办事人员和有关人员,另有约16%为生产、运输设备操作人员及有关人员,4%左右为党政机关/企事业单位负责人,从事农业生产的农民仅占约4%。若按户口和流动状况分,我国有73.2%的中等收入者属于城市居民,仅有9.3%的中等收入者是拥有农村户籍且居住在农村地区的农村居民,有17.5%的中等收入者是流动到城市工作的农民工群体。

中等收入者中的农村居民、农民工比城市居民更加集中于东部地区。

中等收入者中无农转非经历的城市居民,约一半工作于党政机关、事业单位和国企等公有部门;职业分布相对多样,办事人员和有关人员占33%,专业技术人员约占25%,商业、服务业人员约占17%,生产、运输设备操作人员及有关人员约占7%。中等收入者中的农民工,约74%属于个体户或者工作于私营企业,很少有工作于公有部门的;职业以商业、服务业人员及专业技术人员以及办事人员和有关人员为主;约73%以工资性收入为主要收入来源,约23%以经营性收入为主,以财产性收入为主的微乎其微。这也反映出,虽然农民工工作在城市,但无法享受到与城市居民相同的社会保障和社会福利。中等收入者中的农村居民,约66%都属于个体户或者工作于私营企业;就职业而言,约45%为商业、服务业人员和生产、运输设备操作人员及有关人员;就收入来源而言,约36%以工资性收入为主,约46%以经营性收入为主,以财产性收入为主的微乎其微,这主要是因为我国农村地区还没有建立正规的离退休金制度。

无论是中等收入者中的农民工还是农村居民,都主要工作于个体或私营企业等私有部门,这也就意味着,要让更多的农民和农民工进入中等收入者的行列来提高我国中等收入者比重,就必须鼓励和支持民营企业的发展,放宽放开对私人资本的限制,改善民营企业的营商环境。仅仅依靠国有企业和政府机关等公有部门的发展很难真正达到扩大中等收入者规模的目的。需要注意的是,无论是中等收入者中的农村居民、农民工还是城市居民,职业是农、林、牧、渔、水利业生产人员的比重都非常低,即便是中等收入者的农村居民,也仅有约5%的人员是纯粹从事农业生产的。这也意味着,农村居民要想成为中等收入者,单纯靠发展第一产业是无法大幅提高农民的收入让他们进入中等收入者的行列的。若想提高农村地区中等收入者的比重,还需要增加居民从事非农工作或非农经营的机会,大力拓宽农民的非农收入来源,发展农村地区的非农经济或鼓励农民流动到城市就业。

关于消费结构,无论是哪类中等收入者子群体,都以食物、居住、交通等这些满足人们最基本生活需求的支出为主。而教育、医疗这些满足人们发展的发展型消费支出所占比重则偏低,还不到20%。这也意味着我国中等收入者的消费质量和消费层次还有待提升。关于储蓄率,本书有两个比较有意思的发现:一是中等收入者中的农村居民和农民工的储蓄率(中位数分别为59%、43%)比中等收入者中无农转非经历的城市居民的储蓄率(中位数为38%)还要高。这也说明,由于我国农村居民和农民工不像城市居民那样普遍有稳定的工作、稳定的收入,享受不到像城市居民那样完善的社会保障和公共服务,未来生活存在很大的不确定性,所以中等收入者中的农村居民和农民工即便收入没有城市居民高,也会将更多的收入储蓄起来以备不时之需,并不敢随意大胆地去消费。这也进一步说明,要想促进农村居民和农民工群体消费、提高他们的消费意愿和动机,让他们能享受到像城镇职工一样的福利待遇至关重要。二是以经营性收入为主的中等收入者的储蓄率平均值为50%,明显高于以工资性收入为主和以财产性收入为主的中等收入者的储蓄率(中位数分别为41%和34%)。以经营性收入为主的中等收入者的储蓄率之所以很高,与他们的工作和收入具有很大的不稳定性有关。这也反映出在营商环境具有很大的不确定性且政策制度环境不明确的背景下,这部分中等收入者的焦虑和对未来的不安感加剧,从而使得他们的预防性储蓄增加,导致他们具有消费能力却没有消费意愿。这与通常情况下中等收入者对拉动消费所应做出的贡献不匹配。

第五节 “扩中”的关键是瞄准中等收入群体的潜在来源

大力培养中等收入群体的新生力量。随着我国经济社会的发展,将会有越来越多目前属于低收入群体的人进入中等收入群体。这些人包括农民工、小微企业从业人员和个体经营者、低工资就业者、农村多种经营者、乡镇企业工人等。特别是城镇中的农民工,他们的数量已占到城镇就业人员的1/3左右,最有潜力进入中等收入群体。应贯彻落实中央精神,积极推进以人为核心的新型城镇化,加强政策扶持,促使其就业保持稳定、职业不断升级、技能不断提高,享受到与城镇职工相同的社会保障和基本公共服务,努力帮助他们进入中等收入群体。

一、潜在中等收入者规模估计

在全国范围内,有约70%的人口的收入低于中等收入者的下限,属于低收入者。其中,那些收入低于中等收入者的下限但接近下限的人群是下一步扩大中等收入者比重需要重点关注的对象,或者说是我国中等收入者的潜在群体。图6-8显示,"收入介于下限的90%与下限之间的人群"在贫困人口和低收入人群中所占比重约为7%;"收入介于下限的80%与下限之间的人群"在贫困人口和低收入人群中所占比重为15%;"收入介于下限的50%与下限之间的人群"在贫困人口和低收入人群中所占比重为45.8%。

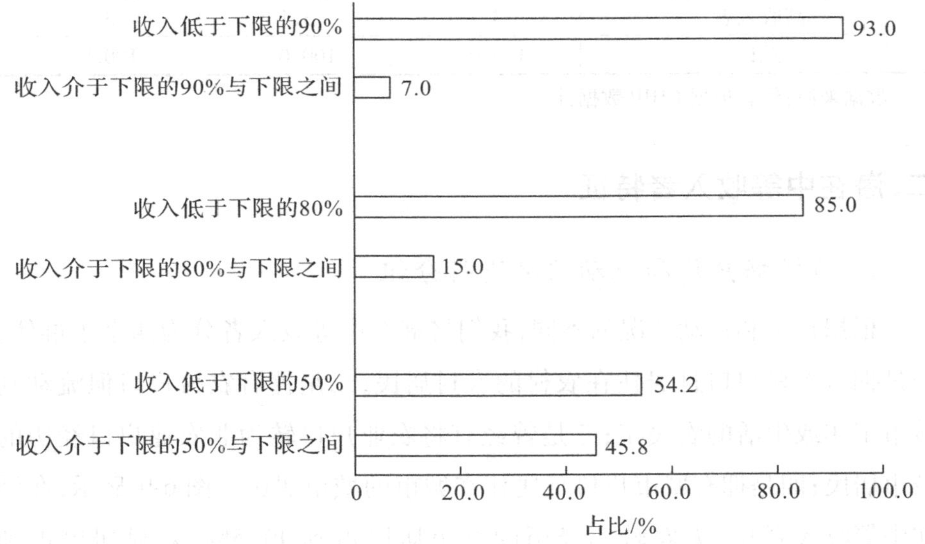

图6-8 低于中等收入者下限标准10%、20%、50%的人群规模

数据来源:作者根据CHIP数据计算。

如果我们将收入介于下限的90%与下限之间的人群视为中等收入者潜在群体,则该群体在全国所占比重为4.7%(见表6-37)。如果我们将收入介于下限的80%与下限之间的人群视为潜在中等收入者,则该群体在全国所占比重为10.1%。如果我们将收入介于下限的50%与下限之间的人群视为潜在中等收入者,则该群体在全国所占比重为30.9%。综合我国扩大中等收入者的目标和实际可行性,在接下来的分析中,我们将把收入介于中等收入者下限的80%与下限之间的人群视为潜在中等收入者,并对这部分群体的特征做详细分析,以便给出更有针对性的扩大中等收入者规模的政策建议。

表6-37 潜在中等收入者规模和在全国所占比重

单位:%

收入人群	分类1(90%)	分类2(80%)	分类3(50%)
贫困人口	2.7	2.7	2.7
低收入者	60.1	54.7	33.9
收入介于下限的X与下限之间的人群(X=50%、80%、90%)	4.7	10.1	30.9
中等收入者	29.4	29.4	29.4
高收入者	3.1	3.1	3.1
总计	100.0	100.0	100.0

数据来源:作者根据CHIP数据计算。

二、潜在中等收入者特征

(一)根据户籍和流动状况进行分组

根据户籍和流动状况的不同,我们将潜在中等收入者分为四个子群体:一是拥有农村户口且居住在农村的农村居民;二是拥有农村户口但流动到城市工作或生活的农民工;三是曾经有将农业户口转为非农业户口经历的城市居民;四是拥有城市户口且居住在城市的城市居民。图6-9显示,在潜在中等收入者里,无农转非经历的城市居民占到40.5%,农村居民占到22.0%,农民工占到18.8%,有农转非经历的城市居民占到18.7%。

表6-38显示,在潜在中等收入者中,约77%的农村居民、约74%的农民工的学历为初中及以下。相对来讲,潜在中等收入者中无农转非经历的城市居民的受教育程度略高一些。潜在中等收入者中的农村居民和农民工,主要分布于东部地区,均占到55%以上。潜在中等收入者中的城市居民在

东中西部地区的分布相对均匀。

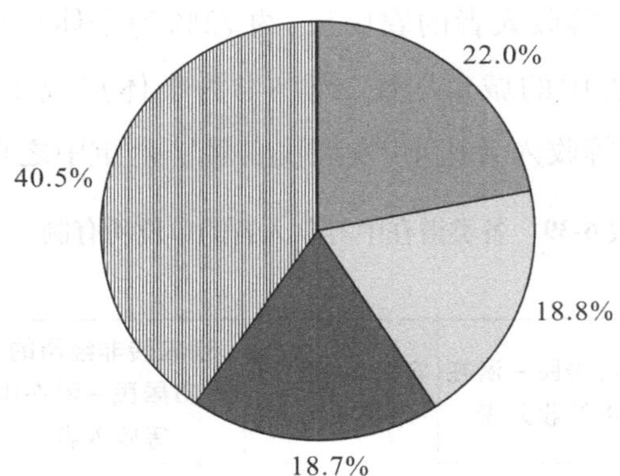

图6-9 潜在中等收入者的人口结构

数据来源:作者根据 CHIP 数据计算。

表6-38 各类潜在中等收入者的受教育程度和地区分布

类别	农村居民－潜在中等收入者	农民工－潜在中等收入者	有农转非经历的城市居民－潜在中等收入者	无农转非经历的城市居民－潜在中等收入者
A. 受教育程度				
未上过学	8.14	4.67	3.28	5.03
小学	23.01	20.17	11.71	15.64
初中	45.72	49.49	32.75	28.65
高中	9.50	9.89	16.78	19.46
职高/技校	3.16	2.73	4.40	3.24
中专	3.35	4.35	6.84	6.29
大专	4.20	5.42	12.94	12.32
本科	2.92	3.28	10.46	8.87
研究生	0.00	0.00	0.84	0.50
总计	100.00	100.00	100.00	100.00
B. 地区分布				
东部	57.1	55.1	33.6	37.8
中部	26.4	21.6	31.7	36.4
西部	16.5	23.3	34.7	25.8
总计	100.0	100.0	100.0	100.0

数据来源:作者根据 CHIP 数据计算。

表6-39显示,潜在中等收入者中的农村居民,约69%为个体户或工作于私营企业。潜在中等收入者的农民工,约72%为个体户或工作于私营企业。潜在中等收入者中的城市居民,约一半为个体户或工作于私营企业。由此看出,要提高中等收入者比重,发展民营经济是重中之重。

表6-39 各类潜在中等收入者的单位所有制

单位:%

类别	农村居民-潜在中等收入者	农民工-潜在中等收入者	有农转非经历的城市居民-潜在中等收入者	无农转非经历的城市居民-潜在中等收入者
A. 单位所有制				
党政机关及人民团体	2.0	0.9	4.2	3.8
事业单位	4.3	2.3	15.4	14.9
国有及国有控股企业	3.2	4.2	9.1	12.1
集体企业	2.3	7.1	6.0	8.4
中外合资或外商独资	1.3	2.1	4.2	2.7
个体户	64.6	4.7	4.3	2.7
私营企业	4.2	66.8	44.8	47.1
土地承包者	1.3	0.4	1.4	0.9
其他	16.8	11.5	10.6	7.4
总计	100.0	100.0	100.0	100.0
B. 就业身份				
雇主	4.8	1.8	1.8	1.5
雇员	79.6	84.2	87.5	88.1
自营劳动者	13.8	12.5	9.4	9.7
家庭帮工	1.8	1.5	1.3	0.7
总计	100.0	100.0	100.0	100.0

数据来源:作者根据CHIP数据计算。

表6-40显示,即便是潜在中等收入者中的农村居民,也仅有7.0%属于农、林、牧、渔、水利业生产人员,45.5%是商业、服务业人员和生产、运输设备操作人员及有关人员。这也进一步说明,要想使更多的农村居民进入中等收入者行列,仅仅发展第一产业是不够的,还要着力采取措施,拓宽农村居民的收入来源渠道,提高他们的非农收入来源。比如,发展农村的非农经济和鼓励农村居民外出流动打工等。潜在中等收入者中的农民工,有

46.0%的职业为商业、服务业人员以及生产、运输设备操作人员,潜在中等收入者中无农转非经历的城市居民,也有约32%的人员是这两类职业。

表6-40 各类潜在中等收入者的职业

单位:%

职业	农村居民-潜在中等收入者	农民工-潜在中等收入者	有农转非经历的城市居民-潜在中等收入者	无农转非经历的城市居民-潜在中等收入者
党政机关/企事业单位负责人	1.6	2.8	3.9	3.3
专业技术人员	10.1	16.7	14.9	16.2
办事人员和有关人员	10.9	16.3	23.1	29.6
商业、服务业人员	22.1	31.2	26.2	22.7
农、林、牧、渔、水利业生产人员	7.0	1.1	1.9	0.5
生产、运输设备操作人员及有关人员	23.2	14.9	10.3	9.3
军人或不便分类的其他从业人员	0.1	0.0	0.7	0.4
总计	100.0	100.0	100.0	100.0

数据来源:作者根据CHIP数据计算。

表6-41显示,潜在中等收入者中的农村居民和农民工的储蓄率比城市居民的储蓄率还要高。这与我国城乡二元分割体系有关,我国农村居民和农民工享受不到像城市居民那样的社会保障、公共服务,所以他们会将更高比例的收入储蓄起来以备不时之需。

表6-41 各类潜在中等收入者的储蓄率

单位:%

统计量	农村居民-潜在中等收入者	农民工-潜在中等收入者	有农转非经历的城市居民-潜在中等收入者	无农转非经历的城市居民-潜在中等收入者
中位数	49.3	32.5	33.7	33.2
平均值	40.1	26.4	25.6	26.9

数据来源:作者根据CHIP数据计算。

表6-42显示,无论是潜在中等收入者中的农村居民、农民工还是城市居民,工作所在的行业占比排在前四位的都包含制造业,批发和零售业,居民服务、修理和其他服务业,以及建筑业。而这四个行业对应的大部分企业都属于私营企

业民营经济。所以从这个角度来讲,未来要扩大中等收入者,使潜在中等收入者的收入提高从而成为真正的中等收入者,主要还在于发展民营经济。

表 6-42　各类潜在中等收入者的行业

单位:%

行业	农村居民－潜在中等收入者	农民工－潜在中等收入者	有农转非经历的城市居民－潜在中等收入者	无农业转非经历的城市居民－潜在中等收入者
农、林、牧、渔业	7.6	1.7	2.8	1.7
采矿业	0.8	0.7	2.2	2.8
制造业	22.1	21.5	10.3	13.0
电力、燃气及水的生产和供应业	2.0	1.1	2.3	1.9
建筑业	17.5	10.5	8.1	4.9
批发和零售业	9.9	15.7	9.4	13.1
交通运输、仓储和邮政业	7.7	5.3	7.7	7.8
住宿和餐饮业	6.6	7.9	6.2	4.8
信息传输、软件和信息技术服务	1.6	4.4	2.6	3.1
金融业	0.6	1.6	2.4	3.6
房地产业	0.9	1.6	2.0	1.7
租赁和商务服务业	2.6	2.9	5.1	4.7
科学研究和技术服务业	0.3	0.4	0.2	0.7
水利、环境和公共设施管理业	1.1	0.4	1.2	1.2
居民服务、修理和其他服务业	9.3	17.4	16.8	13.9
教育	1.3	1.6	5.2	4.9
卫生和社会工作	1.8	1.2	3.7	4.4
文化、体育和娱乐业	1.8	1.7	2.4	2.4
公共管理、社会保障和社会组织	4.5	2.4	9.4	9.4
总计	100.0	100.0	100.0	100.0

数据来源:作者根据 CHIP 数据计算。

(二)根据收入主要来源的不同进行分组

根据收入来源的不同,将潜在中等收入者细分为以工资性收入为主、经营性收入为主、财产性收入为主的潜在中等收入者,即其收入占其可支配收入的比重超过 50%,除此之外为其他的潜在中等收入者。表 6-43 显示,65%左右的潜在中等收入者的主要收入来源是工资性收入。

表 6-43 收入来源结构不同的潜在中等收入者子群体的人口规模和比重

收入群体	调整权重前		调整权重后	
	样本量	比重/%	样本量	比重/%
以工资性收入为主 - 潜在中等收入者	4156	63.3	92600082	65.4
以经营性收入为主 - 潜在中等收入者	996	15.2	19277208	13.6
以财产性收入为主 - 潜在中等收入者	85	1.3	1813350	1.3
其他 - 潜在中等收入者	1326	20.2	27853093	19.7
总计	6563	100.0	141543733	100.0

数据来源:作者根据 CHIP 数据计算。

表 6-44 显示,以工资性收入为主要收入来源的潜在中等收入者的受教育程度,整体上高于以经营性收入、财产性收入为主要收入来源的潜在中等收入者的受教育程度。比如,约 55% 的以工资性收入为主要收入来源的潜在中等收入者的学历为初中及以下,而有约 71% 的以经营性收入为主要收入来源的潜在中等收入者的学历为初中及以下,约 63% 的以财产性收入为主要收入来源的潜在中等收入者的学历为初中及以下。以工资性收入为主要收入来源的潜在中等收入者中,约 22% 的人员接受过高等教育并拥有大专及以上学历,而以经营性收入为主要收入来源的潜在中等收入者中,拥有大专及以上学历的人员所占比重仅有约 10%,以财产性收入为主要收入来源的潜在中等收入者中,拥有大专及以上学历的人员所占比重约为 15%。

表 6-44 不同收入来源结构的潜在中等收入者子群体的受教育程度构成

单位:%

受教育程度	以工资性收入为主-潜在中等收入者	以经营性收入为主-潜在中等收入者	以财产性收入为主-潜在中等收入者	其他-中等收入者
未上过学	5.0	5.2	5.8	6.2
小学	17.9	22.1	22.7	22.8
初中	31.7	43.5	34.0	35.9
高中	15.1	12.9	15.3	17.4
职高/技校	3.6	2.5	5.5	1.5
中专	5.1	3.4	2.1	4.3
大专	12.0	5.3	8.1	7.3
本科	8.8	4.7	5.0	3.8
研究生	0.8	0.4	1.5	0.8
总计	100.0	100.0	100.0	100.0

数据来源:作者根据 CHIP 数据计算。

表 6-45 显示,无论是以工资性收入为主,还是以经营性收入、财产性收入为主要收入来源,大多数潜在中等收入者为个体户或者工作于私营企业,这些人在三类潜在中等收入者所占的比重依次为 57.9%、77.9% 和 49.2%。另外,在这三类潜在中等收入者中,土地承包者即农民所占比重都非常低,均不到 3%。再者,仅有约 21% 的以工资性收入为主要收入来源、约 13% 的以财产性收入为主要收入来源的潜在中等收入者,工作于党政机关、事业单位、国有及国有控股企业等公有部门。而在以经营性收入为主要收入来源的潜在中等收入者中,公有部门的人员所占比重更低,仅有 5% 左右。从这个角度来讲,大多数潜在中等收入者主要工作于私有部门,仅有很少数工作于公有部门,从事农业生产的也非常少。所以,要想提高潜在中等收入者的收入,使他们成为真正的中等收入者,要大力发展民营经济、私营企业,仅仅依靠发展农业、发展国有大中型企业是不够的。

表6-45 不同收入来源结构的潜在中等收入者子群体的单位所有制

单位:%

单位所有制	以工资性收入为主-潜在中等收入者	以经营性收入为主-潜在中等收入者	以财产性收入为主-潜在中等收入者	其他-潜在中等收入者
党政机关及人民团体	3.1	1.3	0.0	2.7
事业单位	10.1	2.1	9.6	7.9
国有及国有控股企业	8.0	2.0	3.3	7.0
集体企业	6.4	2.4	9.5	6.2
中外合资或外商独资	2.7	0.2	0.0	4.3
个体户	12.1	28.4	7.8	15.3
私营企业	45.8	49.5	41.4	41.3
土地承包者	1.1	2.4	0.0	3.8
其他	10.7	11.7	28.4	11.5
总计	100.0	100.0	100.0	100.0

数据来源:作者根据CHIP数据计算。

表6-46显示,在以工资性收入为主要收入来源的潜在中等收入者中,党政机关/企事业单位负责人、专业技术人员、办事人员和有关人员所占比重约为40%,商业、服务业人员也占到22%。而在以经营性收入为主的潜在中等收入者中,约50%都为商业、服务业人员和生产、运输设备操作人员及有关人员。在以财产性收入为主的潜在中等收入者中,约72%为商业、服务业人员及办事人员和有关人员。

表6-46 不同收入来源结构的潜在中等收入者子群体的职业

单位:%

职业	以工资性收入为主-潜在中等收入者	以经营性收入为主-潜在中等收入者	以财产性收入为主-潜在中等收入者	其他-潜在中等收入者
党政机关/企事业单位负责人	2.9	2.8	6.3	3.6
专业技术人员	15.6	11.0	2.9	8.8
办事人员和有关人员	21.8	7.9	28.1	19.9

续表

职业	以工资性收入为主-潜在中等收入者	以经营性收入为主-潜在中等收入者	以财产性收入为主-潜在中等收入者	其他-潜在中等收入者
商业、服务业人员	22.0	35.3	44.2	29.0
农、林、牧、渔、水利业生产人员	2.1	6.1	0.0	5.9
生产、运输设备操作人员及有关人员	15.7	14.8	0.0	14.3
军人	0.5	0.0	0.0	0.0
不便分类的其他从业人员	19.4	22.1	18.5	18.5
总计	100.0	100.0	100.0	100.0

数据来源:作者根据 CHIP 数据计算。

表6-47 显示,以工资性收入、经营性收入为主要收入来源的潜在中等收入者的食物支出比重分别为29.8%和29.9%,即恩格尔系数约为0.30。以财产性收入为主要收入来源的潜在中等收入者的食物支出比重为20.7%,即恩格尔系数约为0.21。这三个潜在中等收入者子群体对应的教育及医疗支出份额在17.1%~20.7%。

表6-47 不同收入来源结构的潜在中等收入者子群体的消费结构

单位:%

消费类别	以工资性收入为主-潜在中等收入者	以经营性收入为主-潜在中等收入者	以财产性收入为主-潜在中等收入者	其他-潜在中等收入者
食物	29.8	29.9	20.7	31.5
衣着	7.5	7.0	3.6	6.0
交通	15.2	17.6	19.3	10.1
生活	6.3	5.8	4.6	5.8
居住	21.9	20.6	29.8	23.8
教育	10.9	12.7	13.2	7.5
医疗	6.2	4.5	7.5	13.2
其他	2.2	1.9	1.3	2.1
总计	100.0	100.0	100.0	100.0

数据来源:作者根据 CHIP 数据计算。

表6-48 显示,以工资性收入为主的潜在中等收入者的储蓄率中位数为

35.4%,平均值为30.5%,低于以经营性收入为主的潜在中等收入者的储蓄率,后者储蓄率的中位数为44.6%,平均数为37.7%。

表6-48 不同收入来源结构的潜在中等收入者子群体的储蓄率

单位:%

统计量	以工资性收入为主-潜在中等收入者	以经营性收入为主-潜在中等收入者	以财产性收入为主-潜在中等收入者	其他-潜在中等收入者
中位数	35.4	44.6	—	39.6
平均值	30.5	37.7	—	33.3

注:作者根据CHIP数据计算。由于以财产性收入为主的潜在中等收入者样本量很少,因此他们的储蓄率在这里没有展示。

(三)根据职业进行分组

根据职业不同,我们将潜在中等收入者分为五个子群体:党政机关/企事业单位负责人,专业技术人员,办事人员和有关人员,商业、服务业人员,生产、运输设备操作人员及有关人员。从表6-49中可以看出,约一半的潜在中等收入者群体都是商业、服务业人员和生产、运输设备操作人员及有关人员。另外,党政机关/企事业单位负责人、专业技术人员、办事人员和有关人员的受教育程度明显高于商业、服务业人员和生产、运输设备操作人员及有关人员(见表6-50)。

表6-49 不同职业潜在中等收入者的规模和比重

职业	调整权重前		调整权重后	
	样本量	比重/%	样本量	比重/%
党政机关/企事业单位负责人-潜在中等收入者	101	3.90	2198851	3.88
专业技术人员-潜在中等收入者	474	18.31	10352362	18.29
办事人员和有关人员-潜在中等收入者	659	25.45	14671252	25.92
商业、服务业人员-潜在中等收入者	835	32.25	18129992	32.02
生产、运输设备操作人员及有关人员-潜在中等收入者	520	20.09	11259986	19.89
总计	2589	100.00	56612443	100.00

数据来源:作者根据CHIP数据计算。

表6-50显示,我国潜在中等收入者中,约75%的职业为商业、服务业人员的潜在中等收入者为个体户和工作于私营企业的员工,约74%的职业为生产、运输设备操作人员及有关人员的潜在中等收入者为个体户和工作于私营企业的员工。

表 6-50　不同职业潜在中等收入者的受教育程度和单位所有制

单位：%

类别	党政机关/企事业单位负责人－潜在中等收入者	专业技术人员－潜在中等收入者	办事人员和有关人员－潜在中等收入者	商业、服务业人员－潜在中等收入者	生产、运输设备操作人员及有关人员－潜在中等收入者
A. 受教育程度					
未上过学	0.0	0.5	0.1	0.3	1.4
小学	2.2	4.4	2.5	10.0	12.6
初中	17.8	24.0	20.1	46.1	51.4
高中	15.4	15.0	18.9	18.8	14.6
职高/技校	2.8	4.0	6.5	3.9	5.0
中专	9.8	7.4	9.9	5.3	6.9
大专	26.7	23.6	22.6	9.7	6.2
本科	22.1	19.5	17.9	5.5	1.9
研究生	3.2	1.6	1.5	0.4	0.0
总计	100.0	100.0	100.0	100.0	100.0
B. 单位所有制					
党政机关及人民团体	9.0	1.8	8.7	0.3	0.1
事业单位	17.0	18.0	19.6	3.3	1.4
国有及国有控股企业	7.0	14.3	10.7	3.8	8.6
集体企业	11.3	8.2	6.0	6.2	6.2
中外合资或外商独资企业	1.6	1.8	3.1	3.8	2.6
个体户	7.5	10.5	8.0	13.3	26.6
私营企业	40.1	39.2	36.5	62.1	47.7
土地承包者	2.2	0.7	0.1	0.2	0.0
其他	4.3	5.5	7.3	7.0	6.8
总计	100.0	100.0	100.0	100.0	100.0

数据来源：作者根据 CHIP 数据计算。

无论是哪种职业的潜在中等收入者,大部分分布在我国的东部地区(39.9%~59.7%),其次是中部地区,占到24.3%~34.8%,再次是西部地区,占到16.0%~27.5%。表6-51显示,不同职业潜在中等收入者的消费结构差异不大。比如,排在第一位的都是食物支出,所占份额在27.7%~31.0%左右,排在第二位的都是居住支出,所占份额在20.7%~23.0%,排在第三位的都是交通支出,所占份额在14.3%~16.6%。

表6-51 不同职业潜在中等收入者的地区和消费结构

单位:%

类别	党政机关/企事业单位负责人-潜在中等收入者	专业技术人员-潜在中等收入者	办事人员和有关人员-潜在中等收入者	商业、服务业人员-潜在中等收入者	生产、运输设备操作人员及有关人员-潜在中等收入者
A. 地区分布					
东部	39.9	42.5	45.3	46.6	59.7
中部	34.8	31.6	32.1	25.9	24.3
西部	25.3	25.9	22.6	27.5	16.0
总计	100.0	100.0	100.0	100.0	100.0
B. 消费结构					
食物	27.7	29.4	28.0	30.8	31.0
衣着	9.4	7.7	7.9	7.0	6.7
交通	16.6	15.7	16.2	14.3	16.3
生活	5.5	5.9	6.4	6.4	6.0
居住	21.2	21.2	22.5	23.0	20.7
教育	11.3	11.2	10.6	10.1	10.9
医疗	5.7	6.5	6.2	6.6	6.0
其他	2.6	2.4	2.2	1.8	2.4
总计	100.0	100.0	100.0	100.0	100.0

数据来源:作者根据CHIP数据计算。

三、小 结

我国潜在中等收入群体整体受教育水平较低,一半以上都为初中及以下学历。职业方面主要是商业、服务业人员和生产、设备运输操作人员及有关人员;主要集中于制造业,批发和零售业,建筑业,居民服务、修理和其他服务业等行业,且主要为个体户和工作于私营企业的员工。从这个角度来讲,大多数潜在中等收入群体主要工作于私有部门,仅有少数工作于公有部门,从事农业生产的也非常少。所以,未来要扩大中等收入群体,使潜在中等收入群体的收入提高从而成为真正的中等收入群体,要大力发展民营经济、私营企业,仅仅依靠发展农业、发展国有大中型企业是不够的。

在潜在中等收入群体里,无农转非经历的城市居民占到40.5%,农村居民占到22.0%,农民工占到18.8%,有农转非经历的城市居民占到18.7%。其中,潜在中等收入群体里的农村居民和农民工比潜在中等收入群体里的城镇居民受教育程度更低,也更加集中于东部地区,更多的为个体户和工作于私营企业的员工,职业为商业、服务业人员和生产、运输设备操作人员的比例也更高。即便是潜在中等收入群体中的农村居民,有45.5%是商业、服务业人员和生产、运输设备操作人员及有关人员,仅有7.0%为农、林、牧、副、渔和水利业生产人员。

这也说明,要想使更多的农村居民进入中等收入群体,仅仅发展第一产业是不够的,还要着力采取措施,拓宽农村居民的收入来源渠道,提高他们的非农收入。潜在中等收入群体中的农村居民和农民工的储蓄率比潜在中等收入群体中城市居民的储蓄率还要高,这与我国城乡二元分割体系有关。由于我国农村居民和农民工享受不到像城市居民那样的社会保障、公共服务,因此他们会将更高比例的收入储蓄起来以备不时之需。

根据收入来源区分,65.4%的潜在中等收入群体的主要收入来源是工资性收入。他们大部分是工作于私营企业但受教育水平较低的普通员工,少部分是工作于党政机关、事业单位和国企受教育水平较低的低技术员工;另外一部分是从事商业和服务业的个体户,即大家通常所说的“小商小贩”;还有一部分是靠养老金、退休金等维持基本生活的老年人。其中,以经营性收入为主的潜在中等收入群体的储蓄率(中位数为44.6%,平均数为37.7%)明显高于以工资性收入为主的潜在中等收入群体的储蓄率(中位数为35.4%,平均数为30.5%)。

这也反映出,以经营性收入为主要收入来源的潜在中等收入群体,即我们通常所说的"小商小贩",他们的营商环境存在很大的不确定性,就业不稳定,收入也不稳定,他们享受不到像城镇职工那样完善的社会保障和公共服务,自己未来的医疗、养老、子女教育等面临一系列不确定性,他们有很强的意愿将一部分收入储蓄起来以备不时之需。

若根据职业来细分潜在中等收入群体,约一半的潜在中等收入群体是商业、服务业人员和生产、运输设备操作人员及相关人员,他们的受教育程度整体偏低,主要是初中及以下学历。剩下的职业为党政机关/企事业单位负责人、专业技术人员、办事人员和有关人员的潜在中等收入群体,也主要是低学历、岗位技术含量低、随时可能被淘汰或替代的普通员工。

第六节 加快提升中等收入人群比重的政策选择

一、扩大中等收入群体规模的着力方向

制定差异化的策略。虽然以各种不同标准来定义的我国中间群体还存在较大争议,但不管以哪种标准或方法来定义,城市白领群体、城镇自营就业的商贩群体、小微企业创业者、技能人才和科研人员等都应该是中间群体的重要组成部分,基层干部队伍、农村中先富起来的新型职业农民和相当数量的农民工,也应该是其中的重要成员。不同职业群体面临的主要问题和诉求存在很大差异,如小微企业创业者的诉求在于经营环境的改善,而白领的主要诉求在于教育和医疗负担的减轻等。针对不同中等收入群体所面临的不同问题,有区别性地解决他们的政策诉求是非常重要的。因此,在"扩中"的政策设计中,应该避免从国家层面制定一刀切的数量标准,而应该着眼于瞄准群体的实际收入,让重点群体增收以带动相关群体发展,这才是扩大中间群体政策的根本目标。

"提低"是提高中等收入群体比重的主要出路。我国目前的收入差距处

于高位,低收入者仍然很多,低收入群体并没有从经济增长中同步获益,未来要提高中等收入群体比重,根本着力点还在于要提高低收入者的收入水平,使其进入中等收入群体,并刺激他们的需求,而不是把高收入者的收入拉下来使其成为中等收入群体。

除了要进一步“提低”以使低收入者进入中等收入群体,还要稳定住已经存在的中等收入群体。从收入流动性的研究中可以发现,当前有一部分中等收入群体掉入低收入者,主要是因病致贫、因学返贫,当然各种意外冲击也使得相当一部分中等收入群体又重新回到低收入者。也正是因为这些不确定因素的存在,人们会将很大一部分收入储蓄起来以备不时之需,减少当期消费。从这个角度来看,完善医疗保险、养老保险和失业保障等各种社会保障制度,增强政策的托底保护,应该是未来“扩中”和促进消费的政策核心。

通过减负来稳定中等收入群体。在城镇,教育、医疗和养老等方面高昂的生活成本在很大程度上侵蚀了中等收入群体的生活质量,严重制约了工薪阶层积累财富的能力,也压制了中等收入群体的消费需求。所以有关教育、医疗和养老等方面的政策也需要进一步改革,从而支持我国中等收入群体比重的稳定快速增长,并释放他们的消费需求。

农民工是未来“扩中”的主要来源,也是消费的主力军。一是要给农民工同城市居民一样的地位和权利。居住、劳动就业、上学等是人人应当享有的基本权利,进城务工农民如果不能同等享有,则很容易被边缘化。二是要给农民工更多的居住和就业机会。这是农民工进城最基本的两大诉求,也是制约他们消费的两个主要因素。拉美城市化陷阱的一个深刻教训,也在于有一些人居无定所、无所事事,最后沦为流民。三是要为农民工的流动创造条件。城市化建设要尽量少占用农地,进了城的农民依然为他们保留一段时间的责任田,一旦他们在城里无法生存下去,还可以重操农耕旧业。四是要把农民工生产生活纳入城市发展规划。政府在制定规划时,要在力所能及的范围内照顾到进城农民工及其家属的需要,使他们融入城市政治、经济、文化生活,成为合格的市民。五是要加强转移农民流出地新农村建设。

当前,要特别注重解决农村留守群体在物质生活、精神生活、社会参与等方面的困难和问题。通过土地确权、提高土地利用率改革和发展规模经济,开辟新农村富裕建设之路,促进一部分人率先进入中等收入群体,提高他们的消费能力。

提高财产性收入是主要方向。对于中等收入群体来说,财产性收入通常都构成其收入的重要来源。未来扩大并稳定中等收入者规模、提高他们消费需求的重要着力点就是要逐步放宽金融市场准入条件,深化以银行为主的金融体系改革,加快发展多层次资本市场,鼓励金融产品创新,开发适宜投资需求的金融产品,拓宽城镇居民利息、股息、红利、租金、保险等财产性增收渠道;同时,要深化农村土地制度改革,推进宅基地流转、置换方式创新,让农村居民合理分享土地升值收益。财政资金投入农业农村形成的经营性资产,要折股量化到户,通过收益分配制度改革,稳步提高农民的财产性收入。赋予农民以土地财产权,对农村承包地、宅基地、集体经营性建设用地实行所有权与用益物权分离,所有权归集体,用益物权或财产权归农户。农户凭借用益物权对土地进行抵押、担保、转让,可获得财产性收入。以农村"三块地"(承包地、宅基地与农村集体经营性建设用地)抵押,撬动银行贷款和社会投资,投入农业现代化、新农村建设、农民工市民化、特色小镇建设,让农村居民合理分享地方财政中的土地升值收益。扩大农村中等收入群体,当务之急是在严格农村土地用途管制和规划限制的前提下,尽快赋予农民土地承包权、宅基地使用权的物权性质,对耕地、宅基地、集体经营性建设用地实行所有权与用益物权分离,让农民凭借对土地的用益物权进行抵押、担保、转让。

二、扩大中等收入群体规模的政策着力点

收入提高是结果,但深层次着力点还是产业、教育和社会保障等各种相关的政策。因此,要扩大中等收入群体比重,必须从经济社会的战略视角去看待,要从产业和就业结构的宏观视角去理解。中国过去长期实行低端的产业结构和生产廉价的工业产品,通过进出口帮助其他国家创造了大量的

中产者,而自身仍然停留在产业和收入水平的低端,因此要扩大中等收入群体,就必须从源头上提高教育质量,增加中高端就业比重,调整产业结构。只有这样,才能从根本上增强中等收入群体的就业和产业结构支撑,也才能有效提升中国经济竞争力。

着力提升低收入群体的人力资本,缩小不同群体之间的人力资本差距。在剥去种种社会关系的外衣后,人们之间能力的差距,远没有现实世界中收入分配和财产分配差距那么大。如果能够创造一个人力资本公平发展的社会环境,人们的积极性、创造力普遍而充分地发挥出来,公平和效率就可以互为因果,在提升社会公平的同时促进经济增长。扩大中等收入群体战略和政策的核心是着力提升低收入群体的人力资本,缩小不同群体之间的人力资本差距,以增效带动增长的方式缩小收入差距。应促进人力资本公共投资均等化,均衡配置义务教育、职业教育和高等教育资源,缩小城乡、地区、校际硬软件差距,缩小不同人群在获得受教育机会、受教育质量方面存在的差距。从儿童早期发展做起,增加对学前教育的支出,特别是对农村地区、落后地区的学前教育增加政府投入,使流动儿童和留守儿童享有平等的受教育机会。将高中教育纳入义务教育,增加农村和落后地区高中教育经费,缩小这方面城乡和地区之间的差别。

打破行政性垄断,放宽准入,开放市场,促进城乡要素市场的双向流动。鼓励农民进城,进一步推进户籍制度改革和基本公共服务均等化;城里人也可以下乡,形成城乡一体化发展格局。开放行政性垄断基础产业的准入,农村集体建设用地、宅基地等进入市场,完善竞争环境和政策,推动优胜劣汰、产业升级,进一步对内对外开放服务业,改革监管体制,调整相关利益格局,推动"互联网+"等新技术与实体经济的融合,进一步开放要素市场,促进创新要素的流动与聚集。重点是国企、土地、财税、金融、政府体制、对外开放等领域改革的实质性推进,尤其是基础产业、生产性服务业和体现消费结构升级的生活性服务业。

着力改善营商环境。若按职业分,我国约1/3的中等收入群体为商业、服务业人员,约1/3为专业技术人员和办事人员,另有约20%为生产、运输设备操作人员及有关人员，7%左右为党政机关/企事业单位负责人，从事农业生产的农民仅占约2%。不少小微企业经营者、小商小贩等小型经营者是中等收入群体，因此简政放权、出台并实施相关税收政策和改善营商环境就非常必要。如落实税收优惠、资金补贴等财税政策，促进中小企业和个体私营经济等发展，扶持劳动者创业；在税费减免方面，失业者、退役军人、残疾人、毕业生从事个体经营，免除前置审批费用，免收各类行政事业收费等。切实保护企业家的产权、创新收益和其他合法权益，营造依法保护企业家合法权益的法治环境。保护企业家的物权、债权、股权等基础性财产权，加强产权保护。保护企业家的创新专利，特别注意保护人力资本产权，保护企业家自主经营合法权利。以“两平一同”（平等使用生产要素、公平参与市场竞争，同等受到法律保护）为核心，为企业家创造公平竞争的市场环境。尤其是各种合法产权应平等重要、平等待遇、平等保护；依法平等使用生产要素，公开、公平、公正参与市场竞争，同等受到法律保护。塑造新型政商关系，建立社会容错机制，为企业家创新营造良好的社会氛围，建立企业家自我约束、自我净化、自我纠错机制。

防止资产价格泡沫的大起大落。当前，股票和房产已经成为相当一部分中等收入群体的重要财富载体。例如，中等收入群体所拥有的总财富中70%以上是房产，部分中等收入群体还拥有证券资产。资本市场大起大落，弊病丛生，对中低收入居民产生掠夺作用。地价、房价持续上升，严重增加了中等收入居民的负担，也严重制约了他们的消费需求。每次股市的大起大落，几乎都是对中等收入群体的一次洗劫，房价过快增长则几乎把整个年轻一代从中等收入群体拉入低收入阶层。因此必须要稳定宏观政策，抑制资产价格泡沫，从而防止资产价格的过度上涨给中等收入群体带来伤害。

完善社会保障制度。健全、覆盖面较广的社会保障体系对于提升中等收入群体抗风险能力有很重要的意义，可以避免中等收入群体向下流动。社会保障体系涉及养老、义务教育、医疗、住房、救济、抚恤、灾害应急等方面。这些保障措施在防止中等收入群体向下流动的同时，还能最大化地降低中等收入群体的收入不确定性，从而有效提高中等收入群体的消费意愿。

第七章
以城乡融合发展推动共同富裕

改革开放以来,中国的乡村经济已取得长足发展,然而以城乡失衡为主要表现的结构性矛盾问题依然突出,尤其表现为人口规模与结构失衡、经济发展失衡、生态环境失衡、公共基础设施供给失衡、公共服务失衡等方面。当前中国出现的城乡失衡问题一方面与经济发展历程中采取的二元结构体制有关,另一方面也是全球产业结构转型进程中乡村发展共性规律的体现。加快乡村经济转型是有效推进乡村振兴和实现城乡发展再平衡的重要政策思路。

解决城乡差距问题不仅是共同富裕战略主攻的三大方向之一,也是事关推动高质量发展以实现全面现代化大局所面临的短板弱项。改革开放以来,中国的收入分配差距总体呈扩大趋势,缩小城乡收入差距是降低基尼系数的关键。2007 年城乡居民人均收入比首次超过 3.3,对全国收入分配基尼系数的贡献率超过 50%(李实和万海远,2013)。虽然 2009 年以来城乡收入差距有所缩小,但 2014 年之后缩小速度大幅趋缓。2021 年,城乡居民人均收入比仍高达 2.5,与 1978 年基本持平,远高于发达国家接近甚至低于 1 的水平。同时,农村低收入人群在教育、健康等人力资本积累方面面临较大的机会缺失,城乡居民在社会保险、养老金收益等方面依旧存在较大的差距。促进共同富裕,最艰巨、最繁重的任务仍然在农村。

建立健全城乡融合发展体制机制,全面推进乡村振兴战略,不仅是实现共同富裕的必然要求,也是迈向共同富裕的必由之路。进入新发展阶段后,在习近平新时代中国特色社会主义思想指导下,我国在统筹城乡发展方面取得了显著进展。工农互促、城乡互补、全面融合、共同繁荣的新型工农城乡关系加速形成,为推进农业农村现代化、实现共同富裕根本目标奠定了坚实基础。通过城乡融合"三步走"战略安排促进共同富裕"两步走"目标的实现,要求城乡之间进一步在不同发展维度上实现再平衡:以空间融合构建共同富裕格局,以产业融合夯实共同富裕前提,以要素融合激发共同富裕动能,以治理融合提升共同富裕品质,以创新融合形成共同富裕合力。

当前中国出现的城乡失衡问题一方面与经济发展历程中采取的二元结构体制有关,另一方面也是全球产业结构转型进程中乡村发展共性规律的体现。加快乡村经济转型是有效推进乡村振兴和实现城乡再平衡的重要政策思路。鉴于全球的乡村发展不是孤立议题,中国应加强对已跨越经济转型阶段的发达国家在推进乡村发展过程中采取政策的总结和借鉴。本章通过回顾四个发达国家的乡村转型历史,发现法国的主要做法是以土地集中和产业再分布实现"均衡化"发展,德国的主要做法是从对乡村边缘化的被动调整到"城乡等值化"的主动改革,美国的主要做法是以完善的制度和服务体系推进"城乡共生型"发展,日本的主要做法是建立组织化设计和体制化运作的农业振兴体系。基于上述发达国家的乡村转型成功经验,本书认为,我国推动乡村振兴战略实施和促进城乡再平衡发展应注意三方面问题:一是要健全乡村振兴的体制化设计和社会合作网络;二是要优化城乡融合的产业布局和多元化产品体系;三是要推进基本公共服务均等化和城乡共生型发展。

第一节　中国城乡失衡格局的演变与主要表现

绝大多数国家在经济增长过程中都采取了城市偏向型的发展政策(Blomqvist and Lundahl,2002)。这尽管有助于促进产业和要素集聚并推动经济增长,但也可能造成乡村发展动力减弱、要素流动障碍等问题,最终导致城乡经济差距扩大的失衡格局。自改革开放以来,中国采取了发轫于农村的渐进式市场化改革,以缓解经济赶超阶段城乡二元体制对乡村发展造成的阻碍。中国通过建立家庭联产承包责任制,重新确立了农户的市场经济主体地位,并通过20世纪80—90年代的一系列价格体制改革、要素市场改革和农产品流通体制改革,完成了资源的主要配置机制从计划向市场的过渡。21世纪以来,中央按照“多予少取放活”的总方针解决“三农”问题,通过取消农业税等措施完善了农村税费制度,逐步建立了由农业补贴、最低收购价和临时收储政策等构成的农业支持体系,通过免除农村义务教育学杂费、实施“新农合”和“新农保”、建立最低生活保障制度等不断提升农民保障水平,并且通过深入推进农业供给侧结构性改革和精准扶贫,实现了农业农村的跨越式发展(魏后凯和刘长全,2019)。2020年底,农村居民人均可支配收入和消费支出分别比1978年高出126倍和98倍,达到1.71万元和1.37万元,现行标准下的9899万农村贫困人口全部脱贫,832个贫困县全部摘帽,12.8万个贫困村全部出列,对全球减贫事业的累计贡献超过70%。①

---

①国家统计局.2020年居民收入和消费支出情况[EB/OL].(2021-01-18)[2021-07-20]. http://www.stats.gov.cn/tjsj/zxfb/202101/t20210118_1812425.html;国务院新闻办公室.人类减贫的中国实践[EB/OL].(2021-04-06)[2021-07-20]. http://www.gov.cn/zhengce/2021-04/06/content_5597952.htm.

然而,由于20世纪80年代后期以来改革开放的重心逐渐向城市转移,城乡经济社会发展总体上呈现出不断加深的失衡格局。具体表现主要包括以下五个方面。

(一)以农村"空心化""老龄化"为主要表现的城乡人口规模与结构失衡

伴随大量农村劳动力离农化,在总人口持续增长的背景下,农村人口相对占比和绝对规模双双下降。以常住人口计算,农村人口占比从1978年的82.08%下降到2020年的36.11%,绝对规模从7.9亿人下降至5.1亿人,农村"空心化"现象日益突出。同时,以青壮年为主的人口城镇化导致农村的人口老龄化程度相对更高。第七次全国人口普查数据显示,农村60岁以上老人的占比为23.81%,高出城镇7.99个百分点。若以65岁为界,农村的老龄化率也达17.72%,高出城镇6.61个百分点。此外,与城镇相比,农村人口还呈现出女性和受教育程度低的人占比较高的特点(张永丽和金虎玲,2013;浙江大学中国农村家庭研究创新团队,2020)。

(二)以收入比居高不下、绝对差持续扩大为主要表现的城乡经济发展失衡

尽管中国农村居民年人均可支配收入从1978年的134元增至2020年的17131元,但国家统计局的数据显示,城乡居民人均收入比在2009年前总体呈增长趋势。虽然该比值在2009—2013年有所下降,但下降趋势在2014年之后几乎停滞。2020年,城乡居民人均收入比仍高达2.55,与1978年几乎相当。相较于发达国家接近甚至低于1的城乡收入比,中国的城乡收入差距明显较大(曾国安和胡晶晶,2008)。同时,若以城乡居民人均收入的绝对差衡量,城乡差距自改革开放以来从未缩小。此外,自2013年起,城镇居民财产性收入占比开始持续超过农村居民且差距逐年扩大,"财富鸿沟"逐渐成为扩大城乡差距的新动因(谭智心,2020;国家统计局,2009)。

(三)以承载和治理压力从城市向农村转移为主要表现的城乡生态环境失衡

伴随城镇化对农村生态环境资源的占用和污染物从城镇向农村转移,

农村的生态环境压力与日俱增。1978—1996 年,全国耕地面积年均减少 0.24%;自 1996 年采取新统计口径以来,耕地面积总体仍逐年减少,尽管 2013 年以后年均降幅已降至 0.05%。全国土地污染状况调查显示,耕地土壤点位超标率高达 19.4%,接近其他类型土地的 2 倍。① 第二次全国污染源普查显示,农业和农村生活产生的水污染排放量占全国的 70.72%。② 在城市环境管制强化的同时,大量高污染企业向农村转移,农村污染密集型企业在全国总数中的占比高达 66.37%(李玉红,2018)。农村生活垃圾的增速也快于城镇。2019 年,农村生活垃圾产量达 2.99 亿吨,相比 2017 年增长了 31.7%,而在城市该增长率仅为 11%(高博和李桂花,2016;黄季焜和刘莹,2010)。同时,与城市相比,农村生态环境管理设施和投入依然不足。2016 年,建制村中仍有 40% 没有垃圾收集处理设施,78% 没有污水处理设施。③ 城乡环境卫生投资差距达 6 ~ 10 倍(张彪,2010)。

(四)以"覆盖不全、质量不均"为主要表现的城乡公共基础设施供给失衡

尽管中国已基本实现村村通公路、通电、通光纤和 4G 网络,也已基本实现医疗卫生机构、幼儿园、小学的乡镇全覆盖,但与城镇相比,农村仍普遍存在质量不高等问题。大部分农村公路仅按照四级标准建设,仅 21.5% 的乡镇有高速公路出入口;农村户均电力装机容量仅为 300 瓦,是上海的1/10;仅有 54.9% 的村庄有驻村执业医师,城乡每千人医疗卫生机构床位数之比达 2 : 1;农村小学和初中的生均教学仪器设备值分别仅为城市的 75.8% 和

①环境保护部,国土资源部. 全国土壤污染状况调查公报[EB/OL]. (2014-04-17)[2021-07-20]. http://www.gov.cn/foot/site1/20140417/782bcb88840814ba158d01.pdf.

②生态环境部,国家统计局,农业农村部. 关于发布《第二次全国污染源普查公报》的公告[EB/OL]. (2020-06-09)[2021-07-20]. https://www.mee.gov.cn/xxgk2018/xxgk/xxgk01/202006/t20200610_783547.html.

③环境保护部,财政部. 全国农村环境综合整治'十三五'规划[EB/OL]. (2016-12-01)[2021-07-20]. http://www.caep.org.cn/sy/sthj/zxdt_21711/201702/W020180921440488851377.pdf.

76.0%。[①] 同时,在清洁能源、高速通信、卫生厕所等方面,农村覆盖率依然不高。仅11.9%的村庄开通了天然气,5G覆盖率不到50%,48.2%的家庭仍使用普通旱厕,甚至没有厕所。[②]

(五)以资源配置和保障水平差距明显为主要表现的城乡基本公共服务失衡

在基本公共服务领域,乡村与城镇相比,在资源配置水平和保障水平方面仍存在明显短板。就义务教育而言,农村小学专任教师的学历水平整体较低,高中学历的人数是城市的5.36倍,研究生学历的人数仅是城市的1/8(中华人民共和国教育部,2018)。就医疗卫生而言,城乡每万人拥有的卫生技术人员数之比达2.37 : 1,农村本科及以上学历执业医师的占比仅是城市的1/20(中华人民共和国国家卫生健康委员会,2018)。就养老保障而言,2018年城镇退休职工养老保险待遇对社会职工平均工资的替代率是参加城乡居民养老保险的农村居民养老金待遇对农村居民年人均可支配收入的替代率的3.7倍(鲁全,2020)。就最低生活保障而言,尽管已比2014年的56.3%明显提高,但2019年农村人均低保标准仍只有城市的73.6%(高蕾,2021;关信平,2016)。

第二节 中国城乡失衡的根源与主要特点

城乡发展不平衡是全球不同经济体在特定发展阶段出现的共性规律,具体表现为乡村人口流失、城乡公共资源不均和乡村承载压力增大等现象。过去50余年,全球乡村人口占比持续减少,平均降幅达42.2%。城市居民

①国家统计局.第三次全国农业普查主要数据公报(第三号)[EB/OL].(2017-12-15)[2021-07-20]. http://www.agri.cn/V20/SC/jjps/201712/t20171215_5980618.htm;教育部.中国教育概况:2018年全国教育事业发展情况[EB/OL].(2019-09-19)[2021-07-20].http://www.moe.gov.cn/jyb_sjzl/s5990/201909/t20190929_401639.html.

②国家统计局.第三次全国农业普查主要数据公报(第四号)[EB/OL].(2017-12-16)[2021-07-20]. http://www.stats.gov.cn/tjsj/tjgb/nypcgb/qgnypcgb/201712/t20171215_1563634.html.

往往比乡村居民拥有更好的教育、医疗和基础设施等公共服务,由此造成乡村人口虽然只占全球总人口的45%,却占全球贫困人口的80%(World Bank,2016;United Nations Department of Economic and Social Affairs,2018)。1993—2018年,除一些发达国家外,城乡中学出勤率和通电率的差距几乎未变,卫生指数的差距反而在扩大,公共资源不均的现象持续存在(United Nations Department of Economic and Social Affairs,2020)。同时,由于资源环境要素从乡村流向城市,排放物、废弃物和高污染产业从城市流向乡村,乡村承受的生态环境压力巨大(李玉恒等,2018)。有关研究发现,城市温室气体总排放量与其总人口间呈规模报酬递减关系;从人均温室气体排放来看,绝大部分污染来自乡村(Li et al.,2019;Dodman,2009)。

这些全球乡村发展中呈现出的城乡失衡特征,本质上反映了在产业结构转型的一定阶段内,在经济发展水平方面乡村相对于城市衰落的典型规律。以刘易斯模型为代表的二元经济理论认为,产业转型通过减少农村的剩余劳动力,有助于缩小城乡经济发展水平的差异。但如图7-1所示,从城乡居民人均收入比来看,产业转型过程中城乡经济发展水平的差异并非按照线性变化。中国的统计数据显示,第二产业(二产)就业份额与城乡居民收入比都呈现倒U形变化,且两者的顶点几乎同时出现。其他国家的经济发展历程也同样表现出上述规律(黄季焜和陈丘,2019)。工业化进程扩大了城乡差距,主要是因为这改变了初次收入分配中不同要素收入的份额。在三大产业中,工业部门的劳动收入份额最低,因此工业化进程往往导致经济整体中劳动收入份额下降。由于农村部门主要依赖劳动报酬①,这就造成城乡在经济发展水平上差距的扩大,并进一步导致乡村人口流失、公共资源投入不足和生态环境承载压力增大等问题。

中国的城乡失衡格局本身也是全球乡村发展共性规律的体现,但同时也与其不同阶段的经济、社会和制度背景有关。

首先,自新中国成立以来,我国逐渐形成了城乡分割的历史环境。一是

---

①据有关测算,中国农村部门近90%的收入来自劳动报酬(白重恩和钱震杰,2010;张军和刘晓峰,2012)。

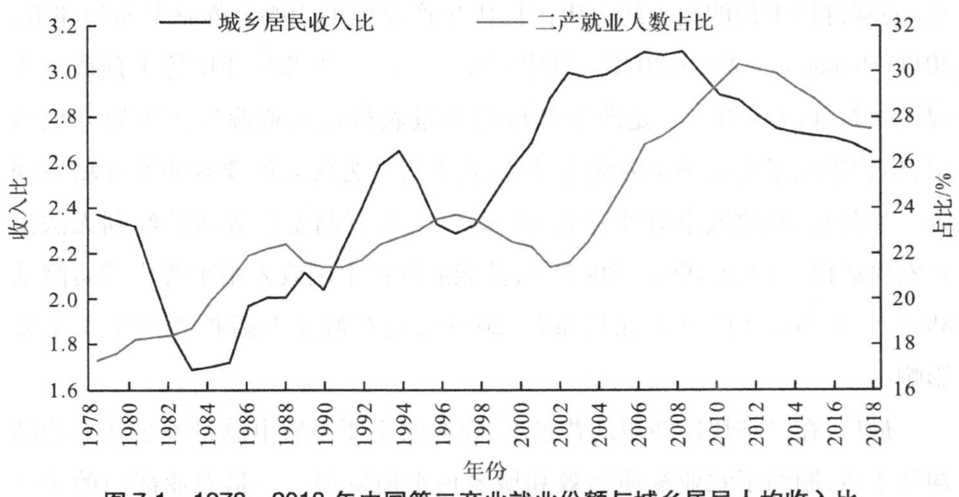

图 7-1 1978—2018 年中国第二产业就业份额与城乡居民人均收入比

为支持重工业优先发展，在农产品生产、流通和定价环节中分别实施了集体经营、统购统销和价格剪刀差制度，通过集中农业剩余实现发展资本密集型重工业所需要的资本原始积累（李周，2008）。二是为避免农民以“用脚投票”的方式削弱经济二元体制的实施效果，在限制城乡人口流动的基础上设计了一套涵盖劳动就业、商品供给、生老病死等不同方面的社会二元体制（刘应杰，1996）。至改革开放前，累积占比 73%、额度逾 1400 亿元的农村存款流向城市（王雪磊等，2012）。有关估计显示，农业对工业部门共产生了 6000 亿～8000 亿元的经济贡献（蔡昉和林毅夫，2003）。上述现象的结果是，城乡发展差距不断扩大。与 1952 年相比，全国工业总产值至 1978 年增长了 15 倍，但农业总产值仅增长了 1.3 倍（韩俊，2009）。城乡居民人均收入比也从 1949 年的 2.2 上升到 1977 年的 3.0（宋晓梧，2019）。

其次，中国在改革开放后实施依靠低成本优势的出口导向型增长，阻碍了要素市场化改革的推进和经济从粗放型向集约型的转变，加剧了城乡收入分配失衡。一是由于存在国内地区间增长竞争，依靠低成本优势率先实现出口导向型增长的开放地区没有及时顺应要素实际比价变动的规律来改变产业结构，而是对要素价格采取行政干预，实施价格竞争的粗放型增长模式，这阻碍了要素市场化改革的步伐（龚敏和李文溥，2009）。估算结果显示,要素价格干预的成本约占中国国内生产总值的10%(黄益平和陶坤玉,2011;Huang and Wang,2011),其中劳动力、土地、资源和环境等干预成本主要由农村部门承担。二是改革开放后大量农村优质资源流入沿海开放城市,尽管削减了农村剩余劳动力,但以人力资本为代表的要素质量在城乡间进一步分化,导致城市对外开放、技术进步、所有制变革等增长红利无法惠及农村居民。例如,1995—2007年,技能溢价在中国收入不平等中的贡献从8%增长到26%(庄巨忠和坎布尔,2013),这对城乡差距扩大产生了重要影响。

最后,在经济快速转型的背景下,农业的主要矛盾由总量不足转变为结构性矛盾,制约了农业提质增效和城乡再平衡发展。一是农业部门的生产结构无法完全满足消费升级的需要。例如,在居民人均肉类和奶类消费量分别从1978年的8.4公斤和1.0公斤增至2019年的26.9公斤和35.9公斤的同时,两者的国内产量分别从2014年和2008年起开始下滑,至2019年时均减少了12%左右(国家统计局,2020)。二是技术含量不足和产业融合度不高,限制了农业现代化发展。2015年,中国农业研发经费投入强度仅为0.24%,远低于发达国家的3%~6%。同时,农业与其他产业的融合程度偏低,60%以上的农副产品和加工产品尚未得到高值循环利用,核心加工技术装备大量依赖进口,科技信息、金融保险、仓储物流等生产性农业服务部门发展滞后(魏后凯,2017)。三是尚未建立以绿色农业为支撑的质量效益导向型农业发展模式。尽管随着居民对农产品质量安全要求的提高,中国获无公害、绿色和有机农产品认证的产品总数从2005年的27681个增至2019年的54795个,但由于缺乏科技引领、高效加工、质量溢价和生态补偿,绿色农业尚未成为农业发展的新型模式,限制了生态环境价值对缩小城乡发展差距可能产生的作用。

因此,与全球乡村发展规律相比,中国城乡失衡格局的表现具有三方面显著特征。

第一,由于中国产业结构转型进程规模大、速度快,城乡失衡格局快速深化。发达国家的经验表明,工业化一般分为初期、中期和后期三个阶段,英国、美国和日本三个代表性国家分别用200年、135年和65年走完了全部历程;而中国在1995—2015年的20年间就实现了从工业化初期到后期的转变,产业转型起步晚但速度快。同时,中国的人口规模已超过14亿人,而35个工业化国家的人口总和只有约10亿人,中国产业转型涉及的人口规模也空前巨大(黄群慧,2013;黄季焜和陈丘,2019)。在上述规模巨大且快速推进的经济转型背景下,城乡失衡格局不仅可能发展得更快,也可能因缺乏足够规模的再平衡资源投入而加深。

第二,在中国自党的十二届三中全会以来将改革重心从农村转向城市的发展背景下,城乡失衡呈现经济、社会和环境等多重问题交织的格局。英国、美国等发达国家早在1960年前就已完成工业化,而城乡间基础设施、公共服务、生态环境等失衡的现象主要在随后的逆城市化阶段中才出现,当时的城乡经济差距本身并不严重。然而,中国的城乡失衡现象自工业化初期以来就不断累积,形成了多重失衡交织的格局,使破解失衡格局愈发复杂。同时,中国采取的限制人口流动、计划性配置财政投入、鼓励农村资金流向城市等城乡二元政策,进一步加重了产业转型过程中的城乡失衡,导致城乡多重问题交织的失衡格局被体制性固化(乔耀章和巩建青,2014;黄季焜和陈丘,2019;陈钊,2015)。

第三,由于中国经济增长和产业结构在地区间存在明显不同,城乡失衡格局也具有巨大的地区差异。2012年,中国最发达省份的人均GDP是最不发达省份的4.82倍,远高于OECD国家该比值的平均值2.83;实际上除3个国家外,其余OECD国家的这一比值都低于中国(OECD,2016;黄季焜和陈丘,2019)。中国的城乡差距也因地区而显著不同。就城乡居民人均收入比而言,2020年许多东部省份已降至接近2,其中浙江已降至1.96,但西部省份仍位于2.5~3.3这个区间。同时,东部地区在基础设施、公共服务和生态环境等方面的城乡差距也相对较小(张彪,2010;汪宇明等,2012;黄季焜和陈丘,2019)。

第三节 乡村振兴战略与主要发达国家的经验举措

为加快乡村经济转型、缩小城乡发展差距,中国自21世纪以来以“统筹城乡发展”为总方针不断推进构建城乡一体化发展新格局。自2004年以来,中央一号文件连续19年聚焦“三农”问题。2015年12月的中央农村工作会议提出将农业供给侧结构性改革作为农业改革发展的主线,指出要通过优化供给结构和质量兴农,解决农业传统增长动能减弱和无法有效满足需求升级的问题。2017年,中央一号文件进一步明确,要将提高供给质量作为农业供给侧结构性改革的主攻方向。同年10月,党的十九大报告提出实施乡村振兴战略,强调建立健全城乡融合的发展体制,从而形成以“产业兴旺、生态宜居、乡风文明、治理有效、生活富裕”的乡村振兴要求为目标、以城乡融合发展为举措的现代化战略体系。随后,《国家乡村振兴战略规划(2018—2022年)》出台,成为中国第一个全面推进乡村振兴战略的五年规划。2021年4月29日,《中华人民共和国乡村振兴促进法》又获审议通过,为全方位保障乡村振兴战略的实施提供了综合性的上位法支撑。

正如上文所述,全球的乡村发展具有共性规律,许多国家在经济发展的特定阶段都出现过城乡发展失衡的情况。在一些国家,随着大量农村人口涌入城市,还出现了严重的社会动荡、公共品短缺、大规模失业等社会问题,甚至使经济长期处于低收入或中等收入陷阱。而那些成功跻身高收入国家行列的经济体,都采取了促进乡村经济转型的应对措施。同时,这些国家的发展经验也表明,效率与公平并非难以调和的矛盾。促进乡村经济转型不仅有助于纠正城乡发展失衡格局,也为经济整体的可持续增长注入了内生动力。因此,中国在推进实施乡村振兴战略时,应当积极借鉴成功实现城乡再平衡国家的乡村发展经验。鉴于法国和日本分别在土地综合整治与乡村发展体制化推进方面与中国具有相似性,德国和美国的城乡融合发展成效卓著,本书选择这四个发达国家作为考察对象。

(一)法国:以土地集中和产业再分布实现“均衡化”发展

法国的工业化和城市化长期集中在大巴黎地区。20 世纪 60 年代,巴黎大区以 2.2% 的国土面积承载了全国 19% 的人口和 29% 的就业,其生产总值超过法国总额的 1/3(朱晓龙和王洪辉,2004)。这造成城乡收入差距扩大、农村年轻人口减少、乡村基础设施落后和土地细碎化等问题。为此,法国政府主要采取了“领土整治计划”、《农业指导法》和“乡村整治规划”三个系统性政策方案,推动乡村发展。

“领土整治计划”旨在重新布局产业空间分布,引导土地综合开发利用。1954 年,法国正式实施“领土整治计划”,通过将全国划分为 21 个区(1970 年后为 22 个区),明确了“领土整治”的单元。1963 年,法国政府设立了“领土整治和地区发展委员会”,专门负责领土整治工作(周璇,2015)。其中“工业分散政策”是“领土整治计划”最重要的组成部分。该政策旨在大力发展交通运输事业,限制人口和工业在巴黎、里昂、马赛等区域的过度集中,鼓励企业向乡村地区迁移和投资。此外,“领土整治计划”还包括建设城市网络、分散第三产业、援助落后地区、改善生态环境、发展旅游业等(埃达罗,1988)。通过上述举措,法国探索了产业均衡、城市均衡、城乡均衡、人与自然均衡的渐进式综合开发经济发展道路。

鼓励土地整治和集中,解决土地细碎化问题。1960 年颁布的《农业指导法》是法国指导农业农村发展的主要法律文件。其主要内容是完善农产品价格补贴、调整农场规模和建立土地整治与乡村建设公司,鼓励土地集中。1962 年和 1980 年,法国又颁布了两部《农业指导法》的补充法。其中,1962 年的补充法将老年农场主退休金补贴、青年农场主培训补贴和建立农业行动基金等纳入法律保障体系,以重点支持中等规模以上的农场(汤爽爽等,2018)。与此同时,土地租期也从 20 世纪 50 年代的 3 年延长到 9 年,从而加快了土地的流动和集中。1980 年颁布补充法的主要目的是控制地价波动、落实个人责任制,以免影响土地集中和家庭经营(王有强和董红,2003)。

聚焦自然群落,促进乡村多维度平衡发展。1970 年法国颁布的《乡村整治规划》实质上是对“领土整治”的深化,是中央到地方分权过程的体现。

《乡村整治规划》一般由乡村市镇推行,由地方政府部门主导,是由地方代表、专家和居民共同参与的自主性政策。其主要内容是在微观层面对自然群落进行规划,促进乡村基础设施、经济水平和自然环境等多个维度的平衡发展(汤爽爽和冯建喜,2017)。

(二)德国:从对乡村边缘化的被动调整到"城乡等值化"的主动改革

20 世纪 50 年代,在乡村人口危机和难民涌入的双重压力下,德国采取了"中心—边缘"发展模式,乡村边缘化态势日益凸显。尽管 1955 年政府出台《农业法》以保障农产品的价格,但主要思路是被动式应对农业衰落和乡村产业空心化问题,没有解决乡村发展的内生动力问题(邢来顺,2018)。20 世纪 60 年代,德国出现"逆城市化"进程,对乡村基础设施、公共服务、资源环境造成了进一步冲击。为此,德国政府开始以"城乡等值化"为目标,重新对乡村发展进行总体规划,主要内容包括调整城乡关系、推进土地整理、发展多功能农业和实施乡村规划四部分。

基于"城乡等值化"发展理念,转变城乡二元关系。德国汉斯赛德尔基金会于 1950 年提出的"城乡等值化"理念,强调通过土地整理和村庄更新,避免将农村生活等同于低质量生活(周季钢和阳炆杉,2011)。该理念并非要求城乡的产业结构、经济生产方式、文化和景观等差异消失,而是要保障城乡居民能享受同样的生活质量,具有同等的生活、工作及交通条件,同时保护水、空气、土地等自然资源(Mumford,1961)。"城乡等值化"有三方面内容。一是社会公平,即城乡居民应有同等的公共服务和社会保障机制。不同于大多数国家采取保险的办法,德国的社会保障体系强调风险预防。1963 年,德国建立了农业事故保险基金,对农场的安全情况进行检查,提供安全培训。与医疗和养老保险一样,德国的农业事故保险也具有强制性(韦红,2007)。二是发展城乡经济,尤其是发展有助于城乡经济双向联系的市场经济体系。三是保护自然环境和资源(毕宇珠等,2012)。

落实"城乡等值化"理念,推动土地整理和村庄更新。1953 年,德国通过了《土地整理法》,该法于次年生效。1965 年,德国在修订作为城乡规划基础的《建筑法典》时,增加了有关村庄更新的主要条款。目前,《联邦国土规划法》《州国土规划法》与以上两部法律一起构成德国村庄更新的主要法律规范体系。同时,村庄更新还必须遵守《联邦自然保护法》《景观保护法》《林业法》《土地保护法》等法律法规(常江等,2006)。德国的村庄更新主要包括对农村基础设施的更新和对乡村自然环境的保护。各级财政承担了村庄更新中历史建筑修缮保护费用的80%和个人住房改造费用的20%。这使村庄更新融合了创造性元素,使各地能体现别致景观。为促进土地整理,德国自20世纪60年代开始采取奖励土地长期出租者、降低农场主退休年龄、将转移农业企业作为农场主领取养老金的附加条件等措施,从而有效推动了农业规模化和机械化发展。

打造多功能农业和多功能乡村的新发展模式。多功能农业是进入21世纪后德国乡村的重点发展方向。1984年,巴伐利亚州在《土地整理法》关于村庄更新内容的基础上,制定了《村庄改造条例》,提出将实现居住、就业、休闲、教育和生活五项功能作为村庄发展的最终目标。目前,多功能农业主要有三方面内容:一是要在农业生产中兼顾环境,二是要保护乡村景观文化,三是要促进“半农业”和旅游业、手工业发展,为乡村人口充分就业和增收提供稳定保障(Schopen,2001;Winkler-Kühlken,2003)。为此,德国对农户给予了大规模直接补贴。德国农民当前近60%的收入来自欧盟和国家各级财政补贴(李学勤,2005)。德国还高度重视农业职业教育和培训,建立了农业准入门槛,即最低学历和从业资格证书。同时,德国的农业社会化服务体系也很完善(刘燕群等,2017),并逐步发展了信息化农业。不同于美国大范围推广信息技术的路径,德国的信息化农业首先聚焦在植物种植与保护(EDV)、用于病虫害防治的电视文本显示服务系统(BTX)和综合信息数据管理(GETS)等局部产业链,通过逐步扩充并从生产端向流通和消费端拓展,形成了综合化发展(何迪,2017)。

突破部门和层级限制,实施“自下而上”的乡村规划。基于欧盟资助的农村发展计划,德国于1991年推出“农村地区发展联合行动”(LEADER)项目。该项目突破部门和层级限制,采用“自下而上”的方式促使不同部门和机构的利益相关者共同形成地方行动小组(LAG),将其作为开展政府和社会资本合作的平台。这一方面扩大了乡村发展的资金来源;另一方面也形成了利益相关者对于乡村发展的共同价值认知,使乡村经济多样化发展、环境保护、生活质量提高等不同诉求得以充分反映,与传统的“自上而下”乡村规划形成有机互补(Pollermann et al., 2013)。

(三)美国:以完善的制度和服务体系推进“城乡共生型”发展

当前美国的城市化率超过80%[①],乡村经济发展和生活质量总体处于较高水平。2008 年全球金融危机以后,美国乡村就业增长放缓、贫困率维持较高水平以及乡村人口减少等问题日益凸显。为此,美国采取了完善农业立法支持(韩杨,2021)、刺激乡村经济复兴、完善基础设施和公共服务以及促进农业可持续发展等举措,以构建“城乡共生型”的发展模式。

重视乡村组织管理,完善农业立法支持。美国乡村管理机构最早出现于19 世纪20 年代,目前主要通过乡村发展署下辖的住宅服务局、商业合作服务局和公用事业局三个事务性机构进行乡村组织管理。美国的农业立法支持体系源自1933 年生效的《农业调整法》,包括《农业调整法》《农产品信用企业章程法》《农业法》等永久性立法和定期修订的农业法案。其中,定期修订的农业法案是一揽子综合立法,有利于适时对农业政策进行调整和修改。[②] 例如,2014 年修订的农业法案旨在基于当时经济表现整体欠佳的背景,构建农民收入、资源环境和食物有效供给的三大“安全网”。[③] 目前,美国的农业立法体系已涵盖资源保护、农业科技发展、农业价格和收入支持、农业信贷、农业税收、农产品对外贸易等重要方面,为农业和乡村发展提供了重要的政策保障。

多重激励措施并举,全面激活乡村经济。美国政府刺激乡村经济复兴

---

①数据源于世界银行(The World Bank)统计的2018 年城镇化人口指标“Urbanization Population(% of Total)”,https://data.worldbank.org/indicator/SP.URB.TOTL.IN.ZS? locations = US。

②The National Agricultural Law Center. Farm Bill Definitions[EB/OL]. (2014-02-07)[2021-07-20]. https://nationalaglawcenter.org/glossary/.

③Congressional Budget Office. H.R. 2642, Agricultural Act of 2014 [EB/OL]. (2014-01-28)[2021-07-20]. https://www.cbo.gov/publication/45049.

的措施主要包括四大类计划:一是商业与产业类发展计划,如商业与产业信贷担保计划等;二是专门性计划,如循环贷款计划、乡村小型企业支持计划、乡村商业公司授信计划、乡村经济发展贷款计划等;三是合作性计划,如增加值生产授信计划、乡村合作发展授信计划、弱势群体生产授信计划、乡村经济影响合作研究计划等;四是乡村能源计划,如生物质提取信贷支持计划、高级生物燃料计划、再生动力支持计划、乡村可再生能源计划等。[①] 这些组合举措有效确保了美国乡村的高质量就业、商业繁荣和可持续能源供给。

完善农村基础设施和公共服务,保障城乡共生发展。美国乡村发展署下辖的乡村公用事业局负责对乡村基础设施进行管理[②],主要建立了电力、通信和宽带、水资源和环境这三大领域的支持计划。2009 年以来,公共财政资助乡村发展的各类项目达 138.94 万个,资助金额达 2534.34 亿美元,是资助城市社区发展金额的 3.98 倍。乡村公共服务保障则主要由乡村住宅服务局负责,2009 年以来已运用公共财政资助了 8000 多个公共服务项目,包括 900 个教育设施、475 家图书馆、1000 多个卫生设施和医疗设备、近 3500 个公共安全设备。[③] 乡村商业合作服务局旨在保障农村居民能获得及时救助和充分就业的机会,同时也负责促进联邦、州和私营机构间开展合作,增加乡村地区的经济投资。[④]

因地制宜实施资源保护,促进农业可持续发展。20 世纪 80 年代,粮食连年增产导致农产品价格下跌,美国开始大规模实施资源保护项目。通过 10 ~ 15 年的休耕还林还草等,实现了水质改善、水土流失减少、生态环境优化的农业可持续发展目标。在 2014 年修订的农业法案中,美国更加强调因地制宜实施资源保护项目,其重点包括以下四个方面:一是实行土地休耕储

①USDA-Rural Development. Programs & Services[EB/OL]. (2018-05-12)[2021-07-20]. https://www.rd.usda.gov./programs-services/.

②USDA-Rural Development. Rural Utilities Service[EB/OL]. (2018-05-12)[2021-07-20]. https://www.rd.usda.gov/about-rd/agencies/rural-utilities-service/.

③USDA. Rural[EB/OL]. (2018-05-12)[2021-07-20]. https://www.usda.gov/topics/rural/.

④USDA-Rural Development. Rural Business-Cooperative Service[EB/OL]. (2018-05-12)[2021-07-20]. https://www.rd.usda.gov./about-rd/agencies/rural-business-cooperative-service/.

备,法案继续为近 1000 万公顷的土地休耕提供资金支持;二是鼓励生产者加强资源环境保护,对于耕种的土地,政府向生产者提供技术和资金援助,鼓励采取生态环保型生产技术;三是取消了过去的湿地、草原和耕地保护项目,整合设置了农业资源保护地役权项目,系统防止高产农田或草原转为非农用途;四是开展区域资源保护合作,由联邦和州政府就实施资源保护签订协议,共同提供资金支持,从而推动整个地区和流域内的资源保护(杨春华等,2017)。

(四)日本:组织化设计和体制化运作的农业振兴体系

自 20 世纪 50 年代经济起飞以来,日本加快推进工业化和城镇化进程导致城乡矛盾日益突出。与此同时,受进口农产品冲击和政府直接税收减少等因素的影响,日本乡村开始出现大量的土地撂荒、劳动力高龄化兼业化、村落数量减少等衰落迹象。为此,日本政府采取了构建体制化运作模式、组建农业协同组合、推进"六次产业化"、加强资金补贴保障等措施,这些构成了日本农业振兴的主要政策体系。

设置治理机构,构建体制化运作模式。为配合乡村振兴政策顺利实施,保证政策实施的有效性,2001 年日本政府将主管农田水利的构造改善局改组为农村振兴局,下设总务课、农村政策部、整备部 3 个机构及 11 个处室。农村政策部主要负责农业振兴制度设计和发展规划编制,同时设有都市农村交流课推进城市和农村的共生交流(包书政和王志刚,2010)。整备部主要负责保障农业生产基础和整顿农村环境,也负责实施不同地区的农业振兴项目。同时,日本在省级地方农业局设立了农业振兴科,协调民间团体和农业协同组合(农协)、森林协同组合及渔业协同组合参与乡村振兴规划的制定和实施,确保地方与中央规划的有效衔接(宫崎猛,1998)。日本还建立了由农林水产省牵头,国土交通省、厚生劳动省、环境省、经济产业省等作为成员单位的乡村振兴联席会议机制,制定了跨机构的中层干部互派制度,从而有效统筹相关部门的政策资源来共同支持乡村发展。

组建农协,提升振兴政策执行效率。日本于 1947 年出台《农业协同组合法》,确立了农业协同组合(以下简称农协)制度。目前,99%的农户都加入了农协,使该组织成为日本政府推行国家农业政策的重要辅助机构。通过集中有计划地销售,农协大大提高了农户的议价能力,对提高日本农民的收入起到了决定性作用。日本农协以农村社区为基础,涵盖销售、供应、金融、保险、生产经营、仓储运输以及福利文化等各方面服务。除农协外,日本还鼓励农民自发成立其他各种形式的合作组织,如承担农村基础设施建设和维护的"土地改良区"合作组织。政府支持这些组织开展合作,承揽农产品加工、直营超市建设等产业融合项目,也允许它们拓展业务范围,开展如医疗、养老和文化体育等与农村生活福祉相关的活动。政府还鼓励农协的理事长兼任地方自治机构领导,使其代表农民参与政策制定。农协也承担部分行政职能,例如指导农民填写涉农项目申请书、代理政策性资金征信调查、协助地方政府核准农业补贴等,以提高政策扶持的精准度。

进行"六次产业化",促进城乡融合。日本在发展乡村时坚持促进城乡交流的工作理念,认为城市要为乡村发展蓄积人才、资金和知识,乡村要为城市居民提供良好的休闲环境。为此,日本于1994年提出"六次产业化"概念,指出要通过三次产业的交叉融合,形成集农产品生产、加工、流通、销售、服务于一体的高附加值产业链(姜长云,2015)。[①] 日本不仅通过一系列扶持政策引导不同类型的农业生产主体进入第二、第三产业,还自2010年起实施《六次产业化及地产地消法》,鼓励农民开发销售本地特色农产品。政府对从事上述新产品开发的法人给予补贴、贷款优惠和咨询服务,并于2013年成立了"农林渔业成长产业化支持机构",通过共建基金或直接参股注资的方式帮助小微农业企业解决发展初期的资金、经验和市场问题。与此同时,为吸引城市人口到农村消费,日本放宽了对农户修建民宿、农家乐等营利性住宿设施的限制,拨付专款支持农户改造闲置房屋,支持农村修建特色产品加工设施、直销店、体验店和餐厅,还对帮助城市居民选择出行地点的项目给予补贴。

---

①姜长云. 日本的"六次产业化"与我国推进农村一二三产业融合发展[J]. 农业经济与管理,2015(3):5-10.

第四节 全面推进乡村振兴的政策体系构建

近年来,随着国际投资风险升高、知识信息流动受限、农业改革政策停滞和全球治理不断弱化,乡村的脆弱性在全球增长放缓的背景下重新显现。中国也需要认识到全球的乡村发展不是孤立议题。对处于经济转型关键阶段的中国而言,学习和反思国际发展经验有助于认识和把握乡村发展的普遍规律,借鉴成功做法,并推动中国在实施乡村振兴战略的过程中接轨乃至引领全球趋势。与此同时,中国也应当高度重视凝练和分享乡村振兴的理论和实践经验,向其他同样处在或即将进入经济转型期的国家提供中国方案,使中国在全球治理中发挥更重要的作用。基于对四个发达国家乡村经济转型政策的梳理分析,本书认为,在体制机制、产业体系和公共服务网络三方面,中国应在推动乡村振兴战略实施和促进城乡再平衡的过程中有所借鉴。但值得注意的是,由于不同国家面临的城乡失衡格局和乡村发展挑战存在差异,各国的政策体制和社会经济环境也不尽相同,中国也不能全盘照抄发达国家的经验举措。总体而言,中国从上述主要发达国家乡村发展经验中可以汲取的和可能实践的具体措施包括以下三方面。

(一)健全乡村振兴的体制化设计和社会合作网络

正如日本乡村发展经验所表明的,体制化设计和运作对统筹政治资源并“自上而下”有效推动乡村转型而言至关重要。但过度依赖政府推动又往往造成个人、组织和地方缺乏主动性,不仅可能导致乡村发展的多样性不足,也可能无法充分体现利益相关者的不同诉求并阻碍共同价值认知的形成。因此,实施乡村振兴战略也要借鉴法国和德国“自下而上”规划的乡村转型经验。尽管中国已认识到兼顾两者的重要性,并在实施乡村振兴战略的过程中鼓励地方因地制宜提出“路线图”和“时间表”,但这些地方规划整体上与中央部署高度重合且没有充分体现地方诉求的特殊性。为此,中国应在目前对农村金融、产业、保险、环保、自治等乡村振兴试点先行工作予以鼓励的基础上,对在沿海与内陆、城郊与腹地等不同农村地区分类制定和有序推进乡村振兴整体规划给出明确引导,对各地开展具有“先点后面、示范引领”作用的试点规划给予大力支持。

首先,中央政府应给予基层政府、地方组织与乡村居民更大的分散决策权力,强化统一部署与本地实际的结合度。中央要对地方官员制定科学的考核目标,实施公开透明的问责制度。地方政府可以在条件适宜的前提下学习法国和德国的“自下而上”发展规划经验,开展具有地方特色的乡村市镇发展规划和组建地方行动小组,并发展高效生态农业、特色优质农业、休闲创意农业、土地适度规模化经营等。

其次,为健全乡村振兴体制机制,中央和地方政府都应继续完善乡村管理者和有关职能机构的协同机制。一方面,政府部门可以借鉴日本的干部互派制度,提升地方政府有效统筹政策资源的水平和能力。另一方面,各级职能机构也应当通过鼓励和支持村级组织、农民专业合作社、涉农企业等多种主体广泛参与,积极拓宽乡村振兴的组织形式,特别是聚焦建设高标准农田等乡村振兴的基础工程,形成现代农业的社会化服务联盟。

最后,要进一步健全乡村产权保护交易制度和资源汇集激励措施,增强市场为乡村发展配置资源的能力与效果。一方面,可以借鉴法国的“领土整治计划”经验来完善城乡土地的统一登记、规划和整治,盘活乡村土地资源,建立健全城乡一体的建设用地市场和建设用地、补充耕地指标交易机制。另一方面,要通过加快发展债券市场等措施提升乡村金融服务供给能力,拓宽农业技术转移转化的融资渠道和信贷限制,缓解当前乡村振兴战略实施过程中对财政资金的过度依赖,并深化乡村人才引进、流动、激励等制度改革,通过人才振兴促使乡村发展广泛的市场化合作网络。

(二)优化城乡融合的产业布局和多元化产品体系

在传统意义上,乡村经济收入主要来自劳动报酬,与工业化进程相伴的劳动收入份额下降将扩大城乡收入差距,造成乡村劳动力、土地和资本等要素资源流失。这种城乡间产业布局和产品体系的差异是导致城乡失衡现象的根本原因。因此，中国在推进乡村振兴战略时可以借鉴法国、德国和日本乡村发展的经验，将调整产业空间布局、发掘农业的多功能性以及塑造乡村经济的多元化产品体系作为破除城乡发展失衡的重要途径。

第一，中国要坚持“宜农则农、宜工则工、宜商则商、宜游则游”的原则，推动农业“接二连三”地向产业融合的发展方向转型。为此，必须进一步完善以市场需求为导向的要素双向流动市场，破除城乡二元的体制性障碍，为产业重新布局和多元化发展提供资源保障。特别是要以完善土地流转市场为抓手，在近几年出台《关于引导农村土地经营权有序流转发展农业适度规模经营的意见》《关于加强对工商资本租赁农地监管和风险防范的意见》和新修订的《中华人民共和国农村土地承包法》等制度改革的基础上，进一步健全农村土地经营权的入股和担保融资权能，并适度放活宅基地和农民房屋使用权。同时，为推动产业融合发展，中国还应借鉴德国多功能乡村和日本“六次产业化”发展经验，通过乡村教育、技术培训和人才下乡等人力资本投资加速推进“产学研”一体化，坚持创新引领技术改造，促进传统涉农产业提质增效，向高效现代农业产业链转型。

第二，中国要充分认识到信息技术已成为加快推进三次产业间两两融合及生产、加工、经营一体三元融合的新动力，大力发展数字农业产业。尽管中国行政村通光纤和通4G网络的比例均已达98%，但由于农业规模化生产的比例仍然不高、新型经营主体的数量仍然较少、不同数据资源的整合度仍然较低，信息技术在推动农业智慧化转型和乡村经济布局重构中发挥的作用还有待提升。为此可以借鉴美国多措并举全面激活乡村经济的发展经验，通过商业与信贷计划、合作性计划、专门性计划等推动信息技术全方位嵌入农业生产和乡村经济，并尽快按照《数字乡村发展战略纲要》的部署建立贯通全产业链和融通全方位信息资源的大数据平台，加快适应数字化转型的乡村人力资本投资。信息化发展较慢的地区尤其应当发挥后发优势，在数字发展中做好统筹规划和系统设计。

（三）推进基本公共服务均等化和“城乡共生型”发展

尽管中国的教育、就业、医疗卫生、住房保障、社会保障、文化体育等基本公共服务供给日益完善，但在城乡间仍存在明显的规模和质量双重不平衡的矛盾。为此，中国可以借鉴德国和美国以基本公共服务均等化为主要表现形式的“城乡等值化”和“共生型”发展经验，为实现可持续乡村经济转型和城乡再平衡发展提供长效保障。

首先，在农村人居环境整治的基础上拓展生态产品价值实现路径，完善生态环境保护与乡村可持续发展的联系机制。一方面，可以借鉴德国村庄更新经验，健全包含景观环境要求的乡村发展法律体系，完善生态环境污染治理的公共设施和监测管理，通过推广区域内种养结合等措施，促进物质内循环。另一方面，要开发生态产品价值，加强对亲环境农业生产的资金和技术支持，通过线上线下多模式实现生态产品及资源供需方的精准高效对接，打造生态产品区域公用品牌及产品认证、可追溯体系，探索建立生态环境保护修复与经营开发权益挂钩的机制。

其次，着眼农村人力资本积累的需求和城乡人口双向流动的背景，加大农村基本公共服务的投资和供给力度。具体而言，可以借鉴美国乡村公用事业局和商业合作服务局在提供乡村基本公共服务方面的有关举措，进一步推动中国的农村公共服务供给从基本社会保障向文化服务、生活救济、就业帮扶等方面延伸。同时，在农村教育和医疗等重点领域，应通过扩大乡村教师特岗计划规模、加大各级财政对乡村教师和乡村医生工资待遇的统筹力度、落实基层首诊制度以引导优质资源下沉，改善乡村基本公共服务的供给质量水平。

最后，鉴于农村人口特别突出的老龄化发展趋势，在推进城乡共生发展中应注重培育新型农民和多种类型的农村从业者。一方面，中国可以适当借鉴德国的经验，逐步推行新生代农业和乡村新兴行业从业者的学历和从业资格门槛。另一方面，中国也应当通过建立与城乡融合的产业布局需求相适应的教育培训体系和内容，完善农业服务、资金、科技、基础设施和信息技术等配套网络，为农民联动外部市场和推动乡村的可持续经济转型提供支持条件。在人口老龄化背景下，中国也应着力加快提升农村老龄人口的养老服务和保障水平。

第八章
健全基本公共服务体系推动共同富裕

基本公共服务是由政府主导、保障公民生存和发展基本需要、与经济社会发展水平相适应的基本公共服务。“基本公共服务均等化”是指全体公民都能公平可及地获得大致均等的基本公共服务，其核心是促进机会均等，重点是保障人民群众得到基本公共服务的机会，而不是简单的平均化。2021 年发布的《国家基本公共服务标准(2021 年版)》，明确了幼有所育、学有所教、劳有所得、病有所医、老有所养、住有所居、弱有所扶、优军服务保障、文体服务保障等九个方面的服务内容。本章着重介绍了浙江在基本公共服务均等化方面的实践经验。

共同富裕是社会主义的本质要求，在党的十九届五中全会上，党中央郑重提出了扎实推动共同富裕的重大任务。2021 年，全国两会通过的《国民经济和社会发展第十四个五年规划和二〇三五年远景目标纲要》进一步提出，将“人的全面发展、全体人民共同富裕取得更为明显的实质性进展”作为 2035 年的奋斗目标。其中，在增进民生福祉部分，专门以“健全国家服务制度体系”为题设置专章，阐述了提高基本公共服务均等化水平、创新公共服务提供方式、完善公共服务政策保障体系等内容。因此，强化公共服务体系建设是推动实现共同富裕的重要任务。从“十二五”时期以来，国家致力于建立健全基本公共服务体系，推动基本公共服务均等化，经过多年的努力，通过基本公共服务供给，有力提升了我国民生保障水平，让发展成果更多更公平惠及广大人民群众。

2021 年 5 月 20 日，中共中央、国务院印发《关于支持浙江高质量发展建设共同富裕示范区的意见》，赋予浙江高质量发展建设共同富裕示范区的重大战略定位，并提出到 2025 年浙江省基本公共服务要率先实现均等化，推动城乡区域基本公共服务更加普惠均等可及。6 月 11 日，浙江省委十四届九次会议通过《浙江高质量发展建设共同富裕示范区实施方案（2021—2025 年）》，提出了“率先基本实现人的全生命周期公共服务优质共享，努力成为共建共享品质生活的省域范例”的发展目标，更高水平推进“民生七有”（幼有所育、学有所教、劳有所得、病有所医、老有所养、住有所居、弱有所扶）。事实上，浙江是全国最早提出并实施推进基本公共服务均等化的省份，也是首批制定实施基本公共服务体系规划的省份。特别是“十二五”以来，浙江省委、省政府持续高度重视基本公共服务体系建设，在建立完善基本公共服务体系、推进基本公共服务均等化方面取得了诸多进展，积累了重要经验。本章在对基本公共服务理论和实践梳理的基础上，分析了基本公共服务国际经验，以浙江省为例回顾了 2008 年以来推进基本公共服务均等化的实践，提出了在实现共同富裕进程中健全基本公共服务体系建设、推动基本公共服务均等化的政策建议。

第一节 基本公共服务与共同富裕

党的十九届五中全会要求,健全基本公共服务体系,完善共建共治共享的社会治理制度,扎实推动共同富裕。促进基本公共服务均等化是扎实推动共同富裕的重要前提,面向扎实推动共同富裕的目标,要推动基本公共服务保基本、兜底线、强基础更加坚实,努力补齐短板。本节将回顾我国基本公共服务体系建设主要进程,梳理基本公共服务理论及其相关概念,阐明在扎实推动共同富裕进程中健全基本公共服务体系的重要意义。

一、基本公共服务含义

"公共服务""社会福利"等概念在西方国家更加常用。一般来说,公共服务是具有非竞争性和非排他性的产品和服务。而"基本公共服务"的概念则是结合中国具体国情提出来的。2006 年,国家"十一五"规划纲要首先使用了这一表述。此后,从政府到学界,对"基本公共服务"概念的使用逐渐频繁起来。

学界对"基本公共服务概念"的理解并不一致(丁元竹,2008;曾红颖,2012),而国家在《国家基本公共服务体系"十二五"规划》中首次对基本公共服务的概念作了明确界定:基本公共服务是指建立在一定社会共识基础上,由政府主导提供的,与经济社会发展水平和阶段相适应,旨在保障全体公民生存和发展基本需求的公共服务。享有基本公共服务属于公民的权利,提供基本公共服务是政府的职责。2017 年,《国家"十三五"推进基本公共服务均等化规划》重申了这一概念,即基本公共服务是由政府主导、保障公民生存和发展基本需要、与经济社会发展水平相适应的基本公共服务。可以看到,基本公共服务既不等同于一般的"公共服务",也和"纯公共物品"有所差别。在界定基本公共服务概念时,首先要将公共服务中最基础、最核心的部分界定为基本公共服务,这属于公民权利;其次要将基本公共服务定位为政府职责,即需要政府承担兜底责任。因此,我们确定的基本公共服务,除了纯公共物品,还应该包括具有普惠性特征的准公共物品。

二、基本公共服务均等化含义

"十二五"和"十三五"时期的两部关于基本公共服务的规划对"基本公共服务均等化"的概念也作了明确界定,即指全体公民都能公平可及地获得大致均等的基本公共服务,其核心是促进机会均等,重点是保障人民群众得到基本公共服务的机会,而不是简单地平均化。

基本公共服务均等化的要点有三:一是制度上保证人人享有基本公共服务。不同年龄、性别、身体状况、职业身份的人群需求有所差异,政府须保证每个人都能够享有不低于最低标准的公共服务。二是基本公共服务资源在城乡、区域间均衡配置。农村、困难地区基本公共服务水平显著提高,与城市、发达地区基本公共服务水平差距明显缩小。三是财政上确保地方政府具有直接提供服务或购买基本公共服务的能力,县(市、区)域内基本公共服务发展均衡。

当前,基本公共服务均等化主要从城乡间、地区间和人群间三个维度考虑。同时,基本公共服务体系完善注重"底线均等",保证所有公民都享有一定水准之上的基本公共服务。需要注意的是,考虑到现阶段基本公共服务总体投入不足的现状,对基本公共服务体系评价的重点应是投入类指标,随着基本公共服务水平的不断提高,逐步向产出类指标和效果类指标过渡。

三、基本公共服务范围和标准

根据国家基本公共服务体系"十二五"规划,基本公共服务范围一般包括保障基本民生需求的教育、就业、社会保障、医疗卫生、计划生育、住房保障、文化体育等领域的公共服务,广义上还包括与人民生活环境紧密关联的交通、通信、公用设施、环境保护等领域的公共服务。

从社会成员的基本风险和基本服务需求出发,在国民基本权利与政府基本责任的结合点上,可以从两个维度界定基本公共服务范围内涵:从纵向看,人的一生一般要经历出生、教育、就业和养老四个阶段,每个阶段政府应为其提供最基本的公共服务;而从横向看,人生各个阶段都需要住房,面临生活致贫、患病等风险,也有对文化体育的需求,这些都需要为其提供最基本的服务。按照这一思路,"十二五"时期国家将基本公共服务范围确定为公共教育、劳动就业服务、社会保障、基本社会服务、医疗卫生、人口计生、住房保障、公共文化等领域的基本公共服务。"十三五"时期,国家基本公共服务制度进一步凸显"以人为本"的核心,明确基本公共服务范围涵盖教育、劳动就业创业、社会保险、医疗卫生、社会服务、住房保障、文化体育等领域。

根据《国家基本公共服务体系"十二五"规划》,基本公共服务标准指在一定时期内为实现既定目标而对基本公共服务活动所制定的技术和管理等规范。当时,从服务对象、保障标准、支出责任、覆盖范围等四个方面对基本公共服务国家标准作了规定,充分体现了公民权利、政府责任和工作目标,制定标准都以现行法律法规或相关政策为基础。"十三五"时期,以基本公共服务清单化的形式,列出了每个基本公共服务项目的名称、服务对象、服务指导标准、支出责任和牵头负责单位。2021 年出台的《国家基本公共服务标准(2021 年版)》明确了幼有所育、学有所教、劳有所得、病有所医、老有所养、住有所居、弱有所扶、优军服务保障、文体服务保障等九个方面的服务内容,具体包含 22 大类、80 个服务项目,延续"十三五"清单形式,明确了各基本公共服务项目的服务对象、服务内容、服务标准、支出责任以及牵头负责部门。

需要说明的是,基本公共服务范围和标准随经济社会发展而动态调整。随着经济发展,基本公共服务的涵盖范围将不断扩大,同时由于社会制度、市场成熟度,以及历史文化等的差异也会影响基本公共服务的范围界定,因此没有放之四海而皆准的基本公共服务清单。随着城乡居民生活水平和政府保障能力的提高,基本公共服务标准正在逐步提高。

四、基本公共服务体系建设进程回顾

改革开放以来,人民生活水平显著提升。特别是进入 21 世纪以来,保障和改善民生被放在更加重要的位置。2006 年制定实施的"十一五"规划纲要在经济社会发展目标设置中提出:基本公共服务明显加强;在"促进区域协调发展"篇章中,提到要发挥比较优势、加强薄弱环节、享受均等化基本公共服务。2006 年,党的十六届六中全会提出,将逐步实现基本公共服务均等化作为完善公共财政制度的目标。党的十七大又提出,"缩小区域发展差距,必须注重实现基本公共服务均等化","围绕推进基本公共服务均等化和主体功能区建设,完善公共财政体系"。

进入"十二五"时期,基本公共服务体系建设进入加速推进期。国家"十二五"规划纲要提出,建立健全符合国情、比较完整、覆盖城乡、可持续的基本公共服务体系,逐步缩小城乡区域间人民生活水平和公共服务差距。其中,以"改善民生,建立健全基本公共服务体系"为题设置专篇。2012 年,我国第一部基本公共服务总体性规划——《国家基本公共服务体系"十二五"规划》正式发布实施。这一规划突出强调"把基本公共服务制度作为公共产品向全民提供"的核心理念,首次明确了基本公共服务概念,划定了基本公共服务范围(涵盖公共教育、就业服务、社会保险、社会服务、医疗卫生、人口计生、住房保障、公共文化体育等八个领域)。随后,许多省份纷纷出台了基本公共服务体系建设规划,启动此项工作。

党的十八大提出,要"加快形成政府主导、覆盖城乡、可持续的基本公共服务体系","到 2020 年基本公共服务均等化总体实现"。党的十八届三中全会提出要推进"城乡基本公共服务均等化""城镇基本公共服务常住人口全覆盖"等重大改革。国家"十三五"规划纲要指出,要围绕标准化、均等化、法制化,加快健全国家基本公共服务制度,完善基本公共服务体系;建立国家基本公共服务清单。为此,这一时期又制定了第二部基本公共服务专项规划——《"十三五"推进基本公共服务均等化规划》,将基本公共服务体系建设的任务聚焦为推进均等化,提出了"城乡区域间基本公共服务大体均衡,贫困地区基本公共服务主要领域指标接近全国平均水平,广大群众享有基本公共服务的可及性显著提高"的目标。考虑到政策延续和财政保障能力,"十三五"时期确定的基本公共服务范围基本与"十二五"时期一致,同时明确了20项主要发展指标、28项重点任务和36项保障措施。

党的十九大分析了国内主要矛盾的变化,即我国社会主要矛盾已经转化为人民日益增长的美好生活需要和不平衡不充分的发展之间的矛盾,提出了在幼有所育、学有所教、劳有所得、病有所医、老有所养、住有所居、弱有所扶上不断取得新进展。2018年,中共中央办公厅、国务院办公厅印发《关于建立健全基本公共服务标准体系的指导意见》,提出了完善各级各类基本公共服务标准、明确国家基本公共服务质量要求、合理划分基本公共服务支出责任、创新基本公共标准实施机制等重点任务。国务院办公厅印发《基本公共服务领域中央与地方共同财政事权和支出责任划分改革方案》,提出了基本公共服务领域中央与地方共同财政事权清单及基础标准、支出责任及分担方式等相关意见。进入"十四五"时期,我国到了扎实推动共同富裕的历史阶段,对完善基本公共服务体系、推进基本公共服务均等化提出了更高要求。国家"十四五"规划纲要指出,要推动城乡区域基本公共服务制度统一、质量水平有效衔接;建立健全基本公共服务标准体系,明确国家标准并建立动态调整机制,推动标准水平城乡区域间衔接平衡。按照常住人口规模和服务半径统筹基本公共服务设施布局和共建共享,促进基本公共服务资源向基层延伸、向农村覆盖、向边远地区和生活困难群众倾斜。2021年3月,经国务院批复同意,国家发展改革委联合20个部门印发了《国家基本公共服务标准(2021年版)》。该文件对基本公共服务分类标准进行了适当调整,以服务对象进行分类,涵盖幼有所育、学有所教、劳有所得、病有所医、老有所养、住有所居、弱有所扶、优军服务保障和文体服务保障等九个方面。

总的来看,经过10多年的努力,以国家基本公共服务标准为基础的基本公共服务标准体系逐步形成,基本公共服务配套设施更加完善,区域、城乡更为均衡,为下一个阶段实现共同富裕奠定了有利基础。

第二节 基本公共服务的国际经验

国际上并没有统一的关于基本公共服务的概念,其他国家也没有像我国这样的基本公共服务规划。但是,对照我国基本公共服务标准,世界上大多数国家都有这些项目,有明确的制度安排和相应的法律规定,而且有比较有效的供给机制。这里重点考察了美国、日本、澳大利亚和新加坡等国的基本公共服务制度和服务供给情况。

一、基本公共服务均等化是基于国民权益的平等

在发达国家,享有与基本公共服务类似的社会服务是基于宪法和法律所规定的国民权益。而宪法和各项法律的制定则是基于人权平等的理念。因此,基本公共服务均等化既有理论依据,又有社会共识,更有法律保障。从各国的制度看,基本公共服务各项目都是面向全体国民,不分城乡、区域和人群,对于那些提供基本公共服务有困难的地区,中央财政通过转移支付给予保障,也就是要确保这些地区政府具有向本地区居民提供基本公共服务的能力。从这个意义上说,基本公共服务均等化,既有制度的保障,又有落实的机制。比较典型的是澳大利亚、荷兰等国的国民年金制度,全体国民年老之后其基本养老金标准统一,而且要进行家计调查。同时,基本公共服务均等化是一种社会资源再分配,涉及利益的调整,因而需要让不同利益者有表达基本公共服务需求和争取权益的机会。发达国家都有基本公共服务利益表达机制,主要表现在有关基本公共服务制度的法律制定、修改和服务供给过程中,社会成员都有知情权和参与权,能够对基本公共服务制度的立法和执法产生影响。以法律的形式将行政行为与责任固定化、明确化,可以促进政府在行政过程中履行自身职责,减少不同层级政府之间、政府不同部门之间扯皮、推诿现象的发生,提高行政效率,保障国民的合法权益。

二、基本公共服务均等化是“保基本”意义下的权益平等

在发达国家,贫富差距客观存在,政府采取各种措施缩小收入差距,基本公共服务均等化是其中的措施之一。这些国家通过基本公共服务各项制度,以保障国民的基本生存权和基本发展权。基本公共服务制度是通过保障国民的基本生存发展权益来实现收入差距的缩小,而非消除收入差距。因此,各国都强调基本公共服务“保基本”,而非提供“充分保障”。它们也注意到,基本公共服务标准过高,不仅会给政府财政造成沉重的负担,而且不利于调动社会成员就业创业的积极性,易形成“养懒汉”现象。例如,澳大利亚的国民年金制度(非缴费型),其基本养老金标准为在职劳动者平均工资水平的25%左右;美国的基本养老金(缴费型)替代率约为35%,其目标是保障老年人具有购买基本生活资料的能力。因此,即使是经济发展水平很高的国家,其基本公共服务标准的制定也是以保障社会成员的基本需求为原则,同时强调社会成员在享受某些基本公共服务的过程中也需要承担一定的义务,不能无偿地享受国家提供的服务。比如在新加坡,政府在提供基本公共服务的同时,强调公民需要履行一定义务。事实上,新加坡的福利主要是一种“工作福利”模式,它通过实施中央公积金计划、公共住房计划、就业入息补贴等举措,既保证公共服务的针对性、有效性和可负担性,又提倡国民自力更生,注重调动社会成员的劳动积极性。因此,有劳动能力的社会成员必须参加劳动,不能完全无偿地享受国家提供的服务,政府的重点是“查漏补缺”,予以“兜底”。这种做法,对于减轻政府财政压力、避免“养懒汉”现象发生、提高基本公共服务供给效率具有重要作用。

三、基本公共服务由政府主导但不全由财政出资

基本公共服务制度设计应当以公平为目标,但是,基本公共服务的提供必须讲效率,要让有限的资源发挥最大的效用。因此,发达国家一方面注重政府财政对于基本公共服务项目的投入,另一方面高度重视基本公共服务供给的效率,利用市场机制,充分发挥社会力量的作用。所以,在这些国家,

许多基本公共服务不是由政府部门直接提供,而是通过向市场购买的方式供给,特别是通过合同外包模式由民间机构提供,由此能够体现市场机制带来的灵活性和效率。当然,政府在各种公共资金分配的过程中,应该对拨款制度进行精心设计,为提供基本公共服务的机构提供必要的激励;还要做到信息应当公开、透明,确保基本公共服务市场的公平、公开、公正。比如,日本注重政府购买服务,在老年照护服务领域,参保者所得到的服务有相当一部分是由民间组织提供的。随着财政支出压力的加大,日本政府更加重视社会力量在公共服务供给中的作用,对若干公共服务项目的机构进行民营化改造。在基础设施建设领域,把许多工程外包,以减轻政府的费用负担。又如澳大利亚,从20世纪70年代开始,政府在基本公共服务领域推行了多项改革,其中包括重新思考基本公共服务供给机制,按照服务适宜性和效率来区分哪些服务由政府官方机构提供,哪些由民间机构提供。其核心思路是向下放权,尽可能地利用市场机制和激励机制。

四、基本公共服务职责在各层级政府之间和各部门之间有清晰分工

享受基本公共服务是一项国民权益,但是,基本公共服务的提供主体主要在基层,因而各级政府需要有明确的职责分工,否则这项法律赋予的国民权益难以真正落实,容易造成效率低下。因此,发达国家的基本公共服务在各级政府之间和同级政府各部门之间都有清晰的分工。比如在日本,各级政府间的基本公共服务职责划分很明确,且在该国的地方自治法中都有明确说明:①中央政府主要负责国家事务,包括:国家的运输、通信、邮政;教育及研究设施;医院及疗养设施;国家的航空、气象及水路设施;博物馆及图书馆。②都道府县主要负责广域事务(超越市町村行政辖区范围,涉及广泛地域的事务)、统一事务(如维持义务教育等需要统一处理的事务)、联络调整事务(有关中央政府与市町村之间的联络事务,以及对市町村的行政工作进行提议、指导)、补充事务(如高中、医院、研究所和美术馆等不适于由一般的市町村来处理的大规模事务)四大方面。③市町村主要负责:与居民生活相关的基础性事务(如居民登记、地址标示等);有关居民安全、保健以及环境

保护等的事务(如消防、垃圾处理等);有关街区建设的事务(如城市计划以及道路、河川和其他公共设施的建设、管理);有关各种设施的建设、管理事务(如公民会馆、市民会馆、保育所、中小学校、图书馆的建设、管理)。在明晰的职责之下,日本各级政府能更好地将精力用于实现区域内基本公共服务的均等化。

五、"户籍"和"非户籍"人口在基本公共服务享有上有一定区别

世界各国都面临移民问题,只不过数量和比重不同。因而,发达国家向移民提供基本公共服务的经验值得我们重视。一般而言,各国移民享有的基本公共服务与其具有本国国籍的人员所享受的基本公共服务是有一定区别的,这种区别主要体现在享受基本公共服务的门槛和标准上。比如在新加坡,以其"组屋政策"为例。"组屋"是新加坡的"保障性住宅",由政府建造。政府实施"居者有其屋"计划,为中低收入群体提供廉价公共住房。政府为这些组屋购买者提供大量补贴,基本上可以解决其住房问题。购买组屋要满足五个条件:新加坡公民(永久居民只能购买组屋二手房,但没有收入限制);年龄至少 21 岁;必须组成家庭且家庭人均月收入低于 1 万元新币(相当于 5 万元人民币,此前这个数据是 8000 元新币,根据年人均收入不断调整);此前不能拥有私房。组屋在住满 5 年后可转售。由于新增的永久居民不断涌入,二手组屋的价格比新建组屋价格贵。永久居民只能购买转售的组屋,而外国人只能购买商品房,因此,两者的价格在近年大幅上涨。从这里可以看出,只有新加坡公民才可以完整享受到政府的"组屋政策",而永久居民购买组屋是受到政策限制的,他们只能购买二手组屋。

六、基本公共服务各项目以及政府各部门之间需要统筹协调

基本公共服务体系包含众多项目,并且由多个部门负责实施。作为政府组织实施的社会政策,在制度设计时需要有机衔接,在制度实施时各项政策需要统筹协调,包括制度衔接、政策协调、资源整合和信息互通等。在这一点上,国际上的经验值得重视。比如在澳大利亚,面向居民的各种基本公

共服务分别由政府各相应部门提供。例如,面向盲人的特别服务由健康部门承担,再就业和培训相关服务由家庭与社区服务部门承担。这样一种分工,有其合理性,也有缺陷,主要是社会成员有时不清楚自己究竟享有什么样的服务,可以从哪里获得。于是,当地政府把以前分散在各部门的若干基本公共服务集中归并到一个部门——社会福利联络中心。通过电话、邮件和电子邮件形式,与潜在的服务对象进行联系,了解其需求并提供帮助。事实上,基本公共服务的统筹协调,既要有制度衔接和政策协调,还需要通过先进的技术手段进行信息沟通。随着互联网技术的发展,只要制度和政策允许,部门之间、服务机构之间的信息互通就可以顺利实现。在新加坡,政府相关部门建立了高度共享的网络系统平台,从而有效地提高了工作效率。例如,任何人要了解就业信息,都可以随时进入新加坡人力资源部的网站。网站上除了有就业政策介绍、就业市场介绍、政府就业培训计划等通用信息,还综合了个人、公司所有的就业记录信息,员工工作登记、对公司的投诉、失业登记、养老金的申请与处理等与就业相关的全部服务,都可以在网上办理。因此,要高度重视信息平台的建设。

第三节　基本公共服务均等化的浙江实践

浙江是较早开展基本公共服务均等化实践的省份之一。2008 年,浙江正式启动全国首个《基本公共服务均等化行动计划(2008—2012)》,提出要努力实现基本公共服务覆盖城乡、区域均衡、全民共享,促进社会公平正义和人的全面发展。“十二五”时期,浙江省将基本公共服务范围从 2008 年确定的社会保障、社会事业、公共设施“三大体系”拓展为基本生活服务、基本发展服务、基本环境服务和基本安全服务“四大领域”,并以国家基本标准为基础,制定全省基本标准。“十三五”时期,全省继续以清单化、标准化、制度化推进基本公共服务均等化各项工作,全省财政新增财力 2/3 以上用于民生事业支出。基本公共服务均等化在浙江的实施推动,是保障和改善民生的生动实践,也为高质量发展建设共同富裕示范区奠定了扎实基础。

一、主要成效

近年来,浙江省发展改革委联合浙江省统计局对全省基本公共服务均等化开展评估。评估结果显示,2015 年全省基本公共服务均等化实现度为 90.71%,比 2010 年的 79.81% 提高了 10.90% 个百分点,年均增长速度为 2.59%。2019 年,全省基本公共服务均等化实现度达到 98.7%,超过“十三五”规划目标 3.7 个百分点,八大领域基本公共服务均等化实现度全部达到“十三五”规划目标要求,11 个设区市基本公共服务均等化实现度全部达标。到 2020 年底,全省有基本公共服务项目共计 114 项,地方标准 277 项,国家级、省级公共服务标准化试点 91 个。笔者采集了各部门统计公报、数据资料和行业“十四五”规划,对照《国家基本公共服务标准(2021 年版)》,梳理了浙江推动各领域基本公共服务均等化取得的成效。

(一)幼有所育

儿童是祖国的未来和希望。近些年来,浙江基本构建起与经济社会发展相适应的儿童福利政策体系。根据《国家基本公共服务标准(2021 年版)》,“幼有所育”服务包括优孕优生服务、儿童健康服务、儿童关爱服务等方面。

1. 优孕优生服务

全面规范孕产妇妊娠风险筛查,加强首诊负责制和高危孕产妇专案管理。2020 年,浙江省孕产妇系统管理率达到 96.3%(其中城市 96.4%,农村 95.9%);婚前医学检查率、孕前优生检查率分别为 88.68% 和 93.03%。全省孕产妇死亡率由 2010 年的 4.54/10 万下降到 3.85/10 万,孕产妇死亡率的城乡差距由 2010 年的 2.56/10 万下降到 2020 年的 0.96/10 万。全省严重致残出生缺陷发生率逐年下降,由 2010 年的 272.0/10 万下降到 2020 年的 139.5 /10 万,低出生体重发生率为 3.99%。

2. 儿童健康服务

近年来,浙江省不断加大对基本公共卫生服务项目的投入,妇幼保健体系不断完善。婴儿死亡率、5岁以下儿童死亡率、18岁以下儿童伤害死亡率分别下降到1.97‰、3.07‰和7.96‰。新生儿疾病筛查覆盖率持续保持100%，新生儿的听力筛查和疾病筛查率分别为99.6%和100%。5岁以下儿童生长迟缓率和低体重率分别为0.41%和0.38%。此外，针对残疾儿童，持续开展“抢救性康复计划”“明天计划”“添翼计划”等康复服务。

3. 儿童关爱服务

“十三五”时期，浙江儿童福利开始从兜底保障向分类保障、从补缺型向适度普惠型转变。到2020年底，全省共有乡镇（街道）儿童督导员1900余名，村（居）儿童主任25000余名。全省共有2700余名孤儿和6.1万余名困境儿童被纳入政府保障体系，福利机构孤儿和社会散居孤儿全省月平均基本生活费分别从2015年的1378元、848元增加到2020年的2200元、1650元。全省农村留守儿童人数从2016年的11.7万人下降到2020年的6.9万人，建成儿童之家1万余个，26个加快发展县率先实现儿童之家服务全覆盖。

（二）学有所教

共同富裕需要高质量教育体系支撑。这些年来，浙江省坚持把教育摆在优先发展的战略地位，到“十三五”末，儿童预期受教育年限达到14.79年，全省学前三年到高中段的15年教育普及率超过99%。根据《国家基本公共服务标准（2021年版）》，“学有所教”服务包括学前教育助学服务、义务教育服务、普通高中助学服务、中等职业教育助学服务等方面。

1. 学前教育助学服务

浙江省将婴幼儿照护纳入民生实事，探索建立以家庭为基础、社区为依托、机构为补充的婴幼儿照护服务体系。目前，3岁以下婴幼儿托育机构覆盖率达到29.5%，每千人拥有3岁以下婴幼儿托位数达到2.01个，一乡镇一公办中心园实现全覆盖。2020年，全省共有幼儿园8009所，在园幼儿198.56万人，学前教育毛入园率达到102%。其中，普惠性幼儿园（含公办园）比率达到88.8%。

2. 义务教育服务

浙江省共有义务教育中小学5056所，义务教育入学率为99.99%，巩固率达到 100%。其中,小学学校共 3038 所,招生 64.59 万人,在校生达到 372.73 万人,小学学龄儿童入学率、巩固率分别为 99.99% 和 100%,小学生师比达到 16.8 : 1;初中学校共 1748 所,招生 55.39 万人,在校生达到 163.64 万人,入学率、巩固率分别为 99.99% 和 100%,初中生师比为 12.3 : 1。全国义务教育优质均衡发展县(市、区)比率为 2%。

3. 普通高中助学服务

浙江省共有高中段教育学校 954 所,高中段教育毛入学率为 98.1%。全年招生 54.94 万人,在校生 155.18 万人,初中毕业生升入高中段的比率为 99.14%,升入普高和中职的普职比为 1.07 : 1,生师比达到 11 : 1。

4. 中等职业教育助学服务

2020 年,浙江省共有中等职业教育学校 332 所,招生 26.61 万人,在校生 74.28 万人,生师比达到 15.6 : 1。

(三)劳有所得

就业是民生之本,收入是分配之源,也是改善民生、实现发展成果由人民共享最重要、最直接的方式。到 2020 年,浙江城镇、农村居民人均可支配收入分别达到 6.27 万元和 3.19 万元,连续 20 年、36 年居全国各省(区)首位;同时,省内城乡区域发展相对均衡,城乡居民收入比已降至 1.96 : 1,是全国唯一所有设区市居民收入都超过全国平均水平的省份。浙江省统计局调查显示,2020 年全省工资性收入达到 30059 元,占人均可支配收入的 57.3%。根据《国家基本公共服务标准(2021 年版)》,“劳有所得”服务包括就业创业服务、工伤失业保险服务等两方面。

1. 就业创业服务

全省公平的就业环境持续优化,城乡劳动者、本地劳动者和外来劳动者同等享受公共就业创业服务和普惠性就业政策。2020 年,全省城镇新增就业人数 111.81 万人,失业人员再就业 47.7 万人,年末城镇登记失业率为 2.79%,城镇调查失业率为 4.3%。帮助困难人员实现再就业 12.79 万人。

2. 工伤失业保险服务

2017 年 9 月,浙江省第十二届人民代表大会常务委员会第四十四次会议通过《浙江省工伤保险条例》,在全国率先将职业技工院校实习生和超过退休年龄继续就业人员纳入保障范围。2020 年,全省工伤保险参保人数达到 2546.14 万人,基金收入 38.94 亿元,基金支出 62.45 亿元。浙江是全国失业保险扩大基金支出范围试点,这些年来通过稳岗返还等措施,积极发挥失业保险保生活、促就业、防失业等功能。2020 年,全省失业保险参保人数达到 1687.42 万人,基金收入 72.82 亿元,基金支出 154.34 亿元(见表 8-1)。

表 8-1　2016—2020 年浙江省年工伤保险、失业保险参保和基金收支情况

年份	工伤保险			失业保险		
	参保人数/万人	基金收入/亿元	基金支出/亿元	参保人数/万人	基金收入/亿元	基金支出/亿元
2016	1880.72	53.76	46.11	1317.00	93.78	72.65
2017	1977.17	58.75	51.49	1382.85	77.91	66.99
2018	2087.84	67.34	56.67	1478.36	85.15	62.60
2019	2257.44	60.07	63.73	1561.69	91.83	191.01
2020	2546.14	38.94	62.45	1687.42	72.82	154.34

数据来源:2016—2020 年度《浙江省人力资源和社会保障事业发展统计公报》。

(四)病有所医

进入 21 世纪以来,浙江卫生健康事业取得长足发展,2001 年提出卫生现代化战略,2006 年提出卫生强省战略。2016 年,浙江省委、省政府召开全省卫生健康大会,提出要高质量高水平建设健康浙江、打造健康中国省域示范区的目标,并制定出台《健康浙江 2030 行动纲要》。到"十三五"末,全省人均预期寿命达到 79.47 岁,比 2015 年增加 1.17 岁。居民健康素养水平从 2015 年的 18.25%提高到 33.08%,居民主要健康指标接近或达到高收入国家水平。根据《国家基本公共服务标准(2021 年版)》,"病有所医"服务包括公共卫生服务、医疗保险服务、计划生育扶助服务等方面。

1. 公共卫生服务

浙江是全国最早实施基本公共卫生服务项目的省份之一。城乡居民健康档案建档率达到 90%以上,公共卫生安全保障体系不断健全,基本公共卫生服务均等化程度进一步提高。特别是在抗击新冠疫情期间,创新实施以

"一图一码一指数"为代表的精密智控机制,实现患者高治愈率、医务人员零感染。

2. 医疗保险服务

浙江省已经基本建立起基本医疗保险、大病保险和医疗救助三重保障机制。到"十三五"末,全省基本医疗保险参保人数达到5541万人,户籍参保率达到99.37%。各市基本医疗保险统筹层次稳步提升,11个设区市基本医疗保障制度全部实现纵向统一,大病保险实现市级统筹。城乡居民医保人均筹资达到1252元,其中财政补助达到838元。各地出台城乡居民门诊慢性病保障制度,将高血压、糖尿病、肺结核等12种常见慢性病纳入医保门诊保障范围,基层门诊最低报销比率达到60%。医疗救助政策落实和符合条件困难群众资助参保率均达到100%。

3. 计划生育扶助服务

近年来,计划生育特殊家庭扶助标准不断提升,未满60周岁的,或年满60周岁且已享受政府养老服务补贴的男方或女方,特别扶助金标准提高到每人每月600元;未满60周岁但失能、失智等生活不能自理的,或年满60周岁且未享受政府养老服务补贴的男方或女方,特别扶助金标准提高到每人每月800元。计划生育手术并发症人员的扶助金标准也得到提升。

(五)老有所养

实现老有所养是社会文明进步的标志。浙江省于1987年进入老年型社会,此后老龄化程度不断提高。根据第七次人口普查结果,全省60岁及以上人口占比达到18.70%,其中65岁及以上人口占比达到13.27%,分别比2010年提升4.81个百分点、3.93个百分点。全省户籍人口中60岁及以上人口为1187.5万人,占比达到23.43%。根据相关预测,未来一个时期,浙江人口结构将继续转变,60岁及以上、65岁及以上、80岁及以上的老龄人口所占比重都将越来越高,而且这种趋势将持续到21世纪中叶。一般来看,老年人的基本需求包括经济保障、健康保障、照护保障、精神慰藉等。根据《国家基本公共服务标准(2021年版)》,"老有所养"部分的基本公共服务主要包括养老助老服务和养老保险服务。

1. 养老助老服务

近年来,浙江省初步形成了以居家为基础、社区为依托,机构充分发展、功能完善、布局合理、规模适度、覆盖城乡、医康养结合的社会养老服务体系。2020 年,每千名老年人拥有社会养老床位数 55 张,比 2015 年底增加 6.4 张,增长了 13.2%;建成城乡社区居家养老服务照料中心 2.34 万个,65 岁及以上老年人健康管理率达到 71%。

2. 养老保险服务

目前,养老保险体系由企业职工基本养老保险、城乡居民基本医疗保险和机关事业单位养老保险三个项目构成。到 2020 年末,浙江省企业职工基本养老保险参保人数为 2989.29 万人,基金收入 1784.54 亿元,基金支出 2919.51 亿元;城乡居民基本养老保险参保人数为 1143.94 万人,基金收入 300.64 亿元,基金支出 200.62 亿元;机关事业单位基本养老保险参保人数为 221.84 万人,基金收入 619.95 亿元,基金支出 614.72 亿元(见表 8-2)。

表 8-2 2016—2020 年浙江省基本养老保险参保和基金收支情况

年份	企业职工基本养老保险			城乡居民基本养老保险			机关事业单位养老保险		
	参保人数/万人	基金收入/亿元	基金支出/亿元	参保人数/万人	基金收入/亿元	基金支出/亿元	参保人数/万人	基金收入/亿元	基金支出/亿元
2016	2323.02	1976.07	1759.08	1233.12	150.09	143.62	183.92	—	—
2017	2500.66	2429.95	2058.38	1200.70	158.52	157.43	211.71	693.99	649.75
2018	2664.68	2583.62	2529.61	1197.84	176.59	171.53	218.73	655.21	626.33
2019	2807.34	2982.88	3175.25	1199.43	176.40	178.87	224.38	606.82	591.06
2020	2989.29	1784.54	2919.51	1143.94	300.64	200.62	221.84	619.95	614.72

数据来源:2016—2020 年度《浙江省人力资源和社会保障事业发展统计公报》。

(六)住有所居

近年来,浙江省城乡居民居住条件得到较大改善。"十三五"期间,全省近 400 万户家庭通过购买商品房改善了居住条件。到 2019 年,全体及居民自有房比重达到 88.2%,其中城镇居民自有房比重达到 83.2%,农村居民自有房比重达到 98.1%。全省人均住房建筑面积达到 54.9 平方米,其中城镇居民为 48.5 平方米,农村居民为 67.3 平方米。根据《国家基本公共服务标准(2021 年版)》,"住有所居"部分的基本公共服务主要包括公租房服务和住房改造服务。

1. 公租房服务

近年来,全省推动住房保障覆盖面扩大,推动由“少量深度救济型+有限资助型”保障模式向“适度普惠型保障”转变,加强公共租赁住房保障家庭经济状况核对工作。“十三五”末,城镇住房保障覆盖率达23.9%。

2. 住房改造服务

“十三五”期间,浙江省累计开工各类棚户区改造116.9万套;开工改造老旧小区1015个,惠及居民43.5万户。推进农村困难家庭危房改造,持续推进农村危房动态清零。

(七)弱有所扶

困难群体是特别需要关注的一个群体,其生活水平和需求满足情况直接决定共同富裕的水平。这些年来浙江推进“1+8+X”大救助体系建设(“1”是指全省社会救助信息系统;“8”是指最低生活保障、特困人员供养、受灾人员救助、医疗救助、教育救助、住房救助、就业援助、临时救助等基本救助;“X”是指多元社会力量参与),不断提升困难群体帮扶水平。根据《国家基本公共服务标准(2021年版)》,“弱有所扶”服务包括社会救助服务、公共法律服务、扶残助残服务两方面。

1. 社会救助服务

浙江省人均月最低生活保障标准从2015年的农村570元、城镇653元提高到2020年底城乡同标的886元,保持全国各省(区)第一;开展对支出型贫困家庭的社会救助;符合条件的学生享受教育资助比例达到100%;通过公共租赁住房实物配租和租赁补贴保障方式,满足城镇住房困难群体住房需求;通过企业吸纳就业、支持灵活就业和公益性岗位安置政策等,实现零就业家庭动态清零。

2. 公共法律服务

浙江是全国较早开展公共法律服务体系建设探索实践的省份之一。目前,通过实体、网络、热线等平台,广泛开展覆盖城乡的公共法律服务。到2020年,全省司法行政部门建成市级公共法律服务中心11个、县(市、区)公共法律服务中心 91 个、乡镇(街道)公共法律服务站 1369 个、村(社区)公共法律服务点 28568 个。与此同时,制定实施《浙江省基本公共法律服务均衡化标准(2017—2020 年)》,推动公共法律服务资源更好供给。

3. 扶残助残服务

残疾人是数量庞大、困难突出的社会弱势群体。近些年来,浙江省推动残疾人共建共享高水平全面小康。2020 年,全省城镇、农村残疾人家庭人均可支配收入为 40681 元、26906 元;困难残疾人生活补贴目标人群覆盖率、重度残疾人护理补贴目标人群覆盖率分别达到 99.3%、98.8%;全省劳动年龄段内有就业能力和就业意愿的残疾人就业率为 96.5%;残疾人基本康复服务率和辅助器具适配率均达到 99.9%;适龄(3—17 周岁)残疾人接受 15 年教育比率为 94.7%,困难残疾人家庭无障碍改造率达到 98.9%。

(八)优军服务保障

“十三五”时期,浙江省根据国家机构改革方案,成立各级退役军人事务部门,积极贯彻落实党中央关于退役军人工作的方针政策和决策部署,在履行职责过程中坚持和加强党对退役军人工作的集中统一领导。这些年来,浙江按照国家相关政策,做好优待抚恤、退役军人安置、退役军人就业创业服务、特殊群体集中供养等服务。

(九)文体服务保障

文体服务是基本公共服务体系中的发展型服务。2003 年,浙江省把进一步发挥浙江人文优势、加快建设文化大省作为实施“八八战略”的重要内容。2015 年,省委、省政府制定了《浙江省基本公共文化服务标准(2015—2020 年)》,“十三五”时期全面实施《浙江省全民健身实施计划(2016—2020 年)》。根据《国家基本公共服务标准(2021 年版)》,“文体服务有保障”服务包括公共文化服务、公共体育服务两方面。

1. 公共文化服务

近年来,浙江省基本公共文化服务供给更加丰富,农村文化礼堂逐步实现 500 人以上行政村全覆盖,基本公共文化服务标准化率先实现。每万人拥有公共文化设施面积达到3670平方米,居民综合阅读率达到90.4%,人均年观看电影、艺术表演、文博展览次数达到4.5次。文化惠民活动进一步普及,通过文化走亲、送戏下乡等群众喜闻乐见的方式,丰富广大人民群众的精神文化生活。

2. 公共体育服务

实现城乡“15分钟健身圈”,人均体育场地面积达到2.4平方米,经常参加体育锻炼人数占比达42%,国民体质监测合格率达93.8%。每万人体育社会组织达到2.2个,每千人拥有社会体育指导员2.6人。

二、基本经验

面对人民日益增长的美好生活需要,浙江始终坚持基本公共服务均等化,积极推动建设更加公平、更可持续、更有效率的基本公共服务体系。浙江基本公共服务均等化实践,为高质量发展建设共同富裕示范区、推动全生命周期公共服务优质共享奠定了坚实基础。经过这些年的努力实践,浙江积累了诸多经验。

(一)始终坚持以人民为中心的发展思想

建立健全基本公共服务体系,推动基本公共服务均等化的根本目的就是要解决人民群众最关心、最直接、最现实的利益问题,促进人的全面发展。2008年以来,把享有基本公共服务作为国民的基本权益确立起来。随着各项制度的建立健全,全体人民有更加稳定的预期。在基本公共服务体系建设中,特别强调对加快发展地区、农村地区和困难弱势群体的倾斜和帮扶。一是加快提升加快发展地区基本公共服务水平。这些年,浙江省不断加大对革命老区、民族地区、山区、海岛地区和库区基本公共服务财政投入和公共资源配置的支持力度,积极鼓励发达地区通过“山海协作”等方式支持加快发展地区基本公共服务。二是加大对困难群体、特殊弱势群体的帮扶力度。利用大数据技术手段,做好困难人员救助管理工作;加强对留守儿童和妇女、空巢失能老年人、重度残疾人等困难群体的关爱和帮扶;探索基本公共服务向常住人口覆盖,分阶段有序保障居住证持有人与当地户籍人口公平享有基本公共服务。三是加大对农村基本公共服务资源的配置力度。推动优质教育、医疗资源“双下沉”，满足农村居民基本需求。

（二）始终坚持立足省情推动基本公共服务发展

基本公共服务是国家制度安排，但由于全国各地经济发展水平不平衡，城乡差异大，基本公共服务实际水平高低不一。浙江在完善基本公共服务体系的进程中，始终坚持紧跟中央步伐，紧扣中央部署，扎实推进中央各项决策在本省的贯彻落实。与此同时，浙江各级政府又立足本省实际，适时拓展基本公共服务范围，提升基本公共服务标准。比如“十二五”时期，在国家基本公共服务范围的基础上，浙江省结合 2008 年以来的实践，对基本公共服务范围进行了适当扩展，主要分为基本生存服务、基本发展服务、基本环境服务和基本安全服务。这四类基本公共服务又包含就业公共服务、社会保障、基本住房保障等 13 类基本公共服务。“十三五”时期，浙江省基本公共服务范围适度调整，主要包括基本公共教育、基本就业创业、基本社会保障、基本健康服务、基本生活服务、基本公共文化、基本环境保护、基本公共安全等八大类。在具体公共服务项目执行中，有许多创新实践，比如率先建成覆盖全民一体化的城乡居民社会养老保险制度，率先加快整合城乡居民基本医疗保险制度，率先实现城乡最低生活保障标准同标。这些政策措施充分考虑了浙江特有的省情，既造福了浙江百姓，又为全国建立健全基本公共服务体系积累了经验。

（三）始终坚持在发展中保障和改善民生

经济发展是民生改善的物质基础，经济发展水平决定了保障和改善民生的能力。浙江一直注重经济与社会的协调发展，坚持基本公共服务体系建设与经济社会发展相适应的原则，合理确定基本公共服务水平，适时推出相关项目。与其他省份相比，浙江经济社会发展水平较高，具有较好的物质基础，但始终坚持基本公共服务适度水平，把实现基本公共服务体系的持续健康运行作为一条重要的原则。对于各项新的服务项目，要求各地先从低水平起步,今后随着经济发展水平的提高,再逐步提高保障标准。在坚持“量力而行、尽力而为”的原则基础上,遵循统筹兼顾、突出重点的工作方法。以教育、就业、社会保障等为重点,推动基本公共服务全覆盖,兼顾当前和长远、局部和整体、城市和农村、发达地区和欠发达地区。经过几十年的努力,基本实现了基本公共服务制度政策上的统筹协调和城乡区域上的统筹协调。

(四)始终坚持以标准化推动均等化

以标准化助推均等化建设,是建立健全基本公共服务体系的重要抓手。加强标准化体系建设,就是要通过标准的制定和实施,保障基本、守住底线、补齐短板、提升水平,让发展成果更规范、更公平、更实在地惠及广大人民群众。浙江是最早提出“以标准化推进基本公共服务均等化”的省份。“十三五”以来,浙江持续开展基本公共服务标准化试点,2017 年印发《浙江省基本公共服务标准体系建设方案(2017—2020 年)》,以建设“普惠性、保基本、均等化、可持续”的基本公共服务标准体系为目标,制定基本公共教育、就业创业服务、社会保障、基本健康服务、基本住房保障、基本公共文化服务、环境保护服务、公共安全服务等重点领域标准清单。这些年来,出台了《养老服务机构康复辅具配置基本要求》《养老机构失智症服务与管理规范》《农村生活垃圾分类处理规范》《农村文化礼堂管理与服务规范》等标准,有力推动了基本公共服务均等化。

第四节 推动全生命周期公共服务优质共享

党的十九届五中全会全面吹响了扎实推动共同富裕的号角。在 2021 年 8 月 7 日召开的中央财经委员会第十次会议上,习近平总书记提出,共同富裕是全体人民的富裕,是人民群众物质生活和精神生活都富裕。要促进基本公共服务均等化,加大普惠性人力资本投入,完善养老和医疗保障体系、兜底救助体系、住房供应和保障体系。[1]《浙江高质量发展建设共同富裕示范区实施方案(2021—2025年)》提出了“率先基本实现人的全生命周期公共服务优质共享”的目标。未来一个时期,建议通过推动全生命周期公共服务优质共享助力共同富裕。

一、动态满足群众基本公共服务需要

推动促进人的全面发展,是推动共同富裕的重要目标。基本公共服务在满足生存和发展需要方面能够发挥重要作用,因而提供更加优质的基本公共服务,满足群众基本公共服务需求,是推动共同富裕的题中应有之义。事实上,人民群众对基本公共服务的需求是动态变化的,出台完善基本公共服务体系的相关政策措施,都要将出发点和落脚点定位在回应基本公共服务对象的基本需求上,通过不断完善服务需求回应机制、服务供给机制、服务质量评价问责机制等,建立更加公平、更有效率、更可持续的现代基本公共服务体系。同时,不同群体也有较强的异质性,这种动态性也要考虑各群体不同的增收能力。针对低收入群体,要完善生存类基本公共服务,要夯实兜底保障的基础,按照建立解决相对贫困长效机制的思路,健全最低生活保障等各类保障标准自然增长机制,加大对支出型贫困家庭的帮扶力度。建立防范因病致贫、因病返贫的机制,比如探索实行大额费用个人(家庭)封顶制,加快困难老人照护救助体系建设。针对一般群体,要健全发展类基本公共服务,要随着经济发展水平和财力保障能力的提升,适度扩展保障范围。比如,落实积极生育支持措施,加快推进普惠型儿童福利体系建设;响应积极应对人口老龄化国家战略,建立面向全体老年人的基本养老服务制度等。针对残疾人等特殊群体,要根据其不同身体状况,多渠道、多形式扶持其就业,通过就业帮扶使残疾人更有尊严地生活。当然,基本公共服务与非基本公共服务的边界也是动态变化的,随着生活水平的提升,应兼顾经济发展和财力水平,适时扩大基本公共服务范围,提升基本公共服务保障标准。

---

[1] 习近平主持召开中央财经委员会第十次会议强调:在高质量发展中促进共同富裕 统筹做好重大金融风险防范化解工作[N].人民日报,2021-08-18(1).

二、扩大并优化配置各类服务资源

基本公共服务在城乡、区域和群体间的差距，既有历史的原因（如长期以来形成的城乡二元结构），也有体制机制的问题（如财政体制、考核评价机制等）。虽然这些年我国在基本公共服务领域增加了不少投入，但部分投入在城乡间、区域间和群体间是不均衡的，还有部分领域的投入是不充分的。因此，要在继续扩大资源总量的同时，注重资源的优化配置。按照"抑峰填谷"的思路，努力控制、逐步缩小城乡间基本公共服务差距。基本公共服务的有效供给，需要有坚实的人力和财力基础。从人力资源来看，当前在"老少边穷"地区和部分农村地区基层服务力量不足。许多从事基本公共服务供给的事业单位人员是编制外人员，兼职多，工作吸引力不强。从财力保障看，未来随着经济增速放缓，财政收入增速还面临较大的不确定性，近年来受新冠疫情等各种因素影响，基本公共服务体系建设的可持续性受到挑战。因此，要努力把人、财、物更多引向基层，加大各种资源对基层的倾斜力度，根据基本公共服务对象合理配置服务人员数量，根据实际工作量安排工作经费并改善工作条件。按照专业化要求，建立服务人员人力资本投资长效机制，提升常态社会中的管理服务能力和紧急状态下的突发事件处置能力。

三、持续推动基本公共服务供给方式创新

《国家基本公共服务体系"十二五"规划》提出的把基本公共服务制度作为公共产品向全民提供，不等于基本公共服务全部由政府出资。实践证明，通过在部分服务领域引入社会资本，基本公共服务的供给效率得到提升。因此，未来在确保政府投入的基础上，要充分发挥市场机制的作用，持续推动基本公共服务供给方式创新。要努力扩大基本公共服务面向社会资本开放的领域，拓宽基本公共服务资金渠道。比如在养老服务、托幼服务等领域，可以采取直接"补需方"的方式，增强居民享受服务的选择权和灵活性。当前，受人口老龄化等影响，职工基本养老保险等社会保险基金收支维持自身平衡难度逐渐加大，可持续性正面临挑战。这里需要充分研判基金

缺口原因,通过加大国有资本划转力度、转入土地有偿使用收入、提高基金投资收益率等措施,建立多渠道筹资机制。而在社会救助等公共服务领域,要畅通社会力量参与帮扶渠道,积极引导社会组织、社会工作者和志愿者积极参与。

四、降低基本公共服务户籍关联度

第七次全国人口普查数据显示,2020 年全国人户分离人口为 49276 万人(比 2010 年增长 88.52%),流动人口达到 37582 万人。毋庸置疑,流动人口为流入地经济社会发展做出了重要贡献。然而,许多基本公共服务享有依然以当地户籍身份为条件,制约了流动人口实际生活水平的提高。近些年来,诸多地区在兼顾当地财力的基础上,逐步降低享有基本公共服务的户籍关联度,推动基本公共服务向常住人口覆盖。比如,浙江很多地区探索城乡居民基本医疗保险向常住人口覆盖,规定只要取得浙江省居住证且在原户籍地未参加基本医疗保险的,就可以参加当地城乡居民基本医疗保险,并获得当地相应的财政补助。又比如,部分地区实行外来人口凭居住积分享受公共服务的模式,在公共资源相对紧缺的领域,实行积分与公共服务挂钩,阶梯式享受基本公共教育、基本医疗卫生、就业扶持、住房保障、社会福利、社会救助、公共文化等方面的服务。因此,建议未来推动基本公共服务均等化,要适时适度降低享有基本公共服务的户籍关联度。探索流动人口公共服务成本分担机制,完善央地间财政转移支付机制,逐步探索按照常住人口配置资源。从具体服务领域看,要加强对外来常住人口的技能培训和职业教育;以教育、公共卫生和社会保障等服务为重点,推动基本公共服务公平享有;提升社会保险统筹层次,跨统筹地区享有社会保险服务更加便捷。通过完善各项政策措施,努力提升外来常住人口享有各类基本公共服务的可及性。

五、发挥法治和数字化改革引领作用

法治引领和技术标准规范,对于推动基本公共服务均等化有重要作用。

从国家层面看,支撑基本公共服务体系建设的标准化、信息化工作持续加强。要在现有技术规范和标准基础上,加快基本公共服务各领域法规建设,解决法规空白、法规过时、法规不配套和可操作性不强的问题,提高基本公共服务法治建设公众参与度。要持续推进基本公共服务标准化,以标准化推动专业服务能力提升和城乡区域服务均等化。这里特别是要充分考虑困难群体和弱势群体对公共服务的需求,制定差异化标准,确保各群体享有大致均等的基本公共服务。除了法治和技术标准,还需要发挥数字化改革的引领作用。虽然数字应用是一把双刃剑,可能由于"数字分群"加剧群体间分化,但在基本公共服务领域用好数字化改革成果能够提升服务水平,包括在实现服务对象需求的精准识别、推动公共服务资源下沉、促进公共信息共享等方面发挥作用。因此,要积极利用大数据分析等现代科学技术,推动教育、就业、社会保障、医疗卫生、公共文化等领域服务的智能化,加大各部门信息资源整合力度,加强统计数据资料综合分析和运用,为完善基本公共服务法规制度和制定相关政策提供服务。

第九章
深化社会保障改革推动共同富裕

社会保障是国家在风险管理领域的基础性制度安排,是实行国民收入再分配的重要途径,而多层次社会保障体系则有益于普遍富裕基础之上的差别富裕,因而社会保障制度是实现共同富裕的重要基础。改革开放以来,我国在社会保障领域进行了一系列改革探索,实现了制度转型和惠及范围扩展,在一定程度上促进了共同富裕。同时应该看到,由于历史和现实的诸多原因,现行社会保障制度还存在诸多缺陷,因而需要基于共同富裕的要求,深化社会保障制度改革,不断增强社会保障制度的反贫困功能、收入再分配功能和对经济社会发展的适应性。据此,当前和今后一个时期社会保障制度改革的重点是:优化社会保障项目体系和层次结构,改进社会保障制度和政策设计,完善社会保障管理体制和运行机制。

共同富裕是社会主义的本质要求，是人民群众的共同期盼。在推进共同富裕的伟大事业中，社会保障担当怎样的角色？从共同富裕的视角看，我国现行社会保障制度有哪些积极贡献？还存在哪些缺陷？应当怎样改进？这些都是需要认真思考的问题。

第一节 社会保障与共同富裕

共同富裕有两个要点，分别是富裕和共享，其核心是人的全面发展。无论是富裕、共享，还是人的全面发展，都与社会保障有密切联系。事实上，有效的社会保障制度不仅能够促进社会稳定和谐，为经济持续健康发展创造良好的社会环境，而且能够增强低收入群体的现实购买能力和全体社会成员的消费信心，从而增加全社会的消费以直接促进经济发展，进而促进社会财富日益丰富，人民生活水平稳步提高，全民共享的物质基础不断增强。与此同时，国家通过有效的社会保障制度，为社会成员的基本风险提供基本保障，从而确保社会成员的基本生存、基本发展和基本尊严，并缩小全社会的贫富差距，产生积极的收入再分配效应，实现社会财富的合理共享，从而促进国家长治久安、百姓安居乐业、社会和谐进步。因此，社会保障制度是实现共同富裕的重要基础，加强和改进社会保障是扎实推进共同富裕的重要抓手。

一、社会保障是满足国民基本需要的基础性制度安排

共同富裕，首先是富裕，因此减少乃至消除贫困是实现共同富裕的基础性工作，而社会保障正是确保社会成员基本需要以防止其陷入贫困并给予其新的发展机会的一项基础性制度安排，具有“扩中”“提低”进而做大中等收入群体之功能。事实上，现实社会生活中，风险无处不在、无时不有，社会成员面临着各种各样的风险，某些风险事故一旦发生，可能导致社会成员陷于贫困，或者处于非常不利的状态，因而任何一个自然人和法人都会自觉或不自觉地进行风险管理，而且他们的绝大多数风险是根据自己的实际情况

处理的,只是其专业化程度不同、管理的实际效果不同。然而,由于若干风险与社会成员的基本需要紧密相连,且仅仅依靠社会成员个体自行处理比较困难,或者其效率比较低,因而需要采取社会化的互助共济的方法来处理,例如灾害风险、贫困风险、疾病风险、失业风险、职业伤害风险、老化风险、失能风险等。这些风险具有普遍性,大多数社会成员都有感知,然而部分社会成员的认知往往有局限性,因而需要借助国家强制力组织实施,以确保社会成员不至于因遭遇此类风险事故而陷于贫困,从而保持社会稳定和谐。经过长期的实践,世界上绝大多数国家已经达成共识,认为政府组织实施这类风险保障措施属于基本公共服务的范畴,社会成员获得这种保障已经被确认为一项基本权益。正因为如此,在许多国家的公共财政支出中,社会保障类支出可能达到财政总支出的 1/3 以上,甚至可能接近一半。由此出发,如果一个国家的社会保障制度是健全并有效的,那么老百姓的基本需要就有保障,他们就不再有对贫困的恐惧,实现全社会共同富裕就有了坚实的基础。新中国成立之初,国家建立起一套全新的社会保障制度,实现了工薪劳动者"生老病死有依靠",赢得了人民群众对新生社会主义制度的信任。改革开放以后,国家在社会保障领域进行了一系列改革探索,实现了制度转型和惠及范围扩展,提高了全体社会成员的基本风险保障整体水平,并有力地促进了经济长期持续快速发展。最近几年,国家通过完善社会保障制度为低收入群体提供有针对性的基本风险保障,实现了"两不愁三保障",为消除绝对贫困、取得脱贫攻坚战的全面胜利做出了重要贡献。低收入群体脱贫之后,正在谋求新的发展,他们当中将有越来越多的人彻底告别贫困逐步进入中等收入群体甚至高收入群体,成为实现共同富裕的重要力量。

二、社会保障是实行国民收入再分配的重要途径

实现共同富裕,要有社会财富的持续增长,同时必须有社会财富的共享。也就是说,必须有国民收入再分配,必须有社会财富的转移,而且社会财富的再分配力度直接体现其共享水平。事实上,社会成员中每一个人的基础、能力和贡献不同,因而按照第一次分配所得的财富必然会有差异,这

就需要富裕群体帮助贫困群体，即先富帮后富、先富带后富，只有这样才能实现共同富裕。这类问题虽然属于社会领域，但解决问题的方法是经济手段，因而任何社会保障项目的组织实施都伴随一种资金运动。这一过程的每一个环节都有收入再分配的意味，这里包括幸运者与不幸者之间、高收入者与低收入者之间、一代人与上一代或下一代人之间，以及不同地区之间的收入再分配，尤其是针对那些射幸性较强的风险的保障项目，其收入再分配的力度就更大。从给付环节看，社会保障经办机构仅仅对遭遇制度规定风险事故的保障对象给付资金或者提供相关服务，例如救助金、养老金、医药服务、照护服务、职业培训服务等，那些没有遭遇风险事故的社会成员，是不可能得到这类资金或服务的。而且，在社会保险给付中，风险事故遭遇者所得到的给付金可能是其所缴社会保险费的数十倍甚至数百倍。从筹资环节看，社会保障资金通常来源于社会保险费或财政资金，社会保险费一般按照统一的规则征收，例如统一的缴费基数确定方法、统一的缴费比率，由于参保者的收入水平有差异，则在相同规则之下其所缴纳的社会保险费就可能不同，往往是高收入者对社会保险基金的贡献较多，低收入者对社会保险基金的贡献相对较少。就社会保险之外的社会保障项目而言，其资金基本上来自国家财政，而财政资金主要源于税收，因此这类社会保障项目的资金从本质上说来自于纳税人，而中高收入群体往往贡献较多的税收。此外，社会保障制度由政府统一组织实施，在一定范围内实行同一制度和同一政策，这就意味着在这一行政区域范围（又叫“统筹地区”）内，无论贫富贵贱、身体强弱，无论先进落后、发达与否，通过这些项目的互助共济，都会实现社会财富的共享，从而产生积极的国民收入再分配效应。由于社会保障项目众多并惠及全体社会成员，不仅能够满足社会成员的基本需要，而且能够促进社会发展成果共享，因而有效的社会保障制度能够对推动共同富裕做出重要贡献。

三、多层次社会保障体系有益于普遍富裕基础之上的差别富裕

共同富裕是全体人民的富裕，不是少数人的富裕，也不是整齐划一的平均主义，而是普遍富裕基础上的差别富裕。因此，实现共同富裕，不是把社

会财富简单平分,而是在确保全体社会成员普遍拥有适度水平的基本公共服务的基础上有合理差异的富裕。这里有几个要点:一是基本公共服务均等化且基本公共服务水平随经济社会发展而相应提高;二是鼓励支持社会成员通过诚实劳动、合法经营、创新创业等富裕起来;三是通过合理、清晰而稳定的规则,包括税收制度、社会保障制度和转移支付制度等,使社会成员的财富差距保持在合理的范围之内。同样,社会成员所获得的风险保障也是有差异的。事实上,社会成员有各种各样的风险,而且每一个社会成员所面临的风险也不同,因而他们的风险保障需求也不相同,所以风险保障有基本保障与补充性保障之分。其中,基本保障由政府依法组织实施,旨在满足社会成员的基本风险保障需求,以保障其基本生存、基本发展和基本尊严,减少社会可能出现的不稳定现象。正因为如此,世界各国普遍将社会保障权益确认为国民的基本权益,将组织实施社会保障作为政府的基本公共服务项目。

值得指出的是,基本保障并非充分保障,也就是说,此类保障仅仅能够满足社会成员的基本需要。如果社会成员希望过上更好的生活,就需要有更加充分的风险保障,这就需要在基本保障之上拥有相应的补充性保障。具体地说,补充性保障是指对基本风险范围之外的那些非基本风险的保障,以及对基本风险超过基本保障的那些非基本保障。例如,有条件的用人单位为其雇员提供职业年金和补充性医疗保障等福利,有支付能力的社会成员参与各类互助合作性保险或者购买各类商业保险、参与各类风险管理计划。对于补充性保障,政府不参与、不经办、不承担兜底责任,但负有依法监管之责。对于社会成员及其用人单位而言,这完全是自主、自愿行为,因而必然是自费的。由此,能够拥有补充性保障的社会成员,一般是中高收入者,他们希望有更加充分的风险保障,从而加固其风险保障基础,稳居中等收入阶层,甚至向上流动,这有益于稳定并扩大中等收入群体规模,与共同富裕目标相一致。因此,国家应当为补充性保障发展创造良好的环境,这对中高收入群体来说是一种保护,也是一种激励。由此可见,社会成员所获得的风险保障项目也是有差异的,其中基本保障对应于普遍富裕,补充性保障对应的是差别富裕。这种多层次社会保障体系的建立与完善,在本质上与共同富裕目标的实现相协调。

第二节 社会保障制度改革探索促进了共同富裕

在我国，社会保障有悠久的历史，但一直以灾害救助和民间慈善为主，其他类型的社会保障项目很少，尤其是没有普遍实施的社会保险制度。新中国成立之后，国家建立起一套全新的社会保障制度，尤其是通过建立劳动保险制度，使城镇劳动者有良好的风险保障和职业福利。在农村，则鼓励集体经济组织开展互助合作型风险保障，例如五保供养制度和农村合作医疗制度，但保障水平不高。改革开放以来，国家在社会保障领域进行了一系列改革探索，实现了制度转型和惠及范围的扩展，使广大社会成员的基本风险保障水平在总体上有显著提高，这在一定程度上促进了共同富裕。

一、社会保险制度转型保障了职工权益并促进企业负担均衡

20 世纪 50 年代初建立的劳动保险制度，依附于高度集中的计划经济体制，由公有制企业代表国家为职工提供基本风险保障服务。进入 80 年代，在经济体制改革的过程中，企业逐步成为自主经营、独立核算、自负盈亏的经济实体。由于企业的业务活动性质不同、劳动力结构不同、职工基本风险不同，因而各企业执行劳动保险政策的实际成本不同，于是企业之间的劳动保险费用负担畸轻畸重，严重影响企业之间的公平竞争（郑功成，2009）。这就意味着原有的劳动保险制度已经无法适应劳动力市场的变化，无法适应新的社会主义市场经济体制，迫切需要改革。最突出的表现是，部分劳动者的医疗费用无处着落，部分退休人员的退休金无处可领，部分用人单位破产导致职工失去工作从而失去工资收入。

经过 10 多年的改革探索，国家于 20 世纪 90 年代后期开始采用社会统筹的方法，逐步建立起一套新型的社会保险制度，包括职工基本养老保险、职工基本医疗保险、工伤保险、生育保险 4 个项目，全面替代

1951 年《中华人民共和国劳动保险条例》中的相应项目。此外,1986 年增设了待业保险,1999 年更名为失业保险。这套制度独立于用人单位之外,在一定区域(如市或县)范围内实行各类企业及其职工之间的互助共济,要求各企业按照统一规则缴纳社会保险费,职工的社会保险待遇与用人单位的经营状况和经济效益无关。这一做法解决了困难企业对职工基本风险无力保障或保障不足等难题,不仅保障了职工的基本风险保障权益,而且均衡了各企业在职工基本风险保障方面的费用负担,促进了社会主义市场经济体制的形成,从而促进了我国经济在较长一个时期内持续健康发展。

值得指出的是,在改革开放前和改革开放初期,中国的问题,不仅仅是部分社会成员缺乏基本风险的基本保障,还有经济发展水平低、老百姓生活水平低等一系列问题。当时可以说是处于一种共同贫穷的状态,而且基本风险保障的群体差异很大。得益于改革开放,得益于社会保险制度改革,整个国家的经济得到发展,劳动者的就业率显著提升,全体社会成员的收入水平普遍提高,全社会的财富总量也大幅度增加。因此,可以说,适应于经济体制改革的社会保险制度改革,为共同富裕做出了实实在在的贡献。

二、社会保险惠及范围扩展提高了低收入群体保障水平

在基本完成社会保险制度转型的改革之后,最近 20 多年,国家致力于扩大社会保险覆盖范围,使之惠及更多的社会成员。先是将适用于国有集体企业和公共部门及其正式职工的新型社会保险制度扩展到其他城镇劳动者,包括国家机关、事业单位和国有集体企业中的非正式职工,以及民营企业、民办非企业单位、社会团体中的从业人员和各类个体工商户、灵活就业人员等。于是,社会保险不再是体制内劳动者的专利。在各级政府和有关部门的努力下,职工社会保险的参保人数不断增多。如图 9-1 所示,2021 年底,各项目全国参保人数分别为:职工基本养老保险 48074 万人,职工基本医疗保险 35431 万人,工伤保险 28287 万人,生育保险 23752 万人,失业保险 22958 万人。

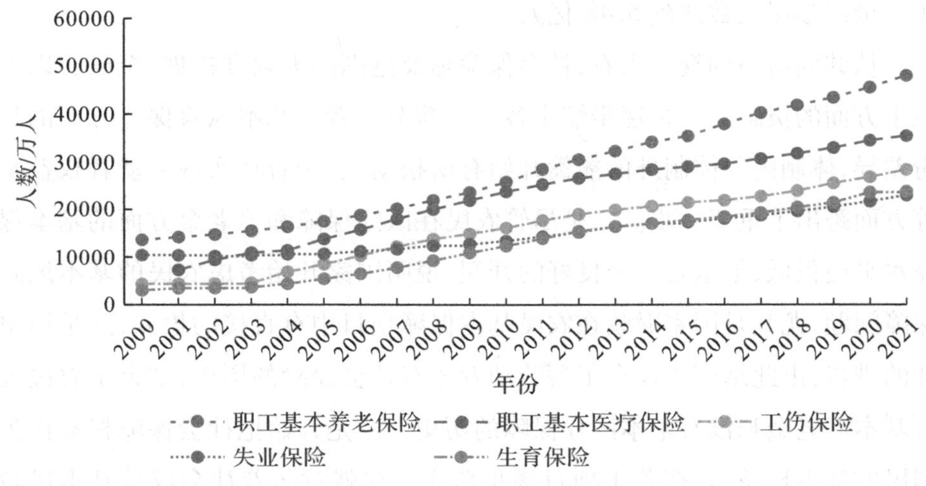

图 9-1 2000 年以来职工社会保险全国参保人数变化

数据来源：历年《劳动和社会保障事业发展统计公报》《人力资源和社会保障事业发展统计公报》《全国基本医疗保障事业发展统计公报》。

在此基础上，国家开始重视以农民为主体的非工薪社会成员的基本风险保障，于 2002 年提出并于 2003 年开始试行新型农村合作医疗制度（简称"新农合"），5 年后参保率超过 95%，几乎实现全覆盖。随着保障水平逐步提高，新农合在缓解农村因病致贫、因病返贫方面发挥积极作用。2007 年，这一做法扩展到城镇非就业人员，重点是一老一少，即无法参加职工基本医疗保险的老年人和少年儿童，建立城镇居民基本医疗保险制度（简称"城居医保"）。2016 年，国家将新农合与城居医保这两项制度整合成为城乡居民基本医疗保险制度①，2021 年底全国参保人数达到 10.09 亿人。类似地，国家于 2009 年开始试行面向农民的基本养老金制度，即新型农村社会养老保险制度，先是在部分地区试点，后逐步扩大试点范围。2011 年，又将这一思路扩展到城镇非就业人员，试行城镇居民基本养老保险制度。2012 年，这两个养老金项目在全国各地普遍实施。2014 年，将新型农村社会养老保险制度与城镇居民基本养老保险制度整合为城乡居民基本养老保险制度②，2021

①参见《国务院关于整合城乡居民基本医疗保险制度的意见》（国发〔2016〕3 号）。

②参见《国务院关于建立统一的城乡居民基本养老保险制度的意见》（国发〔2014〕8 号）。

年底全国参保人数达到5.48亿人。

从共同富裕的视角来看，社会保险惠及范围的大幅度扩展，至少有以下三个方面的贡献。一是逐步缩小各类工薪劳动者在基本风险保障方面的身份差异，体制内与体制外的藩篱开始有所松动，意味着在实现劳动者权益平等方面跨出了重要一步。二是尽管农民在医疗保障和养老金方面的基本保障水平还很低，但这是一个良好的开端，说明国家开始考虑农民的基本风险保障问题，尤其是国家财政在农民基本保障项目中有直接的投入，这是历史性的进步，由此结束了仅有工薪劳动者才有社会保险的历史，结束了农民没有基本养老金和没有基本医疗保障的历史。三是开始把社会保障权益作为国民的基本权益，并在若干项目逐步落实。这就意味着社会成员基本风险保障权益开始走向平等，这是实现人的全面发展的必要条件，也是共同富裕的题中应有之义。这将有益于确立全社会公平正义的价值理念，有益于调动亿万人民群众创业创新的积极性。

三、非缴费型项目增强了社会保障制度再分配功能

从20世纪末开始，国家更加重视保障和改善民生，尤其是针对个人缴费能力比较弱的社会群体，通过非缴费型的社会保障制度，为他们提供基本风险保障。前述面向非工薪劳动者的城乡居民基本医疗保险制度和城乡居民基本养老保险制度，虽然参保者个人需要缴纳一定的社会保险费，但国家财政对这两项社会保险基金有较大的投入，其中居民医保的资金约有2/3来自国家财政，城乡居民基本养老保险的基础养老金全部来自国家财政。

与此同时，针对社会成员面临的各种风险，国家运用财政资金全面加强社会救助和特殊群体的福利。1999年，以上海等地探索经验为基础①，国家建立了城镇居民最低生活保障制度，大大缓解了城镇贫困，有力地促进了城镇经济体制改革。2007年，总结推广上海、浙江等地的经验②，建立了农村最

①上海市于1993年在全国率先建立城市最低生活保障制度。

②上海市于1994年在全国率先建立农村最低生活保障制度；浙江省于2001年在全国率先建立城乡一体化的最低生活保障制度。

低生活保障制度。由此,满足条件的低收入家庭能够有持续稳定的基本收入来源,其基本生活得到有效的保障。随后,国家还陆续建立了医疗救助、教育救助、住房救助、就业救助、司法救助和临时救助制度,健全了灾害救助制度,并将农村五保供养制度和城镇"三无老人"①救助制度整合为特困人员供养制度,形成了一套新型的社会救助体系,为困难群体构筑了一张兜底网。同时,通过多种途径增强老年人、少年儿童和残疾人福利,2015 年开始,全国普遍实施残疾人两项补贴制度②(生活补贴和护理补贴)。表 9-1 给出了 2010—2020 年国家在社会保障领域若干重要项目的财政投入。

表 9-1 2010—2020 年国家财政对社会保障若干项目的投入

单位:亿元

年份	低保			职工养老	居民养老	居民医保
	城镇	农村	合计			
2010	539.53	446.59	986.12	1670.26	240.09	135.75
2011	675.06	665.48	1340.54	1542.31	649.41	2097.14
2012	666.36	698.71	1365.07	1486.57	1040.73	2504.26
2013	763.38	861.04	1624.42	1616.24	1235.17	3066.74
2014	737.47	869.00	1606.47	1945.73	1348.94	3408.51
2015	753.81	911.36	1665.17	2308.80	1853.48	4081.74
2016	716.14	941.34	1657.59	2795.48	1907.93	4421.99
2017	572.24	903.59	1475.83	4641.79	2130.78	4753.27
2018	525.68	936.81	1462.49	5355.43	2775.74	5374.10
2019	461.70	991.43	1453.13	5587.76	2880.51	5796.24
2020	477.47	1202.41	1679.88	6237.95	2968.07	5978.45

注:这里的"职工养老"是指企业职工基本养老保险,不含机关事业单位;"居民养老"是指城乡居民基本养老保险,2010 年和 2011 年的数据是新型农村社会养老保险的数据;"居民医保"是指城乡居民基本医疗保险。数据源于 2010—2016 年历年全国公共财政决算支出表和 2018—2020 年历年全国社会保险基金收入决算表。

非缴费型社会保障项目的增设和保障水平的提高,有效地增强了我国社会保障体系的收入再分配功能,从而促进了共同富裕。一是社会救助

①城镇"三无老人"是指无劳动能力、无生活来源、无赡养人和扶养人的,或者其赡养人和扶养人确无赡养能力或扶养能力的城镇老年人。

②参见《国务院关于全面建立困难残疾人生活补贴和重度残疾人护理补贴制度的意见》(国发〔2015〕52 号)。

各类项目和面向妇老幼残等特殊群体的诸多福利项目，均由财政出资，而受助对象都是弱势群体，因而这些项目都具有较强的收入再分配作用。二是国家建立城乡居民基本医疗保险和城乡居民基本养老保险制度，其参保对象是收入水平较低或者没有稳定收入的社会成员，以农民为主体，这就使得这个低收入群体的基本风险保障水平得到提高，尤其是国家财政对此有持续的投入，这就意味着这些项目具有较强的收入再分配功能。三是在前述两项社会保险制度中，需要参保者缴纳一定的费用，但是对缺乏缴费能力的困难群体，由政府相关部门或集体经济帮助其缴纳，最终绝大多数代缴的费用源自国家财政，这是具有更强再分配效应的举措。

第三节　共同富裕视角下社会保障领域的问题

长期以来，尤其是最近30多年来，我国社会保障制度的改革和建设促进了经济发展、社会稳定和其他各项改革，并在一定程度上促进了共同富裕。同时应该清醒地看到社会保障领域存在的问题，尤其是现行社会保障制度对改善全社会收入分配状况的贡献不够，与实现共同富裕的要求相比，还有很多值得改进的地方。

一、基本保障项目设置群体差异直接导致基本风险保障差距

从共同富裕的要求出发，每一个社会成员应当享有大体相同的基本风险保障权益，也就是说，社会成员所面临的基本风险，都能够得到政府提供的大致相同的基本保障。前些年，国家在扩大社会保障覆盖范围方面做了很大的努力，尤其是在基本医疗保障和基本养老金方面。为此，中国政府还得到了国际社会保障协会的表彰。[①] 但是，我们应该看到，我们的

①2016年11月17日（巴拿马时间），国际社会保障协会（ISSA）在其第32届全球大会期间，将“社会保障杰出成就奖”（2014—2016）授予中华人民共和国政府，以表彰中国近年来在扩大社会保障覆盖面工作中取得的卓越成就。

社会保障项目设置还存在诸多缺陷。例如,社会成员虽然面临同样的基本风险,但部分社会成员享有完备的基本保障项目,而另一部分社会成员则仅有少量的基本保障项目,有的甚至没有。这种差别主要体现在以下几种情况。一是工薪劳动者与其他社会成员之间的差别。确实,工薪劳动者与一般社会成员所面临的风险不同,因而基本保障项目也可以有所不同。问题在于,有些风险任何社会成员都会面临,但工薪劳动者有保障项目,而其他社会成员没有此项保障,例如生育保障,企业职工通过参加生育保险的方式获得保障,公职人员则通过职工福利的方式解决,但以农民为主体的其他社会成员就没有这种保障项目(何文炯等,2014)。二是正规就业人员与其他劳动者之间的差别。例如正规就业者必须参加职工社会保险五个项目,但其他劳动者如农业劳动者、灵活就业人员等非正规就业者,虽然有职业伤害风险,但因无法参加工伤保险而缺乏职业伤害保障。又如部分劳动者拥有住房公积金,但有相当一部分劳动者没有。三是城镇户籍与农村户籍劳动者的差异。例如城镇户籍劳动者享有就业保障以及相应的就业公共服务,但农村户籍劳动者没有。又如,随着人口流动的加剧,人户分离的现象已经十分普遍,但现行社会救助体系和特殊群体福利体系中的大多数项目,其保障对象的界定是以户籍为基础,这就使得大量的非户籍常住人口无法在其实际居住地得到这些社会救助和社会福利。值得指出的是,这些社会保障项目均由政府组织实施,都通过动用公共资源来推进,包括国家财政资金的投入。但是,这些资源的实际受益者仅限于制度文本规定的保障对象。因而这些制度的实施,必然加大国民财富的逆向再分配,这与共同富裕的目标背道而驰。

二、若干基本保障项目产生收入再分配负面效应

在社会保障体系中,基本养老金制度和基本医疗保险是惠及面最广、所需资金量最大、社会公众最为关注的两个项目。前者系基于国民生存权而设置,旨在让社会成员在年老之后有一笔稳定的收入,用于购买基本生活资料,从而确保其晚年基本生活水平,防止其陷于贫困。后者系基于国民基本健康权而

设置,用以应对社会成员疾病风险,旨在确保任何年龄段的社会成员在任何时候都具有购买基本医药服务的能力,以帮助其恢复健康。因此,世界上绝大多数国家采用适合本国国情的制度,使每一个社会成员都公平地享受这两项基本保障,同时通过这两个项目发挥其收入再分配的积极效应。

然而,由于历史和现实的诸多原因,我们目前对这两项制度依然采用分类保障的办法,即工薪劳动者与其他社会成员采用不同的制度,分别是职工基本养老保险制度和城乡居民基本养老保险制度,以及职工基本医疗保险制度和城乡居民基本医疗保险制度。与过去相比,为城乡居民设置基本养老保险和基本医疗保险制度,已经是很大的进步,这对于改善全社会的收入分配状况是积极的。一些学者在研究我国社会保障制度的收入再分配效应时,较多地就某一项制度进行考察,例如杨震林和王亚柯(2007)、彭浩然和申曙光(2007)、何立新和佐藤宏(2008)等。但是应当看到,无论是基本养老保险制度还是基本医疗保险制度,如果分别把两项制度合在一起来考察,即从全社会整体来考察基本养老保险体系和基本医疗保险体系的收入再分配效应,我们会发现其收入再分配效应与前述学者得到的结论有很大的不同。因为职工和居民在这两类制度的保障待遇方面有较大的差距。因此,如果基于国民基本养老金权益均等的原则来考察,则整个基本养老保险体系对于全社会收入分配状况改善的贡献是很小的,甚至可以说是负面的。事实上,职工基本养老保险制度从原先的职工退休制度演变而来,到2005年前后退休职工的月均基本养老金为1000元左右,但此后快速增长,现在已经到每月3200元以上。而城乡居民基本养老保险制度2009年才开始试点,基础养老金为每人每月55元,2014年增加到70元,2018年增加到88元,2020年增加到93元,加上个人账户养老金,老年居民的基本养老金为平均每月165元。由此可见,老年居民的平均基本养老金仅为退休职工平均基本养老金的1/19左右(见表9-2)。从最近10多年来的情况看,退休职工每年所增加的平均养老金基本上高于老年农民的平均养老金(总额)。

表 9-2　2010—2021 年城乡居民与职工基本养老保险人均基金支出比较

单位:元/人

年份	退休职工	老年居民	倍数	年份	退休职工	老年居民	倍数
2010	16740.52	699.97	23.92	2016	31529.05	1408.30	22.39
2011	18700.41	689.38	27.13	2017	34510.70	1520.84	22.69
2012	20899.54	879.31	23.77	2018	37841.07	1827.59	20.71
2013	22970.28	979.30	23.46	2019	39990.25	1942.55	20.59
2014	25316.77	1097.74	23.06	2020	40198.24	2088.00	19.25
2015	28235.29	1430.20	19.74	2021	42928.48	2291.37	18.73

注:基本养老保险人均基金支出可用于衡量人均养老金待遇水平,人均基金支出 = 年度基金支出总量 ÷ 基本养老金领取人数。数据源于 2010—2021 年历年《人力资源和社会保障事业发展统计公报》。

基本医疗保险的情况相对好一些,这两个群体之间的保障待遇差距虽然在逐步缩小,但其差距依然不小(见表 9-3)。值得注意的是,面向以农民为主体的城乡居民基本养老金和基本医疗保险的保障水平,难以保障老年居民的基本生活需要和城乡居民的基本医药服务需要,而且这样的制度安排扩大着两个社会群体之间的收入差距,使得整个社会保障体系在收入再分配方面的正面效应大打折扣。

表 9-3　2010—2021 年城乡居民与职工基本医疗保险的人均基金支出比较

单位:元/人

年份	职工	居民	倍数	年份	职工	居民	倍数
2010	1380.42	136.67	10.10	2016	2809.05	552.43	5.08
2011	1594.56	186.92	8.53	2017	3124.39	566.71	5.51
2012	1837.17	248.20	7.40	2018	3377.48	692.21	4.88
2013	2127.70	328.07	6.49	2019	3849.00	798.15	4.82
2014	2366.29	456.19	5.19	2020	3734.43	803.05	4.65
2015	2606.06	472.31	5.52	2021	4162.10	921.66	4.52

注:基本医疗保险人均基金支出可以反映该项目保障待遇水平,人均基金支出 = 年度基金支出总量 ÷ 基本医疗保险参保人数。数据源于历年《中国统计年鉴》。

更值得重视的是,国家对这两个项目的财政资金也有明显的偏向,产生了负面的效应,这与财政补助应遵循的一般原则相悖。事实上,多年来国家财政对职工基本养老保险制度的补助量,无论是从总量还是人均看,都显著高于对城乡居民基本养老保险制度的补助(见表 9-4)。这就使得基本养老保险领域出现了严重的收入再分配逆向效应。

表 9-4 2010—2020 年国家财政对老年居民和退休职工的养老金人均补贴比较

年份	老年居民			退休职工			人均差额/元
	财政补贴/亿元	领取人数/万人	人均补助/元	财政补贴/亿元	领取人数/万人	人均补助/元	
2010	240.49	2863	838.60	1670.26	6305	2649.10	1810.5
2011	649.41	8525	761.77	1542.31	6826	2259.46	149.69
2012	1040.73	13075	795.97	1486.57	7446	1996.47	1200.5
2013	1235.17	13768	897.13	1616.24	8041	2010.00	1112.87
2014	1348.94	14313	942.46	7945.73	8593	2264.32	1321.86
2015	1853.48	14800	1252.35	2308.8	9142	2525.49	1273.14
2016	1907.93	15270	1249.46	2795.48	10103	2766.98	1517.52
2017	2130.78	15598	1366.06	4641.79	11026	4209.86	2843.8
2018	2775.74	15898	1745.97	5355.43	11798	4539.27	2793.3
2019	2880.51	16032	1796.73	5587.76	12310	4539.20	2742.47
2020	2968.07	16068	1847.19	6237.95	12762	4887.91	3040.72

数据来源：2010—2020 年度《人力资源和社会保障事业发展统计公报》、2010—2016 年全国公共财政决算支出表、2018—2020 年全国社会保险基金收入决算表。

三、若干基本保障项目地区差异不利于区域均衡发展

改革开放 40 多年来，我国经济持续快速增长，人民群众的生活在整体上显著提高，同时一部分地区和一部分人先富起来，生活水平提高更快，因而地区之间的收入差距依然存在。因此，社会保障应当为缩小地区之间差距、促进地区之间均衡协调发展做出应有的贡献。

然而，我国现行社会保障各项目的制度框架虽然全国统一，但某些项目的具体政策在地区之间有较大的差异，这就使得本当属于国家的制度沦为地方性的制度。例如，国家虽然建立了统一的城乡居民基本养老保险制度，但城乡老年居民的基础养老金在地区之间还有较大差异。2020 年城乡居民的每人每月基础养老金给付标准，上海市为 1100 元，北京市为 830 元，厦门市为 660 元，江苏省为 160 元，山东省为 142 元，福建省为 130 元，湖南省为

113元,江西省为110元,四川省为105元,河南省为103元。虽然各地生活成本有一定差异,但这种差距表现出地区间城乡居民基本养老金权益的差异。又如,基本医疗保障方面,医疗救助范围和标准各地不同。职工基本医疗保险虽然是全国性的制度,但有的地区附加了若干项目,如城乡居民大病保险、大病医疗互助补充保险、重特大疾病医疗保险等,而这类项目完全由地方自定,名称和具体政策都不同。个人账户方面,有些地区建立了个人账户并由医疗保障部门管理,有些地区却一直没有建立个人账户。保障待遇方面,医疗保险目录(病种目录、诊疗目录、药品目录等)、医药机构定点规则、起付线、封顶线和报销比率等都不完全相同;《中华人民共和国社会保险法》规定职工基本医疗保险最低缴费年限,但各地的具体规定差距很大,有的统筹地区规定15年,也有20年、25年甚至30年的。如此等等,折射出基本医疗保险权益在地区间的差异。

同时,社会保险筹资规则不统一,地区之间的筹资标准不同,因而地区之间用人单位的社会保险缴费负担不同,这就意味着社会保险费作为劳动力基础成本在地区之间有较大的差异。例如,前些年职工基本养老保险的企业缴费比率在东北的黑龙江等省份需要20%,而处于珠三角地区某些城市的企业只需缴纳12%左右即可。职工基本医疗保险的用人单位缴费比率,原计划统一为6%左右,但实际上各地有很大差异,有的地区为5.5%,有些地区则高达10.5%。此等状况,直接影响着地区间公平竞争和区域间的均衡发展,不利于共同富裕。

第四节 基于共同富裕的社会保障改革思路

实现共同富裕是一项长期而艰巨的任务,需要朝着一个正确的方向持续推进。在这一过程中,社会保障担当着重要职责。过去30多年的社会保障制度改革探索,为共同富裕做出了积极贡献,但这还不够。当前和今后一个时期,应当更加紧密地围绕共同富裕的发展目标,牢牢把握下列重点,不断深化社会保障制度改革，建设更加公平、更可持续、更有效率的社会保障体系。

一、增强社会保障制度的反贫困功能

摆脱贫困是实现共同富裕的重要基础，而社会保障是国家反贫困的基础性制度安排。然而，现行社会保障制度与这一职责定位还有较大的差距。因而需要对若干重要项目重新定位并改进设计，以增强社会保障制度的反贫困功能。例如，在我国建档立卡的贫困户中，因病致贫或因病返贫的比率在40%以上。而现行职工基本医疗保险制度已经运行20多年，即便是较晚的城乡居民基本医疗保险制度和医疗救助制度也已经普遍实施10多年了。为此，国家通过财政投入并动员全社会力量在医疗保障领域集聚了大量的资源，但迄今为止绝大多数社会成员依然担心罹患重大疾病。究其原因，主要是基本医疗保障资源被分散，没有集中用于解决重大疾病问题，有人甚至把"保基本"与"保大病"对立起来。现行基本医疗保险制度实现基金责任封顶制，而医疗救助力度很小，因而因病致贫、因病返贫的社会现象难以消除。所以，必须从反贫困的目标出发，优化基本医疗保障制度设计，实行个人医药费用支付责任封顶制，即按照适宜的治疗方案，病人及其家庭一定期限内所承担医药费用不超过一定的额度，超过部分由基本医疗保障基金全部负责。这里的关键是明确基本医疗保障"保大病"的原则，逐步将资源更多地集中到高额费用的重大疾病，化解家庭灾难性支出，同时按照保基本原则为"适宜治疗方案"制定一套清晰且可操作的规范。

又如，基本养老金制度的职责是防止老年贫困，即通过国家的制度安排，使社会成员在年老之后有一笔稳定的收入，以保障其具有购买基本生活资料的能力。但是，现行城乡居民基本养老保险制度为以老年农民为主体的老年居民所提供的养老金过低，难以保障他们的基本生活需要，因而目前我国还有大批老年人处于低收入状态。再如，随着预期寿命的延长，我国失能老人的数量不断增多，比率持续提高，而出生人口增长缓慢，加上家庭小型化，大量失能老人需要社会化的照护服务，但老年人大多数无力购买此类服务，即便有能力也难以买到满意的服务。因此，要从反贫困的高度，重新理解医疗保障制度、基本养老金制度、长期照护保障制度等项目及其重要性,提高保障水平,加强保障力度。

二、增强社会保障的再分配功能

在推进共同富裕的进程中,国民收入再分配和社会财富转移都是其中的基本手段。前已指出,我国社会保障领域30多年来的改革探索,为改善全社会收入分配状况做出了一定的贡献,但这种贡献还不够大,而且某些社会保障项目或具体政策实际上导致了收入差距的扩大。因此要正确理解社会保障制度的功能定位及其收入再分配机理。事实上,作为国民收入再分配的重要政策工具,社会保障调节收入分配的机理与其他再分配手段(如税收、转移支付等)有所不同。从国家建立社会保障制度的初衷来看,主要是为社会成员的基本风险提供基本保障,那么缩小收入分配差距只是实施社会保障制度后所产生的一种效应。也就是说,为社会成员提供基本保障是社会保障的基本功能,而收入再分配则是其派生功能(何文炯,2018a)。因此,对于社会保障的收入再分配功能,需要有一个恰当的定位,尤其是不能脱离社会保障制度的基本政策目标来谈其收入再分配功能。还要注意到,社会保障的项目很多,有社会救助、社会保险、特殊群体福利等,因而考察社会保障制度的收入再分配效应,应当对不同项目分别讨论,不能笼统地简单言之。

就当前的现实情况而言,社会救助和特殊群体福利方面的社会保障项目,基本上产生了收入再分配的正面积极效应,社会保险领域的多数项目,也有积极的再分配效应。但是,如果我们把职工基本养老保险和城乡居民基本养老保险这两项制度放在一起,构成一个基本养老保险体系,那就可以看到这一体系的收入再分配效应是负面的,即整个基本养老保险体系的收入再分配效应是消极的。同样道理,如果我们把职工基本医疗保险与城乡居民基本医疗保险两项制度放在一起,则可以看到基本医疗保险体系的收入再分配效应也是不理想的,尽管比基本养老保险体系要好一些。还有,现行社会保险制度框架虽然全国基本统一,但社会保险的具体政策在地区之间有较大的差异，这就导致地区之间社会成员的社会保险权益不同，筹资责任也不相同。这就意味着社会保障制度在地区间的收入再分配效应也不理想。因此，在社会保障制度深化改革的过程中，需要优化制度安排和设计，切实增强社会保障制度的收入再分配功能。此外，社会保障总支出占 GDP 的比重和国家财政对于社会保障的责任，都与社会保障的职责和再分配力度密切相关，因而需要认真研究。

三、增强社会保障体系对经济社会发展的适应性

社会保障是一类长期性的制度安排，植根于经济社会之中，并将作为不可或缺的重大制度安排，伴随推进共同富裕的整个过程。然而，社会保障若干项目的制度设计已经难以适应经济社会发展的变化。例如，社会救助和社会福利项目绝大多数以户籍为基础，即这些项目主要针对具有本地户籍的社会成员，其他社会成员即便是在本地居住、就业并纳税多年，也无法获得居住地政府提供的社会救助或者社会福利。这显然无法适应城市化趋势、人口流动和劳动力市场一体化的要求。又如，现行社会保险制度主要是基于 20 世纪 90 年代后期的劳动力市场状况设计的，而最近 20 多年来我国劳动力市场发生了深刻的变化，但现行制度基本上没有实质性变化，因而实践中出现了种种不适应，尤其是缴费能力相对较弱的中小企业、劳动关系不明确或不稳定的新业态及其从业人员、流动性很强的农民工，均难以适应。根据人社部公布的统计数据，2021 年底，全国共有就业人员 74652 万人，其中第二、第三产业从业人员 57557 万人。虽然按照现行规则其中有一部分人不需要参加面向职工的社会保险，但可以注意到，同一时期在职职工参加职工基本养老保险、职工基本医疗保险、工伤保险、生育保险和失业保险的人数分别为 34917 万人、26106 万人、28287 万人、23752 万人和 22958 万人，这就意味着还有大量工薪劳动者尚未进入社会保险体系，因而缺乏应有的基本保障，这与社会保障“全覆盖”的要求相距甚远。由此可见，某些项目制度设计滞后影响了国民社会保障权益的落实。

据此，在社会保障制度深化改革的过程中，要努力增强社会保障制度对

经济社会的适应性。事实上,我们的经济社会正在发生巨大变化,而且今后又会有新的变化。现阶段需要重点关注以下问题。一是经济活动方式的变化,包括新产业的出现和产业结构的变化、新业态的出现和劳动组织方式的变化、新产品的出现与生产方式的变化等。当前的重点是要关注数字经济发展、非正规就业人数增多、劳动关系变化等问题,基于劳动力市场的变化,创新社会保险制度设计,使之能够适用于各类劳动者(何文炯,2020b)。二是人口结构在年龄、空间等方面的变化和生活方式的变化。当前的重点是要关注流动人口的社会保障问题,通过完善制度设计,逐步降低社会救助和社会福利制度的户籍关联度,使非户籍常住人口能够享受居住地的基本公共服务(宫蒲光,2019)。又要注意到老年人口,尤其是失能老人的增加,加强老年照护服务的保障制度建设,尤其是农村老年照护服务的保障制度建设,因为农村的老龄化程度高于城市。三是补充性风险保障需求的增加。随着收入水平和生活水平的提高,在拥有较为完整的基本保障之后,部分社会成员希望有更好的风险保障,过上美好幸福生活,因而需要鼓励和支持有条件的用人单位为其员工办理职业年金和补充性医疗保险等,鼓励中高收入群体自主自愿自费参加互助合作保险和商业保险以及其他金融机构的个人养老金、医疗保险、人身意外伤害保险等。这里的关键是要培育社会公众对基本保障待遇的理性预期,增强其主动参与基本保障的自觉性和争取获得补充性保障的内在动力。

第五节 现阶段社会保障制度深化改革的重点

为了适应共同富裕的目标和推进过程,社会保障制度必须深化改革,优化社会保障项目体系,改进社会保障制度和政策设计,创新社会保障制度运行的体制机制和工作方式。

一、织密社会保障项目体系

现代社会中,社会保障已经被公认为国民的一项基本人权。因此,每一个社会成员都有权得到基本相同的社会保障“服务包”,这一服务包不因社会成员的种族、身份、职业、居住地和社会贡献不同而有差异,这里包括项目和保障待遇两个方面。因为这是以国民基本权益为基础设置的,旨在保障每一个社会成员的基本权益,体现的是社会公平正义。必须指出的是,公平的含义众多,有结果公平、机会公平、程序公平等,但这里所讲的公平,主要是指结果公平,即每一个社会成员能够享受大体相同的基本风险保障。

因此,需要以社会成员的基本风险保障需求分析为基础,结合经济社会发展趋势,按照“织密网”的要求,提出一个完整的基本保障项目体系,以织密社会保障的网络体系。例如,随着人口老龄化、高龄化和家庭小型化,失能失智老人逐步增多但家庭照护能力逐渐减弱,社会化专业化照护服务需求增加,国家需要加快发展照护服务业,并将长期照护保障作为新的法定保障项目,建立面向全民、城乡一体的长期照护保障制度,使失能失智者能够得到基本的照护服务。近年来,有人主张采用社会保险的方式,面向企业和机关事业单位职工建立长期照护保险制度,对农村居民暂不考虑。这种做法将进一步扩大社会保障领域已经存在的城乡差距。又如,农民与城里人一样,生育过程也有风险,据此建议,改造现行生育保险制度,将生育医疗费用纳入基本医疗保险,建立不分城乡、面向全民的生育津贴制度(何文炯等,2014)。再如,任何劳动者都有职业伤害风险,因而需要改革现行工伤保险制度,建立适用于正规就业和非正规就业者即全体劳动者的职业伤害保障制度,积极创造条件把包括农民在内的各类劳动者纳入职业伤害风险保障体系。类似地,还应当建立适合于农民的就业保障机制,给农民以就业帮扶,当前大量的农民就业不充分,因而需要帮助其提高劳动技能,以适应现代农业发展需要,或者转移到其他产业。事实上,大多数农民仅仅通过从事目前的农业生产难以富裕起来。当前,还有一个突出问题,即需要加快建立儿童津贴制度(何文炯等,2021),健全儿童照护服务制度等一系列儿童福利制度,实现儿童福利从特殊群体福利转向普遍性福利,从而降低中青年在生育、养育、教育等方面的家庭负担,同时作为一项公共人力资本投资。

在健全基本保障项目体系的同时,需要注重优化社会保障体系层次结构。事实上,社会保障有基本保障与补充性保障之分。从风险保障市场演进的历史看,基本保障是政府对于风险保障市场干预的结果。但这种干预必须是适度的,否则会滋生“等靠要”的懒汉思想,减少社会成员勤劳致富、创新致富的内在动力,不利于形成积极向上的社会风尚,同时导致全社会风险管理成本过高,从而降低效率。因此,要把握好政府与市场的关系(杨冬珍和赵海月,2018)。社会保障层次结构优化的核心是基本保障待遇水平的适度性。当前突出的问题是基本保障与补充性保障的结构不合理,基本保障的规模大,而补充性保障发展缓慢。其成因是多方面的,但最重要的是中高收入群体参与补充性保障的内在动力不足。事实上,近 10 多年来,基本保障项目不断增多,某些项目的保障待遇水平持续提高,在公众中形成了一种预期,而这种预期正在减弱社会成员参加补充性保障的内在动力。所以,优化社会保障层次结构的关键是要让基本保障项目回归保基本,从而使社会公众,尤其是已经具有相对高保障的社会群体形成理性预期。同时,某些基本保障项目的待遇水平过低,需要逐步提高,使之能够担当起“保基本”的职责。

二、优化社会保障制度设计

当前,社会保障领域若干基本保障项目的制度设计不合理,公平性不足,可持续性令人担忧,制度运行效率低下,因而迫切需要改进。

第一,优化基本养老保险制度设计。重点是明确职工基本养老保险的制度定位,将其定位于保障劳动者退休后具有购买基本生活资料的能力。为此,要按照“保障适度”的要求,提出适度养老金水平的具体标准,使得“保基本”这一原则能够落到实处。其次要逐步缩小个人账户,以增强制度的互助共济性,在此基础上实行“统账分离”或“取消个人账户”的具体方案。这里还要考虑职工基本养老保险与城乡居民基本养老保险二者之间的关系,探讨基本养老金制度全民统一或者建立国民基础养老金制度的可能性及需要创造的条件,旨在真正确立全民统一的、平等的基本养老金权益。

第二,优化基本医疗保障制度设计。现行基本医疗保障制度实行基金责任封顶制,因而医药费用量大的参保病人可能要承担大额医药费用,从而导致家庭贫困。因此,建议借鉴德国、日本、韩国和我国台湾地区的经验,积极探索试行基本医药费用个人责任封顶制,即个人在承担一定额度医药费用之后,其余部分全部由基本医疗保险基金和医疗救助资金承担,这是解决因病致贫、因病返贫问题的根本性措施。为此,需要清晰界定基本医疗保障的内涵,厘清基本医药费用的边界,同时要通过优化资源配置,重点保障大病、慢病、罕见病等易致贫疾病治疗及其费用,增强基本医疗保障制度的公平性、可持续性和互助共济性。与此同时,逐步完善个人账户制度,以增强基本医疗保险制度的保险属性,培育国民的互助共济意识。此外,要积极探索职工基本医疗保险制度与城乡居民基本医疗保险制度整合,以增强基本医疗保险制度公平性,降低制度运行成本,提高制度运行效率。

第三,建立社会保障待遇统筹协调机制。法定的社会保障项目是基于国民基本权益和政府基本职责,经过法定程序而设置的社会保障项目,由政府利用国家强制力组织实施,既有保障国民基本风险的职责,也有缩小收入差距、改善收入分配的职责。要系统梳理社会救助、社会保险、公共福利等各项社会保障制度的待遇确定与调整方法,在比对基础上适时修订完善,同时建立统筹协调机制,避免引起制度间、政策间和群体间的矛盾。按照“抑峰填谷”的思路,严格控制、逐步缩小群体间的基本保障待遇差距,提出明确的进度表和相应的政策措施。

第四,健全社会保障筹资机制。梳理评估各筹资渠道对社会保障事业发展的贡献,提出健全多渠道筹资的思路和方案,包括开辟新的筹资渠道。同时,确认社会保险制度转制成本,承认这一历史债务,兑现对老职工的历史承诺,提出历史债务的计量方法和处理方案。还要进一步明确社会保障部门(人力资源和社会保障部门、医疗保障部门等)与税务部门的职责,完善社会保险费征缴规则,实行统一的缴费基数确定方法,规范征缴行为。此外,要确立社会保险基金“以支定收”的原则,建立健全社会保险精算平衡机制,科学厘定社会保险费率。

三、完善社会保障制度运行机制

社会保障涉及众多社会主体,是一个复杂的运行系统,需要采用科学的管理体制并建立有效的运行机制,才能达成其政策目标。尤其是基本保障是政府依法利用国家强制力组织实施的社会保障项目,旨在保障社会成员的基本需要,这是基于社会公平、实现共同富裕而设计的一类制度。在实施过程中,需要讲求效率,力求以有限的资源为社会成员提供最好的基本风险保障。

第一,采用适宜的统筹层次。统筹层级设置是基本保障各项目的重大机制设计,因而需要采用适宜的统筹层次。为此,多年来从学界到业界,关于提高社会保险统筹层次的讨论较多,但对于统筹的具体含义和实现机制的讨论不多,因而近20年来基本上没有实质性进展。近年来,中央已经明确,职工基本养老保险逐步实现全国统筹,现阶段重点是做实省级统筹。基本医疗保险逐步实现省级统筹,近期的重点是做实地市级统筹。工伤保险、失业保险等也将逐步实行省级统筹。这一过程中,关键是要明确"统"什么?核心是要基于国民基本保障权益平等的目标,加快统一制度、统一政策、统一基本保障的待遇。至于基金管理,要看效率,需要采用有效的方法,尤其是要通过建立有效的机制,落实地方各级政府的筹资责任和管理职责,充分注意到社会保险相关服务成本的地区差异,并在此基础上建立基金统筹和调剂机制,以及中央财政对于地方的补助机制。近年来,各地正在尽可能地统一社会保障制度和政策,这将有益于推进共同富裕。

第二,均衡法定社会保障项目地区间的运行成本。法定社会保障项目不仅要求地区之间社会成员的保障待遇基本相同,而且要求各地为本地社会成员能够获得这些基本权益所付出的制度运行成本大体均衡(郑功成,2020)。这不仅关系到法定社会保障项目能否有效落实,而且关系到地区之间能否实现均衡发展。因为社会保障制度运行成本通过各种途径最终成为劳动力基础成本,而劳动力成本是影响一个地区经济发展的重要因素,因此,需要从实现共同富裕的要求出发,理解社会保障制度运行成本均衡性的重要价值。然而,近20多年来,我国社会保障制度框架虽然全国统一,但实行地方分治,不仅造成地区间社会成员的基本保障权益有差异,而且各地的社会保障制度运行成本有差异,影响区域均衡发展。所以,要注重地区间制度和政策的统一,尤其是待遇的统一。这与实现共同富裕的要求紧密相连。

第三,优化社会保障行政管理和经办服务体制机制。2018年,国家行政机构进行了调整,社会保障相关的具体职能在各部门间有较大的变动,社会保障经办服务体系也要相应地改变。为此,需要建立更加有效的工作机制和协同机制。理顺人力资源和社会保障部门、医疗保障部门和税务部门之间的社会保障工作职责,优化社会保障制度、政策和经办服务流程,统一和规范业务信息,全面推进社会保障运行的规范化、标准化。同时,要进一步明确中央与地方及地方各级政府间的社会保障职责,尤其是要在提高统筹层次过程中有效落实地方各级政府的筹资责任和监管责任。

第四,建立健全社会保障相关服务价格形成机制及合作机制。社会保障的多数项目需要通过有效的服务才能实现其制度目标。例如,医疗保障、职业伤害保障、生育保障等制度需要有效的医药服务,照护保障需要有效的照料护理服务和精神抚慰。因此,要建立社会保障部门与各相关部门的合作机制和相关服务价格形成机制,包括谈判机制和协商机制,同时要鼓励和支持医疗、药品、照护等行业形成有效的行业自律机制。值得注意的是,社会保障相关服务的优劣直接影响社会保障的质量,因而需要通过有效的供给机制,提高服务质量并降低服务成本。当前,尤其要重视供给机制创新,适度放开社会保障相关服务的行业准入条件,逐步放开这类服务的价格管制,改变服务成本扭曲和不公平竞争的现象。

第五,建立社会保障运行评估机制。社会保障运行是一个复杂的系统,许多环节的专业性、技术性很强,需要借鉴国际经验,建立科学有效的评估机制,例如社会保障制度政策目标实现度评估机制、社会保险各项目精算报告制度和社会保障基金风险预警机制。同时要建立相关的政策模拟与决策分析机制,对社会保障领域的重大政策进行风险评估。

第六,加快社会保障信息化步伐。我们已经进入信息化时代,社会保障体系建设、制度建设、管理运行和经办服务都必须与之相适应,这是社会保障治理现代化的题中应有之义。为此,要对社会保障各类业务进行规范,形成统一的社会保障基础信息标准,推进部门之间、地区之间的社会保障信息互通,充分利用现代科学技术,加强数据整理和挖掘,开展智能审核和大数据分析,并用于制度政策设计、重大决策和个性化服务方案制定。

第十章
提高城乡居保待遇推动共同富裕

城乡居民基本养老保险的建立与普及，为我国建成世界上规模最大的社会保障体系做出了巨大贡献。但当前，我国城乡居民基本养老保险养老金的待遇水平不仅大大低于企业职工基本养老保险及机关事业单位基本养老保险，而且远远低于城乡低保标准。本章提出，要提高城乡居民基本养老保险基础养老金待遇水平，并综合考虑居保财政支出增加和低保财政支出减少两方面因素，对城乡居保提高养老金待遇的财政支出进行了模拟测算。

我国已经全面建成小康社会。党的十九届五中全会强调“扎实推动共同富裕”，把“人民生活更加美好，人的全面发展、全体人民共同富裕取得更为明显的实质性进展”作为2035年基本实现社会主义现代化远景目标的重要内容。这就需要我们通过完善二次分配制度（主要包括税收政策和社会保障政策）和三次分配制度来缩小收入差距，促进共同富裕。社会养老保险作为一项惠及面广、涉及资金量大、社会关注度高的社会保障制度，是一项非常重要的收入再分配制度（郑功成，2020；李实等，2017）。2021年，我国基本养老保险基金收入和基金支出分别为65793亿元和60197亿元，分别占当年五项社会保险96932.58亿元基金收入总额的67.88%和86730.10亿元基金支出总额的69.41%。可见，基本养老保险是社会保障中最重要的一个项目，在实现共同富裕目标的征程中扮演重要角色。

我国的公共养老金制度肇始于1951年建立的劳动保险制度，经过70年的发展取得了令人瞩目的成绩。截至2021年末，全国共有102871万人参加了基本养老保险，基本实现了“全覆盖”目标。2016年11月，国际社会保障协会授予中国政府“社会保障杰出成就奖”，表彰中国近年来在扩大社会保障覆盖面工作中取得的卓越成就。但是，我国的基本养老保险制度仍然存在“公平性不足、可持续性令人担忧、制度运行效率不高”等问题（何文炯，2020a），与共同富裕发展目标的要求相比，仍然存在较大的差距。

我国基本养老保险主要包括企业职工基本养老保险、机关事业单位工作人员基本养老保险和城乡居民基本养老保险（以下分别简称为企职保、机关事业保和城乡居保）。三大基本养老保险的待遇绝对水平存在很大差距，而且近年来差距呈扩大趋势。作为最重要的收入再分配制度之一，我国的社会养老保险不仅没有缩小反而扩大了人群间的收入差距，引起了学界和社会各界的关注和热议。

本章聚焦我国城乡居民基本养老保险待遇严重偏低问题，基于全国各省份城乡居民基本养老保险和城乡最低生活保障制度（以下简称为低保）的统计数据，对提高城乡居保待遇水平所需增加的城乡居民基本养老保险财政支出金额和相应减少的城乡最低生活保障制度财政支出金额进行定量测算，对城乡居民基本养老保险提高待遇水平的必要性和可行性进行阐述和论证。

第一节 居保待遇与共同富裕

1951 年,新中国建立劳动保险制度,参加劳动保险制度的职工享受养老、医疗、工伤、生育等方面的保障。劳动保险制度是改革开放前我国"低工资、高福利、低消费、高积累"发展模式的重要一环,对中国的经济社会发展和社会主义建设起到了重要作用。但在很长一段时期,劳动保险制度的覆盖面仅限于国企和机关事业单位职工,农村居民及部分城镇居民无法参加劳动保险制度。

20 世纪八九十年代以来,劳动保险制度的第一代参保职工陆续进入退休年龄,而越来越多的年轻职工在集体企业、乡镇企业、"三资"企业、私营企业就业。为了应对劳动保险制度日益沉重的基金支付压力,各地政府开始探索社会养老保险"扩面"和社会统筹改革。1993 年,中共中央印发《中共中央关于建立社会主义市场经济体制若干问题的决定》,提出城镇职工养老保险金"由单位和个人共同负担,实行社会统筹和个人账户相结合"。1995 年、1997 年和 2005 年,企业职工基本养老保险进行了重大改革。2014 年,我国参照企业职工基本养老保险制度建立了机关事业单位工作人员基本养老保险制度。

根据《2021 年人力资源和社会保障事业发展统计公报》,2021 年末城镇职工基本养老保险(以下亦简称为城职保)参保人数为 48074 万人(其中执行企业制度参保人数为 42228 万人,执行机关事业单位制度参保人数为 5846 万人),其中参保职工 34917 万人,参保离退休人员 13157 万人。2021 年城镇职工基本养老保险基金总收入 60455 亿元,基金支出 56481 亿元,2021 年末城镇职工基本养老保险基金累计结存 52574 亿元。

1992 年,民政部开始探索建立农村社会养老保险制度(亦被称为"老农保"),按照"坚持资金个人交纳为主,集体补助为辅,国家予以政策扶持"的缴费原则建立个人账户,实行完全积累制。由于没有政府补贴政策,加上投资运营和基金管理水平有限,利率环境变化后部分地区基金收不抵支。1999 年中国对“老农保”进行了清理整顿。

2009 年,《国务院关于开展新型农村社会养老保险试点的指导意见》(国发〔2009〕32 号)提出试点实行统账结合的新型农村居民社会养老保险制度(亦被称为“新农保”),明确了政府在参保缴费和待遇发放方面的补贴责任,基础养老金由中央财政和地方各级财政承担,个人缴费、集体补助和政府缴费补贴计入个人账户。2011 年,中国政府为尚未被职工基本养老保险覆盖的城镇居民建立了城镇居民社会养老保险制度,其制度框架与农村居民社会养老保险制度基本相同。2014 年,《国务院关于建立统一的城乡居民基本养老保险制度的意见》(国发〔2014〕8 号)决定将新型农村社会养老保险和城镇居民社会养老保险两项制度合并实施,建立了统一的城乡居民基本养老保险制度。

根据《2021 年度人力资源和社会保障事业发展统计公报》,2021 年末城乡居民基本养老保险参保人数为 54797 万人,其中实际领取待遇人数 16213 万人。2021 年城乡居民基本养老保险基金收入 5339 亿元,基金支出 3715 亿元,2021 年末城乡居民基本养老保险的基金累计结存 11396 亿元。

到 2021 年末,我国城镇职工基本养老保险和城乡居民基本养老保险已经覆盖了 102871 万人,待遇领取人数合计达 29370 万人,3014 万贫困老人全部按时足额领取养老金。城乡居民基本养老保险的建立与普及,为中国建成世界上规模最大的社会保障体系做出了巨大的贡献。

第二节 居保待遇的现状

我国城乡居民基本养老保险待遇水平从 2009 年的 55 元基础养老金起步,经过十几年的发展,养老金待遇虽然有所提高,但绝对水平仍然严重偏低,与城镇职工基本养老保险和机关事业单位工作人员基本养老保险待遇差距过大,而且待遇绝对差距呈持续扩大趋势。

表10-1和图10-1列出了2009—2020年城乡居保与城职保的基本情况。城乡居保与城职保的月基金支出金额之比从2010年最高的6.80%剧降到2012年最低的1.82%,之后缓慢上升,但一直没有达到2010年的最高水平(见表10-1)。2020年,我国城镇职工基本养老保险(含企业职工基本养老保险和机关事业单位基本养老保险)人均月基金支出金额为3349.85元,城乡居民基本养老保险人均月基金支出金额为174.00元,仅为前者的5.19%。而两者的绝对差距更是从2009年的1235.63元持续扩大到2020年的3175.85元(见图10-1)。

城乡居民基本养老保险的待遇水平不仅低于城职保,也远低于我国城乡最低生活保障标准,甚至尚未达到我国城乡低保的人均补助金额水平。表10-2和图10-2列出了2009—2019年城乡居保人均支出金额和城乡低保月待遇水平及城乡低保人均补差金额。可以发现,城乡居保月待遇与城镇低保标准之比呈波动缓慢上升趋势,但2015年之后处于停滞状态,没有超过2015年26.42%的最高水平;城乡居保与农村低保标准之比呈波动缓慢下降趋势,2019年的36.40%为2009—2019年的历史第二低点,远低于2010年的49.75%和2015年的45.01%。城乡居保月待遇与城镇低保人均补差额之比呈缓慢上升趋势,但最高的2015年也仅为37.65%;城乡居保月待遇与农村低保人均补助额之比呈先升后降趋势,但在最高的2015年也仅为80.97%。

2019年我国城乡居民基本养老保险人均月基金支出金额为161.86元,分别为当年城乡低保平均月保障标准624.00元和444.63元的25.94%和36.40%,分别为城乡低保人均补助额502.87元和271.85元的32.19%和59.54%,分别为城乡居民可支配收入42359元和16021元的0.38%和1.01%。可见,城乡居民基本养老保险的养老金待遇水平严重偏低,远未达到保障居民基本生活的应有水平。

表 10-1 2009—2020 年我国城乡居民基本养老保险和城镇职工基本养老保险基本情况

项目	2009 年	2010 年	2011 年	2012 年	2013 年	2014 年	2015 年	2016 年	2017 年	2018 年	2019 年	2020 年
城乡居保参保人数/万人	8691	10277	33182	48370	49750	50107	50472	50847	51255	52392	53266	54244
其中:领待人数/万人	1556	2863	8760	13075	13768	14313	14800	15270	15598	15898	16032	16068
当年基金收入/亿元	—	453	1110	1829	2052	2310	2855	2933	3304	3838	4107	4853
当年基金支出/亿元	76	200	599	1150	1348	1571	2117	2150	2372	2906	3114	3355
年末基金累计结存/亿元	681	423	1231	2302	3006	3845	4592	5385	6318	7250	8249	9759
人均月待遇/(元/月)	40.70	58.21	56.98	73.30	81.59	91.47	119.20	117.33	126.73	152.33	161.86	174.00
职保参保人数/万人	23550	25707	28391	30427	32218	34124	35361	37930	40293	41902	43488	45621
其中:离退休人员人数/万人	5807	6306	6826	7446	8041	8593	9142	10103	11026	11798	12310	12762
当年基金收入/亿元	11491	13420	16895	20001	22680	25310	29341	35058	43310	51168	52919	44376
当年基金支出/亿元	8894	10555	12765	15562	18470	21755	25813	31854	38052	44645	49228	51301
年末基金累计结存/亿元	12526	15365	19497	23941	28269	31800	35345	38580	43885	50901	54623	48317
人均月待遇/(元/月)	1276.33	1394.84	1558.38	1741.65	1914.15	2109.76	2352.97	2627.44	2875.93	3153.43	3332.52	3349.85
职保待遇－城乡居保待遇/(元/月)	1235.63	1336.63	1501.40	1668.35	1832.56	2018.29	2233.77	2510.11	2749.02	3001.10	3170.66	3175.85
城乡居保待遇与职保待遇的比率/%	5.62	6.80	2.06	1.82	1.97	2.19	2.83	2.77	2.97	3.49	3.65	5.19

数据来源:城乡居民基本养老保险(2011 年前为新型农村社会养老保险)相关数据来自人力资源和社会保障部 2009—2020 年的《人力资源和社会保障事业发展统计公报》。

表 10-2　2009—2019 年我国城乡居民基本养老保险、城乡最低生活保障制度和城乡居民可支配收入基本情况

项目	2009 年	2010 年	2011 年	2012 年	2013 年	2014 年	2015 年	2016 年	2017 年	2018 年	2019 年
城镇居民低保保障人数/万人	2345.60	2310.50	2276.80	2143.50	2064.20	1877.00	1701.10	1480.20	1261.00	1007.00	860.90
城镇低保全年投入资金/亿元	482.10	524.70	659.90	674.30	756.70	721.70	719.30	687.90	640.50	575.20	519.50
城镇低保标准/(元/月)	227.75	251.20	287.60	330.10	373.30	411.00	451.10	494.60	540.60	579.70	624.00
城镇低保人均补助额/(元/月)	172.00	189.00	240.30	239.10	264.00	286.00	316.60	387.28	423.28	476.00	502.87
城镇居民人均可支配收入/(元/年)	17175	19109	21810	24565	26467	28844	31195	33616	36396	39251	42359
农村居民低保保障人数/万人	4760.00	5214.00	5305.70	5344.50	5388.00	5207.20	4903.60	4586.50	4045.20	3519.10	3455.40
农村低保全年投入资金/亿元	363.00	445.00	667.70	718.00	866.90	870.30	931.50	1014.50	1051.80	1056.9	1127.20
农村低保标准/(元/月)	100.84	117.00	143.20	172.32	202.83	231.42	264.80	312.00	358.39	402.78	444.63
农村低保人均补助额/(元/月)	68.00	74.00	106.10	104.00	116.00	129.00	147.21	184.33	216.68	250.28	271.85
农村居民人均可支配收入/(元/年)	5153	5919	6977	7917	9430	10489	11422	12363	13432	14617	16021
城乡居保人均月待遇/(元/月)	40.70	58.21	56.98	73.30	81.59	91.47	119.20	117.33	126.73	152.33	161.86
城乡居保养老金待遇与城镇低保标准的比率/%	17.87	23.17	19.81	22.21	21.86	22.28	26.42	23.72	23.44	26.28	25.94
城乡居保养老金待遇与农村低保标准的比率/%	40.36	49.75	39.79	42.54	40.23	39.53	45.01	37.61	35.36	37.82	36.40
城乡居保养老金待遇与城镇低保人均补助额的比率/%	23.66	30.80	23.71	30.66	30.91	31.98	37.65	30.30	29.94	32.00	32.19
城乡居保养老金待遇与农村低保人均补助额的比率/%	59.85	78.66	53.70	70.48	70.34	70.91	80.97	63.65	58.49	60.86	59.54
城乡居保养老金待遇与城镇居民人均可支配收入的比率/%	2.84	3.66	3.14	3.58	3.70	3.81	4.59	4.19	4.18	4.66	4.59
城乡居保养老金待遇与农村居民人均可支配收入的比率/%	9.48	11.80	9.80	11.11	10.38	10.46	12.52	11.39	11.32	12.51	12.12

数据来源：低保数据来自民政部 2009 年、2018 年和 2019 年《民政事业发展统计公报》以及 2010—2017 年《社会服务发展统计公报》；城乡居民人均可支配收入(2013 年之前农村为农民人均纯收入)数据来自 2009—2019 年《中国统计年鉴》；城乡居保(2011 年前为新型农村社会养老保险)数据来自人力资和与社会保障部 2009—2020 年《人力资源和社会保障事业发展统计公报》。

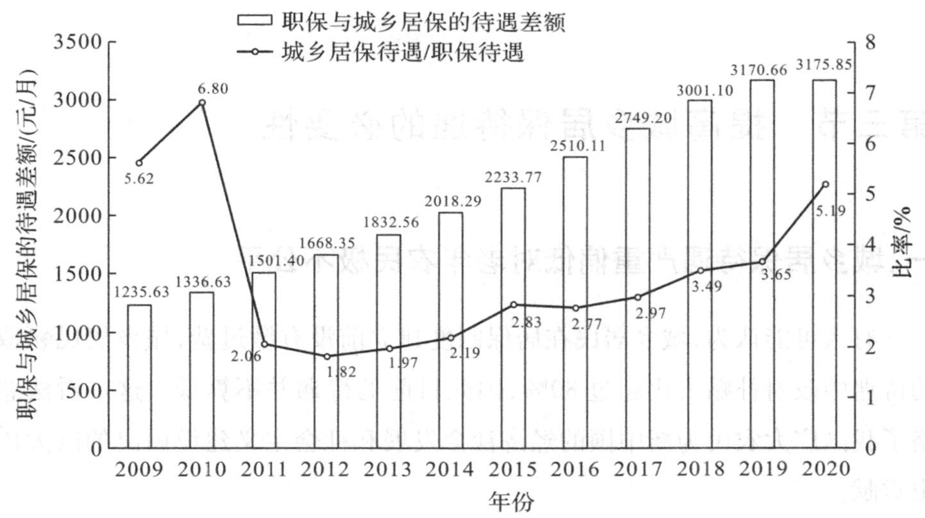

图 10-1 2009—2020 年我国城乡居民基本养老保险待遇和城镇职工基本养老保险比较

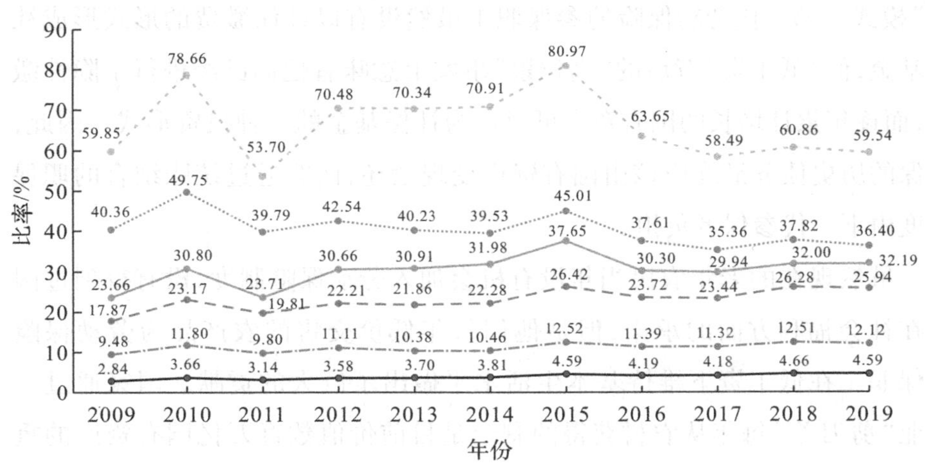

图 10-2 2009—2019 年我国城乡居保待遇与城乡低保标准/人均补助额、城乡居民可支配收入比较

第三节　提高城乡居保待遇的必要性

一、城乡居保待遇严重偏低对老年农民极不公平

有人可能认为,城乡居民在居保制度建立前没有缴过费,城乡居民领取的待遇中政府补贴占比超过80%,因此目前的待遇并不算低。这一看法忽略了我国广大农民为新中国的经济社会发展和社会主义建设做出的巨大历史贡献。

新中国成立以来,为了尽快建立独立的国民经济体系,中国共产党带领全国人民"勒紧裤带搞建设",为了尽可能提高积累率,实行了"低工资、高福利"模式。第一代劳动保险的参保职工虽然没有以社保缴费的形式形成社保基金,但"低工资"背后的"高积累"事实上意味着他们已经进行了隐性缴费,而逐年累计增长的国有资产可以视为社保基金的一种投资形式。因此,职保的历史债务最终应该由国有资产变现偿还,而非通过统账结合的职保制度由下一代参保者负担。

虽然现在的老年农民当年没有机会加入劳动保险制度,没有得到过国家在社会福利方面的承诺,但是他们每年低价交售的农产品为劳动保险参保职工在低工资下维持基本生活水平做出了巨大的贡献。国家通过工农业"剪刀差"每年从农村获得的剩余是目前价值数百万亿国有资产的重要来源之一。因此,国家为全体老年农民提供维持基本生活所需的基础养老金义不容辞,城乡居民基本养老保险待遇严重偏低对老年农民极不公平。

二、城乡居保待遇严重偏低对参加职保的中青年农民很不公平

现在老年农民的子女基本上在改革开放后参加劳动,没有在人民公社体制下参加过农业劳动。但是如果他们进城务工在企业就业,按照现行法

律要求,他们应该参加城镇职工基本养老保险,一方面通过统筹账户为现在的职保退休职工提供养老金(这部分缴费虽然以企业名义缴纳,但其实也是他们创造的劳动价值的一部分),另一方面通过个人账户缴费为自己积累养老金权益,而且作为子女他们还要承担赡养农村父母的义务,形成三重养老负担(王新梅等,2017)。

换言之,收入相对较低的农民工参加城镇职工基本养老保险,为收入较高的城市人口的父母养老做出了巨大的贡献,也为自己积累了未来的养老金权益,但他们的农村父母只得到远低于基本生活保障需求的微薄养老金。从这个角度看,将城乡居保的基础养老金待遇提高到能够维持基本生活的水平,减轻近 3 亿进城农民工的养老负担也是理所应当的。

三、城乡居保待遇严重偏低不利于实现共同富裕目标

基本养老保险作为一项惠及面广、涉及资金量大、社会关注度高的社会保障制度,在收入再分配中扮演重要角色。但是我国目前三大基本养老保险制度不仅没有缩小社会成员间的收入差距,反而人为地扩大了社会成员之间的收入差距,严重影响共同富裕目标的顺利实现(李实等,2020)。

2009 年新农保刚开始试点时,全国的基础养老金从 55 元起步,考虑到当时中国巨大的地域和城乡差距,55 元的养老金待遇水平是可以理解的。但是,在新农保制度早已升级为城乡居保多年后的 2021 年,国家规定的城乡居保最低基础养老金仅为 93 元,12 年间城乡居保的基础养老金仅仅提高了 38 元。这实在有违共同富裕的发展目标。与城职保每年进行待遇调整不同,城乡居保尚未建立年度待遇调整机制。

根据人社部、财政部印发的《统一和规范职工养老保险个人账户记账利率办法》(人社部发〔2017〕31 号)文件,从 2016 年起,“统一机关事业单位和企业职工基本养老保险个人账户记账利率,每年由国家统一公布”。人社部公布的 2016—2020 年城职保个人账户记账利率分别为 8.31%、7.12%、8.29%、7.61%和 6.04%。但是该文件没有把城乡居保个人账户的记账利率纳入调整范围,各地基本上按不到 3%的实际收益率进行记账。这进一步

拉大了城职保和城乡居保之间的待遇差别。

城镇职工基本养老保险和城乡居民基本养老保险制度都属于基本养老保险制度，理应为参保者提供维持基本生活所需的基础养老金，其首要的制度价值取向是结果公平，这就要求不同基本养老保险项目的基础养老金水平不应差别过大。研究表明，将城乡居民基础养老金水平提高到维持基本生活所需水平，有利于缩小收入差距，促进实现共同富裕的目标（贾晗睿等，2021）。

第四节　提高城乡居保待遇的可行性

一、模拟测算方法

城乡居民基本养老保险的待遇分为基础养老金和个人账户养老金两部分。基础养老金全部由各级财政负担，个人账户基金由个人缴费、集体补助和政府缴费补贴及其孳息构成。个人账户月养老金待遇由参保人初次领取待遇前个人账户记账储存额除以计发月数确定。60岁领取城乡居保个人账户养老金待遇的计发月数为139个月，即城乡居保待遇领取者每个月领取的个人账户待遇为其60岁时个人账户最终记账储存额的1/139。

一方面，提高城乡居民基本养老保险的基础养老金会导致城乡居保待遇财政补贴金额的增加；另一方面，由于部分老年人是最低生活保障制度的享受者，城乡居保待遇的提高会导致这部分老年人因养老金收入提高而失去低保资格或减少低保收入，从而减少政府在低保方面的财政支出。① 因此，模拟测算提高居保待遇所需增加的财政支出需要同时考虑城乡居保待

①浙江省目前进行低收入家庭核算时，城乡居保待遇不计入老年人收入。笔者建议，将来城乡居保待遇提高后，民政部门进行低收入家庭核算时应该将城乡居保待遇计入老年人收入。

遇提高带来的居保财政支出金额增加和低保老人减少带来的低保财政支出金额减少两方面效应。

下面以浙江省为例,说明如何测算城乡居保待遇提高所需的财政投入。浙江省人社厅提供了浙江省 74 个城乡居保统筹单位 2020 年城乡居保人均月养老金待遇和待遇领取人数。城乡居保提待方案如下:如果当地城乡居保人均养老金待遇低于目标待遇水平,则提高到目标待遇水平;如果当地城乡居保人均养老金待遇已经高于目标待遇水平,则维持原待遇水平。将 74 个统筹地区的人均调待金额分别乘以当地领待人数,得到当地居保调待所需增加的居保财政支出金额并加总,即得到浙江省城乡居保调待所需增加的居保财政支出金额。

我们根据浙江省民政厅提供的 2020 年浙江省低保对象微观数据,筛选出其中的低保老人,按地区将当地的养老金待遇增加金额加入其家庭收入核算中。如增加城乡居保待遇后该老人仍然可以享受低保,则减少的低保财政支出金额与增加的居保调待金额相同;如果增加城乡居保待遇后该老人收入超标而需要退出低保,则减少的低保财政支出金额与其原来低保补助金额相同。将所有低保老人的低保财政支出减少金额加总,即得到低保财政支出减少金额。最后将城乡居保待遇提高带来的城乡居保财政支出增加金额减去低保财政支出减少金额,即可得到城乡居保待遇提高的财政支出总金额。

我们按照上述方法模拟测算了浙江省 2020 年城乡居保调待所需的财政支出情况(见表 10-3)。浙江省 2020 年城乡居保平均月待遇水平为 228.54 元。74 个城乡居保统筹地区中有 36 个统筹地区城乡居保月待遇尚未达到 200 元,有 70 个统筹地区没达到 300 元。如果将城乡居保月待遇分别提高到 200 元和 300 元,则分别需要新增财政支出 2.76 亿元和 44.76 亿元,分别为 2020 年浙江省一般公共预算支出 10082 亿元的 0.027% 和 0.444%。

表 10-3 浙江省 2020 年城乡居保模拟调待的财政支出测算结果

城乡居保目标月待遇/元	居保财政支出增加金额/亿元	低保财政支出减少金额/亿元	居保调待财政支出合计/亿元
200	2.94	0.18	2.76
300	47.06	2.30	44.76
400	84.79	5.06	79.73
500	174.12	7.82	166.30
600	238.27	10.52	227.75
700	302.41	13.06	289.35
800	366.55	15.34	351.21
879.29	417.41	16.98	400.43

注:879.29 元为 2020 年浙江省平均城乡最低生活保障标准。

二、全国 2019 年城乡居保模拟调待财政支出测算结果

由于没有全国低保参保人员的微观数据,所以在计算低保支出减少金额时,我们用某地人均低保补差金额代替每位老人实际低保补差金额进行粗略测算,基本结果如表 10-4 所示。

如果将城乡居保待遇提高到至少 200 元/月,则全国居保需要增加支出 997.0419 亿元,全国低保可以减少支出 99.1545 亿元,全国财政需要净投入 897.8874 亿元;如果将城乡居保待遇提高到至少 300 元/月,则全国居保需要增加支出 2757.1190 亿元,全国低保可以减少支出 266.1584 亿元,全国财政需要净投入 2490.9606 亿元;如果将城乡居保待遇提高到至少 400 元/月,则全国居保需要增加支出 4654.0190 亿元,全国低保可以减少支出 401.4601 亿元,全国财政需要净投入 4252.5589 亿元;如果将城乡居保待遇提高到至少 445 元/月(2019 年的全国农村平均低保水平),则全国居保需要增加支出 5507.6240 亿元,全国低保可以减少支出 428.1879 亿元,全国财政需要净投入 5079.4361 亿元。

表 10-4　全国 2019 年城乡居保模拟调待的财政支出测算结果

单位:亿元

省份	城乡居保目标月待遇 200 元		城乡居保目标月待遇 250 元		城乡居保目标月待遇 300 元		城乡居保目标月待遇 350 元		城乡居保目标月待遇 400 元		城乡居保目标月待遇 445 元	
	城乡居保增加支出	城乡低保减少支出	城乡居保增加支出	城乡低保减少支出	城乡居保增加支出	城乡低保减少支出	城乡居保增加支出	城乡低保减少支出	城乡居保增加支出	城乡低保减少支出	城乡居保增加支出	城乡低保减少支出
北京	0.0000	0.0000	0.0000	0.0000	0.0000	0.0000	0.0000	0.0000	0.0000	0.0000	0.0000	0.0000
天津	0.0000	0.0000	0.0000	0.0000	0.0000	0.0000	0.0000	0.0000	0.0000	0.0000	0.0000	0.0000
河北	99.2088	7.7927	162.3348	12.8871	225.4608	17.7095	288.5868	22.6680	351.7128	23.5562	408.5262	23.7374
山西	37.4014	5.1750	62.7514	8.4117	88.1014	12.1900	113.4514	15.6975	138.8014	19.2050	161.6164	22.3617
内蒙古	0.0000	0.0000	13.8712	5.1410	27.9052	10.9034	41.9392	16.3869	55.9732	21.8704	68.6038	26.8056
辽宁	28.1266	2.2636	53.0086	3.9146	77.8906	6.2685	102.7726	8.2709	127.6546	10.2733	150.0484	11.6120
吉林	26.3564	3.8129	42.2204	4.9879	58.0844	8.4030	73.9484	10.6980	89.8124	12.6759	104.0900	13.2307
黑龙江	24.8110	4.5792	42.5890	7.0446	60.3670	11.1416	78.1450	13.1423	95.9230	13.6707	111.9232	14.1463
上海	0.0000	0.0000	0.0000	0.0000	0.0000	0.0000	0.0000	0.0000	0.0000	0.0000	0.0000	0.0000
江苏	0.0000	0.0000	23.9583	0.7143	89.8503	2.5931	155.7423	4.4948	221.6343	6.3965	280.9371	8.1080
浙江	0.0000	0.0000	0.0000	0.0000	12.5120	0.5962	44.4140	2.1164	76.3160	3.6366	105.0278	5.0047
安徽	80.3018	7.7036	135.6518	13.1884	191.0018	18.3234	246.3518	23.6333	301.7018	28.9432	351.5168	33.7221
福建	24.5437	0.6929	53.2297	1.4313	81.9157	2.3126	110.6017	3.1224	139.2877	3.9322	165.1051	4.6611
江西	44.3222	4.7792	73.8782	7.5738	103.4342	11.1531	132.9902	14.3401	162.5462	17.5270	189.1466	20.3953
山东	71.7257	2.7302	163.6817	6.4374	255.6377	9.7306	347.5937	13.2308	439.5497	16.7310	522.3101	19.8812
河南	134.0135	13.6541	218.4155	23.5444	302.8175	30.8529	387.2195	32.2169	471.6215	32.9419	547.5833	33.5944
湖北	43.8927	3.5418	87.2907	6.9407	130.6887	10.5456	174.0867	14.0474	217.4847	17.5493	256.5429	20.7010
湖南	73.5076	4.1782	125.8336	7.2009	178.1596	10.1268	230.4856	13.1010	282.8116	13.6757	329.9050	14.0653
广东	0.0000	0.0000	11.1719	0.4124	63.4259	2.3324	115.6799	4.2539	167.9339	6.1755	214.9625	7.9049

续表

省份	城乡居保目标月待遇 200 元		城乡居保目标月待遇 250 元		城乡居保目标月待遇 300 元		城乡居保目标月待遇 350 元		城乡居保目标月待遇 400 元		城乡居保目标月待遇 445 元	
	城乡居保增加支出	城乡低保减少支出	城乡居保增加支出	城乡低保减少支出	城乡居保增加支出	城乡低保减少支出	城乡居保增加支出	城乡低保减少支出	城乡居保增加支出	城乡低保减少支出	城乡居保增加支出	城乡低保减少支出
广西	48.7867	4.6542	84.1087	7.8245	119.4307	11.3935	154.7527	12.8817	190.0747	25.0369	221.8645	12.8818
海南	0.0000	0.0000	3.6696	0.1354	8.2236	0.3280	12.7776	0.5097	17.3316	0.6913	21.4302	0.8548
重庆	24.0396	0.9750	45.5496	1.5812	67.0596	2.7198	88.5696	3.5922	110.0796	4.4646	129.4386	5.2498
四川	64.6847	9.3150	131.8547	19.5774	199.0247	28.6607	266.1947	37.3532	333.3647	38.2278	393.8177	39.0148
贵州	51.2266	8.1128	78.9586	11.7004	106.6906	16.8968	134.4226	21.2888	162.1546	23.6300	187.1134	24.2010
云南	53.3895	8.8203	85.7115	13.5463	118.0335	19.5000	150.3555	24.8398	182.6775	25.6405	211.7673	26.2297
西藏	0.2480	0.0616	1.7600	0.3959	3.2720	0.8126	4.7840	1.1881	6.2960	1.5636	7.6568	1.9016
陕西	35.7050	1.9676	66.5810	3.5888	97.4570	5.3705	128.3330	7.0720	159.2090	8.7735	186.9974	10.3048
甘肃	27.0029	3.1483	45.7289	4.9635	64.4549	7.5150	83.1809	9.6652	101.9069	9.9063	118.7603	10.1232
青海	0.0000	0.0000	2.0699	0.1927	4.8239	0.5597	7.5779	0.8793	10.3319	1.1988	12.8105	1.4864
宁夏	0.0000	0.0000	1.6702	0.6536	4.1242	1.7056	6.5782	2.7205	9.0322	3.7354	11.2408	4.6489
新疆	3.7475	1.1963	10.5095	2.9960	17.2715	5.5136	24.0335	7.6722	30.7955	9.8308	36.8813	11.3593
全国合计	997.0419	99.1545	1828.0590	176.9862	2757.1190	266.1584	3705.5690	341.0834	4654.0190	401.4601	5507.6240	428.1879
全国净增加金额	897.8874		1651.0728		2490.9606		3364.4856		4252.5589		5079.4361	

数据来源:2019 年低保数据来自民政部 2020 年《中国民政统计年鉴》。2019 年城乡居保数据来自 2020 年《中国统计年鉴》。城乡居保目标月待遇 445 元为 2019 年全国农村平均最低生活保障标准。

三、调待方案的可行性

根据财政部2019年全国财政决算数据①(见表10-5),2019年企业职工基本养老保险、机关事业单位基本养老保险和城乡居民基本养老保险分别获得5587.76亿元、4731.10亿元和2880.51亿元财政补贴;按三大基本养老保险参保人员计算,人均分别获得财政补贴1474元、8474元和541元;按城镇职工基本养老保险(含企业职工基本养老保险和机关事业单位基本养老保险)和城乡居民基本养老保险领待人员计算,人均获得财政补贴8383元和1797元。城乡居保的人均财政补贴仅为职保的21.44%,比城职保低6586元。

从财政补贴年度增量的角度看,2019年三大基本养老保险财政补贴比2018年增长了1046.22亿元,其中企职保、机关事业保和城乡居保分别获得232.33亿元(占22.21%)、709.12亿元(占67.78%)和104.77亿元(占10.01%)。2019年企职保、机关事业保和城乡居保参保人员的人均新增财政补贴分别为6元、1052元和11元;职工基本养老保险(含企业职工基本养老保险和机关事业单位基本养老保险)和城乡居民基本养老保险的领待人员人均分别获得435元和51元财政补贴增量(见表10-5和表10-6)。

表10-5 2019年三大基本养老保险基金收支和财政补贴情况

项目	参保人数/万人	领待人数/万人	基金收入/亿元	基金支出/亿元	财政补贴/亿元	参保人员人均补贴/万元	领待人员人均补贴/万元
企职保	37905	12310	38174.79	34719.77	5587.76	0.1474	0.8383
机关事业保	5583		14456.25	14026.89	4731.10	0.8474	
城乡居保	53266	16032	4149.44	3148.31	2880.51	0.0541	0.1797
合计	96754	28342	56780.48	51894.97	13199.37	0.1364	0.4657

数据来源:三大基本养老保险参保人数来自人力资源和社会保障部《2019年度人力资源和社会保障事业发展统计公报》;三大基本养老保险基金收支和财政补贴数据来自财政部2019年全国财政决算数据,http://yss.mof.gov.cn/2019qgczjs/index_1.htm。

①参见http://yss.mof.gov.cn/2019qgczjs/index_1.htm。

表 10-6　2018 年三大基本养老保险基金收支和财政补贴情况

<table>
<tr><th>项目</th><th>参保人数/万人</th><th>领待人数/万人</th><th>基金收入/亿元</th><th>基金支出/亿元</th><th>财政补贴/亿元</th><th>参保人员人均补贴/万元</th><th>领待人员人均补贴/万元</th></tr>
<tr><td>企职保</td><td>36483</td><td rowspan="2">11798</td><td>37520.97</td><td>31567.28</td><td>5355.43</td><td>0.1468</td><td rowspan="2">0.7948</td></tr>
<tr><td>机关事业保</td><td>5419</td><td>13444.82</td><td>12680.94</td><td>4021.98</td><td>0.7422</td></tr>
<tr><td>城乡居保</td><td>52392</td><td>15898</td><td>3870.12</td><td>2938.39</td><td>2775.74</td><td>0.0530</td><td>0.1746</td></tr>
<tr><td>合计</td><td>94294</td><td>27696</td><td>54835.91</td><td>47186.61</td><td>12153.15</td><td>0.1289</td><td>0.4388</td></tr>
</table>

数据来源:三大基本养老保险参保人数来自人力资源和社会保障部《2018 年度人力资源和社会保障事业发展统计公报》;三大基本养老保险基金收支和财政补贴数据来自财政部 2018 年全国财政决算数据,http://yss.mof.gov.cn/2018czjs/index.htm。

因此,无论是从三大基本养老保险的财政补贴存量结构还是从年度财政补贴增量结构角度来看,职工基本养老保险特别是参保人数最少、人均养老金待遇最高的机关事业单位基本养老保险都获得了最多的财政补贴。三大基本养老保险存在巨大的结构性调整政策空间。

2019 年我国城镇职工基本养老保险待遇全国总体调整比例为 2019 年退休人员月人均基本养老金的 5% 左右。2018 年职保的月平均待遇为 3153.43 元,按 5% 调整比例计算,2019 年城职保人均每月待遇提高 157.67 元(几乎与当年城乡居保 161.86 元的月待遇标准相当),职保基金因调待需要增加支出约 2329.1234 亿元。

如果把 2019 年城职保待遇调整比例降低为 2.5%,将节约下来的 1164.5617 亿元用于城乡居保待遇增长,则可以将 1.6032 亿城乡居保待遇领取者的人均月待遇从 161.86 元提高到 222.39 元,人均月待遇增加 60.53 元。

由此可见,通过城乡居保提高养老金待遇的财政支出的模拟测算,结合对 2018 年和 2019 年财政决算数据的分析,发现通过三大基本养老保险制度待遇增长幅度的结构性调整,适当控制城职保特别是机关事业保的养老金待遇水平,加快提高城乡居保基础养老金待遇水平提升幅度,同时加大财政对城乡居保的补贴投入,不仅是必要的,而且是可行的。

第十一章
以健康公平推动共同富裕

医疗健康领域的共同富裕有两个目标：一是全民健康水平的提高，实现更高水平的全民健康，这既是共同富裕的内在要求和主要目标，也是实现共同富裕的基本保障和重要支撑；二是共建共享基本公共卫生服务、优质医疗服务，加强医疗保障体系建设，缩小公共卫生和医疗服务水平的区域差距、城乡差距和人群差距，促进健康公平，以健康公平推动共同富裕。

党的十九届五中全会对扎实推动共同富裕作出重大战略部署,共同富裕的本质是人的全面发展和共享发展,而促进人民健康则成为人的全面发展和共享发展的基础条件。没有全民健康,就没有全面小康。"十三五"期末,我国居民人均预期寿命达到77.3岁,婴幼儿死亡率、孕产妇死亡率、重大慢性病过早死亡率显著降低,主要健康指标优于中高收入国家平均水平。当前,我国已经开启全面建设社会主义现代化国家新征程,进一步提高人民健康水平,加强基本公共卫生服务的均等化,促进医疗服务资源的公平配置,让全体人民共享优质医疗卫生服务,降低因病致贫、因病返贫风险,是满足人民美好生活需要的内在要求,也是助力卫生健康领域高质量发展的重要基础。

如果说共同富裕意味着富裕和共享,那么医疗健康领域的共同富裕则对应两个目标:一是全民健康水平的提高;二是共建共享基本公共卫生服务、优质医疗服务,并且加强医疗保障体系建设。国民健康水平的提高是共同富裕的内在要求;缩小公共卫生和医疗服务的区域差距、城乡差距和人群差距,促进健康公平,是促进共享的实现。因此,本章从人民健康水平和建立公平的医疗卫生服务体系两个维度展开分析,并列举医共体和未来社区建设两个案例,分析如何在高质量发展中促进共同富裕,最终实现人的全面发展。

第一节 健康公平与共同富裕

一、共同富裕与人民健康

"以人民为中心"的健康观是习近平新时代中国特色社会主义思想的重要组成部分,也是实施健康中国战略的指导思想。《中共中央关于制定国民经济和社会发展第十四个五年规划和二〇三五年远景目标的建议》提出,到2035年基本实现社会主义现代化远景目标,人民生活更加美好,人的全面发展、全体人民共同富裕取得明显的实质性进展。在这一目标的指引下,我们应当把人民健康放在优先发展的战略地位，重点普及健康生活、优化健康服务、完善健康保健、建设健康环境、发展健康产业，加快推进健康中国建设，努力全方位、全周期保障人民健康，为实现“两个一百年”奋斗目标、实现中华民族伟大复兴的中国梦打下坚实的健康基础。健康中国作为国家战略，意味着其重要性得到提升，更意味着卫生健康模式的转变，从过去以治病为中心的模式转变为以人民健康为中心，是把健康作为人的一种可行能力（capability）、一种资本，而不仅是一种状态，提高健康水平，提高整体的生命品质，从而促进人的全面发展。

然而，目前我国的快速工业化、城镇化、人口老龄化、疾病谱变化、生态环境及生活方式改变等，也给维护和促进健康带来一系列的新挑战。比如人口老龄化带来疾病谱改变，我国现在最主要的健康问题来自慢性病，慢性病是失能失智重要的影响因素（Yip et al.，2019）。因为长寿不等于健康，寿命延长与自理能力的下降并存，高龄往往和失能失智相生相伴。失能失智风险也是老年人面临的最为严峻的风险，是人口老龄化过程中最复杂、最难解决的问题，也构成了对健康老龄化的重大挑战。虽然预期寿命的延长是社会经济发展进步的表现，但不能忽略的是老年人失能期相对于健康期扩张的速度更快，给社会和家庭带来了巨大的照料和医疗负担（张文娟和杜鹏，2009；Lu et al.，2019）。

把人民健康放在优先发展的战略地位，意味着把健康的理念融入所有政策，将健康的考虑纳入社会政策制定和实施的全过程。“健康入万策”意味着关注社会经济转型发展中遇到的各种危害健康水平的影响因素，既包括身体健康，也包含心理和精神健康。不仅要深化医疗卫生体制改革和医疗保障制度改革，更要营造一个全民健康的良好环境，跨领域发展，协同推进，使全民行动起来为自己的健康负责。近年来，国家开始实施健康中国行动，各地方政府以人民健康需求为导向，积极出台实施方案，建立健全组织机构和工作机制，推动将健康融入所有政策，努力打造健康环境，大力推动健康产业发展，创新开展健康服务，对推进健康中国建设进行了富有意义的探索。2021 年 2 月，健康中国行动推进委员会办公室评选出了 18 个健康中国行动推进典型经验案例(见表11-1)。从这些案例中可以看出,各地对于如何通过共建共享提高人民健康水平、推动健康领域共同富裕的落实落地进行了许多有益探索。

表11-1　健康中国行动推进典型经验案例

序号	案例名称	所在地区
1	健康手拉手"街巷小管家在行动"	北京市西城区新街口街道
2	卫生健康副校长 健康优教守门人	河北省保定市
3	"一早、三优、五到位"中西结合抗新冠	山西省
4	发挥中医药(蒙医药)特色优势 构建健康惠民新格局	内蒙古自治区
5	社区营养厨房赋能合理膳食行动	吉林省长春市
6	坚持"健康大礼包"发放 打造健康样板城市	上海市
7	全方位推进爱国卫生运动	浙江省嘉兴市
8	实施健康知识普及行动 打造权威健康科普平台	浙江省宁波市
9	以健康促进条例为契机 全面促进学生体质健康	山东省
10	坚持预防为主大方针 构建健康管理新模式	河南省郑州市
11	全面加强社会心理服务体系建设	湖北省武汉市
12	龙头带动打造智慧医疗养老益阳模式	湖南省益阳市
13	科学健身指导促进体医融合发展	广东省深圳市
14	聚焦需求 创新模式——着力加强妇女全生命周期健康服务	重庆市
15	探索医院—社区—体化管理模式 实现规范化高血压健康管理	四川省
16	激活健康家庭细胞 共建共享健康中国	陕西省
17	立法先行 共建共享无烟健康新生活	甘肃省兰州市
18	社区治理齐参与 奏响移民健康曲	宁夏回族自治区银川市西夏区

资料来源:作者根据《健康中国行动推进委员会办公室关于推介健康中国行动推进典型经验案例的通知》整理,http://www.nhc.gov.cn/guihuaxxs/gongwen1/202103/e8eaaa8be48a429b80c107f770fa710b.shtml。

二、共同富裕与医疗卫生服务的高质量发展

如果说人民健康水平的提高是共同富裕的重要结果,是人民共享经济

社会发展成果的目标，那么实现人民健康的根基则是国家医疗卫生服务的高质量发展。目前，我国整体的医疗卫生服务供给依然与人民群众不断增长的医疗卫生服务需求存在总量和结构上的矛盾，深化医疗卫生体制改革还面临诸多挑战，全民医疗保障制度体系也面临可持续性危机和公平性不足等困难，优质的医疗卫生服务资源配置还存在明显的区域不公平、城乡不公平和人群不公平问题，加强基层医疗卫生服务能力建设任重而道远。因此，推进国家基本公共卫生服务的均等化、深化医疗卫生体制改革，以及提高医疗保障制度的公平性和可持续性，成为医疗卫生服务高质量发展的重要抓手。

首先，要加强基本公共卫生服务均等化，促进公共卫生资源公平分配。实现城乡之间、区域之间和人群之间的基本公共卫生服务均等化是供给侧结构性改革的重要内容，也是实现医疗卫生领域共同富裕的基本路径。目前，虽然城乡和人群间的基本公共卫生服务总体差距呈现缩小的趋势，但是农村内部的不均等化程度超过城市，阻碍城乡融合发展的体制机制因素依然存在，东中西部区域间的公共卫生资源配置不公平性挑战依然严峻。因此，各级政府要明确其在公共卫生供给中承担的责任，对城乡之间、区域之间的公共卫生资源进行战略性调整，促使公共卫生资源合理分布；完善公共财政制度，优化公共财政支出结构，切实加大公共卫生经费投入；着力加强基层专业卫生人才的培养，提高公共卫生人员专业水平；加强公共卫生服务领域的法律法规建设，制定系统的公共卫生法；明确公共卫生项目的总体目标、各方职责和分工，加强对项目的监管和评估，提高基本公共卫生服务的质量和效果。

其次，要深化医疗卫生服务体制改革，提高基层诊疗能力与服务质量。在基本公共卫生服务之外，我国的医疗服务体系的资源配置不合理问题也十分突出，具体体现在医疗卫生支出、医疗设施配置和医疗服务质量等方面的城乡和区域差异明显。在深化医疗卫生体制改革的过程中，各级政府和有关部门要持续推动县域医共体、城市医联体的深化改革，逐步改善基层诊疗能力和服务质量，积极探索医护人员的薪酬体制改革，激发基层医疗卫生机构相关主体的内在动力;采取有效措施加强慢性病管理和预防性医疗服务。只有基层强才可以切实改变三级医疗服务体系资源配置的“倒金字塔”结构,积极应对人口老龄化带来的慢性病管理压力,提高医疗服务供给效率,降低医疗服务支出,同时实现“健康浙江行动”与“健康中国2030”目标。

最后,要提高医疗保障制度的公平性和可持续性,解决因病造成的支出型贫困问题。在医疗保障领域,不同群体之间医疗保障权利的公平性有待改善,大病保障水平亟须提高,医疗救助的底线功能需要进一步夯实。这要求继续深化医疗保障治理结构改革,向基于权利的制度转型,同时加强基本公共卫生服务均等化,提高医疗保障制度的公平性,实现联合国可持续发展和“健康中国2030”目标。2020年后中国贫困性质的变化决定着医疗保障制度设计原则的转型,具体包括:解决因疾病负担造成的“支出型贫困”成为主要目标;提高医保治理水平,城乡一体的制度型医疗保障体系建设成为重点内容;特殊弱势群体在该体系中公平享有优质医疗资源,基本公共服务均等化将成为优先发展的战略;面对人口老龄化以及经济社会发展新常态,医疗保障制度的可持续性成为不能被忽略的“底线原则”,即坚持“基本医保保基本”;坚持协同推进原则,加快医疗服务体系和药品生产流通体系供给侧结构性改革,确保改革得到有力的支撑。

三、健康公平:共同富裕研究的理论框架

中国医疗体制改革经历了从健康公平失守到重塑的过程,在此过程中又亟须实现“健康公平”从宏观战略到政策落实的转变。在国家宏观政策层面对公平性的强调与社会保障制度改革对公平性的恢复之余,依然不能够忽略医疗领域的不公平现象,这种深层的体制矛盾对社会结构产生了影响。于是,重塑医疗福利改革的理论取向,将公平性目标切实贯彻到具体的政策变革中,成为深化医疗改革的核心议题。

世界卫生组织对健康公平的定义为:不论以何种方式界定组群(社会

的、经济的、人口的、地理的组群),都要消除组群之间那些可避免和可补救的健康差别。健康不公平不仅关乎健康决定因素的不平等,还涉及所需要医疗资源的可及性和健康结果的保持,以及其他侵犯公平与人权的不平等。[①]

健康公平之所以重要,是因为它不仅是福利需求的核心,而且是实现能力和自由不可或缺的前提,为履行义务和责任起到了能动作用。阿马蒂亚·森认为,健康公平性的提高并不是以剥夺一部分人的医疗保健资源或者健康水平为代价的,而是通过对整个社会安排的重构和社会资源的重新分配实现的(Sen,2004)。因此,健康不平等和医疗保健的不平等虽然与健康公平相关,但不能完全解释健康公平。健康公平的讨论应该被置于更广泛的公平框架内,它是一个多维的概念,包括对健康结果的关注、对提高健康能力的关注、对医疗资源分配的关注,以及对医疗服务过程的关注。此外,健康公平还受整个社会结构的影响,与整体社会正义和社会公平密不可分(Marmot,2004)。

基于健康公平理论的价值选择和丰富内涵,本章采用这一理论作为研究框架,在促进机会和过程公平方面主张加强基本公共卫生服务均等化,通过"强基层"缩小医疗卫生服务的区域差异、城乡差异和人群差异,解决支出型贫困问题。首先,国家基本公共服务在"病有所医"部分提出了12项基本公共卫生服务的内容。基本公共卫生服务均等化,是基本公共服务均等化的重要组成部分,我国基本公共卫生服务的服务对象为全体公民,不论其民族、性别、收入如何,都能够公平可及地获得政府提供的、按照现阶段的社会经济发展水平能够实现的、花费较低成本即可达到较好效果的、在基层卫生机构就可以获得的、结果大致均等的最基本的卫生服务。基本公共卫生服务均等化而不是平均化是在卫生服务上的大致均等,其内涵充分体现了共同富裕是有差别的普遍富裕,是共同富裕在公共卫生领域的具体体现,是新医改以来"强基层"实施

①WHO. Equity[EB/OL]. (2021-09-02)[2021-09-02]. http://www.who.int/healthsystems/topics/equity/en/.

的重要载体。

其次,推进优质医疗卫生资源均衡布局,实现从关注城乡差异到更加关注区域差异的转变。虽然城乡和人群间的医疗卫生资源总体差距呈现缩小的趋势,但是东中西部区域间的医疗卫生资源配置不公平性问题更加突出。推动区域高水平医院的发展,加强欠发达地区区域医疗中心建设,通过高水平医院组团式帮扶发展,提升综合能力和专科能力,重点加强针对"一老一小"等人群的区域专科医疗资源均等化配置。推进优质医疗卫生资源精准下沉,实现从"大医院强"到"基层强"的转变。多部门协同高质量推进基层卫生人才定向培养,创新村级卫生人才"县招乡管村用"机制,加强基层医疗卫生服务人才的流动机制建设,创新标化工作量绩效考核机制,通过医共体改革深化县级强院建设,加强区(县)及以下医疗卫生服务机构的能力建设,激发基层医疗卫生服务人才的内在动力。加强基本公共卫生服务均等化,实现从"重治病"到"重干预"的转变。完善公共财政制度,优化公共财政支出结构,切实加大公共卫生经费投入;实施重点慢性病干预计划,强化心血管疾病、糖尿病、慢性阻塞性肺疾病及癌症等慢性疾病的防治,推进常见癌症的预防筛查,提高癌症早诊率和五年生存率,显著降低重大慢病过早死亡率。完善精神卫生和心理健康服务体系,实施心理救援队伍、社会工作者的储备计划,健全社会心理服务体系和危机干预机制。

第二节　基于健康公平的医疗卫生服务体系建设

习近平总书记在2021年1月28日中共中央政治局第二十七次集体学习时强调,要自觉主动解决地区差距、城乡差距、收入差距等问题,坚持在发展中保障和改善民生,统筹做好就业、收入分配、教育、社保、医疗、住房、养老、扶幼等各方面工作,更加注重向农村、基层、欠发达地区倾斜,向困难群众倾斜，促进社会公平正义，让发展成果更多更公平惠及全体人民。①

因此，本章主要分析医疗卫生服务体系和保障体系在促进人民健康领域取得的成就和挑战，刻画医疗卫生服务的城乡差距与区域差距，揭示不同社会群体在医疗保障制度中的待遇差距，提出如何加强基本公共卫生服务均等化，以及如何基于健康公平深化医疗服务与保障制度改革。

一、我国人民健康面临的挑战

新中国成立后，特别是改革开放以来，国家对于事关人民健康的医疗卫生事业日益重视。我国于20世纪50年代初在全国范围开展儿童免疫接种工作，1981年正式加入世界卫生组织提出的在全球扩大免疫规划（Expanded Program on Immunization，EPI）活动，通过实施国家扩大免疫规划，消灭和有效控制了多种对人民健康产生严重危害的疾病，对于保障人民群众的健康发挥了重要作用；我国每千人卫生技术人员数由1999年的3.64人增加到2019年的7.26人，医学专业招生及在校学生数自新中国成立以来也呈增长趋势；我国自2009年开始启动国家基本公共卫生服务项目，针对当前城乡居民存在的主要健康问题，以儿童、孕产妇、老年人、慢性疾病患者等为重点人群，面向全体居民免费提供最基本的公共卫生服务。随着人民健康问题日益突出，基本公共卫生服务的经费补助标准也逐年提高，2020年达到了人均74元，其中新增5元用于新冠疫情防控；政府的卫生支出由2009年的4816.26亿元增长至2019年的18016.95亿元。各项举措体现出了以人民健康为中心的宗旨。

随着我国医疗水平的逐步提高和人居生态环境的改善，人民健康意识有所提升，我国15岁及以上调查人口12个月内健康检查率由2013年的43.3%上升到2018年的47.2%，提高了3.9个百分点（国家卫生健康委统计信息中心，2021）。我国城乡居民健康水平也有所提高，2019年婴儿

①习近平在中共中央政治局第二十七次集体学习时强调：完整准确全面贯彻新发展理念 确保“十四五”时期我国发展开好局起好步[N]. 人民日报，2021-01-30(1).

死亡率由 2000 年的 32.2‰降至 5.6‰;我国人口平均预期寿命由 1990 年的 68.55 岁增长到 2010 年的 74.83 岁(国家卫生健康委员会,2020)。

尽管我国卫生健康工作近年来成效显著,但随着社会的快速发展,环境恶化、人口老龄化、城乡发展不平衡、区域发展不平衡等问题的存在使得公共卫生工作仍面临严峻挑战,医防分离、重医轻防的现象依然突出。

(一)高发疾病严重危害人民健康

公共卫生的群体特征要求从群体的水平上预防和控制疾病,但我国地域辽阔、人口众多,国民健康素养普遍不高,公共卫生人才缺口大,对于高风险疾病缺乏专业化的管理,对于慢性病、传染病、地方病、精神障碍疾病等患者的管理还没有形成基于国情的系统性理论模型。

近年来,我国高发慢性病患病率呈持续增长趋势,其中,公共卫生部门需要监测和管理的高血压患者约 1 亿人,糖尿病患者约 3500 万人。全球死亡人数中因慢性病死亡人数占比超过 60%,估计到 2030 年将上升为 75%(秦江梅,2014),慢性病也已经成为威胁人民健康的最主要因素。国家卫生服务调查结果显示,调查地区 15 岁及以上人口慢性病患病率由 2008 年的 15.7%增长至 2018 年的 34.3%(见图 11-1)。在慢性病患病率中处于前两位的分别是高血压和糖尿病,这两种疾病的患病率在城市和农村都呈现大幅增长趋势(见图 11-2、图 11-3)(国家卫生健康委统计信息中心,2021)。慢性病的治疗,残疾照料、康复给家庭、社会和医疗系统都形成了巨大的压力。

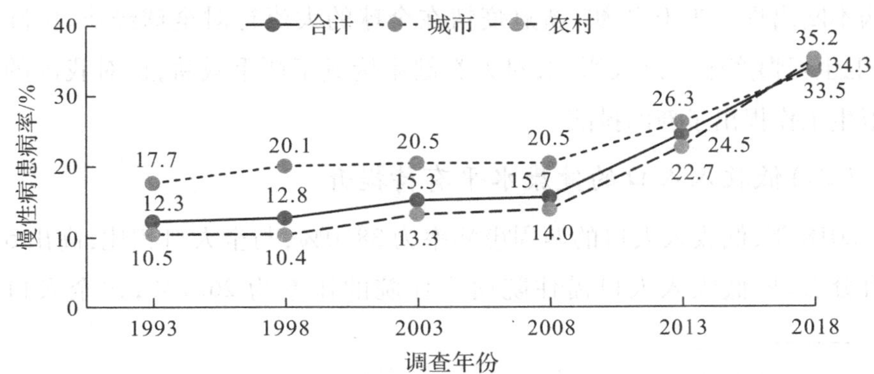

图 11-1 不同年份调查地区 15 岁及以上人口慢性病患病率

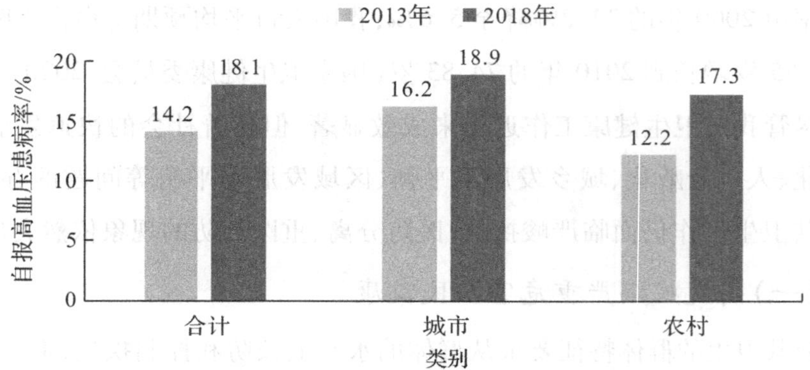

图 11-2　不同年份 15 岁及以上调查人口自报高血压患病率

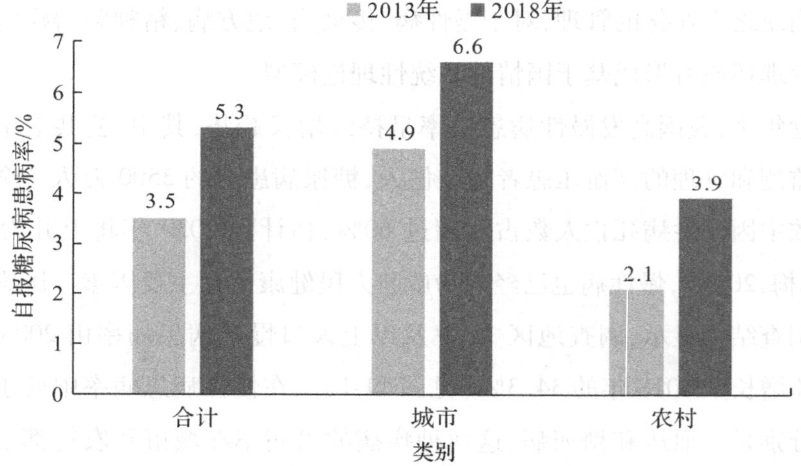

图 11-3　不同年份 15 岁及以上调查人口自报糖尿病患病率

由于全球化进程、气候变暖、人类行为方式等的变化，各类新发、再发传染病不断出现。2020 年初，新冠疫情在全球的大流行对全球经济、国际交流、卫生习惯产生了巨大影响，对人类健康构成了严重威胁，也对我国的公共卫生工作提出了新的挑战。

（二）低收入人口的健康水平有待提升

2018 年，低收入人口的两周患病率为 38.0%，与全人口相比，高出 5.8 个百分点。① 低收入人口需住院而未住院的比率为 26.2%，比全人口的

①低收入人口在此数据中的定义为：样本县（区）家庭中被各级政府认定为贫困户或低保户家庭中的人口。

20.9%高5.3个百分点;需住院而未住院的低收入患者中,61.1%由于经济原因而未能住院,显著高于全人口的45.5%(国家卫生健康委统计信息中心,2021)。低收入人口卫生服务的需要和利用,与全人口存在明显差异,因此还需要进一步思考如何缩小健康水平在低收入群体和全人群中的差距,为低收入人口切实解决患病率高、因病致贫的问题。

(三)公共卫生服务在区域之间、城乡之间的发展不均衡

对于贫困人口和弱势群体而言,其暴露于疾病危险因素的风险更大,对于个人、家庭、社会产生的影响一般也更大,不仅包括治疗疾病所需要直接支出的医疗卫生费用,而且包括因疾病、残疾、过早死亡给家庭和社会带来的生产力损失。因病返贫、因病致贫的现象时有发生,更加剧了健康不公平。虽然城乡和人群间的基本公共卫生服务总体差距呈现缩小的趋势,但是农村内部的不均等化程度超过城市,阻碍城乡融合发展的体制机制因素依然存在,东中西部区域间的公共卫生资源配置差异依然显著。我国城乡居民自评健康状况调查中,农村居民自评健康各维度有问题的比率均高于城市;东中西部地区中,西部地区均最高,东部城市低于其他地区。居民自评健康得分则是城市高于农村(见表11-2)(国家卫生健康委统计信息中心,2021)。

表11-2 15岁及以上人口自评健康状况中有问题的比率及自评健康得分情况

指标	合计	城市				农村			
		小计	东部	中部	西部	小计	东部	中部	西部
行动/%	9.9	7.8	6.3	8.5	9.1	12.4	9.1	13.3	14.4
自己照顾自己/%	4.1	3.1	2.5	3.4	3.7	5.2	3.6	5.6	6.0
日常活动/%	6.9	5.3	4.4	5.7	6.2	8.7	6.4	9.5	9.9
疼痛或不适/%	21.7	17.9	14.5	19.7	20.9	26.0	20.6	26.9	29.8
焦虑或抑郁/%	8.9	7.5	5.1	8.1	10.2	10.5	7.4	10.3	13.4
自评健康得分/分	77.3	78.9	80.6	78.7	76.8	75.6	79.2	74.4	73.5

二、医疗卫生服务的城乡差距与区域差距

(一)城乡差距

我国社会医疗保障制度自1949年开始逐步演进,目前已经实现了制度

全覆盖和人员全覆盖。1949 年我国实行了劳保医疗制度和公费医疗制度,保障了国营企业职工和机关事业单位人员的医疗权益。缺陷在于这一制度覆盖面窄,社会化程度低,缺少社会互济。20 世纪 60 年代实行农村合作医疗制度,出现了大量的赤脚医生,他们在农村提供的医疗卫生服务,在当时提高了农民的健康水平,降低了农村的死亡率。但是其也只是初级卫生保健,对重病并不能提供救治保障。1998 年城镇职工基本医疗保险制度开始实施,针对城镇职工的医疗费用进行社会化筹资。2003 年新型农村合作医疗制度推出,旨在保障农村居民的基本医疗卫生权利。2007 年城镇居民基本医疗保险制度开始试点,用以解决城镇非从业人员看病就医问题,以保大病为主。2016 年两项制度整合为城乡居民基本医疗保险(见图 11-4)。政策的逐步完善意在缩小城乡居民医疗资源和卫生服务的差距,但事实表明,城乡之间的健康机会不平等反而呈现扩大的趋势。

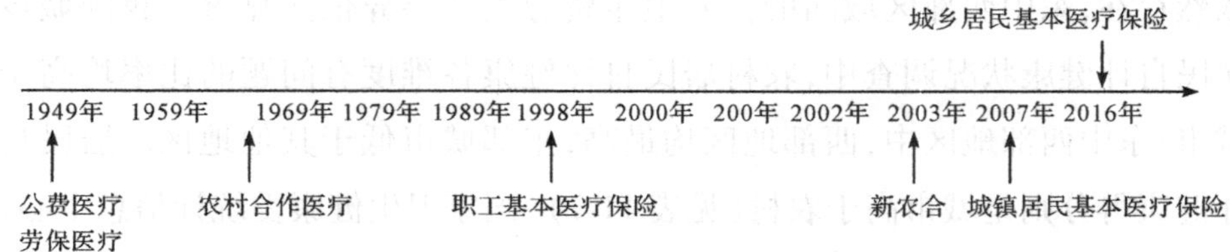

图 11-4　我国医疗保障制度体系变革的时间轴

1. 医疗保障水平不均等

截至 2008 年底,城镇居民和职工基本医疗保险参保人数为 3.12 亿人,基金收入 3040 亿元,人均 974.4 元。全国新农合参合农民 8.15 亿人,参合率为 91.5%,但筹资总额只有 785.0 亿元,人均筹资仅 96.3 元(张振刚和黄琳,2011)。2014 年底城镇基本医疗保险参保人数 5.97 亿人,基金收入 9687.2 亿元,人均 1622.6 元,而新农合人均筹资仅 410.89 元。2019 年底城镇基本医疗保险参保人数达到 13.54 亿元,基金收入 24420.9 亿元,人均已达 1803.6 元。[①] 由此可见农村居民的医疗保障水平远远低于城镇居民,城乡医疗保障程度还存在较大差距。

①数据来自历年《中国统计年鉴》。

2. 卫生经费投入不均等

图 11-5 显示了近年来我国城乡居民人均卫生费用差距呈现逐步扩大的趋势,城市地区的人均卫生费用明显高于农村地区。

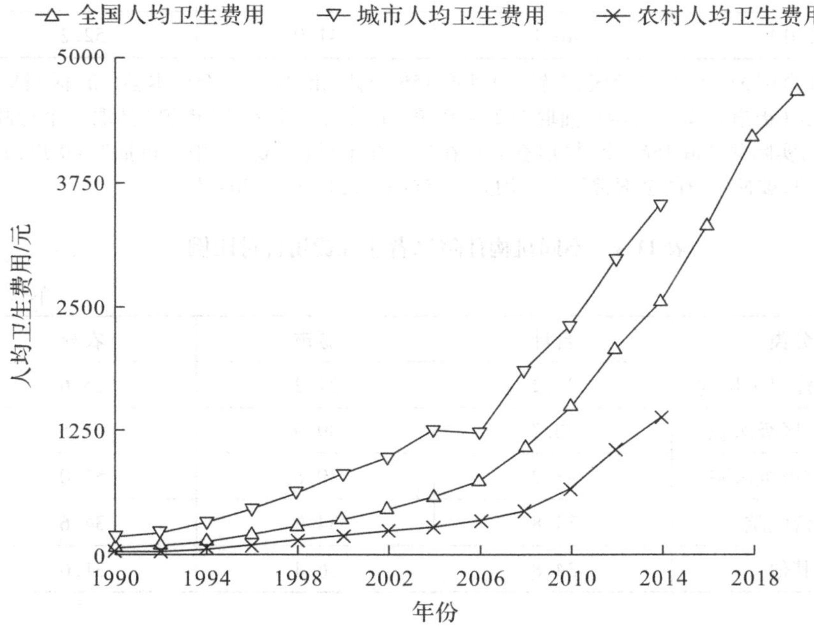

图 11-5 我国人均卫生费用的城乡差距

数据来源:作者根据历年《中国统计年鉴》绘制。

3. 医疗费用个人负担不均

与 2013 年第五次调查相比,2018 年全国第六次卫生服务统计调查显示,两周就诊患者门诊输液占比和次均住院天数进一步减少,提示卫生服务体系的服务规范程度和服务效率有所提高,住院费用增幅趋缓,但仍然存在一定的差距。从总体情况来看,农村的住院费用个人负担明显要高于城市(见表 11-3);从机构来看,随着住院医疗机构级别的升高,住院个人负担费用占比提高,农村地区的住院个人负担比率随医疗机构的级别升高而增加的趋势更加明显(见表 11-4);从医保种类来看,职工基本医保住院费用个人负担比率为 32.5%,低于城乡居民基本医保的 45.4%,城镇职工医保住院费用个人负担比率低于城乡居民基本医保(见表 11-5)。

表 11-3 调查地区住院患者住院费用个人负担比率

单位:%

年份	合计	城市	农村
2018	44.6	42.7	47.2
2013	46.1	41.9	52.2

注:在全国 31 个省(自治区、直辖市)抽取 156 个县(市、区),每个样本县(市、区)抽取 5 个样本乡镇(街道),全国实际共抽取 752 个乡镇(街道),每个乡镇(街道)抽取 2 个行政村(居委会),实际共抽取 1561 个村(居委会),在每个样本村(居委会)中随机抽取 60 户,共调查 94076 户,被抽中户的全部常住人口均为调查对象,共调查 256304 人。

表 11-4 不同机构住院患者住院费用自付比例

单位:%

分类	合计	城市	农村
基层医疗卫生机构	26.2	27.2	25.6
县/市/区级医院	40.7	39.9	41.5
省/地/市级医院	43.2	39.8	51.0
民营医院	34.8	34.9	34.6
其他	34.8	36.4	31.0

表 11-5 不同医保住院患者住院费用自付比例

单位:%

分类	合计	城市	农村
基本医保	40.8	39.2	43.0
城镇职工基本医保	32.5	32.0	36.6
城乡居民基本医保	45.4	47.8	43.6
其他社会医保	25.7	27.0	20.4
无社会医保	47.5	45.3	50.3

数据来源:全国第六次卫生服务统计调查。

4. 卫生技术人员配置不均

图 11-6 直观地反映了我国农村和城市地区每万人口卫生技术人员数的差距较大,城市地区的技术人员数量高于全国水平,农村地区的技术人员数量低于全国水平,且这一差距是逐年增加的。

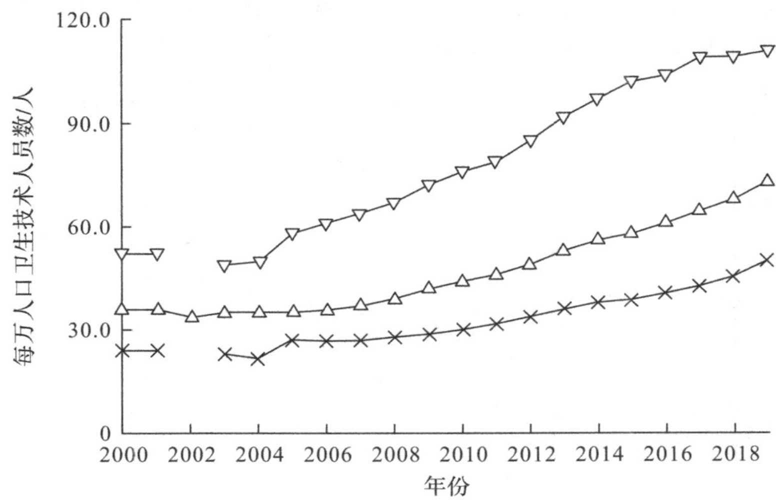

图 11-6 我国每万人口卫生技术人员数的城乡差距

数据来源:作者根据历年《中国统计年鉴》绘制。

5. 医疗服务资源配置不均

如图 11-7 所示,2007 年城市地区每万人口医疗机构床位数指标值为 49 张,农村地区为 20.01 张,城乡比为 2.45;2019 年城市地区每万人口医疗机构床位数指标值为 87.81 张,农村地区指标为 48.09 张,城乡比为 1.83,城乡比值下降,但城乡之间差距仍较大。

6. 低收入人口卫生服务需要、利用不均

全国第六次卫生服务统计调查显示,我国低收入人口占总人口比重为 10.7%,其中城市低收入人口占比 5.4%,农村低收入人口占比 16.5%,农村低收入人口占比远高于城市低收入人口。我国低收入人口两周患病率、15 岁及以上慢性病患病率均高于全人口,且 5 年来的增幅大于全人口。同时,其两周就诊率、年住院率及 5 年间的增幅也明显大于全人口。由此可见,当前低收入人口处于高卫生服务需要、高卫生服务利用的状态。因此,研究低收入人口的卫生服务需要、需求和利用十分必要。从数据中也可以看出,低收入人口卫生服务需要、利用存在明显的城乡差异。2018 年城市低收入人口两周患病率、15 岁及以上人口慢性病患病率均高于农村低收入人口,差异较 2013 年略大(见表 11-6);从卫生服务利用来看,与 2013 年差异

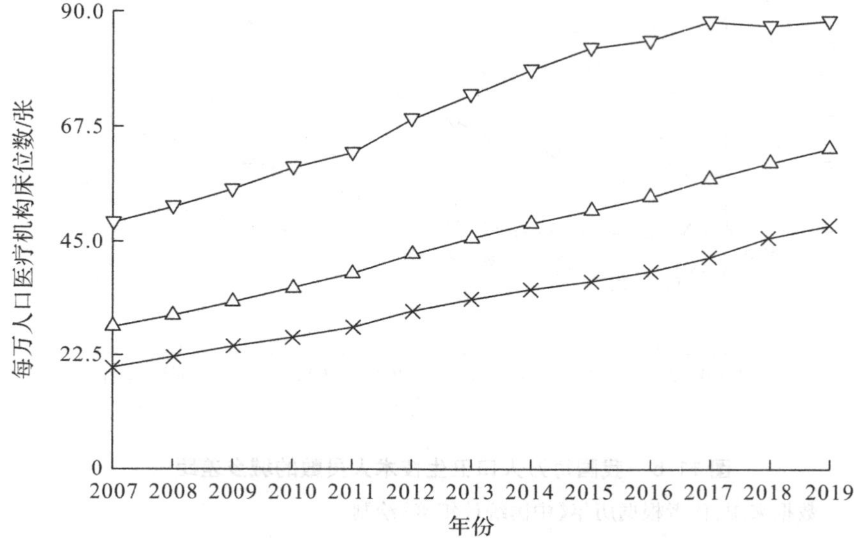

图 11-7　我国每万人口医疗机构床位数的城乡差距

数据来源：作者根据历年《中国统计年鉴》绘制。

不大的情况相比，城市低收入人口两周就诊率明显高于农村低收入人口（见表 11-7），不同医保制度的低收入人群中，城镇职工基本医疗保险的两周就诊率为 38.5%，远高于城乡居民基本医保的 29.3%（见表 11-8）。

表 11-6　不同年份低收入人口两周患病率

单位：%

分类	合计		城市		农村	
	2018 年	2013 年	2018 年	2013 年	2018 年	2013 年
低收入人口	38.0	23.7	44.1	26.6	35.9	22.0
全人口	32.2	19.8	32.2	22.3	32.2	17.3

表 11-7　不同年份低收入人口两周就诊率

单位：%

分类	合计		城市		农村	
	2018 年	2013 年	2018 年	2013 年	2018 年	2013 年
低收入人口	29.7	17.8	36.8	19.3	27.2	17.0
全人口	24.0	13.0	23.2	13.3	24.8	12.8

表 11-8 不同年份不同医保制度低收入人口两周就诊率

单位:%

医保类型	合计		城市		农村	
	2018 年	2013 年	2018 年	2013 年	2018 年	2013 年
城镇职工医保	38.5	18.0	44.3	17.4	16.7	23.2
城乡居民医保	29.3	18.3	36.1	21.1	27.2	17.0

数据来源:全国第六次卫生服务统计调查。

但以上统计数据和图表只能反映医疗卫生服务的形式差距,实质上的城乡差距远不能通过图表彰显,还需要进行深层次的机制分析。马超等(2017)认为,城乡歧视和城乡收入差距是机会不平等产生的两个主要原因:一是当城乡居民有着完全同样的医疗需要和就医偏好时,仍然会因为观念、医疗质量等差异而产生城乡医疗服务利用的机会不平等;二是收入特征上的城乡差异是所有特征差异中影响最大的因素。很多地区的新农合只是报销大病费用,对于门诊小病不予报销。农村居民不予报销的医疗费用占大头,使得医疗支出成为主动消费。

熊跃根和黄静(2016)认为,差距其实是那些不合理的差异,不合理的差异导致的不平等才是需要重视的问题。实证研究也发现,我国城乡的医疗服务利用存在严重的机会不平等现象。因此其文章指出城乡之间不合理的差异包括个体拥有的与医疗需要非直接相关联的"资源"差异(非需要因素①),以及个体将资源转化为实现目标的不同能力(能力因素)导致的差异。

(二)区域差距

1. 医疗卫生资源配置不均

陈培阳和朱喜钢(2012)发现,1998 年中国基础医疗卫生资源供给水平高值区域主要集中在资源丰富的老工业城市,其余地区较低;2012 年高值区域向山东半岛、江浙地区、京津冀、辽中南、四川 2008 年地震灾区、北疆地区

①非需要因素的资源差异包括个人社会经济地位、医疗资源可及性和医疗保险政策三大部分。

扩展。2012 年中国基础医疗资源供给水平 HH 类型除了分布在京津、山东半岛等经济发达地区,其余分布在东北、西南、西北等中西部地区;LL 类型大部分分布在华南人口较多、经济落后的山区和经济发达但人口流入较多的珠三角与海西城镇群。

我们从表 11-9、表 11-10 中也可以看出,东中西部地区在医疗卫生资源配置上并不均等。2019 年不同等级的医院数量在东中西部地区的分布存在较大差异。总体而言,东部地区的医院数量远远多于中部和西部地区,尤其是三级医院。2019 年在医疗卫生机构床位数上,东部地区也多于中西部地区。

表 11-9 2019 年各地区不同等级医院分布情况

单位:家

地区	合计	三级	甲等	乙等	丙等	二级	甲等	乙等	丙等	一级	甲等	乙等	丙等	未定级
东部	13445	1249	656	204	19	3367	1404	385	48	4707	791	192	155	4122
中部	10019	708	436	58	6	3066	1353	521	23	3238	674	185	46	3007
西部	10890	792	424	178	1	3254	1564	501	2	3319	480	137	29	3525

数据来源:《2020 中国卫生健康统计年鉴》。

表 11-10 2019 年医疗卫生机构床位数

单位:张

地区	医疗卫生机构床位数			每千人口医疗卫生机构床位数			每千农村人口乡镇卫生院床位数
	合计	城市	农村	合计	城市	农村	
东部	3379518	2002275	1377243	5.78	8.14	4.63	1.34
中部	2815655	1241434	1574221	6.44	10	4.54	1.43
西部	2611783	1107831	1503952	6.84	8.58	5.31	1.68

数据来源:《2020 中国卫生健康统计年鉴》。

2. 门诊医疗服务利用不均

东部农村两周就诊率较高,为 26.3%;中部城市最低,为 19.2%。两周就诊的病伤中转诊的患者占0.7%。转诊患者中医联体内转诊的占44.4%,西部农村最高,为 63.0%,东部农村最低,为 22.6%。在两周就诊的病伤中,中部地区接受门诊输液的比率最高,东部地区最低。①

①数据源于全国第六次卫生服务统计调查。

3. 住院服务利用不均

调查结果显示，无论城乡，住院率最低的均为东部城市，民营医院住院占比最低的也是东部。在调查住院病伤中，入院平均等候时间为1.5天，东部城市最长，为1.9天，中部农村最短，为1.2天。另外，东部城市需住院未住院比例较中部和西部低，农村地区需住院未住院比例东部最低，中部其次，西部最高。次均住院费用上，中西部农村费用较低，东部城市最高，达到14363元。自付比率上，总体来说城市地区中部自付比率最高，农村地区住院费用自付比例东部、中部、西部依次降低。① 于是，患者通过跨区域选择更好的医疗机构，但医保基金异地结算的限制较多，即使由基层医疗机构实施转介，也会因医疗机构级别的提升而降低报销比率。

三、构建健康公平的医疗卫生服务体系

（一）加强基本公共卫生服务均等化

党的十八大以来，我国的医疗卫生政策愈发凸显公平性、公益性。党和政府在基础公共卫生领域的职责不断强化。习近平总书记指出，“无论社会发展到什么程度，我们都要毫不动摇把公益性写在医疗卫生事业的旗帜上，不能走全盘市场化、商业化的路子”②。党的十九大明确提出实施健康中国战略，完善国民健康政策，为人民群众提供全方位全周期健康服务，以满足人民多层次、多元化的健康需求。传统的健康观是“无病即健康”，现代的健康是指一个人在身体、精神和社会等方面都处于良好的状态，是整体的健康观。这也就意味着推进健康公平亦是一项系统工程。建设均质化的公共卫生服务体系是社会主义现代化建设的重要任务，也是卫生健康供给侧结构性改革的关键环节。“预防为主，防治结合”一直是我国卫生工作的指导方针，公共卫生事业可持续发展，需要建立综合控制工作机制和体制。下面就我国现阶段公共卫生服务均等化发展提出几点建议。

---

①数据源于全国第六次卫生服务统计调查。

②中共中央文献研究室．习近平关于社会主义社会建设论述摘编［M］．北京：中央文献出版社，2017：102．

1. 公共卫生资源向低收入人群、易感人群、不发达地区倾斜

坚持分类指导,根据不同人群、不同地区疾病流行特征和防治需求,确定具有针对性的防治目标和策略,实施有效防控措施。完善公共财政制度,优化公共财政支出结构,切实加大医疗卫生资源向低收入群体的公共卫生经费投入。加大重点人群干预力度,规范对慢性病、传染病、地方性疾病、精神障碍疾病等患者的管理。提高不发达地区医疗服务可及性,对城乡之间、区域之间的公共卫生资源进行战略性调整,促使公共卫生资源合理分布,全面提升中西部公共卫生机构服务能力。提升不发达地区疾病预防水平,让疾病在基层早发现、早诊断、早治疗。开展乡镇卫生院和社区卫生服务中心服务能力评价,加强乡镇卫生院公共卫生事业建设,推动基层医疗卫生机构不断提升服务水平,改进服务质量,减轻农村患者负担,发挥社区卫生服务机构的基本职能,更好地控制与加强对各种疾病的监督与管理,更好地发挥居民健康“守门人”作用。加大对基层医疗卫生机构的投入力度,不断夯实我国医疗卫生服务体系的基础。

2. 加强公共卫生人才队伍建设

公共卫生工作者是推进公共卫生服务和健康中国建设的主力军,充分调动、发挥公共卫生工作者的积极性、主动性,对提高人民健康服务质量和效率、建立优质高效的公共卫生服务体系、维护社会和谐稳定具有十分重要的意义。

我国公共卫生人才一直存在数量和质量严重不足的问题。因此,加强公共卫生人才体系建设,制定中长期的国家公共卫生人力资源发展规划,完善公共卫生人才培养体系,重点着力加强基层专业卫生人才的培养,提高公共卫生人员专业水平具有重大意义。应当建立严格的进入标准,提高专业性,规范薪酬、考核、激励机制,激发运行活力,提高基层公共卫生人员的积极性。促进人力资源在城乡之间的合理配置,引导更多卫生人才扎根一线和落后地区。结合专业公共卫生机构的指导,鼓励非专业队伍加入健康管理网络,调动村委会和社区疾病管理自愿组织的积极性,为人民身体健康提供持续性的管理和指导服务,超越传统疾病的界限,完善健康管理路径。

3．各部门广泛、密切协作，完善公共卫生系统

公共卫生体系建设是一项系统工程，构建整合式疾病管理服务网络，需要各机构间加强协同合作，同时，各级政府也要明确其在公共卫生供给中承担的责任。卫生部门要会同有关部门共同组织实施公共卫生工作并开展监督评估；疾控部门运用大数据等技术，加强信息分析与利用，掌握疾病流行规律及特点，确定主要健康问题，为制定疾病防控政策与策略提供循证依据；财政部门要按照政府卫生投入政策要求落实相关经费；发展改革部门要将疾病防控列入经济社会发展规划，加强疾病防治能力建设；人力资源社会保障部门和卫生部门要进一步完善相关保障政策和支付机制，发挥医保控费作用；教育部门应该鼓励高校开展各项疾病社会决定因素与疾病负担研究，探索有效的疾病防控路径，在专业人才培养培训、信息沟通及共享、防治技术交流与合作、能力建设等方面积极参与国际公共卫生交流与合作，鼓励医疗卫生机构及社会加大培养和使用健康管理、公共卫生专业人才建设力度；司法部门加强公共卫生服务领域的法律法规建设，制定系统的公共卫生法；环境保护部门加强水、土壤、空气等环境介质和工作场所等环境质量、农产品质量安全监测，改善人居环境；国务院防治重大疾病工作部际联席会议办公室要发挥统筹协调作用，加强各部门之间的协调配合，推动教育、科技、工业和信息化、民政、住房和城乡建设、农业、商务、新闻出版广电、体育、安全监管、食品药品监管、中医药等相关部门履行职责。各级政府明确国家公共卫生工作的总体目标，明确各方职责和分工，加强健康管理项目的监管和评估，建立科学、合理的评估机制，提高基本公共卫生服务的质量和效果。由此形成公共卫生工作合力，逐步实现跨行业、跨部门、跨层级的纵向报告和横向交换，动态实施环境、食物等因素与健康的风险评估与预警。

4．全方位增强人民个人健康管理意识

《柳叶刀》杂志发布的2019全球疾病负担研究（Global Burden of Disease Study 2019）专题报告显示，导致全球女性死亡的前五个风险因素是高收缩压（525万人）、饮食风险因素（348万人）、高空腹血糖（309万人）、空气污染

(292 万人)、高 BMI(254 万人);全球男性死亡的前五个危险因素为烟草(656 万人)、高收缩压(560 万人)、饮食风险因素(447 万人)、空气污染(375 万人)、高空腹血糖(314 万人)。国家卫生服务调查显示,2008 年的两周患病率为 18.9%,到 2018 年已经增至 32.2%,且文化水平越低,两周患病率越高。

可见,全方位开展健康教育与促进,在全社会倡导建立健康的生活方式,提高人民的健康素养非常有必要。针对全人群,通过广泛宣传合理膳食、适量运动、戒烟限酒、心理平衡等健康科普知识,增强人民群众对疾病病因和危险因素的认识,以尽可能地规避疾病的发生;规范疾病防治健康科普管理,充分利用主流媒体和新媒体开展形式多样的疾病高危因素宣传教育,通过短视频平台、微博等媒介向大众进行科普;针对高危人群,根据不同人群特点开展有针对性的健康宣传教育,贯彻零级预防理念,在学校开展公共卫生教育,在社区加强宣传力度,通过向家庭宣教卫生知识,增强群众对健康水平的判断,在农村通过宣传标语或者是村委会宣讲的形式向留守的弱势群体普及相关知识,有针对性地向弱势群体普及高危致病因素。

(二)深化医疗服务与保障制度改革

中国特色医疗保障制度应基于“健康公平”,深化医疗服务与保障制度改革。要实现这一举措就必须围绕两个目标:一是缩小城乡和区域差距,促进基本公共卫生服务均等化;二是建设城乡一体化的制度型医疗保障体系。

1. 缩小城乡和区域差距,促进基本公共卫生服务均等化

第一,我国医疗卫生资源配置的供给侧结构性改革应着力解决城乡与地区之间的结构性供给短缺问题,特别是与慢性病防控等相关的基本医疗服务的改善更需医疗条件的均等化来支撑(白雪洁和程于思,2019)。因此,我们要明确政府在公共卫生中的主体责任。缩小区域基础医疗卫生资源供给水平差距,以政府为主体,充分发挥市场作用,改善公共服务提供机制,增强公共服务提供能力(郑文升等,2015)。政府为百姓提供基本公共卫生服务,对不同区域和城乡之间的医疗资源进行战略性调整,从而实现基本公共卫生服务和资源的合理分布。

第二,完善公共卫生财政制度。需要优化公共财政支出结构,切实加大公共卫生财政投入,尤其是农村贫困地区的投入。

第三,加强公共卫生专业人才队伍建设。着力加强基层卫生人才培养,逐步壮大专业人才规模,提升专业化水平。缩小各地区之间和城乡之间的医疗条件差异更应该着眼于软性资源,这些都需要强大的人力资本作为基础。卢祖洵等(2020)也探讨了国外全科医生制度,对我国当前公共卫生治理具有借鉴意义。要建立健全高水平的人才保障体系,长期性、责任性的履约制度,强有力的政策、制度保障机制,强有力的经费保障体系和有效的激励机制。

第四,完善配套法律保障。加强公共卫生服务领域的法律法规建设,建立公共卫生法律体系,保障政策贯彻落实和人们享有公共卫生服务的权利。做好公共卫生项目的管理。明确目标与各方职责分工,加强过程监管与效果评估,建立相应的评价机制,提高基本公共卫生服务的质量和效果。

第五 ,医疗卫生资源还可以同养老服务资源实现有序共享,建立覆盖东中西部地区和城乡、规模适宜、功能合理、综合连续的医养结合服务网络(白雪洁和程于思,2019)。

2. 建设城乡一体化的制度型医疗保障体系

在实施多层次医疗保障体系过程中,充分体现社会公平。横向公平上,要保证无论是机关、企事业单位职工,还是个体劳动者、私营企业职工、自谋职业者、城乡居民等社会各类老年人群都有权享有社会医疗保障;纵向公平上,应有针对性地为处于不同经济地位的老年人提供服务,使低收入老年人群能享受到同样的医疗服务。从目前我国的国情来看,建立全体老年人统一的医疗保障制度还不现实,因此要针对不同的老年人群医疗保障需求,建立多层次老年人医疗保障体系。

目前,我国多层次医疗保障制度体系以基本医疗保险为主体,大病保险为延伸,医疗救助为托底,各类补充保险共同发展。未来,我国仍需要进一步优化医疗保障制度设计,建设基于“健康公平”的城乡一体化制度型医疗保障体系。

(1)基本医疗保险。对于职工基本医疗保险制度而言,其一,未来应建立职工基本医疗保险基金的精算平衡机制,兼顾基金的短期平衡与长期平衡,以应对“系统老龄化”的挑战。其二,建立健全门诊共济保障机制,改革职工基本医疗保险个人账户,扩大门诊统筹。其三,探索建立退休人员的医保缴费机制,科学测算并设置最低缴费年限。对于城乡居民基本医疗保险而言,完善城乡居民基本医疗保险的筹资机制,有序提高筹资水平,进一步缩小城乡居民基本医疗保险与职工基本医疗保险之间的待遇差距,提高不同群体之间保障的公平性,为进一步建成城乡一体化的全民医保制度奠定基础。

(2)医疗救助。医疗救助制度在整个医疗保障制度体系中起到兜底作用。根据现行制度规定,医疗救助一方面资助弱势群体参与基本医疗保险,另一方面对救助对象经医保报销之后的自付费用进行二次补偿。为了进一步实现公平与可持续的目标,未来我国医疗救助制度还需在以下几个方面加强。

首先,扩大救助对象范围。政府需转变救助理念,将医疗救助对象从低保群体扩展到低收入群体。其次,拓宽筹资来源,加大财政投入力度,建立各级财政的预算机制和稳定的资金增长机制。再次,加强医疗救助与基本医保、大病医保等其他各医保政策的衔接,转变补偿方式,对支出型贫困对象给予“一站式服务”,同时突破基本医疗保险的目录限制,建立符合医疗救助特点的目录,进而建立防范和化解“因病致贫、返贫”的长效机制。此外,拓宽医疗救助的筹资渠道,提高慈善救助的地位,促进社会参与,开展多样化的救助方式,建立健全相应的法律法规。最后,探索建立罕见病用药保障机制。

(3)补充医疗保障。商业医疗保险是基本医疗保险的补充,但我国商业健康保险非常滞后,2013—2018 年,商业健康保险赔付支出占全国卫生总费用支出比分别仅为 1.3%、1.5%、1.9%、2.2%、2.5%、3%,既无法满足中高收入人群更好的医疗保障需求,低收入群体也因慈善医疗的不足失去了社会相应的人文关怀(郑功成,2020)。为此,本书提出:一是完善商业保险主体参与社会医疗保险经办的法律法规体系建设，确保基金安全，保障合法权益。二是创造良好的政策环境，激励保险公司开发健康扶贫系列的商业保险，通常可采用小额健康型保险，保费由财政资金、扶贫资金负担或财政与个人共担，保障范围覆盖住院补充医疗、基本医疗目录外的住院费用等，补充保障居民的健康权益。

第三节 县域医共体建设的地方实践

“郡县治，天下安。”县域是治国理政的重要基石，也是深化医改的主要平台。2018 年以来，浙江省安吉县按照“以人为本的整合型医疗卫生服务”（PCIC）理念，聚焦破解“基层能力不强”“医保资金增长过快”“疾病负担过重”等难题，将县域医共体作为县域综合医改的平台，发挥医保支付在规范医疗服务行为、调节资源配置中的杠杆作用，促进县域医共体供给侧结构性改革和医保支付方式改革协同推进，县域医疗卫生服务的整体效率和能力水平得到明显提升，为促进县域医疗卫生领域的高质量发展提供了“安吉经验”。

一、县域医共体改革

2016 年，世界卫生组织（WHO）提出了整合型医疗卫生服务体系的基本框架，并将其作为实现可持续发展目标的全球卫生发展战略。同年，中国政府、世界银行和世界卫生组织发布了联合研究报告，提出了构建“以人为本的整合型医疗卫生服务”（PCIC）的建议。其中，初级卫生保健是整合型医疗卫生服务体系的基础，只有重视和发挥初级卫生保健的关键作用，才能以较低的成本实现健康公平。

伴随着全球医改对整合型医疗卫生服务体系的强调，我国也积极开展了以“强基层”为核心的整合型医疗卫生服务体系。自 2009 年“新医改”以来，医改的重点由扩大医保覆盖面转变为解决基层医疗服务体系效率低下的问题,“保基本,强基层,建机制”的基本思路得到确立,其中“强基层”被视为缓解“看病难,看病贵”的根本途径。县域医共体作为构建整合型医疗卫生服务体系的重要单元,在夯实县域基础、提升基层卫生服务能力方面有着至关重要的作用。2016 年 12 月,国家卫生计生委提出进一步推进医联体建设,发布《关于开展医疗联合体建设试点工作的指导意见》,明确指出“到 2020 年要建立责权一致的引导机制,使医联体成为服务、责任、利益、管理共同体,区域内医疗资源有效共享,基层服务能力进一步提升,有力推动形成基层首诊、双向转诊、急慢分治、上下联动的分级诊疗模式”的工作目标。其中,县域地区开展医联体[①]建设的主要模式称为县域医疗共同体。[②]

县域医共体建设不仅符合世界各国加强医药卫生服务体系改革的必然趋势,也具有理论必要性。从我国实践和学界观点来看,紧密型医共体[③]可以有效降低医疗服务体系内部交易成本,实现整合医疗的目的。Curry 和 Ham(2010)认为,卫生服务市场中医患双方信息不对称会导致委托代理链条中各种问题的产生,如医生的诱导需求行为、医保参保人的逆向选择、医患合谋对于医保的道德风险,从而难以控制医疗费用的过快上涨,增加患者与医保基金负担。理论上可以用“一体化”来消除委托代理关系产生的问题,即让医疗体系中各主体的利益一致,形成“利益共同体”,为整个体系的目标而服务。李玲等(2012)也持有相似观点,认为从经济学的角度看,医疗服务是一种极为特殊的产品,存在医患保三方严重的信息不对称性,且医疗服务产品的质量难以度量,当医患保三方利益或医疗服务体系内部各部门利益不一致时,则容易产生委托代理问题,从而损害医疗体系的运行效率、增加运行成本。医共体建设可以使医疗体系中各主体的利益相一致,成为

---

①医联体是目前我国卫生服务体系整合的主要形式,主要有四种模式:城市医疗集团、县域医疗共同体(以下简称医共体)、跨区域专科联盟、远程医疗协作网。

②根据国务院办公厅发布的《国务院办公厅关于推进医疗联合体建设和发展的指导意见》,医共体是指,探索以县级医院为龙头、乡镇卫生院为枢纽、村卫生室为基础的县乡一体化管理,形成县乡村三级医疗卫生机构分工协作机制,构建三级联动的县域医疗服务体系,从而达到整合县域内的医疗资源、促进优质医疗资源下沉、提高基层医疗服务能力、推动农村地区分级诊疗模式形成的主要目的。

③即人、财、物、资源、服务的全方位整合,与松散型医共体相对应。这里的县域医共体也为紧密型医共体模式。

利益共同体,以最小成本维护全民健康,实现整合医疗的目的。

县域医共体建设不仅是实现整合型医疗卫生服务体系目标的重中之重,也是保障医保基金可持续运行的新市场机制。郁建兴等(2020)认为,基层医疗卫生服务能力的薄弱直接导致了基层卫生资源的可及性低,进而带来了个人卫生费用的增加,同时县域外就诊率的上升造成了医保资金紧张、医保基金管理困难的问题。顾昕(2012)指出,我国全民医疗保险的制度架构已基本成形,覆盖的广度和深度都有所拓展和提高,但与之相随的医药费用的快速增长未得到控制,长此以往,医保基金的可持续性将面临严峻挑战,核心在于要建立一种医保机构集团购买医疗服务的新市场机制,形成新的激励机制,使得医疗机构只有向参保者提供最高性价比的服务才能实现自身受益最大化。县域医共体改革主要是为了解决基层医疗卫生服务能力不足、就医结构难以下沉的问题,通过对居民诊疗行为的调整来控制医疗费用,提升医疗服务质量。

二、安吉县医共体改革举措①

近年来,安吉县深化县域医疗综合改革,加强基层医疗卫生服务能力,着力构建整合型医疗卫生服务体系,建立合理规范的就医诊疗秩序,持续提升群众医疗服务满意度,助力安吉县"建设共同富裕现代化基本单元领域"试点建设。安吉县连续3年获评浙江省公立医院综合评价优秀单位,医共体建设成效明显,获得浙江省政府督查激励,医保支付方式改革被推荐为全国医保支付方式改革典型案例。

(一)建立紧密型县域医共体:创新医疗卫生服务体系

2018年,浙江省开展县域医共体建设试点工作,安吉县把"打造利益共同体"和"让医保牵住医改的'牛鼻子'"、推动卫生健康工作从"以治病为中心"向"以预防为中心"转变作为改革的基本思路。安吉县结合实际,在县域成立3家医共体,目的是形成县域内医疗机构之间的良性竞争(见图11-8)。

---

①本部分的案例根据浙江省湖州市安吉县卫生健康局提供的资料和数据整理分析。

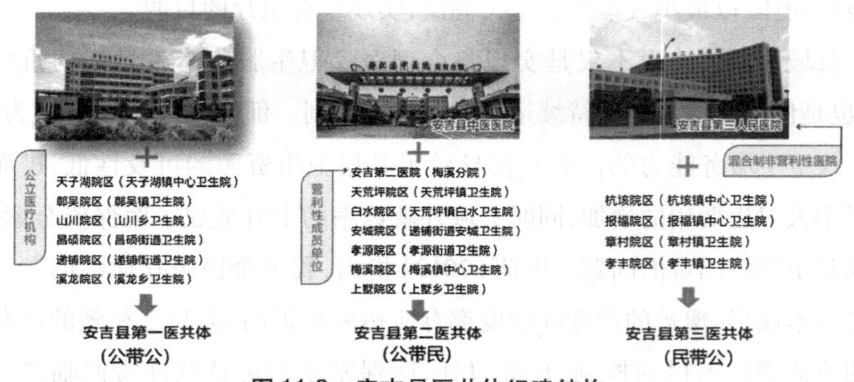

图 11-8　安吉县医共体组建结构

安吉县整合县内优质医疗资源，成立 3 家医共体集团。以“公带公”模式，由安吉县人民医院牵头 6 家乡镇（街道）卫生院成立第一医共体；以“公带民”模式，由安吉县中医医院联合 6 家卫生院，并以理事会形式吸纳股份制营利性的安吉第二医院作为成员单位成立第二医共体；以“民带公”模式，由股份制非营利性事业单位安吉县第三人民医院牵头 4 家卫生院成立第三医共体。安吉县妇幼保健院、县疾控中心、县卫生监督所等非医共体公立机构全面参与到医共体建设中，并进行绩效考核，真正实现医共体建设全县一盘棋联动。

安吉县先行先试进行县域医共体改革，建立在基层医疗卫生服务标准化这一基础之上。“敢于先行先试医共体改革，其实我们有一个重要的基础。”安吉县卫生健康局党委书记、局长凌逸刚表示，从 2006 年起，安吉县把村级卫生服务站标准化建设作为美丽乡村建设的基本要求，将 134 家村级卫生服务站按照药品调配、财务管理、服务价格、劳务分配、信息管理、人员调配和标志标识“七统一”纳入乡镇（街道）卫生院的管理，有效筑牢了基层医疗卫生服务网底。

在此基础上，安吉县通过县域医共体建设，将医共体牵头医院领导层与医共体领导层合二为一，组建唯一法人组织架构，统一标识标牌，建立八个职能管理中心，全面实行医共体内部的人、财、物统一。至此，安吉县真正构建县乡村“一竿子到底”的整合型县域医疗卫生服务新体系，即紧密型医疗共同体。

安吉县人民医院医共体山川院区院长侯琛琛表示，医院从卫生院改为院区，变的不仅仅是名称，与县人民医院“联姻”后，得到了很多人才、资源等方面的帮助，新开了中医、康复等百姓需求较大的5个科室，门诊人次从2万人/年增加到3.6万人/年。

（二）深化医共体医保支付方式改革：促进医疗服务机构主动控费

以往的医疗服务体制改革主要采取行政命令的方式，各医疗服务主体的内生动力不足。对此，安吉县对各级医疗机构实行了医保资金总额层层包干的方式，以医保支付方式改革为抓手，将医共体内部各成员单位的利益关系联系起来。

具体做法是，安吉县根据3家医共体各自辖区内的居民人数，按比例分配每家医共体的医保资金总额（见图11-9）；每家医共体根据同样的方式分配给其下辖乡镇卫生院各自的医保资金总额。各级医疗卫生机构均按照“总额包干、超支自负、结余留用”的方式使用医保资金。这相当于，从制度设计上引导医共体成员单位做好辖区百姓的日常健康管理。

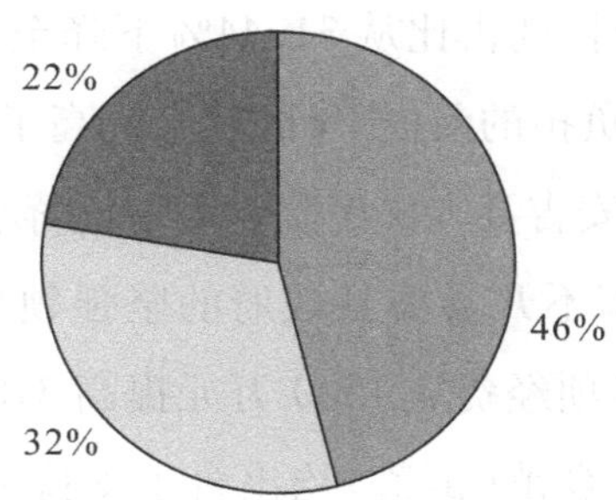

图11-9 安吉县医共体按人头医保基金包干总额分配

事实上，医保资金总额包干的方式其他统筹地区也在做，但安吉县采用各级医疗机构层层总额包干的方式，使得各级医疗机构的利益导向一致，县、乡两级医疗机构为了使自己的医保资金不流失，会主动整合医疗资源、提高医疗服务能力，从而激发各级医疗机构的内生动力。

在这样的引导机制下，各级医疗机构将工作重点从治病转向防病，最终通过提高人民健康水平达到控制医保基金合理支出的目标。如此，政府、人民群众、各级医疗机构实现共赢。安吉县中医医院党委书记夏永法介绍："我们系统分析了辖区内 14 万居民的疾病发生情况后，在农民体检项目基础上免费增加了胸部 CT 检查。虽然我们医共体总院每年承担 100 余万元，但 2020 年发现了早期肺癌 20 余例，早干预、早治疗节省的医保费用远远超过免费 CT 检查的费用。"2020 年，该医共体医保基金留用 2257.4 万元。安吉县医疗保障局党组书记、局长戴先才介绍："从全县情况看，医保基金运行情况更加健康有序，从 2017 年超支 5800 万元到 2020 年医疗机构留用 8324 万元。"

此外，安吉县还出台了浙江省最严的医保控费制度，比如"医共体无结余的，取消牵头医院院长当年度绩效年薪；第二年仍无结余的，撤销牵头医院院长职务"等，以实实在在的举措守护住老百姓的救命钱。

按照"腾空间、控总量、调结构、保衔接、强监管"的改革路径，安吉县在 2018 年、2020 年先后完成了两轮医疗服务价格调整，共调整包含诊查费、中医药服务费等在内的 134 项，医疗服务收入占比从 26.45% 提升至 33.20%；落实药品集采 117 个品种，药占比从 31.44% 下降至 21.45%。"如此一来，在人民群众不增加医疗负担的前提下，医院又提高了服务标准，医务工作人员的价值也得以体现"，安吉县人民医院党委书记蒋小杰表示。

"安吉县综合医改离不开县委县政府的坚强领导和大力支持，从 2017 年起，每年的卫生事业专项经费从 1500 万元提高 3100 万元，更加凸显了政府办医职责。同时，每个乡镇（街道）均出台了支持卫生健康事业发展的实施意见，提供配套资金保障。"凌逸刚表示，"近 3 年来，安吉县中医院 2 号住院楼、递铺街道卫生院、天荒坪镇卫生院相继投用，新改造完成了 65 家村级卫生服务站，孝源街道、天子湖镇、梅溪镇卫生院将于 2021 年下半年投入使用，还有 8 个在建或拟建项目正在推进，全县 3 年内还将投入医疗硬件建设 10 多亿元"。

安吉县人民政府副县长任贵明说："安吉县坚持像抓经济发展一样抓健康工作，扎实推进健康安吉建设，建立健康指标通报机制，每月向各乡镇（街道)通报重点疾病发生情况,压实属地责任并纳入'一把手'考核,构建齐抓共管的健康治理格局 。"截至2020年,安吉县居民人均期望寿命达到83.07岁,连续两年获得健康浙江建设考核优秀。

(三)推动改革惠民:提升基层医疗卫生服务能力

安吉县始终把为群众提供更优质的健康服务作为改革的落脚点,不断提高县域医疗整体水平。近年来,安吉县全力打造县级强院工程,推进"双下沉、两提升"升级版,与浙江大学医学院附属第一医院、浙江省中医院开展紧密型合作办医,推动县三院与上海长征医院、浙江大学医学院附属邵逸夫医院等三甲医院合作,县妇保院与浙江大学医学院附属妇产科医院、浙江大学医学院附属儿童医院开展协作办医。安吉县人民医院、中医医院达到"三乙"医院标准。

合作办医是惠民利民的实事工程。如今在安吉,省城医生"家门口"坐诊成了常态,其他优质医疗资源也"一沉到底"。比如,针对县级胸痛中心建设短板,安吉县中医医院在浙江省中医院的帮扶下,打造"浙北腔镜中心"及"浙北心脑血管病中心",每年救治胸痛等患者926例。2020年,省级医院共派出下沉专家6789人次,开展新技术、新项目45项,全县开展三类以上手术8685台次,同比增长4.68%。一些以前必须前往大医院开展的手术,现在也能在县内开展,县域就诊率达90.21%。

在医疗水平提升的同时,安吉县大力引进人才并通过人性化管理留住人才,形成强有力的医疗人才队伍。这些年来,安吉县委、县政府召开新闻发布会,创新推出"健康谷"特价人才房政策,优惠政策价值1亿元,刚柔并济引进高层次、紧缺型医疗卫生人才,首批29人、第二批28人签订特价人才房协议。

最基层的村级卫生服务站"缺医"一直是全国医疗卫生事业发展的痛点。2018年,安吉在全国率先探索面向基层开展中医师承定向培养工作,探索"从村里来""回村里去"的基层医疗卫生人才培养路径,解决乡村"村医"青黄不接、匮乏等问题。安吉有"导师帮带制"这一优良传统,所以安吉县把这一好传统应用到医疗卫生人才培养上来,经过3年培养期,首批46名学员已经进入全科见习阶段。

伴随着医改的不断深化,人民群众看病就医愈发便捷。在调查时,安吉县人民医院鄣吴院区中医内科门诊内,主任医师王永照给患者老黄诊脉开方。诊完舌苔脉象,结合病史,为其开出扶正祛邪方7贴,并嘱咐下周复诊。作为王医生的忠实“粉丝”,老黄和王医生已经非常熟悉,两年前他因肺肿瘤术后复检多次至人民医院王永照处就诊;而随着王医生每周定期到家门口上墅院区下乡,他每次的就诊时间由以往几乎耗时一天缩短为半小时左右。从2018年开始,安吉县人民医院作为县域第一医共体的牵头医院,就开始实施主任工作室下沉,由19位科室主任带领团队深入各院区,方便老百姓就医。王永照便是首批下沉至鄣吴院区的专家。

人员派驻,服务升级。通过医共体建设,人民群众享受到更直接的医疗普惠服务,近两年为60岁以上老人免费接种流感疫苗12万人次;全市率先推进3岁以下婴幼儿照护服务,新建托育机构6家、托位380个;开展高危人群大肠癌、“两癌”免费筛查13万人次。

2021年是浙江省数字化改革元年,安吉县在深化医改过程中,积极运用数字化思维,开发多样化的数字化场景应用,打造智慧医疗新模式。2021年4月,安吉县120院前急救系统投入使用,让院前急救调度时间从原来的90秒缩短至62秒,提速31.1%,平均出车时间达到2分钟以内;开发上线云HIS(Cloud-Based Healthcare Information System,基于云计算的医疗卫生信息系统),为患者提供无卡就医、线上支付、诊间结算等就医服务,电子病历建立数达20余万份;上线区域检查服务平台,为群众提供远程会诊、远程B超等服务;开发“互联网+”惠民工程健康医保卡“多码通用”,实现医保电子凭证、电子社保卡、电子健康卡的多码融合。

安吉县卫健局相关负责人表示,“3年内,我县将投入1亿元资金,专项用于打造智慧医疗新模式,让患者就医更加便捷高效”。比如在未来社区建设中融入数字健康驿站,升级村级卫生服务站功能。

三、安吉县医共体改革效果评估

安吉县通过推动县域医共体改革,在促进健康公平、加强基层医疗卫生服务能力方面取得了显著进展,具体包括如下三个成效。

(一)医保费用支出增速下降

2018 年全县参保人员医疗总费用 16.31 亿元,增幅从 2017 年度的 18.11%下降至 2018 年度的 9.06%;医保基金总支出 7.99 亿元,增幅从 2017 年度的 19.42%下降至 2018 年度的 10.12%,2019 年上半年继续同比下降至 9.40%(见图 11-10)。

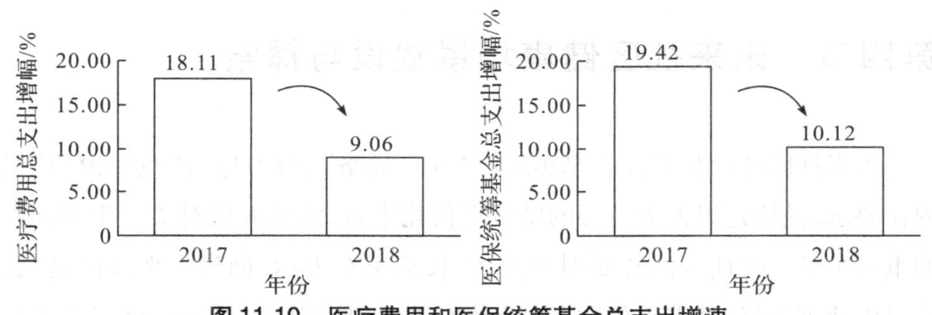

图 11-10 医疗费用和医保统筹基金总支出增速

全县医保基金从 2017 年结余 −5800 万元到 2018 年结余 −1054.44 万元,经测算,2019 年上半年基金运行平稳。2018 年,职工和城乡居民参保人员县域内住院政策补偿率比达到 81.67%和 78.16%,分别较 2017 年增加 1.41%和 0.55%,群众就医负担进一步减轻,获得感进一步加强,群众满意度达 98.3%。

(二)居民健康指标改善

2018 年,全县已完成责任医生签约 18.9 万人,签约率 40.27%,重点人群签约 10.4 万人,覆盖率 84.96%;安吉县期望寿命 81.44 岁,婴幼儿死亡率 0.91‰,5 岁以下儿童死亡率 1.36‰,孕产妇死亡率为 0;基层就诊率达 67.13%,同比提高 2.18%;县域就诊率达 90.23%,同比提高 3.47%。政府满意度达 98.5%。

(三)卫生健康事业发展动能提升

2018 年,安吉县在浙江省公立医院综合改革评价结果中位居第六,较 2017 年排名提升 30 位次。公立医院医疗总费用增长 4.97%,门急诊次均费用下降1.30%,住院次均费用下降4.93%,药占比29.71%,百元耗材(不含药品)21.75元,下降12.19%。同年,完成新一轮医疗服务价格调整,2019年上半年公立医院医疗服务收入较2018年同期未调整服务价格增长18.01%,占比为29.68%,提升3.27%。医院收入结构得到改善,职工收入也相应提高,满意度达99.2%。

第四节 未来社区健康场景建设与探索

未来社区建设是浙江省忠实践行"八八战略"、奋力打造"重要窗口"的内在要求,是构建以人为核心的城市现代化平台、满足人民对美好生活向往的重要举措。时任浙江省委副书记、省长袁家军表示,创建未来社区是"让人民生活更美好、城市现代化"的最基本单元,是打好高质量发展组合拳的重要一招。[①] 在未来社区的九个场景中,健康场景的打造是公共服务领域的重要创新性探索,也是在共同富裕示范区建设中弥补基层医疗卫生服务能力不足的突破口,希望通过未来社区健康场景的建设,浙江省可以切实实现以人民健康为中心的基层医疗卫生服务的高质量发展。

一、浙江省未来社区建设

(一)未来社区缘起

2019年,未来社区这一理念第一次出现在浙江省《政府工作报告》中。同年,《浙江省未来社区建设试点工作方案》对未来社区作出了明确的概念界定,即以人民美好生活向往为中心,聚焦人本化、生态化、数字化三维价值坐标,以和睦共治、绿色集约、智慧共享为内涵特征,突出高品质生活主轴,构建以未来邻里、教育、健康、创业、建筑、交通、低碳、服务和治理等九大场景创新为重点的集成系统,打造有归属感、舒适感和未来感的新型城市功能

①李玉梅.未来社区是"让老百姓幸福"的新平台:访浙江省委副书记、省长 袁家军[N].2019-11-25(1).

单元,促进人的全面发展和社会全面进步(浙江省发展和改革委员会基综办,2019)。未来社区试点工作的迅速落地,不仅让人们看见了这一概念化表述的现实意义,也为我国未来的社区建设提供了更为具体的方案。

从概念定义中可以看到,浙江省的未来社区建设并不是简单的房屋改造,而是力图建立以人为核心的城市现代化大平台,提供集约、高性价比的生活配套,为高水平创建“美好家园”提供浙江方案和浙江智慧。为了让未来社区的理念生根发芽,浙江省有关部门开展了3万余份问卷调查、500余次实地走访、50余次专题研讨会和座谈会,梳理出老旧小区空间集约利用不足、公共设施配套相对滞后等10多个焦点问题,准确掌握人民群众迫切希望老旧小区改造、交通出行改善、公共服务完善、智慧化水平提升等四方面主要诉求。浙江未来社区建设方案聚焦群众美好生活需求,为上述问题提供了解决方案。

(二)未来健康场景

未来健康场景,是未来社区“三化九场景”的核心板块。《浙江省未来社区建设试点工作方案》指出,未来健康场景应以“面向全人群、全生命周期,构建全民康居”为目标,围绕健康生活、优质医疗、幸福养老三个模块,打造集“绿色运动建设、智慧健康管理、优质医疗服务、社区养老助残”于一体的未来健康指标体系。

具体而言,未来社区实现全民康养目标的有效举措包括:推广可穿戴设备等智能终端应用,探索社区健康管理线上到线下(O2O)模式,促进健康大数据互联共享;建立全生命周期健康电子档案系统,完善家庭医生签约服务机制;创新社区健身服务模式,科学配置智能健身绿道、共享健身仓、虚拟健身设备等运动设施;加强社区保健管理,普及营养膳食、保健理疗等养生知识;促进居家养老助残服务全覆盖,创新多元化适老住宅、居家养老服务中心、日间照料中心、嵌入式养老机构、老年之家等场所配置,支持“互联网+护理服务”等模式应用;构建“名医名院零距离”服务机制,探索城市医院与社区医院合作合营,通过远程诊疗、人工智能(AI)诊断等方式,促进优质医疗资源普惠共享(马智慧,2019)。

除了提高身体健康水平,未来社区同样关注到了健康的另外两个部分:居民的心理健康和社会适应情况。每个人处在不同的生命阶段,健康诉求也有所不同。儿童阶段发展阳光的心理,青少年阶段形成健康的人格,中青年阶段把握社会角色、合理平衡生活,老年阶段面对衰老、适应子女离家的孤独感等。未来社区健康场景是一个综合性的美好愿景,从某种程度上讲,它将创造一种健康的生活方式。只有统筹谋划普及健康生活、优化健康服务、完善健康保障、建设健康环境、发展健康产业,才能有效满足居民健康诉求,全方位、全周期保障人民健康。

打造未来社区,人的需求始终被放在最核心的位置。根据"139 顶层设计"("1"就是以满足人民美好生活向往为中心,"3"就是聚焦人本化、生态化、数字化三维价值,"9"就是未来邻里、未来教育、未来健康、未来创业、未来建筑、未来交通、未来低碳、未来服务、未来治理等九大场景创新),未来社区的一个"中心",是以人民美好生活为中心。因此,未来社区中的健康场景,其核心也是以人民健康为中心。建设以人民健康为中心的未来社区具有重大现实意义:一是有助于破解我国社会主要矛盾,更好地满足人民日益增长的多元化健康需要;二是能填补"物"的城镇化缺失的功能,加快实现"人"的新型城镇化;三是有利于发掘培育新的经济增长点(汪欢欢和姚南,2020)。

二、杨柳郡社区的未来健康场景建设①

(一)杨柳郡未来社区介绍

彭埠街道杨柳郡社区,位于浙江省杭州市上城区艮北新城,是一个年轻化、高学历的社区。辖区面积 0.398 平方千米,总人口 9273 人,其中在籍 1597 户 4973 人;60 岁以上人口 966 人,占比 10.4%,1980 年之后出生的社区居民占 62%,平均年龄 35.2 岁。

针对群众健康服务需求,杨柳郡社区迭代升级传统的社区卫生服务站,

①本部分根据浙江省杭州市上城区卫生健康局提供的资料整理分析。

建设智慧健康站,依托"城市大脑"和"健康大脑"(区卫生健康信息平台),纵向横向数据互联共享,集成医疗、公共卫生、人口库等全人群、全生命周期的健康数据,实现纵向业务协同,横向跨部门合作未来健康场景应用,通过"浙政钉""浙里办"两个入口提供"掌上医疗健康服务",以面向全人群提供"互联网+医疗健康"公共服务,构建线上线下联动、精细服务的"健康大脑+智慧医疗+未来社区"的工作新机制。

(二)未来健康场景营造

1. 智慧健康站硬件环境提档升级

杨柳郡社区以数字赋能、智能驱动建设升级版社区卫生服务站——智慧健康站。智慧健康站位于杨柳郡社区朗颐居家养老服务中心一楼西侧,面积为158平方米,设有健康宣教区、自助检测区、集成化验室、全科诊室、中医诊室等,由彭埠街道社区卫生服务中心派驻医护人员并实行一体化管理。

2. 医疗服务智慧化

一是配备集成化验室,应用即时检验集成服务模式,使服务站具备二级以上医疗机构快捷、精准、智能的检验能力,近百项常规检验项目在30分钟内均可快速完成,全面提升服务效能和患者满意度。

二是建立三大中心,与区人民医院、市红十字会医院、省人民医院分别合作建立远程心电、影像、B超会诊中心,由上级专家诊断并传输报告。与浙江大学医学院附属邵逸夫医院合作,制定"共建杨柳郡社区未来健康场景工作规划",针对社区居民需求每月安排专家值班,由健康站医生发起远程视频会诊,并结合专家会诊结果提供后续诊疗服务,让居民体验到"名医名院零距离"带来的优质医疗服务。

三是应用智能辅助诊断系统,使全科医生诊疗规范化、路径化。如有需要,依托杭州市双向转诊平台,全科医生可为患者提供预约上级医院各类专家号及大型设备检查等服务。结合全科和专科、线上和线下,社区医生可一站式系统解决居民医疗需求。

3. 健康管理智慧化

一是以杭州市电子健康档案系统为核心,归集全人全程健康管理信息,健康档案向个人开放,促进居民参与自我健康管理。截至2021年7月,已累计为6280余位杨柳郡社区居民建立健康档案,常住居民建档率达90.2%。

二是打造未来健康屋,配备健康魔镜和健康检测一体机,居民在未来健康屋可自助检测10余项身体健康数据,通过智能化的健康终端检测和互联网技术,实现检测数据智能预警,数据上传至区域健康信息平台,实现签约信息平台、HIS系统、"家庭好医"App、微信端等互联共享,打造全流程数据应用场景,使家庭医生健康管理形成闭环。

三是通过"家庭好医"微信公众号,居民可随时查看检测报告、量表自评报告,浏览感兴趣的健康宣教知识,引导居民提高健康意识和疾病预防意识。基于诊疗数据及居民需求统计分析,建立菜单式健康讲座服务模式,邀请金牌健康讲师、社区慢性病首席医生定期开展线下健康宣教活动。根据健康评估结果,可针对不同人群提供精准的个性化健康教育处方。

4. 老年慢病数字健康新服务

一是"知健康——我的健康情况"建设。基于区域健康信息平台,归集医疗、电子健康档案等各类健康相关数据,实现全科医生可查询居民既往就诊、住院、体检及药物治疗情况,有助于全科医生对慢病患者诊疗及公共卫生数据进行连续性分析。

二是"享健康——我的健康管理"模块。推进居民电子健康档案向个人开放工作,截至2021年7月,全区已开放电子健康档案43.87万份,开放率达57.7%。基于杭州市智慧结算、舒心就医模式,配置线上线下自助服务终端实现预约挂号、多种结算方式相结合等服务,通过云药房、互联网诊疗功能方便居民就诊。

三是"保健康——我的健康评估"建设。试点探索构建"两慢病"评估数据模型,以家庭医生团队为核心,实现"两慢病"数字化集成、筛查、评估及分类管理。通过AI及大数据描绘出每个人的"健康画像",帮助患者动态了解自身健康管理情况,引导居民成为自我健康责任人并积极进行自我管理。

四是“数字家医”建设。开发家庭医生掌上应用,家庭医生团队利用“家庭好医”App签约管理软件实现在线签约、在线咨询、在线随访,通过自定义人群分类,对签约居民进行精细化分类管理,还可查询居民在健康屋自助检测的数据,开展个性化健康宣教等特色服务。依托省市医院优质资源,建立双向转诊电子绿色通道,家庭医生可有针对性地为患者预约合适的上级医院、对应专科和具体专家,以及预约胃镜、CT等检查。

为进一步营造健康生活的良好社会氛围,社区居民可通过参加健康管理任务等获取健康积分,还可通过参加社区公益活动、志愿者服务等途径获取健康积分,健康积分可兑换健康体检、专家诊疗等各类健康服务或社区内其他服务,实现与社区、部门联动的健康银行多跨场景应用。

5. 创建未来健康人才培训基地

上城区与浙江大学医学院附属邵逸夫医院共同创立未来社区数智健康共建联盟、未来健康人才培训基地,为未来社区健康场景的建设与管理提供专业支撑,在智慧健康管理、互联网诊疗、远程会诊等领域开展密切合作,以全科能力及互联网医疗为导向,提升未来社区健康场景服务人员水平。

6. 打造营养健康“SUNNY”营养在线

该区与浙江大学公共卫生学院联合创建“SUNNY”营养在线项目,为社区居民提供线上线下饮食指导,促进居民主动进行健康管理。浙江大学TLC注册营养师团队定期开展营养配餐、健康饮食咨询、食育教育和美食沙龙等特色服务。“SUNNY”营养在线深度融合社区治理和基本公共卫生服务,通过多方协调参与,多形式介入驱动,面向社区全人群与全生命周期,构建以社区为核心、以家庭为单位、以主动健康为理念、以大数据为驱动的一站式社区营养健康管理解决方案。

7. 延伸社区与居家医养结合服务

通过区域健康服务平台,实现上级医院患者出院信息、上城区医养护服务管理中心及社区卫生服务中心的数据互通,精准对接服务需求。一方面连接综合医院、基层医疗机构、社会办医养结合机构等的信息资源和服务资源,在区域医联体内开展出院准备服务;另一方面动态接收居民服务需求,居民可通过微信公众号、支付宝、电话或者委托自己的签约医生提出服务申请，由区医养护管理中心进行受理、评估、派单，基层医疗机构以《家庭医生签约服务居家护理工作规范》为标准流程，为居民提供精准、优质、连续、主动的医养结合服务。

8. 开展"阳光心晴"心理健康服务

根据杨柳郡居民特点及心理健康服务需求，未来社区积极构建部门、社会、家庭、个人协同到位，覆盖全人群、全生命周期、能有效支撑公众自主管理心理健康的精神卫生体系。在邻里客厅未来健康屋内设置"阳光心晴"心理咨询室，构建由浙江大学精神卫生中心、上城区社会心理服务指导中心、杨柳郡社区心理健康服务团队构成的三级服务架构，面向社区居民、托幼机构和学校、企事业单位、各类重点人群打造一张全人群、全生命周期的心理健康防控干预网，为社区居民的心理健康护航，同时搭建全生命周期心理健康管理共享互动平台。

三、未来社区健康场景建设的建议

通过对杨柳郡未来健康案例的分析和研究，我们针对未来社区的健康场景建设提出如下三点建议。

一是坚持问题导向，在精准评估基础上进行健康场景构建。在未来社区的建设中，要牢牢把握以人民健康为中心，问需于民，想百姓所想，广泛开展问卷调查、实地走访、居民恳谈、专题研讨等活动，找准当下健康领域痛点难点问题。针对试点建设资金、规划指标、土地出让等现实问题，出台财政资金、空间规划、用地审批等方面的支持政策，精准释放政策红利。

二是坚持目标导向，切实提升人民群众的获得感。未来社区建设要以群众满意度作为最终评判标准，让社区居民"搬得进、住得起、过得好"，制定公共空间、立体绿化、社区配套面积等方面的优惠政策，真正提升老百姓获得感、幸福感和安全感。

三是坚持结果导向，建立及时有效的反馈机制。未来社区的健康场景建设要时刻问效于民，建立全过程公众参与机制，以居民的获得感、幸福感、安全感为最终标尺。试点建设实行“严格管理、严格认定、严格兑现”的政策期权激励机制，对试点到期后验收合格的，兑现奖励政策。①

四是推动健康融入所有政策。在未来社区的建设中，我们倡导把全生命周期健康管理理念贯穿社区规划、建设、管理全过程各环节，建立政府主导、部门合作、全社会参与的全民健康素养促进长效机制和工作体系，全面提高居民健康素养水平。

在共同富裕示范区的建设过程中，面向健康公平推动医疗卫生的高质量发展是让全民共享优质医疗服务资源并提高国民健康水平的必经之路。本章在理论上界定了共同富裕与人民健康和医疗卫生服务高质量发展的关系，并基于健康公平理论构建了医疗健康领域共同富裕研究的理论框架（见本章第一节）。本章进一步从新时代人民健康面临的挑战出发，分析了公共卫生服务和医疗服务的城乡差距、区域差距和人群差距，并在此基础上提出具体如何加强基本公共卫生服务均等化、持续深化医疗卫生体制改革并提高医疗保障制度的公平性、可持续性（见第二节）。“强基层”是医疗卫生服务高质量发展最为困难也最为核心的任务，本章分别以安吉县县域医共体改革和杭州市上城区杨柳郡未来社区建设为具体案例，分析浙江省在建设共同富裕示范区过程中的有益探索，并为全国推动医疗卫生高质量发展提供借鉴和参考。

①浙江省发展和改革委员会基综办. 造未来社区 为人民服务[EB/OL]. (2019-08-22)[2021-08-26]. https://mp.weixin.qq.com/s/qT35x_xFsdmCn1w5Wu4JBQ.

第十二章
以教育高质量发展推动共同富裕

共同富裕的重要内容是“人的全面发展”，这需要依靠优质均衡的基本公共教育服务体系来支撑。当前，我国教育体系主要面临三大核心矛盾：优质均衡的矛盾、普职分流的矛盾、减负增负的矛盾。研究与处理好这些矛盾不仅影响到基础教育的高质量发展，也影响到高等教育的国际竞争力，对国家推动共同富裕、促进人的全面发展具有重要意义。

共同富裕要求"人的全面发展",需要依靠高质量教育体系建设来支撑。新中国成立以来,我国教育改革发展取得历史性成就。随着人民群众对教育的需求逐渐从"有"向"优"转变,教育高质量发展的需求日益强烈。本章基于共同富裕的视角,首先介绍教育发展与共同富裕之间的关系,其次介绍我国教育领域的历史成就与面临的挑战,再次介绍和分析部分其他国家高质量教育建设的做法与经验,最后提出我国教育高质量发展促进共同富裕的思路。

第一节 教育发展与共同富裕

教育发展的核心是优质与均衡,这与共同富裕的发展与共享一脉相承。首先,优质而均衡的教育服务本身是共同富裕的重要组成部分;其次,共同富裕有赖于高质量教育体系建设,只有高素质的劳动者才能创造更加美好的未来;最后,共同富裕内在要求的发展与共享这项基本原则,体现在教育中就是优质与均衡的关系。

所谓优质教育,既是教育本身发展的规律性要求,也是整个社会对教育提出的期望。一方面,教育要求因材施教,要求为学生提供个性化的教育服务,要求为每个人的全面发展提供无限可能。这种教育必然要求完善的设施、优质的教师以及适宜的环境,从而让每个孩子乃至于成人在一种学习的环境中自由成长。所以,教育发展本身趋向于优质目标。另一方面,整个社会对教育优质发展也会存在很高的期望。我们期望优质教育能够得到相对合理的回报。同时,假如就业市场中的劳动者具备较高的素质,那么共同富裕所赖以生存的物质基础也会更加牢固。以浙江省为例,劳动年龄人口平均受教育年限相对较短,尽管这是由流入人口的受教育年限相对较短所致,但是这在某种程度上会影响共同富裕的创新基础。所以,优质教育,既是教育内在的要求,也是社会外在的期望。

所谓均衡教育,则是教育优质发展过程所面临的巨大挑战。从共同富裕的共享视角来看,我们希望优质教育由整个社会所共享。比如,首先,从城乡差异来看,均衡教育应该更加偏重农村地区的发展,因为优质教育资源往往会向大城市集聚。其次,从地区差异来看,省域、市域、县域之间的教育差异很大。东部、中部、西部之间的教育投入存在比较大的差距,大城市与小县城之间的教育资源也存在许多不同。这些均需要更加均衡的教育资源配置。最后,从社会群体来看,不同家庭之间的教育差异存在逐步扩大的趋势,特别是经济相对富裕家庭的孩子享有的教育资源远远多于经济相对落后家庭的孩子。从共同富裕的角度看,均衡教育依然是教育改革发展面临的重大挑战。

除了优质教育与均衡教育各自发展,我们还需要关注到两者之间的关系。优质与均衡相辅相成,缺一不可。但是,在具体工作中,优质与均衡也要根据实际情况有所侧重。例如,农村地区的教育仍然是薄弱环节。特别是在有些偏远地区,中小学乃至幼儿园的小规模现象越来越突出。例如,浙江省还有300余所百人小规模学校,有些学校仍在不停萎缩之中。乡村学校不仅生源逐步减少,而且存在师资流失的困境。这就必须加强教育均衡工作,把农村教育巩固好。与此同时,某些城市地区则存在着弱化优质教育的倾向,特别是县中弱化现象值得高度关注。假如县中教育质量出现任何形式的滑坡,对于一个区域的影响将是持久性的,因此必须要高度重视教育优质。由此可见,优质与均衡两者之间需要因时因地不断平衡,对两者关系的处理是考验地方政府决策能力的试金石。

第二节　教育发展的成就

新中国成立以来,我国已经建立起完整的教育体系,取得了举世瞩目的成就,为共同富裕与人的全面发展奠定了坚实的基础。

一、义务教育的发展成就

义务教育是整个教育体系的支柱,事关亿万儿童青少年的健康成长,事关国家发展和民族未来。近年来,我国陆续出台《国务院关于统筹推进县域内城乡义务教育一体化改革发展的若干意见》《中共中央 国务院关于深化教育教学改革全面提高义务教育质量的意见》《中共中央办公厅 国务院办公厅关于进一步减轻义务教育阶段学生作业负担和校外培训负担的意见》等一系列重要文件,义务教育逐渐从"有学上"向"上好学"转变,实现了县域义务教育资源的优质均衡,最大限度地满足了人民群众所急所需所盼所想。

如图 12-1 所示,新中国成立以来,义务教育改革与发展取得了巨大成就。1949 年,我国小学在校生人数仅为 2439 万人,净入学率约为 20%;初中在校生更少,仅为 95 万人,毛入学率为 3. 1%。经过不懈的努力,到 2000 年世纪之交时,我国小学净入学率已经达到 99. 1%,初中毛入学率也到了 88. 6%。党的十八大以来,我国义务教育不断从"有学上"向"上好学"转变。2012—2021 年,小学生均经费支出从每生每年 7447 元增至 14458 元,初中生均经费支出从每生每年 10218 元增至 20717 元。不仅如此,义务教育阶段创新性地推出营养改善计划,每年惠及 3700 万名农村学生,受益学生的体质健康合格率从 2012 年的 70. 3% 提高至 2021 年的 86. 7%,成效非常明显。残疾儿童少年平等接受教育的权利也越来越得到保障。2021 年,全国共有特殊教育在校生 92. 0 万人,较 2012 年增长 142. 8%,适龄残疾儿童义务教育入学率已经超过 95%。正是由于这些保障措施,我国部分省份在国际学生评估项目(PISA)中总体成绩名列前茅,表明我国义务教育质量也已经迈入世界先进行列。

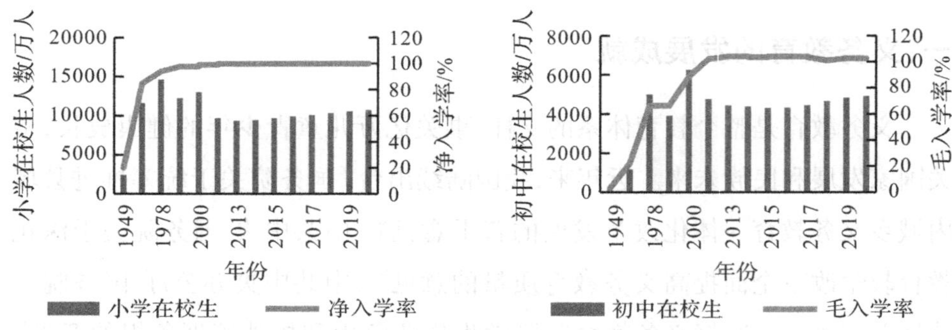

图 12-1　义务教育在校生人数及入学率情况统计

数据来源:历年《全国教育事业发展统计公报》。

二、学前教育的发展成就

随着义务教育的普遍实施,人民群众对于学前三年教育的需求越来越旺盛。然而,一直以来,由于国家财政资源有限,加上市场发展不充分,“入园难、入园贵”成为社会上非常突出的问题。鉴于此,中央作出部署,提出要“办好学前教育”,要求“在幼有所育上取得新进展”。2018 年,《中共中央 国务院关于学前教育深化改革规范发展的若干意见》发布,成为自新中国成立以来第一个以党中央、国务院名义专门印发的学前教育文件,具有里程碑意义。

图 12-2 显示,新中国成立以来,我国学前教育普及取得了历史性成就。1950 年,全国在园幼儿人数仅为 14 万人,毛入园率为 0.4%。1978 年,入园幼儿人数缓慢增长至 788 万人,毛入园率也提升至 10.6%。到了 21 世纪初期,我国入园幼儿人数已经增加至 2244 万人,毛入园率也到了 46.1%,逐步迈向了普惠制学前教育。入园率提升至较高水平后,提高百分比更加艰难,剩余的绝大多数幼儿园都需要建在中西部地区,或是崇山峻岭间,或是戈壁草原上,难度呈几何级数增加。这一阶段,我国学前教育毛入园率从 2011 年的 62.3%提高到 2021 年的 88.1%。更为重要的是,中央决心构建以普惠性资源为主体的办园体系,2021 年全国普惠性幼儿园达到 24.5 万所,其中公办园 12.8 万所,比 2011 年增长了 149.7%。由此可见,我国学前教育取

得了跨越式发展,普及水平已经迈入世界中上水平行列。

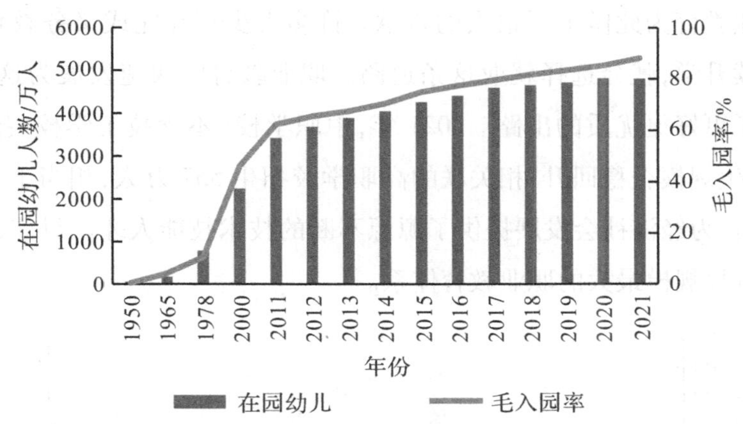

图 12-2　学前教育在园幼儿人数及入园率情况统计

数据来源:历年《全国教育事业发展统计公报》。

三、高中教育的发展成就

高中教育是基础教育向高等教育转型的核心环节,也是儿童青少年心智成熟最关键的时期,在人才培养中起着承上启下的关键性作用。办好普通高中和职业高中两种教育,对于巩固义务教育成果、增强高等教育后劲、提高国民整体素质具有重大意义。近年来,我国陆续出台了《国务院办公厅关于新时代推进普通高中育人方式改革的指导意见》《国务院关于印发国家职业教育改革实施方案的通知》等一系列战略性政策,为我国"一体两翼"的现代教育体系提供了全新的制度支撑。特别是针对职业教育相对薄弱的问题,2021 年党中央、国务院在全国职业教育大会上提出建设"技能型社会"的理念和战略,这在更广阔的视野上对职业教育发展提出了更高层次的要求,推动职业教育走上高质量发展的历史新征程。

如图 12-3 所示,我国高中教育也呈现出非常鲜明的跨越式发展特征。1949 年,我国高中在校生人数仅为 32 万人,毛入学率为 1.1%。经过 30 年发展,到改革开放初期,高中阶段在校生人数已经达到 1885 万人,毛入学率为 35.1%。2000 年,高中在校生人数为 2447 万人,毛入学率为 42.8%,将近一半适龄人群可以就读高中。到2020年,毛入学率已经攀升至90%以上。职业教育为此做出了很大的贡献。许多青少年在完成义务教育后,如无法继续升学,就会选择就业这条道路。职业教育的快速发展为这些青少年提供了更好更优质的出路。2021年,中职学校(不含技工学校)招生489万人,招生规模企稳回升;相关联的高职学校招生557万人,相当于10年前的1.8倍,为经济社会发展提供了源源不断的技术技能人才。目前,我国已建成全世界规模最大的职业教育体系。

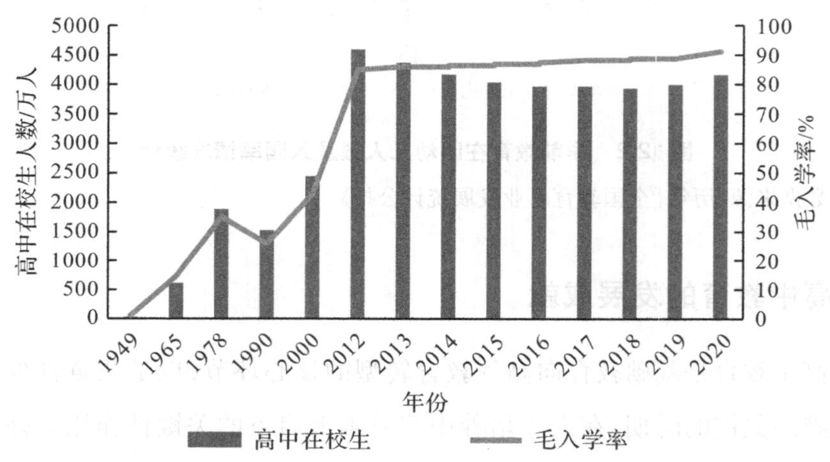

图12-3 高中在校生人数及入学率情况统计

数据来源:历年《全国教育事业发展统计公报》。

四、高等教育的发展成就

高等教育是国家综合实力的象征。习近平总书记指出:"我们对高等教育的需要比以往任何时候都更加迫切,对科学知识和卓越人才的渴求比以往任何时候都更加强烈。"①这段话深刻阐释了新时代高等教育在国家建设中的战略地位和作用。如图12-4所示,新中国成立初期,我国高等教育在学总规模仅为11.7万人,毛入学率仅为0.26%。1978年,大学毛入学率也仅

①习近平:把思想政治工作贯穿教育教学全过程 开创我国高等教育事业发展新局面[N].人民日报,2016-12-09(1).

为2.7%,在校大学生仅为228万人。高等教育在21世纪伊始快速发展,受大学扩招政策的持续影响,2012年,我国高等教育在校人数达到3325万人,毛入学率达到30%。此后,我国进一步巩固世界最大规模高等教育体系,高等教育毛入学率从2012年的30%提高至2021年的57.8%,真正进入世界公认的普及化阶段。

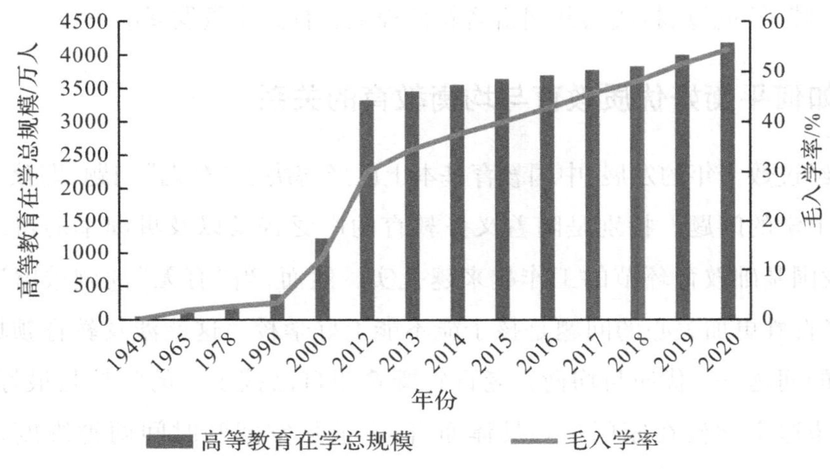

图12-4 高中教育在学总规模及入学率情况统计

数据来源:历年《全国教育事业发展统计公报》。

在高等教育中,研究生教育也取得了长足的发展。过去10年,全国800多家研究生培养单位向全社会输送了60多万名博士和650多万名硕士,为党和国家事业发展提供了有力的人才支撑。导师队伍由2012年的29.8万人增加到2021年的55.7万人,具有博士学位的专任教师比例从2015年的60%增长到2020年的72%,结构不断优化。目前,通过"211"工程、"985"工程和"双一流"建设计划,一批大学和学科已经跻身世界先进水平,中国高等教育整体水平进入世界第一方阵。

第三节 教育发展面临的问题

尽管教育改革发展取得了巨大的成就,但是随着共同富裕新征程的开启，我们对教育高质量发展的要求提到了一个全新的高度。一方面，我们强调教育必须优质，必须为全体儿童青少年提供符合个性化成长需求的教育；另一方面，我们更强调教育的均衡，避免因为教育机会和教育资源而使得一部分孩子无法发挥真正的天赋。这两个问题既是统一的，也是矛盾的，具体体现在教育上有三个层面的挑战。积极面对这些棘手的问题，加快解决教育"卡脖子"问题，将成为共同富裕新征程上教育高质量发展的重心。

一、如何平衡好优质教育与均衡教育的关系

经过数十年的发展，中国教育基本上已经解决了"有无"问题，即孩子能不能上学的问题。特别是随着义务教育的广泛普及以及巩固率的持续保持，我国基础教育环节的工作越来越扎实。然而，当"有无"问题被解决以后，老百姓更加关心的问题是孩子能不能上好学校。这就涉及教育领域最核心的问题——优质与均衡。老百姓既希望自己孩子上的学校是最好的，又希望这个学校在家门口。具体而言，本节从空间和时间两种维度进行分析。

优质与均衡的矛盾统一关系在空间维度体现得淋漓尽致。比如，根据《中华人民共和国义务教育法》，义务教育实施就近入学，这意味着考试分数不是分配的依据。既然是就近入学，这便产生了地区差异、城乡差异乃至学区差异问题。地区差异以及人口流动带来了流动儿童的教育问题。一方面，流动儿童导致农村教育进一步虚弱，村小、镇小的空心化问题严重；另一方面，流动儿童导致城市教育进一步拥挤，县小、市小的大班化问题严重。此外，即便在县域范围内，在城镇化驱动下，农村学生向县域、市域集中，导致教育资源出现了严重错配。2019 年，全国普通小学的生均经费是 11949.08 元，普通初中为 17319.04 元。北京市普通小学生均经费是 37292.92 元，是全国平均水平的 3 倍左右；普通初中是 66365.98 元，是全国平均水平的 4 倍左右。总体来看，东部沿海地区整体生均经费高于全国平均水平，而河北、江西、河南、湖南和广西等地的普通小学生均经费均低于 1 万元。仅仅从这项指标来看，不同省份学生家门口的学校资源差异很大。

除了基础教育,高等教育的地区间差异也非常明显。北京、上海的“双一流”高校与“双一流”学科非常多,而中西部地区如西藏、新疆、青海、贵州等地的优质高等教育资源比较匮乏。这些空间分布的不均衡问题严重影响了不同地区的教育机会,也导致许多家长“用脚投票”,重新选择居住地。

在时间上,优质与均衡的矛盾焦点集中在中考环节。新中国成立以来,我国高中阶段普通教育一直实行重点高中加选拔制。这里面涉及两套相互配套的制度:第一套制度是重点高中制度,即无论是普通高中还是职业高中,最终的招生录取均以中考成绩(个别地方存在特招)为基准。第二套制度是普职分流制度,也就是说并不是所有高中提供的都是普通教育,都是为升上大学做准备。原则上大约有50%的学生进入普通高中,50%的学生进入职业高中。这两套制度综合起来,意味着义务教育的归宿是竞争非常有限的优质高中学位。

二、如何平衡好普通教育与职业教育的问题

教育不仅需要解决如何培养的问题,更要明确为谁培养的问题。这直接涉及如何平衡好普通教育与职业教育的问题。中华民族的伟大复兴不仅需要一批具备综合素质的广博人才,更加需要一批精通业务的专深工匠。这意味着我们的教育体系应该两翼齐飞、相辅相成。目前,我国主要借鉴德国等欧洲发达国家的教育分流制度,让一部分孩子选择通往大学的文理教育,而让另一部分孩子学习与企业深度合作的职业技能。一些支持者的观点认为,从国家发展的角度来看,我国工业化进程需要大量高技能人才,但是现在这方面的人才缺口较大。与此同时,尽管我国本科教育与研究生教育发展日趋完善,但是培养内容与产业结构很难协调。因此,发展与社会主义市场经济相配合的职业教育是一件利国利民的好事。

职业教育与普通教育的分野会极大地影响教育回报,也会对共同富裕产生直接的影响。从现状来看,职业教育的就业回报比普通教育的就业回报要更低一些,特别是从整个劳动周期来看,差异更加明显。并且,随着大学本科教育的普及以及研究生教育的推广,用人单位对学历要求的提升已

经成为普遍现象,这间接导致职业教育的发展空间被进一步压缩。因此,如何发展职业教育、平衡职业教育与普通教育之间的关系,将成为事关未来教育高质量发展与共同富裕的重要课题。

三、如何平衡好应试教育与素质教育的问题

事实上,应试教育与素质教育的平衡问题一直是社会关注的焦点,贯穿于整个教育体系,是拷问教育本质的基础性问题。1999 年 6 月,中共中央、国务院发布《关于深化教育改革全面推进素质教育的决定》,指出:“减轻中小学生课业负担已成为推行素质教育中刻不容缓的问题。要切实认真加以解决。”2021 年 7 月,中共中央、国务院再次出台文件《关于进一步减轻义务教育阶段学生作业负担和校外培训负担的意见》,提出:“在校内方面,使学校教育教学质量和服务水平进一步提升,作业布置更加科学合理,学校课后服务基本满足学生需要;在校外方面,使校外培训机构培训行为全面规范,学科类校外培训各种乱象基本消除,校外培训热度逐步降温。”这些政策本质上都是奔着降低教育负担、减轻应试负面效应而去。“双减”新政集中瞄准教培行业,希望堵住校外漏洞,让教育回归校园,这非常有助于缓解应试之风,倡导素质之教。

第四节　教育发展的国际经验

欲深入分析中国教育高质量发展所面临的问题,我们需要以其他国家教育发展为参照物。从全球来看,每一个国家都有符合自身国情的教育模式,而这些教育模式既有优异之处,也有薄弱之处。我们希望能够求同存异,在国际比较过程中寻找中国教育的发展路径,为未来高质量发展提供方向指引。

一、日本教育：以公平为主导

日本教育最显著的特征是公平。日本家长的社会经济地位对孩子学业成就的影响非常小。那么，日本到底如何达到这种教育公平，以及日本教育公平还面临着哪些挑战，这是本节希望探寻的问题。

（一）日本公平教育的发展历史

日本现代教育制度的建立可追溯至明治维新时期。1872 年，日本明治政府颁布《学制》，成为普及公共教育的开端。《学制》模仿欧洲，把日本分为八大学区，每个学区内设置大学区、中学区以及小学区。同时，日本要求所有儿童 6 岁入学，学习 8 年。这是日本义务教育的雏形。遗憾的是，这种自上而下的教育改革最终没有获得成功，因为日本当时的地方财政根本无力支撑起这种教育模式。1879 年，《学制》关于学区的设置即被取消，教育管理权力下放到地方，同时儿童强制读书时间调整为 4 年。1886 年，《小学校令》颁布，规定 6—9 岁学龄儿童必须接受 4 年义务教育。随着四年制义务教育逐渐普及，到 1907 年，日本开始实施六年制义务教育。

二战后日本教育开始大发展。1947 年，日本通过《教育基本法》，规定所有日本儿童青少年均应该接受九年制义务教育。事实上，这个阶段的日本公平教育不仅仅在于义务教育年限的提升，更在于对弱势社群、落后地区的资源保障。例如，日本在这个阶段非常注重保障残障儿童的入学权利，出台了大量法律法规来保障特殊学校的建设。与此同时，日本出台了大量的财政资助政策，让海岛、山区、农村、落后地区等财政资源匮乏的地区有了同等的教育资源配备。这些法案包括但不限于《国库负担法》《偏僻地方教育振兴法》《孤岛振兴法》《大雪地带对策特别措施法》等。

随着公平教育体系的逐渐夯实，“因材施教”逐渐成为 21 世纪日本教育改革的主导方向，其核心政策就是学校选择制度。这种制度的核心在于为学生和家长提供教育选择的权利。为了推进义务教育普及，学龄儿童一般被要求就近入学，这使得学区固定，家庭无法选择。政府放开学区选择，意味着一些学校将迎来更多生源，而另外一些学校不得不开始形成自己的特色，以此吸引学生。不过，总体上而言，二战以后建立的公平教育框架并没有特别大的变化，家庭社会经济地位对儿童青少年教育的影响非常小。这说明，学校选择制度在为日本教育带来活力的同时，并没有影响日本的教育公平。

（二）日本公平教育的优势与挑战

公平教育的内涵特征包含方方面面，但是一个非常鲜明的指标是教育机会与社会阶层之间的关系最小化。也就是说，公平教育追求的不是改变阶层本身，而是努力追求与阶层本身的脱嵌。在这个方面，日本公平教育最核心的三大特征是起点公平、过程公平和结果公平。

第一，起点公平。机会均等意味着所有学龄儿童家附近均有一所高质量的学校。日本的《教育基本法》规定，义务教育按照居住地实施就近入学。考虑到日本是个多山地多岛屿的国家，这个规定对于地方执行而言是个巨大的挑战。为了实现这个目标，各级财政配套，保障所有孩子都能够享受家门口的教育。近年来，这个目标的保持难度越来越大，出生人口的减少导致越来越多的地方出现了一人校、十人校，这导致学校撤并的挑战越来越大。如何在少子化社会背景下，保障每个孩子拥有均等的入学机会，已经成为日本教育最大的课题之一。

第二，过程公平。当学龄儿童都能够享受均等的入学机会后，接下来的问题是如何确保不同学校、不同地区、不同群体的孩子能够享受到同等质量的教育资源。一方面，无论是在城市还是在农村，无论是在海岛还是在山区，学校基本能实现标准化建设。另一方面，教师资源的均衡通过轮岗来实现。日本的教师均由政府聘任，进入公务员序列，因此需要服从轮岗的需求。一般来说，一位教师在职业初期需要在不同学校间流动，随着年岁的增长，才慢慢稳定下来。同理，校长也要实现流动，从而保障各家学校管理的统一性。通过上述软硬件资源的均等化，日本实现了教育过程的公平。

第三，结果公平。这种公平并不意味着所有孩子都是一个出口，而是整个社会不会根据学历高低而将人分成三六九等。在日本，一个人即便学历不高，也能够享有一个比较合适的薪资水平。而那些学历非常高的人士，最终的收入水平也不会比学历低的高非常多。这在很大程度上保持了社会的稳定，使得教育本身不会被社会竞争所牵制。

二、芬兰教育：以优质为主导

芬兰教育最显著的特征是优质。从2000年第一次国际学生评估以来，芬兰教育一直是优质教育的代名词。本部分主要讨论芬兰优质教育的发展历史及其优势和面临的挑战。

（一）芬兰优质教育的发展历史

芬兰是全球教育的模范生。芬兰地处欧洲北部，与瑞典、挪威、俄罗斯接壤。国土面积33.8万平方公里，其中约三分之一在北极圈内。2018年，芬兰人口是554万人，人均GDP约5万美元，属于经济相对发达、民生较为富裕的国家。2000年前后，正在芬兰著名企业诺基亚如日中天的时候，另一个国际荣誉也落在这个国度。国际学生评估项目（PISA）首次数据测试显示，芬兰15岁青少年的阅读能力居全球首位。自此以后，优质教育迅速成为芬兰的新名片。

芬兰的教育体制与全世界其他国家没有什么区别。芬兰教育的核心理念是："为每位芬兰儿童提供相同的教育机会。"当然，除了芬兰儿童，外国定居儿童也有权接受与芬兰儿童一样的教育。当一个芬兰孩子长到9个月大的时候，父母就有机会让孩子去幼儿园。这是自愿的。义务教育年龄是6—17岁，所有儿童就近入学。6岁时孩子进入的是免费的学前教育机构，7岁才真正开始上学。芬兰义务教育以公办学校为主体，私立学校比例相对较小，不足2%。这个阶段，学校实行小班制教学，每个班级大概20人。一般来说，一个老师都会全程跟随孩子6年，从而能够清楚孩子真正需要什么。

九年级以前都是全民教育。当义务教育完成以后，芬兰青少年可以选择就读两种类型的学校——偏重学术的高中学校和偏重技术的职业学校。只要芬兰青少年愿意且有能力，在此期间没有特别的分流措施。也就是说，这个时候所做出的选择以自愿为主，而不是以考试结果为主。高中结束以后，芬兰学生可以选择一所理工类学校，也可以选择一所大学。如果选择大学,则需要额外通过一场考试(the matriculation test)。事实上,职业高中的学生也可以参加这场考试,也可以申请大学。

芬兰给全世界的启示是学生居然可以以非常少的学习时间获得非常高的学习成效。我们知道,对于全球任何一个孩子而言,一天只有24小时,如何能够使孩子们既接受高质量的教育,又有充足的睡眠和课外活动时间,是非常值得教育者深思的问题。芬兰的模式给全世界以非常深刻的印象。平均而言,芬兰孩子的家庭作业每天只需要半小时即可完成。考虑到芬兰义务教育阶段每天的上学时间是9:00—14:00,所以孩子有充足的课余时间。芬兰孩子不需要考试,除了考取大学时候的测试。即便在这样宽松的环境中,芬兰教育依然取得骄人的成绩,确实令人振奋。

(二)芬兰优质教育的优势与挑战

芬兰教育成功的密码到底是什么呢?芬兰教育系统的专家认为,以下十个要点至关重要。第一,芬兰孩子到7岁才真正开始上学,所以孩子们有大把的时间来享受童年。正如上文所说,芬兰孩子6岁是上学前班,这相当于一个幼升小的过渡阶段。第二,芬兰教育没有标准化测试,孩子们之间没有竞争。这意味着在芬兰没有学霸和学渣的区别,更没有“牛娃”和“鸡娃”的事情。第三,芬兰人对平等非常执着,所以他们非常关心孩子的幸福感。第四,芬兰孩子的家庭作业非常少,甚至可能没有作业。第五,芬兰孩子不仅课后学习时间少,而且上学时间也少,甚至每周不超过20小时。第六,即便在学校的时间较少,学校还会提供充分的营养午餐时间。第七,芬兰教师均拥有硕士学位,所以他们具有非常强的专业能力。第八,芬兰教师非常受尊重,与医生、律师同属于社会尊崇的职业。第九,芬兰学生一般都是双语教学,这对交流沟通非常有帮助。第十,芬兰没有私立学校,歧视在芬兰教育里不受推崇。这便是芬兰教育系统自己总结的十大优势。

那么,在众多因素中,到底什么才是皇冠上的珠宝呢?畅销书作者帕斯·萨尔伯格做过学校老师和芬兰政策官员,他认为没有标准化测试可能是芬兰教育最大的优势所在。也就是说,芬兰人不认为教育竞争有助于学习,相反,更为宽松平等的环境有助于教育习得。当然,另一个原因可能是老师的高素质,所有教师都需要有硕士学位。小学教师是最受大学生推崇的职业,这在许多国家是匪夷所思的。但是,考虑到教师在芬兰的社会地位,这种职业追求恐怕也是理所当然。总之,在萨尔伯格看来,没有考试和高素质教师是芬兰教育成功的关键。

关于芬兰的高素质教师,我们有必要着重介绍下。芬兰对于教师的要求非常严格,起步的学历门槛就是硕士研究生。尽管我们手上并没有芬兰教师真实的硕士比例,但是大概率而言,硕士研究生占比较高。这种设置会带来几项比较明显的效果:一是教师更加注重启发式教育,而不是考试型教育。这些教师对于知识的框架并没有那么执着,同时又了解失去知识框架以后的探索方法,这非常符合孩子的思考逻辑——天马行空,不拘一格。二是这些教师会得到整个社会的尊重。随着学历膨胀,许多家长自身已经具备了高学历,因此对低学历教师难免有些抵触情绪。芬兰让教师保持一种高学历状态,这让家长在本能上更愿意相信这些优秀教师会培养出优秀的学生。三是教师之间共同探讨会带来一种科学研究的氛围。事实上,现代教育绝不是一个人的事情,而是一群人的事业。当一群优秀的教师聚集在一起时,他们对于学生的影响远远超过他们独立的个体。由此可见,高素质教师对芬兰优质教育的影响至关重要。

当然,芬兰教育也面临着挑战,特别是如何让优质教育跟随时代的步伐。一方面,近年来芬兰学生学业成绩与家庭社会经济地位之间的关系越来越紧密。这意味着教育正在与阶层挂钩,侵蚀着芬兰优质公平教育的基石。另一方面,芬兰外来移民的增加也导致教育出现更大的不确定性。特别是芬兰把高中作为现代教育的基础,而全国仍然有百分之十几的孩子没有取得高中学历,这些孩子将面临巨大的社会竞争压力。

第五节 以教育高质量发展推动共同富裕的思路

基于对我国教育发展现状与挑战的分析,以及对国外教育发展经验的呈现,现阶段我国教育高质量发展应坚持优质均衡并重、均衡优先的原则。具体而言,我国应确立教育公平发展战略,确保实现共同富裕征途上"没有一个人掉队";应完善全生命周期教育服务,努力从儿童早期阶段提供优质的教育公共服务;构建大职业教育培训体系,努力提高现有劳动力综合素质。

一、确立教育公平发展战略

进一步加强各级政府对教育发展的责任。高度重视教育高质量发展在共同富裕中的重要地位,着力加强政府对教育体系的投入。大力发展学前教育,逐步在有条件地区探索将学前一年纳入义务教育财政供养体系,由省市县三级财政配套,为学前教育建立基本稳定框架。在义务教育阶段,继续巩固"双减"成果,加强课后托管体系建设,逐步建立教育与托管双体系建设。高度重视一些特殊群体的义务教育权利,力争让全部随迁子女入读公办学校,力争让残疾儿童获得更有质量的教育资源。全力支持县中崛起,让县中成为带动区域优质均衡教育的龙头。

进一步推进教育资源向农村倾斜。探索改革教育财政体制,逐步将乡村小规模学校纳入省市县三级供养模式,做强农村教育。高度重视师资建设,深化"县管校聘"制度,进一步完善教师流动机制,让农村留得住优秀教师。大力发挥"互联网+教育"的作用,大力促进城乡教育资源的跨时空交流共享,通过数字化弥补城乡教育差距。积极推进"城乡教育共同体"建设,通过多种形式加强资源共享。

进一步拓宽高中段学生升学渠道。基于共同富裕的理念,以及人民群众对美好教育的期盼,积极推进从提高普通高中招生比例和提高职业高中升学比例两个方面解决高中阶段“卡脖子”问题。推进普职融通教育，学校阶段的职业教育应该融合在日常课程中，同时进一步扩大“学校后教育”的职业素养培养。畅通职业教育学历晋升渠道，逐步打开职业教育通向优质高等教育的大门。

逐步推进高等教育均衡发展。教育高质量发展还要注意到高等教育的均衡发展，特别是中西部地区高等教育发展应该得到更大力度的扶持。正如县高是县域教育优质均衡的体现，省重点大学也应该成为一个地区优质均衡教育的反映。大力推动高等教育的结构调整和质量提升，努力增加中西部地区研究生和本科生招生计划，拓展当地高层次人才培养空间。这些地区高等教育的发展也将提升当地基础教育质量，为教育高质量发展畅通渠道。

二、完善全生命周期的教育服务

在学前阶段，国家应重点建立以照顾为核心的儿童早期发展体系。0—3岁阶段衔接托育服务，鼓励幼儿园提供托位，保障幼有所养。到了4—6岁阶段，依托幼儿园体系，适度推进符合儿童发展的启蒙教育，以游戏教育为主。未来可探索推动义务教育向学前延伸一年，帮助儿童顺利实现从幼儿阶段向小学阶段的过渡。

在小学阶段，国家应该并行发展基础教育体系与儿童照顾体系。前者以知识获取为主体，后者以儿童游戏为根本，两者相辅相成。例如，有序推进三点半后课程建设，重点培养孩子的兴趣爱好，加强孩子的体育艺术熏陶，严禁灌输文化课知识。考虑到部分家长在周末、假期以及暑假寒假期间均需要上班，教育系统应该提前谋划，为孩子提供一个安全可靠的环境，促进其身心健康。目前，从各地实践来看，学校作为托管体系的主体更为合适，社区课程在这方面缺乏师资、资金和场地。同时，在小学阶段，严禁开展任何形式的考试，严禁校内校外的文化课补习活动，保障孩子的睡眠时间和休息权利。政府应全面加强家门口的幼儿园和小学建设，让0—12岁儿童都能在家门口享受到优质的初等教育。

中学阶段教育竞争是必不可少的环节。首先,可考虑教育评价方式与大学、高中招生制度改革同步,以综合性评价为主,逐步建立音乐、美术、体育、信息等多种专业渠道,同大学双一流“学科”体系相适应。但是,无论如何改革,评价方式必须非常谨慎,应尽最大可能进行社会讨论与专家评估。其次,可考虑定期更新教材与考试范围,使最新知识融入中等教育。教材、教师与教学是最贴近学生的改革内容,因此可能会形成事半功倍的效果。

高等教育也要注重地区之间的平衡,帮助中西部地区发展高等教育,让当地学生能够就近享受到高质量的高等教育资源。最后,高等教育阶段也要强化对高层次人才的选拔工作,为应对未来挑战做好准备。这就要求“双一流”学校、“双一流”专业要持续加大投入,在教学、科研、产业孵化等方面做出更加拔尖的成果。

三、构建大职业教育培训体系

积极推进普职融合教育。努力为有能力且有意愿上大学的中职学生打开升学大门,提高其在人力资本培养方面的主动性。在普通高中设置一定的职业教育,在职业高中设置一定的普通教育,确保两种教育体系优势互补。不同高中学校应探索专设特色课程,融合不同教育内容,形成与其他学校的差异化竞争,方便学生进行更多样化的选择。

畅通职业教育上升渠道。高等教育阶段要重点做好职业教育本科化工作,打通职业教育“最后一公里”。逐步完善职业本科学历制度,打通职业本科与现有研究生教育体系之间的通道。与此同时,进一步促进普通高等教育与职业教育之间的融合发展,让学生具备通识、专业与技能三方面的能力。

拓宽职业教育视野,把终身教育视为职业教育的重要环节,满足人民群众接受更优质、更可持续教育的追求。特别是对于学校毕业后再教育事宜,应该把各行各业各种类别的技能培训和继续教育都有序纳入大职业教育的范畴。不同于以学校为核心的普通教育,职业教育必须伴随每个人的终身教育,只有这样才能提升人口综合素质,造就一大批“大国工匠”。

附 录

附表 1 主要国家和地区的共同富裕简单指数

国家和地区	数据年份	共同富裕简单指数/美元	发展程度/美元	共享程度/%
阿联酋	2018	17389	30280	57.43
挪威	2018	14374	25349	56.70
冰岛	2017	12881	21623	59.57
卢森堡	2018	12848	27944	45.98
瑞士	2018	12538	25287	49.58
丹麦	2018	11498	20345	56.51
芬兰	2018	11100	19035	58.31
荷兰	2018	11074	19655	56.34
奥地利	2018	10917	20933	52.15
瑞典	2018	10786	20341	53.02
加拿大	2017	10746	22042	48.75
比利时	2018	10567	18305	57.73
美国	2018	10403	26992	38.54
法国	2018	10304	19717	52.26
爱尔兰	2017	10173	19064	53.36
德国	2016	10081	19732	51.09
马耳他	2018	9333	16900	55.23
塞浦路斯	2018	8804	16867	52.20
斯洛文尼亚	2018	8578	13877	61.81
英国	2017	8304	18042	46.02
韩国	2016	8023	15651	51.26
捷克	2018	7413	11932	62.13
意大利	2017	6942	15523	44.72
爱沙尼亚	2018	6847	13246	51.69
西班牙	2018	6344	13877	45.71
波兰	2018	5840	10903	53.57
斯洛伐克	2018	5457	9158	59.59
葡萄牙	2018	5449	10888	50.05
以色列	2016	5230	13271	39.41

续表

国家和地区	数据年份	共同富裕简单指数/美元	发展程度/美元	共享程度/%
立陶宛	2018	5198	11242	46.23
匈牙利	2018	4964	9216	53.86
拉脱维亚	2018	4935	10559	46.73
白俄罗斯	2019	4723	7756	60.89
克罗地亚	2018	4577	8599	53.23
希腊	2018	4037	8362	48.28
马来西亚	2015	4008	10063	39.83
乌拉圭	2019	3957	9720	40.71
塞舌尔	2018	3650	7420	49.19
智利	2017	3592	9304	38.60
保加利亚	2018	3570	8669	41.18
俄罗斯联邦	2018	3322	7274	45.66
乌克兰	2019	3259	5501	59.26
罗马尼亚	2018	2869	6683	42.93
巴拿马	2019	2862	9778	29.26
土耳其	2019	2774	7158	38.76
泰国	2019	2730	5690	47.98
哥斯达黎加	2019	2694	8442	31.91
哈萨克斯坦	2018	2686	4603	58.37
阿根廷	2019	2391	6720	35.58
毛里求斯	2017	2336	4971	46.99
伊朗	2018	2296	5800	39.58
中国	2016	2286	5910	38.68
巴拉圭	2019	2270	6471	35.08
黑山	2016	2256	5570	40.50
摩尔多瓦	2018	2183	3592	60.77
北马其顿	2018	2033	4395	46.26
巴西	2019	2015	7680	26.24
多米尼加	2016	1967	5654	34.80
秘鲁	2019	1920	4986	38.51
玻利维亚	2019	1913	4990	38.33
西岸和加沙	2016	1902	3964	47.97
萨尔瓦多	2019	1858	4333	42.88
塞尔维亚	2017	1832	4406	41.59
越南	2018	1825	3935	46.38

续表

国家和地区	数据年份	共同富裕简单指数/美元	发展程度/美元	共享程度/%
科索沃	2017	1818	3194	56.91
蒙古国	2018	1737	3438	50.53
厄瓜多尔	2019	1686	4957	34.02
阿尔巴尼亚	2017	1529	3143	48.66
哥伦比亚	2019	1511	5212	28.99
亚美尼亚	2018	1427	2811	50.78
不丹	2017	1391	3190	43.59
斯里兰卡	2016	1391	3103	44.82
吉尔吉斯斯坦	2019	1347	2369	56.86
格鲁吉亚	2019	1299	2814	46.17
菲律宾	2018	1226	3051	40.19
印度尼西亚	2019	1150	2529	45.45
埃及	2017	1007	1847	54.55
巴基斯坦	2018	942	1730	54.43
加纳	2016	883	2475	35.69
洪都拉斯	2019	872	3019	28.90
老挝	2018	854	1916	44.57
津巴布韦	2017	540	1431	37.76
塞拉利昂	2018	493	1004	49.09
乌干达	2016	467	1168	40.00
坦桑尼亚	2018	431	993	43.38
卢旺达	2016	365	927	39.37
马拉维	2016	307	752	40.78

注:所有数据均以2011年国际物价比较项目(ICP)的物价为准。表中选取了相关国家和地区最近年份的数值,由于存在缺失,不同国家和地区的数据年份不一样。其中,绝大多数国家和地区的数值是2018年的,少数国家和地区是2016年、2017年和2019年,中国的数值是2016年的。此外,大部分国家和地区的数值是家庭人均可支配收入(或纯收入),少数国家和地区是家庭人均消费。为了方便对比,本表中的中国数值已经更换为家庭人均收入。

数据来源:使用世界银行“世界发展指数”(WDI)数据库和第三章共同富裕简单指数计算方法计算得到。WDI数据库中的中国数值为消费额,此处更换为收入指标。

附表 2 收入和财富维度的指标选择和指数计算

一级指标	可及性指数		富裕指数		共享指数		综合指标	辅助指标	
	统计指标	计算方法	统计指标	计算方法	统计指标	计算方法		城乡差距	地区差距
收入水平	收入高于相对贫困标准的人口比例	相对贫困标准设定为中位数收入的60%	人均收入指数	家庭人均收入指数 = min（2018 年家庭人均收入中位数的 200%，1）	收入共享指数	最低 40% 的平均值/全部人口的平均值	前两者相乘	城乡间的比值	地区变异系数
财富水平	没有净负债的人口比例	家庭净财产大于 0 的人口比例	人均财富指数	家庭人均财富指数 = min（2018 年家庭人均财产中位数的 200%，1）	财富共享指数	同上	前两者相乘	城乡间的比值	地区变异系数

注：收入和财富维度共同富裕指数 = 0.5 × 收入水平综合指数 + 0.5 × 财富水平综合指数。收入水平综合指数 = 人均收入指数 × 收入共享指数。财富水平综合指数 = 人均财富指数 × 财富共享指数。

附表3　公共服务维度的指标选择和指数计算

一级指标	二级指标	服务对象	基本统计指标	主要指标			辅助指标		
				可及性指数	富裕指数	共享指数	综合指标	城乡差距	地区差距
幼	有助于身体健康的服务	农村0—6岁儿童	儿童是否接种＋儿童获得体检的比例	0.5×儿童接种率＋0.5×儿童获得体检的比	无	无	可及性指数	可及性的城乡比例	可及性的地区变异系数
	有助于心理健康的服务	农村0—6岁儿童	特殊儿童群体获得基本生活保障，困难儿童获得基本生活保障，农村留守儿童获得关爱服务	特殊儿童获得心理健康服务的比例、困难儿童获得各种保障或福利的比例、农村留守儿童获得关爱服务的比例。按三类儿童人数加权平均	无	无	可及性指数	可及性的城乡比例	可及性的地区变异系数
学	学前教育	学前三年入园率	学前教育适龄儿童进入幼儿园的比例	1－应得未得的比例	无	无	可及性指数	可及性的城乡比例	可及性的地区变异系数
	义务教育	义务教育在校学生；农村义务教育阶段的在校学生	免学杂费、书本费的学生比例；农村获得营养午餐的比例	1－应得未得的比例	无	无	可及性指数	1/农村获得营养午餐的儿童比例	农村获得营养午餐儿童比例的地区变异系数
	高中教育	困难家庭的高中在校学生	困难家庭获得教育补贴的比例	1－应得未得的比例	平均补贴水平	最低40%的平均值/全部人口的平均值	三者相乘	补贴水平的城乡比例	补贴水平的地区变异系数

续表

一级指标	二级指标	服务对象	基本统计指标	主要指标			辅助指标		
				可及性指数	富裕指数	共享指数	综合指标	城乡差距	地区差距
学	职业教育	困难家庭的职业教育在校学生	困难家庭获得职业教育补贴的比例	1 -应得未得的比例	平均补贴水平	最低 40%的平均值/全部人口的平均值	三者相乘	补贴水平的城乡比例	补贴水平的地区变异系数
劳	就业创业保障	有就业创业需求的劳动力	所在区县有完善的就业创业服务平台、职业技能培训机制、毕业生就业见习平台、就业援助机制、劳动关系协调机制、劳动权益保障机制等服务。根据对职工层面的抽样调查获得评价指标	六类服务分别计算:实际获得与服务对象的比例。然后加权求和。权数是当地每类服务对象的人数比例	无	无	可及性指数	服务水平的城乡比例	服务水平的地区变异系数
	失业保险	就业人员(职工 + 灵活就业人员)	参保率;补贴额度	参保率	平均失业救济金	最低 40%的平均值/全部人口的平均值	三者相乘	参保率的城乡比例	参保率的地区变异系数
病	医疗服务	全体居民	与最近村卫生室的距离;公共卫生服务效率 =(0.5 × 门诊两周就诊率 +0.5 × 住院两周就诊率)/两周患病率	农村 =1 - min(1,农村家庭与最近卫生室或卫生站的公里数/100)城镇 =1	公共卫生服务效率	最低 40%的平均值/全部人口的平均值	三者相乘	公共卫生服务效率的城乡比例	公共卫生服务效率的地区变异系数
	医疗保险	就业人员(职工 + 灵活就业人员);居民	参保率;平均报销比例(注:报销比例是报销费用与全部医疗费用的比例)	参保率	平均报销比例	最低 40%的平均值/全部人口的平均值	三者相乘	报销比例的城乡比例	报销比例的地区变异系数

续表

一级指标	二级指标	服务对象	基本统计指标	主要指标			辅助指标		
				可及性指数	富裕指数	共享指数	综合指标	城乡差距	地区差距
老	养老服务(非收入性服务)	65 岁及以上老人	所在乡镇是否有养老院;护理型床位与全部床位的比例	农村 = 所在乡镇是否有养老院;城镇 = 1	护理型床位与全部床位的比例	最低 40%的平均值/全部人口的平均值	三者相乘	1/所在乡镇是否有养老院	护理型床位比例的地区变异系数
	养老保险(收入性服务)	达到退休年龄的职工和 60 岁以上居民	职工养老保险参保人数与就业人口的比例;居民养老保险替代率(注:居民养老保险与所在地级市人均可支配收入的比值)	覆盖率	居民养老金替代率	最低 40%的平均值/全部人口的平均值	三者相乘	平均居民养老金替代率的城乡比例	平均居民养老金替代率的地区变异系数
住	公租房	城镇住房或收入困难家庭	符合条件家庭获得租赁补贴或实物保障的比例;补贴水平与当地当月平均租金的比例(注:补贴水平表示政府提供的补贴总额除以住建部规定的最小居住面积;实物补贴按市场价折算)	1 -应得未得的比例	补贴水平与当地当月平均租金的比例	最低 40%的平均值/全部人口的平均值	三者相乘	无	补贴水平的地区变异系数
	住房改造	棚户区居民;不符合基本住房条件的农村居民	符合条件家庭获得实物安置或货币补偿的比例	1 -应改未改比例	无	无	可及性指数	无	补贴水平的地区变异系数

续表

一级指标	二级指标	服务对象	基本统计指标	主要指标			辅助指标		
				可及性指数	富裕指数	共享指数	综合指标	城乡差距	地区差距
弱	社会救助	应获得社会救助的各类人员	获得的人数与应获得人数的比例；保障水平(注：低保标准与地区PPP的比值，超过中等收入群体下限标准的部分截尾)	1 -应得未得的比例	保障水平	最低40%的平均值/全部人口的平均值	三者相乘	低保标准的城乡差距	低保标准的地区变异系数
	残疾帮扶	事实残疾人(持证残疾人+事实上残疾但未领证的人)	应得未得的比例(注：见正文详细说明)；残疾人个体层面获得的两项补贴水平	1 -应得未得的比例	两项补贴的平均水平	四个残疾等级分别计算共享程度。按四类残疾人的人数加权平均	三者相乘	两项补贴的城乡差距	两项补贴的地区变异系数
文化	公共文化服务	农村地区	所在村委会能够提供图书、报刊借阅服务的公共图书馆(室)、文化馆(站)、行政村综合文化服务中心、农家书屋等免费服务的人口比例	1 -应得未得的比例	无	无	可及性指数	1/农村比例	农村比例的地区变异系数

注：基本公共服务维度共同富裕指数 = 1/8 ×“幼”综合指数 + 1/8 ×“学”综合指数 + 1/8 ×“劳”综合指数 + 1/8 ×“病”综合指数 + 1/8 ×“老”综合指数 + 1/8 ×“住”综合指数 + 1/8 ×“弱”综合指数 + 1/8 ×“文化”综合指数。每个一级指标的综合指数等于对应二级指标综合指数的平均值。每个二级指标综合指数等于可及性指数、富裕指数和共享指数的乘积，若“无”则取值为1。

附表 4　人的发展能力维度的指标选择和指数计算

一级指标	可及性指数		富裕指数		共享指数		综合指标	辅助指标	
	统计指标	计算方法	统计指标	计算方法	统计指标	计算方法		城乡差距	地区差距
早期营养水平	没有出现营养不良的儿童比例	BMI 大于 13 的儿童人口比例	幼儿营养指数	根据 BMI 得到的指数	幼儿营养指数的共享程度	最低 40%的平均值/全部人口的平均值	两者相乘	城乡比例	地区变异系数
健康水平	无	无	出生时预期寿命	根据死亡人口调查计算生命表	预期寿命的共享程度	同上	两者相乘	城乡比例	地区变异系数
受教育水平	劳动年龄人口义务教育完成率	劳动年龄人口中受教育类型大于初中水平的人口比例	16—59 岁人口的受教育年限指数	16—59 岁人口的平均受教育年限	教育水平的共享程度	同上	两者相乘	城乡比例	地区变异系数
就业质量	就业质量可及性	见正文	16—59 岁人口的就业质量指标	就业质量指标包含四个维度：平均工资、未充分就业比例、超时工作比例、长期合同签订率。然后转化为取值范围在 0—1 的就业质量得分	就业质量的共享程度	同上	两者相乘	城乡比例	地区变异系数
生活条件	体面住房覆盖率	拥有体面住房的人口比例	人均住房面积	钢筋混凝土结构住房，现住房面积除以家庭人口数；其他类型住房，取值 0	体面住房的共享程度	同上	两者相乘	城乡比例	地区变异系数

注：人的发展能力维度共同富裕指数 = 1/5 × 早期营养水平综合指数 + 1/5 × 健康水平综合指数 + 1/5 × 受教育水平综合指数 + 1/5 × 就业质量综合指数 + 1/5 × 生活条件综合指数。每个一级指标的综合指数等于可及性指数、富裕指数和共享指数的乘积，若“无”则取值为 1。

附表5　精神、生态、社会和谐维度的指标选择和指数计算

一级指标	可及性指数		富裕指数		共享指数		综合指标	辅助指标	
	统计指标	计算方法	统计指标	计算方法	统计指标	计算方法		城乡差距	地区差距
精神富裕	文体娱乐消费覆盖率	文化娱乐支出大于0的比例	平均文体娱乐水平	文化娱乐支出与食品烟酒支出的比值	文体娱乐共享程度	最低40%的平均值/全部人口的平均值	三者相乘	城乡比例	地区变异系数
环境适宜	环境适宜的覆盖率	环境污染综合指数属于"优"或"良"的城市覆盖人口比例;按城市常住人口计算	平均环境污染综合指数	地级市层面的平均空气质量(AQI)	环境适宜的共享差异	同上	三者相乘	城乡比例	地区变异系数
社会和谐	社会和谐覆盖率	社会安全指数达到合格的人口覆盖率	社会安全指数	略	社会安全指数共享指数	同上	二者相乘	城乡比例	地区变异系数

注:精神、生态、社会和谐维度共同富裕指数 = 1/3 × 精神富裕综合指数 + 1/3 × 环境适宜综合指数 + 1/3 × 社会和谐综合指数。每个一级指标的综合指数等于可及性指数、富裕指数和共享指数的乘积,若"无"则取值为1。

附表 6　基本公共服务维度部分指标富裕指数和共享指数的目标值

一级指标	二级指标	服务对象	基本统计指标	主要指标			
				富裕指数	目标值	共享指数	目标值
学	高中教育	困难家庭的高中在校学生	困难家庭获得教育补贴的比例	平均补贴水平	同一年份家庭人均教育消费中位数的 50%	最低 40% 的平均值/全部人口的平均值	100%
	职业教育	困难家庭的职业教育在校学生	困难家庭获得职业教育补贴的比例	平均补贴水平	同一年份家庭人均教育消费中位数的 50%	最低 40% 的平均值/全部人口的平均值	100%
劳	失业保险	就业人员(职工 + 灵活就业人员)	补贴额度	平均失业救济金	当地当年低保标准	最低 40% 的平均值/全部人口的平均值	100%
病	医疗服务	全体居民	公共卫生服务效率 = (0.5 × 门诊两周就诊率 +0.5 × 住院两周就诊率)/两周患病率	公共卫生服务效率	100%	最低 40% 的平均值/全部人口的平均值	100%
	医疗保险	就业人员(职工 + 灵活就业人员);居民	参保率;平均报销比例(注:报销比例是报销费用与全部医疗费用的比例)	平均报销比例	100%	最低 40% 的平均值/全部人口的平均值	100%
老	养老服务(非收入性服务)	65 岁及以上老人	所在乡镇是否有养老院;护理型床位与全部床位的比例	护理型床位与全部床位的比例	40%	最低 40% 的平均值 / 全部人口的平均值	100%
	养老保险(收入性服务)	达到退休年龄的职工和 60 岁以上居民	居民养老保险替代率(注:居民养老保险与所在地级市人均可支配收入的比值)	居民养老金替代率	50%	最低 40% 的平均值 / 全部人口的平均值	100%

续表

一级指标	二级指标	服务对象	基本统计指标	主要指标			
				富裕指数	目标值	共享指数	目标值
住	公租房	城镇住房或收入困难家庭	符合条件家庭获得租赁补贴或实物保障的比例；补贴水平与当地当月平均租金的比例（注：补贴水平表示政府提供的补贴总额除以住建部规定的最小居住面积；实物补贴按市场价折算）	补贴水平与当地当月平均租金的比例	100%	最低 40% 的平均值 / 全部人口的平均值	100%
弱	社会救助	应获得社会救助的各类人员	保障水平（注：低保标准与地区 PPP 的比值，超过中等收入群体下限标准的部分截尾）	保障水平	当地当年人均可支配收入的 50%	最低 40% 的平均值 / 全部人口的平均值	100%
	残疾帮扶	事实残疾人（持证残疾人 + 事实上残疾但未领证的人）	残疾人个体层面获得的两项补贴水平	两项补贴的平均水平	当地当年低保标准	四个残疾等级分别计算共享程度。按四类残疾人的人数加权平均	100%

参考文献

[1]埃达罗,1988. 法国的领土整治[J]. 李庆生,译. 经济地理(4):308-310.

[2]白重恩,钱震杰,2010. 劳动收入份额决定因素:来自中国省际面板数据的证据[J]. 世界经济(12):3-27.

[3]白雪洁,程于思,2019. 医疗资源配置的城乡区域差异与中老年人个体健康[J]. 西安交通大学学报(社会科学版)(2):80-89.

[4]包书政,王志刚,2010. 日本绿色观光休闲农业的发展及其对中国的启示[J]. 中国农学通报(20):413-416.

[5]毕宇珠,苟天来,张骞之,等,2012. 战后德国城乡等值化发展模式及其启示——以巴伐利亚州为例[J]. 生态经济(5):99-102,106.

[6]蔡昉,林毅夫,2003. 中国经济:改革与发展[M]. 北京:中国财政经济出版社.

[7]常江,朱冬冬,冯姗姗,2006. 德国村庄更新及其对我国新农村建设的借鉴意义[J]. 建筑学报(11):71-73.

[8]陈培阳,朱喜钢,2012. 基于不同尺度的中国区域经济差异[J]. 地理学报(8):1085-1097.

[9]陈钊,2015. 面向和谐发展的城乡融合:目标、难点与突破[J]. 国际经济评论(3):131-146.

[10]甘犁,2015. 中国有多少中产阶层?[N]. 第一财经日报,2015-11-18.

[11]高博,李桂花,2016. 农村环境问题:表现、成因及解决[J]. 理论与改革(4):180-183.

[12]高蕾,2021. 全国城市低保平均每人每月 684.1 元[EB/OL]. (2021-05-08)[2021-07-20]. http://www.xinhuanet.com/fortune/2021-05/08/c_1127421076.htm.

[13]宫蒲光,2019. 关于社会救助立法中的若干问题[J]. 社会保障评论

(3):104-119.

[14]龚敏,李文溥,2009.论扩大内需政策与转变经济增长方式[J].东南学术(1):43-51.

[15]顾昕,2012.走向全民健康保险:论中国医疗保障制度的转型[J].中国行政管理(8):64-69.

[16]关信平,2016.我国低保标准的意义及当前低保标准存在的问题分析[J].江苏社会科学(3):64-71.

[17]国家发改委社会发展研究所课题组,2012.扩大中等收入者比重的实证分析和政策建议[J].经济学动态(5):12-17.

[18]国家发展和改革委员会社会发展研究所课题组,2019.经济新常态下我国居民收入分配研究[M].北京:经济科学出版社.

[19]国家统计局,2009.新中国60年:城乡居民生活从贫困向全面小康迈进[EB/OL].(2009-09-10)[2021-07-20].http://www.gov.cn/gzdt/2009-09/10/content_1413985.htm.

[20]国家统计局,2020.中国统计年鉴(2020)[M].北京:中国统计出版社.

[21]国家统计局,2021.怎样理解基尼系数?全国居民基尼系数怎么查找?[EB/OL].(2021-09-09)[2021-10-20].http://www.stats.gov.cn/ztjc/zthd/sjtjr/d12kfr/tjzsqzs/202109/t20210902_1821609.html.

[22]国家统计局城调总队课题组,2005.6万—50万元:中国城市中等收入群体探究[J].数据(6):39-41.

[23]国家卫生健康委统计信息中心,2021.2018年全国第六次卫生服务统计调查报告[M].北京:人民卫生出版社.

[24]国家卫生健康委员会,2020.2020中国卫生健康统计年鉴[M].北京:中国协和医科大学出版社.

[25]韩俊,2009.中国城乡关系演变60年:回顾与展望[J].改革(11):5-14.

[26]韩文龙,祝顺莲,2020.地区间横向带动:实现共同富裕的重要途径——制度优势的体现与国家治理的现代化[J].西部论坛(1):19-30.

[27]韩杨,2021.中美农业支持政策的演变与完善——基于WTO《农业协

定》影响的对比[J]. 国际经济评论(6):117-140.

[28] 何迪,2017. 美国、日本、德国农业信息化发展比较与经验借鉴[J]. 世界农业(3):164-170.

[29] 何立新,佐藤宏,2008. 不同视角下的中国城镇社会保障制度与收入再分配——基于年度收入和终生收入的经验分析[J]. 世界经济文汇(5):45-57.

[30] 何文炯,2018a. 我国现行社会保障收入再分配的机理分析及效应提升[J]. 社会科学辑刊(5):55-62.

[31] 何文炯,2018b. 社会保障应体现农民的历史贡献[J]. 中国社会保障(5):29.

[32] 何文炯,2020a. 建设更加公平更可持续更有效率的社会保障体系[J]. 中国社会保障(12):20-21.

[33] 何文炯,2020b. 数字化、非正规就业与社会保障制度改革[J]. 社会保障评论(3):15-27.

[34] 何文炯,潘旭华,2021. 基于共同富裕的社会保障制度深化改革[J]. 江淮论坛(3):133-140.

[35] 何文炯,王中汉,施依莹,2021. 儿童津贴制度:政策反思、制度设计与成本分析[J]. 社会保障研究(1):62-73.

[36] 何文炯,杨一心,王璐莎,等,2014. 中国生育保障制度改革研究[J]. 浙江大学学报(人文社会科学版)(4):5-18.

[37] 胡鞍钢,2016. 成功走出中国特色扶贫开发道路[C]. 苏州:中宣部治国理政论坛"坚持共享发展"理论研讨会.

[38] 黄季焜,陈丘,2019. 农村发展的国际经验及其对我国乡村振兴的启示[J]. 农林经济管理学报(6):709-716.

[39] 黄季焜,刘莹,2010. 农村环境污染情况及影响因素分析——来自全国百村的实证分析[J]. 管理学报(11):1725-1729.

[40] 黄群慧,2013. 中国的工业化进程:阶段、特征与前景[J]. 经济与管理(7):5-11.

[41]黄群慧,刘学良,2021. 新发展阶段中国经济发展关键节点的判断和认识[J]. 经济学动态(2):3-15.

[42]黄益平,陶坤玉,2011. 中国外部失衡的原因与对策:要素市场扭曲的角色[J]. 新金融(6):7-13.

[43]纪宏,陈云,2009. 我国中等收入者比重及其变动的测度研究[J]. 经济学动态(6):11-16.

[44]季成叶,2008. 我国城市中小学生营养不良现状和20年动态变化[J]. 中国儿童保健杂志(6):622-625.

[45]贾晗睿,詹鹏,李实,2021. "多轨制"养老金体系的收入差距——基于中国家庭收入调查数据的发现[J]. 财政研究(3):101-114.

[46]姜长云,2015. 日本的"六次产业化"与我国推进农村一二三产业融合发展[J]. 农业经济与管理(3):5-10.

[47]李春玲,2003. 中国当代中产阶层的构成及比例[J]. 中国人口科学(6):25-32.

[48]李春玲,2013. 如何定义中国中产阶级:划分中国中产阶级的三个标准[J]. 学海(3):62-71.

[49]李玲,徐扬,陈秋霖,2012. 整合医疗:中国医改的战略选择[J]. 中国卫生政策研究(9):10-16.

[50]李培林,张翼,2000. 消费分层:启动经济的一个重要视点[J]. 中国社会科学(1):52-61.

[51]李培林,张翼,2008. 中国中产阶级的规模、认同和社会态度[J]. 社会(2):1-19.

[52]李培林,朱迪,2015. 努力形成橄榄型分配格局——基于2006—2013年中国社会状况调查数据的分析[J]. 中国社会科学(1):45-65.

[53]李强,2005. 关于中产阶级的理论与现状[J]. 社会(1):28-42.

[54]李强,2016. 中国离橄榄型社会还有多远——对于中产阶层发展的社会学分析[J]. 探索与争鸣(8):4-11.

[55]李实,罗楚亮,2011. 中国收入差距究竟有多大?——对修正样本结构

偏差的尝试[J]. 经济研究(4):68-79.

[56] 李实,万海远,2013. 提高我国基尼系数估算的可信度——与《中国家庭金融调查报告》作者商榷[J]. 经济学动态(2):43-49.

[57] 李实,魏众,丁赛,2005. 中国居民财产分布不均等及其原因的经验分析[J]. 经济研究(6):4-15.

[58] 李实,吴凡,徐晓静,2020. 中国城镇居民养老金收入差距的变化[J]. 劳动经济研究(5):3-21.

[59] 李实,朱梦冰,2018. 中国经济转型 40 年中居民收入差距的变动[J]. 管理世界(12):19-28.

[60] 李实,朱梦冰,詹鹏,2017. 中国社会保障制度的收入再分配效应[J]. 社会保障评论(4):3-20.

[61] 李实,佐藤宏,史泰丽,2013. 中国收入差距变动分析:中国居民收入分配研究Ⅳ[M]. 北京:人民出版社.

[62] 李伟,王少国,2014. 收入增长和收入分配对中等收入者比重变化的影响[J]. 统计研究(3):76-82.

[63] 李学勤,2005. 德国农业和农村发展的特点及启示[J]. 吉林农业农村经济信息(7):26-27.

[64] 李玉恒,阎佳玉,武文豪,等,2018. 世界乡村转型历程与可持续发展展望[J]. 地理科学进展(5):627-635.

[65] 李玉红,2018. 中国工业污染的空间分布与治理研究[J]. 经济学家(9):59-65.

[66] 李周,2008. 改革以来的中国农村发展[J]. 财贸经济(11):82-90.

[67] 刘国光,2011. 落实科学发展观与转变经济发展方式问题笔谈——关于国富、民富和共同富裕问题的一些思考[J]. 经济研究(10):4-8.

[68] 刘欣,2007. 中国城市的阶层结构与中产阶层的定位[J]. 社会学研究(6):1-14.

[69] 刘燕群,宋启道,谢龙莲,2017. 德国农业社会化服务体系研究[J]. 热带农业科学(12):119-122.

[70]刘应杰,1996. 中国城乡关系演变的历史分析[J]. 当代中国史研究(2):1-10.

[71]卢祖洵,徐鸿彬,李丽清,等,2020. 关于加强基层医疗卫生服务建设的建议——兼论推进疫情防控关口前移[J]. 行政管理改革(3):23-29.

[72]鲁全,2020. 居民养老保险:参保主体、筹资与待遇水平[J]. 社会保障评论(1):19-34.

[73]罗楚亮,2019. 高收入人群缺失与收入差距低估[J]. 经济学动态(1):15-27.

[74]罗楚亮,陈国强,2021. 富豪榜与居民财产不平等估算修正[J]. 经济学(季刊)(1):201-222.

[75]罗楚亮,李实,岳希明,2021. 中国居民收入差距变动分析(2013—2018)[J]. 中国社会科学(1):33-54.

[76]马超,顾海,宋泽,2017. 补偿原则下的城乡医疗服务利用机会不平等[J]. 经济学(季刊)(4):1261-1288.

[77]马智慧,2019. 未来社区,你的场景如何安放我的健康[EB/OL]. (2019-06-05)[2021-08-26]. http://urbanchina. hangzhou. com. cn/content/content_7205531. html.

[78]奈特,李实,万海远,2017. 中国居民财产差距的扩大趋势[M]//李实,岳希明,史泰丽,等. 中国收入分配格局的最新变化——中国居民收入分配研究Ⅴ. 北京:中国财政经济出版社:80-118.

[79]彭浩然,申曙光,2007. 改革前后我国养老保险制度的收入再分配效应比较研究[J]. 统计研究(2):33-37.

[80]乔耀章,巩建青,2014. 我国城乡二元结构的生成、固化与缓解——以城市、乡村、市场与政府互动为视角[J]. 上海行政学院学报(4):84-93.

[81]秦江梅,2014. 中国慢性病及相关危险因素流行趋势、面临问题及对策[J]. 中国公共卫生(1):1-4.

[82]宋晓梧,2019. 百年未有之大变局下的贫富差距[J]. 中国经贸导刊(36):15-19.

[83]宋晓梧,王天夫,李实,等,2013.不平等挑战中国:收入分配的思考与讨论[M].北京:社会科学文献出版社.

[84]宋晓梧,邢伟,2019.新中国社会保障和民生发展70年[M].北京:人民出版社.

[85]苏海南,2016.我国中等收入群体的产生、发展和现状[J].人事天地(12):9-11.

[86]谭智心,2020.城镇化进程中城乡居民财产性收入比较研究——一个被忽略的差距[J].学习与探索(1):131-137.

[87]汤爽爽,冯建喜,2017.法国快速城市化时期的乡村政策演变与乡村功能拓展[J].国际城市规划,2017(4):104-110.

[88]汤爽爽,孙莹,冯建喜,2018.城乡关系视角下乡村政策的演进:基于中国改革开放40年和法国光辉30年的解读[J].现代城市研究(4):17-22,29.

[89]万海远,2020.实现全体人民共同富裕的现代化[J].中国党政干部论坛(12):36-40.

[90]万海远,李实,2021.中国居民财产增长与财产分配:基于房价膨胀的解释[Z].工作论文.

[91]汪欢欢,姚南,2020.未来社区:社区建设的未来图景[J].宏观经济管理(1):22-27.

[92]汪宇明,刘高,施加仓,等,2012.中国城乡一体化水平的省区分异[J].中国人口·资源与环境(4):137-142.

[93]王朝明,李梦凡,2013.极化效应下我国中等收入者群体的发展问题[J].数量经济技术经济研究(6):51-64.

[94]王小鲁,2017.中等收入群体发展状况和影响因素[C].海口:第九届中挪社会政策论坛:扩大中等收入群体——经济全球化新挑战、新动力.

[95]王新梅,2019.论养老金全国统筹的基本理念[J].社会保障评论(4):42-53.

[96]王新梅,威廉姆斯,詹索伊,2017.发展中国家的养老金改革:反思正在

涌现的问题[J]. 比较(1):63-84.

[97]王雪磊,郭兴平,张亮,2012. 建国以来农村金融的发展历程及其评述[J]. 农村金融研究(7):66-70.

[98]王有强,董红,2003. 国外农业立法的启示和借鉴[J]. 西北农林科技大学学报(社会科学版)(3):17-20.

[99]韦红,2007. 德国农村社会保障政策的特点与启示[J]. 新视野(3):89-91.

[100]魏后凯,2017. 中国农业发展的结构性矛盾及其政策转型[J]. 中国农村经济(5):2-17.

[101]魏后凯,刘长全,2019. 中国农村改革的基本脉络、经验与展望[J]. 经济研究参考(8):101-115.

[102]习近平,2021. 扎实推进共同富裕[J]. 求是(20):4-8.

[103]邢来顺,2018. 德国是如何搞新农村建设的[J]. 决策探索(9):80-81.

[104]熊跃根,黄静,2016. 我国城乡医疗服务利用的不平等研究——一项于CHARLS数据的实证分析[J]. 人口学刊(6):62-76.

[105]杨春华,杨洁梅,彭超,2017. 美国2014农业法案的主要特点与启示[J]. 农业经济问题(3):105-109.

[106]杨冬珍,赵海月,2018. 促进社会保障高质量发展[N]. 人民日报,2018-12-25.

[107]杨震林,王亚柯,2007. 中国企业养老保险制度再分配效应的实证分析[J]. 中国软科学(4):39-48.

[108]郁建兴,涂心怡,吴超,2020. 探索整合型医疗卫生服务体系的中国方案——基于安徽、山西与浙江县域医共体的调查[J]. 治理研究(1):5-15.

[109]曾国安,胡晶晶,2008. 城乡居民收入差距的国际比较[J]. 山东社会科学(10):47-53.

[110]詹鹏,吴珊珊,2015. 我国遗产继承与财产不平等分析[J]. 经济评论(4):82-95,147.

[111]张彪,2010. 中国城市与农村环境保护的差距比较[J]. 环境科学与管理(10):1-4.

[112]张军,刘晓峰,2012. 工资与劳动生产率的关联:模式与解释[J]. 哈尔滨工业大学学报(社会科学版)(2):89-100.

[113]张文娟,杜鹏,2009. 中国老年人健康预期寿命变化的地区差异:扩张还是压缩?[J]. 人口研究(5):68-76.

[114]张翼. 2008. 当前中国中产阶层的政治态度[J]. 中国社会科学(2):117-131.

[115]张永丽,金虎玲,2013. 农村人口和劳动力资源禀赋变动趋势[J]. 经济学动态(9):78-87.

[116]张振刚,黄琳,2011. 我国基本医疗保障的城乡差距及均等化研究[J]. 改革与战略(11):176-179.

[117]赵人伟,李实,卡尔 · 李思勤,1999. 中国居民收入分配再研究——经济改革和发展中的收入分配[M]. 北京:中国财政经济出版社.

[118]浙江大学中国农村家庭研究创新团队,2020. 中国农村家庭发展报告2018[M]. 杭州:浙江大学出版社.

[119]浙江省发展和改革委员会基综办,2019. 打造新型城市功能单元助力"两个高水平"建设——关于浙江省未来社区建设试点工作的解读[J]. 浙江经济(7):17-18.

[120]郑功成,2000. 社会保障学:理念、制度、实践与思辨[M]. 北京:商务印书馆.

[121]郑功成,2009. 从企业保障到社会保障[M]. 北京:中国劳动社会保障出版社.

[122]郑功成,2020. 中国养老金:制度变革、问题清单与高质量发展[J]. 社会保障评论(1):3-18.

[123]郑功成,申曙光, 2020. 中国医疗保障发展报告(2020)[M]. 北京:社会科学文献出版社.

[124]郑文升,蒋华雄,艾红如,等,2015. 中国基础医疗卫生资源供给水平的

区域差异[J].地理研究(11):2049-2060.

[125]中国肥胖问题工作组,2004.中国学龄儿童青少年超重、肥胖筛查体重指数值分类标准[J].中华流行病学杂志(2):97-102.

[126]中华人民共和国国家卫生健康委员会,2018.中国卫生健康统计年鉴(2018)[M].北京:中国协和医科大学出版社.

[127]中华人民共和国教育部,2018.中国教育统计年鉴(2017)[M].北京:中国统计出版社.

[128]周季钢,阳炆杉,2011.德国:"城乡等值化"理念下的新农村建设[N].重庆日报,2011-09-09.

[129]周璇,2015.法国领土整治经验以及对我国的启示[J].商(23):73-73,68.

[130]朱晓龙,王洪辉,2004.巴黎工业结构演变及特点[J].国外城市规划(5):50-52.

[131]庄巨忠,拉维·坎布尔,2013.亚洲国家不断扩大的收入差距与对策[J].南开经济研究(1):3-39.

[132]宫崎猛,1998.農業、農村環境創造の制度と政策[M]// 堀田忠夫.国際競争下の農業·農村革新:経営·流通·環境.東京:農林統計協会.

[133]Adelman I,Sunding D, 1987. Economic policy and income distribution in China[J]. Journal of Comparative Economics, 11(3):444-461.

[134]Alesina A, Perotti R, 1997. Fiscal adjustments in OECD countries: Composition and macroeconomic effects[J]. IMF Staff Papers, 44(2): 210-248.

[135]Banerjee A V, Duflo E, 2008. What is middle class about the middle classes around the world? [J]. Journal of Economic Perspectives, 22(2): 3-28.

[136]Barro R J, 1999. Determinants of democracy[J]. Journal of Political Economy, 107(6): 158-183.

[137] Barton D, Chen Y, Jin A, 2013. Mapping China's middle class[J]. The McKinsey Quarterly, 3: 54-60.

[138] Beveridge W, 1946. Social Insurance and Allied Services[M]. London: H. M. S. O.

[139] Bhalla S, 2007. Second among equals: The middle class kingdoms of India and China[R]. Washington, DC: Peterson Institute for International Economics.

[140] Birdsall N, Graham C, Pettinato S, 2000. Stuck in the tunnel: Is Globalization muddling the middle class? [Z]. Brookings Institution Center, Working Paper No. 14.

[141] Blackburn M, Bloom D, 1985. What is happening to the middle class? [J]. American Demographics, 7(1):18-25.

[142] Blomqvist H C, Lundahl M, 2002. Urban Bias[M]. Basingstoke: Palgrave Macmillan UK.

[143] Bonnefond C, Clement M, Combarnous F, 2013. In search of the elusive Chinese urban middle class: An exploratory analysis[J]. Post-Communist Economics, 27(1): 41-59.

[144] Chen C, Qin B, 2014. The emergence of China's middle class: Social mobility in a rapidly urbanizing economy[J]. Habitat International, 44: 528-535.

[145] Collier D, Messick R E, 1975. Prerequisites versus diffusion: Testing alternative explanations of social security adoption[J]. American Political Science Review, 69(4): 1299-1315.

[146] Cooper R N, 2014. Prospects for the World Economy in 2035[Z]. Working Paper, Department of Economics, Faculty of Arts and Sciences, Harvard University.

[147] Credit Suisse Research Institute, 2015. Global Wealth Report 2015[R]. Credit Suisse Research Institute.

[148] Curry N, Ham C, 2010. Clinical and service integration: The route to improve outcomes[R]. London: The Kings Fund.

[149] Davis J C, Huston J H, 1992. The shrinking middle-income class: A multivariate analysis[J]. Eastern Economic Journal, 18(3):277-285.

[150] de la Escosura L P, 2021. Inequality beyond GDP: A long view[Z]. HES Working Paper No. 210.

[151] Dodman D, 2009. Blaming cities for climate change? An analysis of urban greenhouse gas emissions inventories[J]. Environment & Urbanization, 21(1): 185-201.

[152] Easterly W, 2001. Middle class consensus and economic development [J]. Journal of Economic Growth, 6(4): 317-335.

[153] Erhard L, Müller-Armack A, 1972. Soziale Marktwirtschaft. Ordnung der Zukunft[Z]. Berlin/Wien.

[154] Erikson R, Goldthorpe J H, 1992. The Constant Flux: A Study of Class Mobility in Industrial Societies[M]. Oxford: Clarendon Press.

[155] Esping-Andersen G, 1996. Welfare States in Transition: National Adaptations in Global Economies[M]. London: Sage.

[156] Evers A, Olk T, 2013. Wohlfahrtspluralismus: vom Wohlfahrtsstaat zur Wohlfahrtsgesellschaft[M]. Berlin: Springer-Verlag.

[157] Farrell D, Gersch U A, Stephenson E, 2006. The value of China's emerging middle class[J]. The McKinsey Quarterly 2006 special edition: Serving the new Chinese consumer: 60-69.

[158] Ferreira F H G, Galasso E, Negre M, 2018. Shared prosperity: Concepts, data, and some policy examples[Z]. Policy Research Working Paper Series 8451, The World Bank.

[159] Giddens A, 1998. Equality and social investment state[M]// Hargreaves I, Christie I. Tomorrow's Politics: The Third Way and Beyond. London: Demos: 25-40.

[160] Gilbert N, 1993. From "welfare" to "enabling state"[M]// Evers A, Svetlik I. Balancing Pluralism: New Welfare Mixes in Care for the Elderly. Aldershot: Avebury: 89-102.

[161] Girvetz H, 1968. Welfare state[J]. International Encyclopedia of the Social Sciences, 16: 512.

[162] Huang Y P, Wang B J, 2011. Chinese outward direct investment: Is there a China model? [J]. China & World Economy, 19(4): 1-21.

[163] Huf S, 1998. Sozialstaat und Moderne: Modernisierungseffekte staatlicher Sozialpolitik[M]. Berlin: Duncker & Humblot.

[164] Kacapyr E, Francese P, Crispell D, 1996. Are you middle class? —Definitions and trends of US middle-class households[Z]. American Demographics, Oct.

[165] Kakwani N, Wang X, Xue N, et al., 2022. Growth and common prosperity in China[J]. China & World Economy, 30(1): 28-57.

[166] Kaufmann F X, 1997. Herausforderungen des Sozialstaates[M]. Frankfurt am Main: Suhrkamp.

[167] Kaufmann F X, 2009. Sozialpolitik und Sozialstaat: Soziologische Analysen[M]. Wiesbaden: Verlag für Sozialwissenschaften.

[168] Kharas H, 2010. The emerging middle class in developing countries[Z]. Paris: OECD Development Centre Working Paper No 285.

[169] Kharas H, 2017. The unprecedented expansion of the global middle class: An update[Z]. Global Economy and Development Working Paper 100 at Brookings

[170] Kildal N, 2001. Workfare tendencies in Scandinavian welfare policies [Z]. Geneva: International Labour Office.

[171] Kildal N, Kuhnle S, 2007. Normative Foundations of the Welfare State: The Nordic Experience[M]. London: Routledge.

[172] Knight J, Li S, Wan H, 2021. Why has China's inequality of household

wealth risen rapidly in the twenty-first century? [J]. Review of Income and Wealth, 68(1):109-138.

[173] Kvist J, 2000. Activating welfare states: Scandinavian experiences in the 1990s[Z]. The Danish National Institute of Social Research, Working Paper No. 7.

[174] Lessenich S, 2003. Wohlfahrtsstaatliche Grundbegriffe: Historische und aktuelle Diskurse[M]. Frankfurt am Main: Campus Verlag.

[175] Li Q, Li S, Wan H, 2020. Top incomes in China: Data collection and the impact on income inequality[J]. China Economic Review, 62: 1-23.

[176] Li Y, Rybski D, Kropp J P, 2019. Effects of changing population or density on urban carbon dioxide emissions[J]. Environment & Planning B, 48(1):43-59.

[177] Lu B, Liu X, Lim J, et al., 2019. Changes in the morbidity prevalence and morbidity-free life expectancy of the elderly population in China from 2000 to 2010[J]. Journal of the Economics of Ageing, 13: 113-121.

[178] Manow P, 2001. Ordoliberalismus als ökonomische ordnungstheologie [J]. Leviathan, 29(2): 179-198.

[179] Marmot M, 2004. Social causes of social inequalities in health[M]// Anand S, Peter F, Sen A. Public Health, Ethics, and Equity. New York: Oxford University Press: 37-61.

[180] Marshall T H, 1950. Citizenship and Social Class[M]. Cambridge: Cambridge University Press.

[181] Milanovic B, Yitzhaki S, 2002. Decomposing world income distribution: Does the world have a middle class? [J]. Review of Income and Wealth, 48(2): 155-178.

[182] More T, 2014. Utopia[M]. New Haven: Yale University Press.

[183] Müller-Armack A, 1962. Das gesellschaftspolitische Leitbild der sozialen Marktwirtschaft[J]. Zeitschrift für Wirtschaftspolitik, 11(3): 7-28.

[184] Mumford L, 1961. The City in History: Its Origins, Its Transformations and Its Prospects[M]. New York: Harcourt Brace &World Inc.

[185] OECD, 2016. OECD Regions at a Glance 2016[EB/OL]. (2016-06-16) [2021-07-20]. https://www.oecd-ilibrary.org/docserver/reg_glance-2016-en.pdf? expires = 1624967206&id = id&accname = oid008303&checksum = 861CA4EFD4B5A11494A0C8A096CDD294.

[186] Petersen K, 2011. National, Nordic and trans-Nordic: Transnational perspectives on the history of the Nordic welfare states[M]//Kettunen P, Petersen K. Beyond Welfare State Models: Transnational Historical Perspectives on Social Policy. Cheltenham, Northampton: Edward Elgar: 41-64.

[187] Pew Research Center, 2015. The American middle class is losing ground: No longer the majority and falling behind financially[R]. Pew Research Center.

[188] Pierson P, 2002. The New Politics of the Welfare State[M]. Oxford: Oxford University Press.

[189] Piketty T, 2014. Capital in the Twenty-First Century[M]. Cambridge, Massachusetts: The Belknap Press of Harvard University Press.

[190] Piketty T, 2020. Capital and Ideology[M]. Cambridge, MA: The Belknap Press of Harvard University Press.

[191] Piketty T, Li Y, Zucman G, 2019. Capital accumulation, private property, and rising inequality in China, 1978-2015[J]. American Economic Review, 109(7): 2469-2496.

[192] Pollard S, Salt J, 1971. Robert Owen, Prophet of the Poor: Essays in Honour of the Two Hundredth Anniversary of His Birth[M]. Lewisburg: Bucknell University Press.

[193] Pollermann K, Raue P, Schnaut G, 2013. Rural development experiences in Germany: Opportunities and obstacles in fostering smart places through LEADER[J]. Studies in Agricultural Economics, 115(2): 111-117.

[194] Pyatt G, Chen C N, Fei J, 1980. The distribution of income by factor components[J]. Quarterly Journal of Economics, 95(3): 451-473.

[195] Ravallion M, 2010. The developing world's bulging (but vulnerable) "middle class"[J]. World Development, 38:445-454.

[196] Schopen W, 2001. German policy for an integrated rural development [M]// Virchow D, von Braun J. Villages in the Future: Crops, Jobs and Livelihood. New York: Springer-Verlag: 85-89.

[197] Sen A, 2004. Why health equity[M]// Anand S, Peter F, Sen A. Public Health, Ethics, and Equity. New York: Oxford University Press: 21-33.

[198] Sicular T, Sato H, Li S, et al., 2020. Changing Trends in China's Inequality: Evidence, Analysis and Prospects[M]. New York: Oxford University Press.

[199] Solimano A, 2008. The middle class and development process[Z]. Santiago: CEPAL-Serie Macroeconomía del desarrollo No. 65.

[200] Swaan A D, 1988. In Care of the State: Health Care, Education and Welfare in Europe and the USA in the Modern Era[M]. Oxford: Oxford University Press.

[201] Szelenyi I, Martin B, 1988. The three waves of New Class theories[J]. Theory and Society, 17(5): 645 - 667.

[202] Temple W, 1942. Christianity and Social Order[M]. London: SCM Press.

[203] Ullrich C G, 2005. Soziologie des Wohlfahrtsstaates: Eine Einführung [M]. Frankfurt am Main: Campus Verlag.

[204] United Nations Department of Economic and Social Affairs, 2018. World Urbanization Prospects: The 2018 Revision[R]. New York: United Nations.

[205] United Nations Department of Economic and Social Affairs, 2020. World Social Report 2020: Inequality in a Rapidly Changing World[R]. New

York: United Nations.

[206] Vobruba G, 1991. Jenseits der sozialen Fragen: Modernisierung und Transformation von Gesellschaftssystemen[M]. Frankfurt am Main: Suhrkamp.

[207] Winkler-Kühlken B, 2003. Voneinander lernen - Bevölkerungsrückgang und Strukturanpassung in ländlichen Regionen Europas[R]// Demographischer Wandel und Infrastruktur im ländlichen Raum-von europäischen Erfahrungen lernen? Bonn: BBR, 12: 779-787.

[208] Wolff E N, 2010. Recent trends in household wealth in the United States: Rising debt and the middle-class squeeze—An update to 2007[Z]. Levy Economics Institute of Bard College Working Paper No. 589.

[209] World Bank, 2007. Global Economic Prospects 2007: Managing the next wave of globalization[R]. Washington, DC: World Bank.

[210] World Bank, 2016. Poverty and Shared Prosperity 2016: Taking on Inequality[R]. Washington, DC: World Bank.

[211] Wright E O, 1985. Classes[M]. London: Verso.

[212] Xie Y, Zhou X, 2014. Income inequality in today's China[J]. Proceedings of the National Academy of Sciences, 111(19): 6928-6933.

[213] Yip W, Fu H, Chen A T, et al., 2019. 10 years of health-care reform in China: Progress and gaps in Universal Health Coverage[J]. The Lancet, 394(10204): 1192-1204.

[214] Yuan Z, Wan G, Khor N, 2012. The rise of middle class in rural China [J]. China Agricultural Economic Review, 4(1): 36-51.

[215] Zapf W, 1994. Modernisierung, Wohlfahrtsentwicklung und Transformation[M]. Berlin: Edition Sigma.